Unsere
Familie

Unsere Familie

Ratgeber für jung und alt

Verlag für die Frau
DDR Leipzig

Herausgeberkollegium:
Prof. Dr. Anita Grandke, Prof. Dr. Gerhard Misgeld,
Prof. Dr. Rosemarie Walther

Das Manuskript erarbeiteten:
Prof. Dr. Anita Grandke, Hanni Köhler,
Prof. Dr. Gerhard Misgeld, Norbert Peschke,
Dr. Elly und Hans Uslar, Prof. Dr. Rosemarie Walther,
Dr. Karlheinz Witte · Helmut Hahnemann

Inhalt

Ein Wort zuvor

Wo anfangen – wo aufhören bei einem Buch über die Familie? Vor dieser Frage standen die Autoren, und die Antwort darauf ist ihnen nach nunmehr zehn Jahren, die seit dem Erscheinen der 1. Auflage vergangen sind, nicht leichter geworden. Viel Neues hat sich in unserer Entwicklung abgezeichnet. Vieles war bei der Neubearbeitung dieses inzwischen eingeführten Ratgebers zu berücksichtigen.

Ein Familienbuch kann und soll spezielle Publikationen über Liebe und Ehe, Kindererziehung, Haushaltführung oder Freizeitbeschäftigung nicht ersetzen. Dann müßte es ein dickes Lexikon sein.

In der DDR werden jährlich über 140 000 Ehen geschlossen. Die Kinderzahl ist in den letzten Jahren erfreulich gestiegen. Viele junge Menschen beginnen den gemeinsamen Weg ins Familienleben, und dabei möchte das Buch Ratgeber sein.

Es wendet sich aber nicht nur an die Familien, sondern auch an all jene, die von außen her das Familienleben beeinflussen; es empfiehlt sich Leitern von Kollektiven, Lehrern und Erziehern, Mitarbeitern der Ehe- und Familienberatungsstellen.

Den Autoren schien wichtig, für ein breites Publikum die engen Beziehungen zwischen Familie und Gesellschaft zu schildern, die nicht erst seit heute, sondern seitdem Menschen in Familien zusammenleben, bestehen. Mancher wird erstaunt sein, welche tiefgreifenden Wandlungen auch die Familienbeziehungen in den vergangenen

Jahrzehnten erfahren haben. Heute ist es selbstverständlich, daß sich die Partner, ohne Rücksicht auf Stand und Herkunft, nur aus Liebe heiraten, Mann und Frau in der Ehe gleichberechtigt sind und die Ehepartner über den Zeitpunkt der Schwangerschaft entscheiden können.

Besonderes Augenmerk gilt der jungen Familie. Wieviele Fragen stürmen auf die Partner ein, die ihr gemeinsames Leben beginnen. Sie müssen damit fertig werden. Erfahrungen und auch wissenschaftliche Erkenntnisse können dabei von Nutzen sein.

Aber auch die späteren gemeinsamen Jahre mit den heranwachsenden Kindern, die Atmosphäre in der Familie wird betrachtet. Auch die intimen Beziehungen zwischen den Partnern wurden, obgleich es gerade auf diesem Gebiet umfangreiche Literatur gibt, nicht ausgelassen, weil sie eine wesentliche Rolle für die Harmonie in der Familie spielen und durchaus keine Nebensächlichkeiten sind. Es soll nicht im üblichen Sinne »aufgeklärt« werden. Dennoch möchten wir mit dem Buch zur Klärung beitragen, daß Liebe und Zuneigung in der Ehe nach wie vor eng mit den intimen Beziehungen zusammenhängen. Sie beleben die Liebe der Partner zueinander stets aufs neue.

In der Familie entwickeln sich sozialistische Persönlichkeiten, herrscht der Grundsatz der Gleichberechtigung zwischen Mann und Frau. Dieser Grundsatz hat ebenso wie die sozialistische Erziehung der Kinder große Beachtung gefunden. Auf dem Gebiet der Erziehung werden immer wieder Ratschläge gesucht; diesem Anliegen war Rechnung zu tragen.

Die Familie kann sich nicht selbst genügen. Sie kommt ständig mit anderen Kollektiven in Berührung. Die Beziehungen zur Umwelt – zum Arbeitskollektiv, zu den Nachbarn im Wohngebiet oder zu gesellschaftlichen Organisationen – beeinflussen und bereichern das Familienleben.

Es wird nicht an den Erfordernissen des Familienalltags vorübergegangen. Im Haushalt bewähren sich sehr oft die gegenseitige Erziehung, das Zueinanderfinden oder die Stellung der Familienmitglieder zueinander. Es werden Ratschläge gegeben, wie sich Pflichten, die der Haushalt mit sich bringt, in den Rhythmus des

Familienlebens eingliedern. Gerade an diesen scheinbar so einfachen Fragen scheitern manche junge Partner.

Das Leben der Familie vollzieht sich zu einem guten Teil in der Freizeit. Gemeinsame Erlebnisse und Unternehmungen festigen die Familienbeziehungen. Welches Verhältnis kann die Familie zur Kultur und zu den Schönheiten des Lebens gewinnen? Ein Überblick über die vielfältigen Möglichkeiten einer gemeinsamen, aber auch individuellen Freizeitbeschäftigung in der Familie soll helfen, Interessen zu fördern und Langerweile vorzubeugen. Dabei wird besonders auf die Belange Heranwachsender eingegangen.

Eine gesunde Lebensführung ist gleichfalls ein wichtiger Faktor für das Familienglück. Deshalb enthält das Buch ein Kapitel über Gesundheit und Hygiene, eingeschlossen die Psychohygiene.

Die Familie bedarf auch bestimmter Kenntnisse über Rechtsbeziehungen und Rechtsnormen. Das letzte Kapitel gibt Auskunft über einige Fragen des Familienrechts.

In unserer Gesellschaft haben sich neue Familienbeziehungen entwickelt. Sie beruhen auf der Gleichberechtigung von Mann und Frau im Beruf und allen anderen Bereichen des Lebens. Die materiellen und geistig-kulturellen Bedingungen für die Entwicklung der sozialistischen Familie haben sich in den letzten Jahren wesentlich verbessert. Dies ist begründet in der Einheit von Wirtschafts- und Sozialpolitik zur Lösung der Hauptaufgabe. Besondere Aufmerksamkeit gilt den Familien mit mehreren Kindern und den jungen Ehen. All das führte auch zum erfreulichen Ansteigen der Geburtenzahl und der frühen Erfüllung des Kinderwunsches in sozialer Sicherheit.

Die Festigung der sozialistischen Familie ist ein großer Erfolg der Politik der SED seit dem VIII. Parteitag. Die Durchsetzung dieser Politik ist erklärtes Ziel in unserer Gesellschaft. Die Familie hat im Sozialismus eine gesicherte Zukunft. Die Mitglieder der Familien unseres Landes haben durch ihre Leistungen, ihre Initiative und ihr Engagement selbst Anteil an diesen Erfolgen.

Dieses Buch ist ein Versuch, die sozialistischen Familienbeziehungen und die Förderung der Familie darzustellen. Es berührt wesentliche Bereiche der sozialistischen Lebensweise. Die Zukunft wird neue Erkenntnisse bringen, die jetzt erst in Ansätzen spürbar sind.

Familie gestern und heute

Die Geschichte ist reich an Zeugnissen über die Entwicklung der Familie. In den Heldenepen des Altertums, den großen Romanen des Bürgertums, es sei nur an die Werke der französischen Realisten oder an Thomas Manns »Buddenbrooks« erinnert, in den Werken sozialistischer Literatur, in ihnen allen spiegelt sich das Wechselverhältnis von Familie und Gesellschaft wider. Die wissenschaftliche Untersuchung dieser Beziehungen ist noch jung. Bürgerliche Wissenschaftler, wie der amerikanische Ethnograph und Historiker Henry Morgan, beschäftigten sich vor über 100 Jahren mit der Familie der Urgesellschaft und trugen wichtige völkerkundliche Materialien zusammen. Aber erst Friedrich Engels hat dargestellt, daß die Familie und ihre Geschichte gesetzmäßige Veränderungen aufweisen, die in der Produktionsweise der jeweiligen Gesellschaftsordnung begründet sind.

Familienbeziehungen neuer Art

Bei der Betrachtung der Geschichte der Familie zeigt sich, daß die Familie des Proletariats, vor allem der klassenbewußten Proletarier, im Schoß der Ausbeuterordnung einen neuen Inhalt erlangte und von einer neuen Moral getragen war. Sie beruhte im Grunde auf der Gleichberechtigung von Mann und Frau und der Partnerwahl aus Liebe und Zuneigung ohne Rücksicht auf Geld und Gut. Die Gleichberechtigung der Geschlechter erwuchs aus der gleichen Stellung zu den Produktionsmitteln und aus dem gemeinsamen politischen Kampf. Die proletarische Familie wurde zur Keimform der sozialistischen Familie, wie sie sich heute unter unseren Bedingungen herausbildet. Die proletarische Familie konnte sich nur im Widerstreit mit der herrschenden Ausbeutergesellschaft, im Kampf gegen die bürgerliche Ehemoral und gegen das Spießbürgertum entwickeln. Dieser Kampf war schwer, weil er zugleich ein hartes Ringen um die nackte Existenz, um ein Zipfelchen Glück war. Die Arbeiterklasse mußte manchen hohen Tribut zahlen. Es ist auch kein Geheimnis, daß die proletarische Familie unter diesen schweren Lebensumständen oft zerrüttet wurde. Dennoch war die Arbeiterfamilie etwas völlig Neues gegenüber der Familie des Bürgertums und vorangegangener sozialer Ordnungen.

Erst in der sozialistischen Gesellschaft können sich diese Familienbeziehungen neuer Art voll entwickeln. Die Grundsätze der Gleichberechtigung von Mann und Frau sind verwirklicht und werden zur Grundlage des Familienglücks, das auf der Übereinstimmung des einzelnen und der Familien mit der Gesellschaft beruht. Die Liebe und ihr Fortbestand bestimmen die Beziehungen der Ehepartner. Die aus gegenseitiger Zuneigung und Liebe geschlossene Einzelehe gleichberechtigter Partner ist Grundlage für die der sozialistischen Gesellschaft gemäße Familienform. In ihr herrscht auch zwischen den Eltern und ihren Kindern ein neues Verhältnis.

Historisch gewachsen

Der Weg bis zu dieser Familie führte durch Jahrtausende. Ihm nachzugehen ist nicht nur interessant, um die objektive Abhängigkeit von den gesellschaftlichen Verhältnissen historisch zu verfolgen, sondern auch, weil die Geschichte verdeutlicht, wie sich das Zusammenleben der Menschen formte, welche Faktoren es beeinflußten und warum sich manche Haltungen und Gewohnheiten im Familienleben auch noch heute so schwer ändern.

Jede soziale Entwicklungsstufe der Menschheit hat ihre eigenen Produktionsbeziehungen und ihre eigene Moral. Sitte ist, was den sozialen Bedürfnissen einer bestimmten Periode entspricht. Manches mag uns heute als unsittlich, primitiv und zügellos erscheinen, bei näherem Betrachten stellt es sich jedoch als eine historisch notwendige Stufe sittlicher Beziehungen der Menschen dar. Friedrich Engels begründete erstmals, daß die monogame Ehe, die Familie und der Staat ihren Ursprung in der Entwicklung des Privateigentums an den Produktionsmitteln haben. Er stellte dar, daß und wie sich Familie und Gesellschaft bedingen, und schuf damit auch die theoretischen Grundlagen einer sozialistischen Auffassung von Ehe und Familie.

Um zu dieser weittragenden gesellschaftlichen Schlußfolgerung zu gelangen, untersuchte Engels eingehend die Frühgeschichte der Menschheit und insbesondere die Familienbeziehungen in den Epochen der Wildheit, Barbarei und der Zivilisation.

Frühe Formen der Familie

In der Kindheit des Menschengeschlechts, in der *Wildheit*, lebten die Menschen noch in Horden zusammen, stellten für die Nahrungssuche bereits Waffen her, schützten sich durch einfache Bauten vor Kälte und zimmerten Boote. Sie wurden also unabhängiger von der Natur, die sie jedoch noch nicht verändernd zu beherrschen wußten. Voraussetzung dafür waren die zielgerichtete Arbeit der Menschen und ihr Zusammenleben in größeren Gemeinschaften. In der *Barbarei* beginnt die Zähmung und Züchtung von Tieren und damit die Fleisch- und Milchproduktion auf primitiver Stufe. Die Menschen fangen an, die Natur nach ihrem Willen zu gestalten, und gewinnen neue Rohstoffe (Felle, Wolle, Horn usw.), die sie von den Zufällen der Jagdbeute unabhängig machen. Die Tierzucht führt zum Hirtenleben. Andererseits verlangt die Tierzucht auch den Getreideanbau. Das erfordert Seßhaftigkeit.

In der Oberstufe der Barbarei wird bereits Eisen geschmolzen, es gibt sogar schon Schriftzeichen zur Verständigung größerer Menschengruppen untereinander. Die eiserne Axt ermöglicht, Wald zu roden, neues Land zu gewinnen und damit den Aktionsradius der Menschen zu vergrößern.

Die Periode der *Zivilisation* schließlich beginnt mit der Herausbildung der Klassen, der Klassengesellschaft auf der Grundlage des Privateigentums. Damit verändern sich auch die Familienbeziehungen grundlegend. In die Beziehungen der Familienmitglieder untereinander, in die Beziehungen von Mann und Frau zu den Kindern hält das Privateigentum seinen Einzug. Es bringt die Monogamie hervor, die Ehe zwischen einem Mann und einer Frau auf Lebenszeit, die jedoch in der Ausbeuterordnung gleichzeitig mit der Unterdrückung der Frau durch den Mann und ihrer Rechtlosigkeit in der Gesellschaft verbunden ist. Frau und Kinder sind vom Mann ökonomisch abhängig.

Den drei Hauptstadien der Menschheitsentwicklung – Wildheit, Barbarei und Zivilisation – entsprechen nach Engels auch die drei Hauptformen der Familie: Gruppenfamilie, Paarungsfamilie und monogame Familie.

In der Periode der *Wildheit* herrschen verschiedene Formen der Gruppenehe und damit der Gruppenfamilie. Jede Frau gehört jedem Manne, und jeder Mann gehört jeder Frau. Es herrscht also die allgemeine Vermischung. Zur Frauen- und Männergemeinschaft gehört die allgemeine Gemeinschaft der Kinder. Anders als auf dem Wege der Intimbeziehungen zwischen Blutsverwandten ist die Vermehrung der Menschen am Anfang ihrer Entwicklung nicht denkbar gewesen. Dies läßt sich auch aus alten Mythen herauslesen. Der ägyptische Gott Ammon war der Gatte seiner Mutter und rühmte sich dessen. Der oberste Gott der Germanen, Odin, war der Gemahl seiner Tochter Frigga.

Engels sagt, daß für alle Gruppenfamilien charakteristisch ist: die Ungewißheit der Vaterschaft. Gewiß ist nur die Mutter. Sie nennt nicht nur die eigenen, sondern alle Kinder des Geschlechtsverbandes »ihre Kinder« und hat auch ihnen gegenüber Mutterpflichten.

Gruppenfamilien waren z. B. für die gentile Organisation der Gesellschaft, für die Aufgliederung in Stämme und Gentes charakteristisch. Jede Urfamilie mußte, um sich erhalten zu können, nach ein paar Generationen eine Spaltung vornehmen und neue Weidegründe suchen. Diese Aufteilung führte aber in der Endkonsequenz auch immer mehr zum Ausschluß des Geschlechtsverkehrs zwischen unmittelbaren Blutsverwandten. Dennoch blieb die Abstammung von der Mutter bestehen, da die Partner, die ein Kind gezeugt hatten, noch nicht als Paar fest zusammen lebten. Der häufige Partnerwechsel hat die Menschheit vor Degenerierungserscheinungen bewahrt. Die Frau und Mutter ist die Leiterin der Familiengenossenschaft, die gemeinsames Eigentum besaß. Diese Art des Zusammenlebens wird als Mutterrecht bezeichnet.

Die Frauen hatten zu dieser Zeit Sitz im Rat der Gens. Sie wählten und setzten Häuptlinge ab. Welche Macht sie besaßen, dafür spricht, daß Hannibal die gallischen Matronen als Richterinnen über ein Bündnis mit den gallischen Kriegern gegen Rom einsetzte. Die Frau ist Richterin und Priesterin, höchste Wahrerin des Kults. Daher rührt auch, daß viele Begriffe, wie Gerechtigkeit, Liebe, Achtung, Eintracht, in vielen Sprachen weiblichen Geschlechts sind. Die Frau ist unverletzlich. Muttermord ist das schwerste Verbrechen und wird mit dem Tode bestraft.

Solange die Produktion von Lebensmitteln noch auf der untersten Stufe stand, war die Tätigkeit von Mann und Frau im wesentlichen gleich. Später entwickelte der Mann bei der Herstellung von Werkzeugen und Gerätschaften besondere Fertigkeiten. Er benutzte sie und schuf damit neue Werte, die seinen schon wertvollen Besitz vergrößerten. Die großen Sippen und Stämme benötigten mehr Weideland und Ackerland, um ihre Herde zu erhalten und um sie noch zahlreicher zu machen. Es brachen zwischen den Stämmen nicht nur Kämpfe um den Bodenbesitz, sondern vor allem wegen des Bedürfnisses nach Arbeitskräften, nach Sklaven, aus. Es entstanden Besitzinteressen, die mit der bisherigen gemeinschaftlichen Haushaltung in Widerspruch gerieten.

Diese fortschreitende ökonomische Entwicklung ging mit der Veränderung der Familienbeziehungen einher. Bereits in der Barbarei, als noch überwiegend die Gruppenfamilie herrschte, entstanden Paarungsfamilien, in denen eine Frau und ein Mann kürzere oder längere Zeit zusammenlebten. Diese Familienform verbreitete sich, weil in den Gentilverfassungen immer mehr Mitglieder der Gens vom Geschlechtsverkehr miteinander ausgeschlossen wurden. Was sich zunächst auf Eltern und Kinder bezog, galt dann auch für die Geschwister und für entfernte Verwandte sowie für Menschen, die in die Familie eintraten. Die Paarungsfamilie in ihrer höchsten Entwicklungsstufe verlangte von der Frau für die Zeit des Bestehens dieser Gemeinschaft meist strengste Treue dem Manne gegenüber. Ihr Ehebruch wird grausam bestraft. Beide, Mann und Frau, können aber diesen Bund leicht lösen, und die Kinder gehören nach wie vor zur Mutter.

Der Mann sorgte für den materiellen Unterhalt der Familie, die Frau besorgte das Hauswesen, verarbeitete die Rohstoffe, die der Mann auf der Weide und den Feldern erzeugte. Die Frau ist auf dieser Entwicklungsstufe der Familienbeziehungen noch nicht die Sklavin des Mannes.

Die Paarungsfamilie ist zu schwach und zu unbeständig, um bereits den Schritt zu einer eigenen Haushaltung zu gehen. Die aus früherer Zeit überlieferte urkommunistische Haushaltung, d.h. vor allem gemeinsame Vorratswirtschaft und gemeinsamer Verbrauch, blieb erhalten.

Mit der Zähmung von Haustieren, der Entstehung von Viehherden wurden die Menschen unabhängiger in der Beschaffung ihrer Nahrungsmittel. Die Jagd, früher eine Notwendigkeit, trat in den Hintergrund. Der mit den Herden und ihrer ständigen Vermehrung entstandene Reichtum gehörte ursprünglich der Gens. Nach dem Mutterrecht und dem ursprünglichen Erbbrauch in der Gens erbten anfänglich die Gentilverwandten von ihrem verstorbenen Gentilgenossen. Der Besitz mußte in der Gens bleiben. Die Gegenstände waren ohnehin unbedeutend, und so mögen sie von jeher in der Praxis an die nächsten Gentilverwandten, also die Blutsverwandten mütterlicherseits übergegangen sein. Die Kinder des verstorbenen Mannes gehörten aber nicht zu seiner Gens. Also konnten sie vom Vater nichts erben.

Beim Tode eines Herdenbesitzers wären also dessen Herden an seine Brüder und Schwestern sowie deren Kinder übergegangen, seine eigenen Kinder dagegen bekamen nichts.

Nach der damaligen Arbeitsteilung in der Familie oblag dem Mann die Beschaffung der Nahrung und die Herstellung der dazu benötigten Arbeitsmittel. Sie blieben sein Eigentum im Falle einer Trennung. Die Frau erhielt ihren Hausrat. Der Mann wurde somit auch zum Eigentümer der neuen Nahrungsquelle, der Herden, und später auch des neuen Arbeitsmittels, der Sklaven. Nach dem Brauch der damaligen Gesellschaft verhinderte aber die hergebrachte Erbfolge, die Abstammung nach der weiblichen Linie, daß seine Kinder von ihm erben konnten. In dem Maße also, wie die Reichtümer sich mehrten, gaben sie einerseits dem Mann gegenüber der Frau eine wichtigere Stellung in der Familie, andererseits erzeugten sie den Antrieb, diese verstärkte Stellung zu nutzen, um die hergebrachte Erbfolge zugunsten der eigenen Kinder umzustoßen. Die Familienbeziehungen, die auf dem Mutterrecht beruhten, zerfielen, mußten zerfallen. Der Mann als Privateigentümer nahm nun die vorrangige Stellung in der Familie ein. Diese Vorrangstellung fand ihren Ausdruck auch in der Erbfolge: die Kinder konnten das Gut des Vaters erben.

Eigentum schafft Vaterrecht

Es hatten sich entsprechend den gesellschaftlichen Verhältnissen neue Moralnormen durchgesetzt. Gleichzeitig begann damit die völlige Entrechtung der Frau. Sie verlor Sitz und Stimme im Rat. Sie war nur noch Bewahrerin des Haushalts und Gebärende. Der Mann konnte demgegenüber, ohne geächtet zu werden, schönen Sklavinnen beiwohnen, die bei manchen Völkern eigens dazu geraubt wurden.

Der Kampf zwischen Mutter- und Vaterrecht hat in vielen griechischen Dramen und Komödien seinen Niederschlag gefunden. In der Orestie des Aischylos kämpften die Rachegöttinnen, die Erinnyen, für die Bestrafung des Orest, der seine Mutter Klytemnestra erschlug. Es entbrennt der Streit zwischen den Rachegöttinnen, die noch das Mutterrecht vertreten, und der Göttin Athene, die nur die Abstammung vom Vater Zeus her anerkennt. Es siegt in der Tragödie das Vaterrecht.

Im alten Rom wird der Begriff der Familie auf der Grundlage des Vaterrechts umrissen. Die »familia« hatte zunächst mit der Geschlechtergemeinschaft nichts zu tun, sondern umfaßte die Gesamtheit der einem Manne gehörenden Sklaven. Es gibt in der deutschen Sprache für den lateinischen Begriff der »familia« keine Entsprechung. Die Römer bezeichneten im Laufe der Entwicklung damit einen neuen gesellschaftlichen Organismus, dessen Haupt (paterfamilias) die Gewalt über Weib, Kinder und eine Anzahl Sklaven hatte mit dem Recht, über Tod und Leben zu bestimmen.

Mit der weiteren Entwicklung der Sklavenhaltergesellschaft wurden gewisse Rechte des Freiwerdens von der Gewalt (Emanzipation) eingeführt. Diese patriarchalische Familie bildet den Übergang zur Monogamie, die in der Zivilisation endgültig die Vorherrschaft des besitzenden Mannes begründet. Die monogame Ehe wird zur Zeugung von Kindern mit unbestrittener Vaterschaft geschaffen. Die Konsequenz für die Frau braucht man nicht näher zu verdeutlichen.

Auch das Christentum als eine den Besitzverhältnissen angepaßte Religion hat nicht, wie oft behauptet, zu einer besseren Stellung der Frau beigetragen. Im Gegenteil. Bereits die Evangelisten Petrus und Paulus haben die Vorherrschaft des Mannes in ihren in der Klassengesellschaft verwurzelten Lehren proklamiert. Die katholischen Kirchenlehrer des Mittelalters haben, wie etwa Thomas von Aquino, stets die Frau als minderwertig, verführerisch, nur der Fleischeslust ergeben, dargestellt. Mit dem Marienkult wird die Frau als Büßerin und Dulderin idealisiert. Zwei Seiten einer Anschauung.

In der feudalen und bürgerlichen Gesellschaft ist die monogame Ehe für die herrschende Klasse in hohem Maße Gegenstand materieller Spekulation geworden. Der Mann, der heiraten will, trachtete danach, mit der Frau auch Eigentum zu heiraten, um seine Familienmacht zu vergrößern. Es lag im Interesse der feudalen und bürgerlichen Gesellschaft, auch auf dem Wege der Heirat und des Erbes das Vermögen zu vermehren. Dieses Vorrecht hat sich über die Sklavenhaltergesellschaft und den Feudalismus hinaus bis zum Kapitalismus erhalten. Junker wie Kapitalisten haben ausgeklügelte Rechtsnormen geschaffen, um die Machtpositionen ihrer Familien zu erhalten und auszubauen.

Am deutlichsten kommt die zweifelhafte Moral bürgerlicher Familienbeziehungen in den sogenannten Geld- und Standesehen zum Ausdruck. Dieses verlogene Ideal reicht bis ins Kleinbürgertum hinein und wird dort sogar noch kultiviert. Vor der Außenwelt wird die lieblose Atmosphäre vertuscht, Eintracht geheuchelt. Die Kinder verkrüppeln psychisch. Thomas Mann zeigt in den »Buddenbrooks« den Verfall solcher Familienbande. Der Mann befriedigt seine Bedürfnisse außerhalb des Hauses, ohne sittlich geächtet zu sein. Die Frau kann das weniger – nicht nur der Folgen, sondern der gesellschaftlichen Verurteilung wegen. Die bürgerlichen Frauen selbst urteilen in der Regel über eine »gefallene« Schwester am härtesten und unbarmherzigsten.

Alexandre Dumas sagt in »Monsieur Alphonse«: »Der Mann hat zwei Arten von Moral gemacht – eine für sich selbst und eine für das Weib; eine, die ihm die Liebe mit allen Frauen erlaubt, und eine, die der Frau als Ersatz für ihre auf immer verlorene Freiheit die Liebe mit bloß einem Manne gestattet.«

Bürgerliche Familie und bürgerliches Recht

Es sei darauf verwiesen, daß im Ehe- und Familienrecht des Bürgerlichen Gesetzbuches (BGB), das noch im wesentlichen bis 1945 galt, in 624 Paragraphen die römische Rechtsauffassung vom absoluten Übergewicht des Mannes als Grundtendenz gang und gäbe war. Der Mann hatte ausschließlich über Besitz und sogar über das persönliche Leben der Frau in der Familie zu bestimmen. Für uns ist es heute unfaßbar, daß es in einer dieser Rechtsnormen, im § 1363, hieß: »Das

Vermögen der Frau wird durch die Eheschließung der Verwaltung und Nutznießung des Mannes unterworfen (eingebrachtes Gut). Zum eingebrachten Gut gehört auch das Vermögen, das die Frau während der Ehe erwirbt.« Der § 1373 ging sogar noch weiter. Er bestimmte, daß der Mann berechtigt ist, die zum eingebrachten Gut gehörenden Sachen in Besitz zu nehmen. Gleichzeitig hatte der Mann darüber zu bestimmen, ob die Frau einer beruflichen Tätigkeit nachgehen durfte oder nicht. Hielt sie sich nicht daran, konnte der Ehemann eine Klage auf Kündigung des Arbeitsvertrages bezeichnenderweise beim Vormundschaftsgericht anstrengen. Die Frau wurde kraft Gesetzes verpflichtet, das gemeinsame Hauswesen »nach den Weisungen des Mannes« zu leiten. Sie – nicht auch der Mann – war zur Arbeit im Hauswesen verpflichtet. Die Sklavenrolle wurde durch die rechtliche Stellung des Vaters gegenüber den Kindern ergänzt. Er konnte alle Probleme, die die gemeinsamen Kinder betrafen, allein entscheiden. Die Mutter durfte sie lediglich betreuen. Sie war nach § 1634 nicht zur Vertretung des Kindes berechtigt. Zum Wesen der Familie in der bürgerlichen Gesellschaft gehörten ebenso Vorstellungen und Bestimmungen, die auch die Kinder und Jugendlichen zum Gehorsam gegenüber dem Vater verpflichteten. Dieses Recht verabsolutierte einseitig vermeintliche Interessen der Eltern und betrachtete die Kinder nicht als selbständig denkende Menschen, die eigene Vorstellungen vom Leben hatten und verwirklichen wollten.

Charakteristisch für die Familienbeziehungen der herrschenden Klasse im Feudalismus wie im Kapitalismus war es, daß häufig beide Partner ihren Liebhaber hatten. Dabei wird der »Fehltritt« des Mannes vor allem von der bürgerlichen Gesellschaft toleriert, die Untreue der Frau hingegen nicht. Erst die Beseitigung des Privateigentums an den Produktionsmitteln durch die sozialistische Revolution hebt die »ganze Vererbungssorge« (Engels) auf und schafft damit die Voraussetzungen, daß einziges Motiv der Gattenwahl die gegenseitige Zuneigung auf der Grundlage der Gleichberechtigung der Geschlechter ist.

Im Schoße des Kapitalismus entstanden bereits neue Familienbeziehungen, die Beziehungen der proletarischen Familie. Darauf verwies Karl Marx. Er betonte im »Kapital«: »So furchtbar und ekelhaft nun die Auflösung des alten Familienwesens innerhalb des kapitalistischen Systems erscheint, so schafft nichtsdestoweniger die große Industrie mit der entscheidenden Rolle, die sie den Weibern, jungen Personen und Kindern beiderlei Geschlechts in gesellschaftlich organisierten Produktionsprozessen jenseits der Sphäre des Hauswesens zuweist, die neue ökonomische Grundlage für eine höhere Form der Familie und des Verhältnisses beider Geschlechter ...« (Marx/Engels, Werke, Band 23, Berlin 1962, S. 514)

Die proletarische Familie

Da Mann und Frau gleichermaßen Lohnarbeiter des Kapitals sind – hier sei nicht darauf eingegangen, daß die Frau gegenüber dem männlichen Arbeiter in ihren beruflichen Möglichkeiten und in ihrem Lohn benachteiligt war –, hatte sie die gleiche Stellung zu den Produktionsmitteln und – weitgehend – auch in der Familie wie der Mann. Die proletarische Familie ist monogam, allerdings nicht in dem bisher dargelegten historischen Sinne, also nicht wegen des Eigentums. Sie ist monogam, weil sich in ihr der größte historische Fortschritt, den die Monogamie ermöglicht hat, nämlich die Liebe, die die ganze Persönlichkeit des Menschen umfassende Zuneigung, entfalten kann.

Mit Worten mußte schon die Bourgeoisie die Liebe als einzig gültige moralische Grundlage der Ehe anerkennen. Doch in der Praxis der bürgerlichen und kleinbürgerlichen Ehe konnte sie sich wegen der Vermögensinteressen und der Unterdrückung der Frau nicht entfalten.

Anders im Proletariat. Hier ist die Familie keine wirtschaftliche Einheit der Gesellschaft. Auf sie treffen die komplizierten vermögensrechtlichen Festlegungen des bürgerlichen Eherechts nicht zu, weil kein Privateigentum an Produktionsmitteln vorhanden ist. Bei der Heirat gab es keine standesmäßigen Vorurteile, Grundlage für die Eheschließung waren ausschließlich die gegenseitige Zuneigung, die Liebe und ihr Fortbestand in der Ehe.

In der proletarischen Familie tragen beide Ehepartner gemeinsam zum Unterhalt der Familie bei, wenn auch damit noch nicht jene Stufe der Gleichberechtigung in der Familie erreicht wurde, die wir heute darunter verstehen. Die Stellung der Proletarierin erwuchs vor allem aus ihrer Teilnahme an der Produktion und am Klassenkampf. Die Klassenzugehörigkeit der Eltern wirkte sich auch auf die Kinder und ihre Verantwortung für die Familie aus. Sie mußten im Kapitalismus bald zum Broterwerb beisteuern und wurden frühzeitig in den kapitalistischen Arbeitsprozeß eingegliedert und schamlos ausgebeutet. Die politische Tätigkeit der Kinder begann schon oft in der Auseinandersetzung mit der Erziehung und den Erziehungsmethoden in der bürgerlichen Standesschule. Unter diesen Bedingungen entwikkelte sich das klassenmäßige Denken der Kinder, was sie schon zeitig in die Reihen des kämpfenden Proletariats führte.

Mit der proletarischen Familie ist die sozialistische Familie in ihrer Keimform entstanden. Die proletarische Familie konnte nur im Kampf gegen die herrschende Gesellschaftsordnung bestehen und sich festigen. Fanden die Proletarier nicht den Weg zum bewußten und organisierten Kampf ihrer Klasse, so beeinflußte die Zerrüttung der bürgerlichen Gesellschaft auch ihre Familienbeziehungen.

In seinem Werk »Der Ursprung der Familie, des Privateigentums und des Staats« kam Friedrich Engels zu der Folgerung: »Die volle Freiheit der Eheschließung kann also erst dann allgemein durchgeführt werden, wenn die Beseitigung der kapitalistischen Produktion und der durch sie geschaffenen Eigentumsverhältnisse alle die ökonomischen Nebenrücksichten entfernt hat, die jetzt noch einen so mächtigen Einfluß auf die Gattenwahl ausüben. Dann bleibt eben kein anderes Motiv mehr als die gegenseitige Zuneigung.«

Engels bemerkte weiter im Hinblick auf die Festigung neuer Familienbeziehungen: »... fallen nun noch die ökonomischen Rücksichten weg, infolge deren die Frauen sich diese gewohnheitsmäßige Untreue der Männer gefallen ließen – die Sorge um ihre eigene Existenz und noch mehr um die Zukunft der Kinder – so wird die damit erreichte Gleichberechtigung der Frau ... in unendlich stärkerem Maße dahin wirken, daß die Männer wirklich monogam werden«, d. h. in einer Einehe neuer Art leben.

Heute kann man sagen, daß sich die Familie durch die sozialistischen gesellschaftlichen Verhältnisse auf der Grundlage der Gleichberechtigung zwischen Mann und Frau immer mehr festigt. Ausdrücklich sei auf die Erkenntnis von Engels zu Liebe und Erotik hingewiesen,

die er für die Ehe im Sozialismus als eine entscheidende Seite des gemeinsamen Bundes ansieht. Er hat nicht Muckertum vertreten. In der sozialistischen Gesellschaft findet die Familie umfassende Möglichkeiten für ihre Entwicklung. Die Familie steht hier nicht mehr im Gegensatz zur Gesellschaftsordnung, die Grundinteressen von Gesellschaft und Familie stimmen überein, ihre Bemühungen für die Entwicklung sozialistischer Persönlichkeiten fließen ineinander.

Dem Manne und der Frau kommen eine neue Rolle in der Familie zu. Er ist nicht mehr der Herrscher, sie nicht mehr die Beherrschte, beide sind Partner, die ihr Familienleben gemeinsam gestalten – gleichberechtigt, voll gegenseitiger Achtung –, so wie beide auch Mitgestalter der gesamtgesellschaftlichen Entwicklung sind. Sie haben zwei entscheidende notwendige Bereiche, in denen sich ihr Leben und ihre Entwicklung vollziehen: die berufliche Tätigkeit und die Familie. Beide sind füreinander, für ihre Familie und ihre Belange gemeinsam verantwortlich. Beiden ist es in die Hand gegeben, das Familienleben so aufzubauen, daß alle durch den Einfluß der Gemeinschaft in ihrer Persönlichkeitsentwicklung gefördert werden.

Die sozialistische Gesellschaft geht zu Recht davon aus, daß die Berufstätigkeit der Frau vom Entwicklungsstand der Produktivkräfte her sowohl notwendig und möglich als auch zugleich von entscheidender Bedeutung ist für ihre Persönlichkeitsentwicklung und für die Familie.

Die berufstätige Frau kann ihrer Familie mehr geben, denn ihr Gesichtskreis ist durch ihren Platz im gesellschaftlichen Arbeitsprozeß gewachsen. Sie kann sich in unserer Gesellschaft ebenso entwickeln wie der Mann. Sie stellt aber zugleich höhere Anforderungen an ihren Ehepartner und an die Kinder. Die gemeinsame Verantwortung in der Familie wird größer, die Achtung der Familienmitglieder nimmt durch die gegenseitige Erziehung zu. Die wechselseitige Anregung der Familienmitglieder führt zu einem höheren Kulturniveau dieser sozialen Einheit. Der im Arbeitsprozeß stehende Mann hat jetzt nicht nur, wie in der proletarischen Familie, eine Kampfgefährtin und Frau neben sich, die zum Lebensunterhalt beiträgt, sondern eine Partnerin, die in Beruf und Gesellschaft wie er Aufgabe und Erfüllung findet. Unter Gleichberechtigung ist, wie man sieht, nicht die einseitige Förderung der Frau zu verstehen.

Gleichberechtigung bedeutet mehr. Sie bedeutet sehr differenzierte menschliche Beziehungen zwischen zwei Menschen unterschiedlichen Geschlechts. Das sind z.B. die gemeinsamen Interessen und Anschauungen, die Gestaltung des Familienalltags. Das ist aber auch die gemeinsame Verantwortung für das Familienleben und besonders für die Erziehung der Kinder zu allseitig gebildeten, charakterfesten Menschen, die mit dem Leben und unserer Gesellschaft fest verbunden sind. Vor allem diese Aufgabe ist ein wichtiges Anliegen der Familie der sozialistischen Gesellschaft.

In der Familie werden die grundlegenden Bedürfnisse der Kinder nach liebevoller Zuneigung sowie nach Nahrung und Kleidung erfüllt. Die Kinder haben am Leben der Familie gemäß ihrem Alter teil. Dabei lernen sie ihre Umwelt kennen und in ihr selbst tätig zu werden.

Je mehr die Eltern die Erziehung der Kinder bewußt in die Gestaltung des Familienlebens einordnen, desto besser werden sie die Möglichkeiten dieser Gemeinschaft für die Entwicklung ihrer Kinder nutzen können.

Die sozialistische Gesellschaft bietet eine gute Grundlage für die Verbindung von Erziehung in der Familie und öffentlicher Erziehung. Sie hat die gleichen Bildungsmöglichkeiten für alle Kinder geschaffen. Eltern und Schule tragen zu einer hohen Allgemeinbildung, einer interessanten beruflichen Entwicklung, einem glücklichen Leben der Kinder bei.

Heute überwiegen bereits die Familien, in denen die Ehepartner die Zehnklassenschule besuchten, die ihre Kinder ebenfalls absolvieren. Dies hat wesentlichen Einfluß auf die Gestaltung des Lebensinhalts der Familienmitglieder, ihre Persönlichkeitsentwicklung, ihr Selbstbewußtsein und die gemeinsamen geistig-kulturellen Bedürfnisse.

Die aktive Rolle der Eltern im gesellschaftlichen Leben und ihre auf Achtung und Liebe beruhenden Beziehungen zueinander wirken sich auf alle Familienmitglieder aus. Durch das Vorbild der Eltern wächst die erzieherische Kraft der Familie neben Schule und Arbeitskollektiv. Für die Kinder ist die Familie jenes Kollektiv, das die Grundlagen des späteren Sozialverhaltens wesentlich mitprägt. Ihr Einfluß bleibt bis ins Jugendalter hinein und auch darüber hinaus wirksam. Die sozialistische Familie steht nicht für sich allein. Sie kann auf die Solidarität und Unterstützung anderer Kollektive vertrauen. Sie genießt den Schutz und die Förderung des sozialistischen Staates. Die Übereinstimmung zwischen Familie und Staat ist auch der Quell der aktiven Teilnahme aller Familienmitglieder an der Gestaltung der Gesellschaft.

Es bedarf nach der historischen Rückschau nicht mehr des Beweises, daß die Familie als »kleinste Zelle der Gesellschaft« – wie es im Familiengesetzbuch der DDR heißt – durch tausend Fäden mit dem gesellschaftlichen Organismus, in dem sie lebt, verbunden ist.

Ob sie die ihr innewohnende Kraft entfaltet, ob sich in ihr jede Persönlichkeit entwickelt – das hängt nicht zuletzt davon ab, wie die Vorzüge der sozialistischen Gesellschaft begriffen, genutzt und durch eigene Aktivität vermehrt werden.

Bevor geheiratet wird

Irgendwann im Leben beginnen zwei Menschen sich zu lieben. Oft wird daraus ein gemeinsamer Bund fürs Leben. Es gibt viele Möglichkeiten, sich näherzukommen – Begegnungen, gemeinsame Erlebnisse, Gespräche und nicht zuletzt Briefe.

Briefe sind Gespräche, die nicht stattfinden konnten. Die innigsten gleichen schriftlichen Dialogen zwischen den Liebenden. Der Schreibende sieht stets seinen Partner vor sich, geht auf ihn ein, erwägt dessen Gedanken, hört seine stummen Antworten, widerlegt oder ergänzt sie, freut sich oder trauert mit ihm. Je mehr sich zwei Menschen aus Liebe zu sagen haben, je größer ist der Drang, die Regungen des Herzens dem anderen mitzuteilen. Die korrespondierenden Liebenden wollen sich als feste Partner schätzen und kennenlernen.

Liebesbriefe heute

Wer glaubt, daß Liebesbriefe in der Zeit des Telefons, der Eisenbahn, des Flugzeugs, durch die man auch größere Entfernungen rasch überbrücken kann, überholt seien, lasse sich von einer 15jährigen Berlinerin belehren. Das Mädchen M. schrieb an ihren gleichaltrigen Freund folgenden Brief:

Lieber G.

Auch wenn Du gegen Postkarten und Briefe bist: Ich schreibe Dir. Glaube mir, ich weiß gar nicht, was ich schreiben soll. Eine halbe Stunde sitze ich nun schon vor dem ersten Satz und weiß nicht weiter. Eigentlich wollte ich Dir gar nicht schreiben, aber dann kam ich auf diese verrückte Idee. Ich muß Dir sagen, daß ich förmlich die Tage zähle, bis ich wieder da bin und Dich sehe. Bitte, bitte, schreibe mir doch mal. Und wenn Du nur den Absender, die Adresse, »Liebe M.« und noch ein oder zwei Sätze schreibst, ich würde mich schrecklich freuen. Was ich Dir das letzte Mal noch sagen wollte: Es ist Deinen Eltern natürlich vollkommen überlassen, wie sie Dich erziehen. Aber eines möchte ich Dir schreiben: Du solltest nicht die Gutmütigkeit Deines Vaters ausnutzen. Bei mir gäbe es so etwas nicht, daß alle Leute springen müßten, wenn ich da- und dorthin möchte. Bitte, sei mir nicht böse, wenn ich Dir das einmal schreiben muß. Es geht mich auch gar nichts an. Aber laß Dich nicht allzuviel verwöhnen, sonst hast Du es später in der Ehe schwer. Aber bis dahin ist es ja noch eine lange Zeit.

Bist du mir jetzt böse, weil ich Dir die Leviten gelesen habe? Bitte nicht. Ich habe Dich doch furchtbar gern, das kannst du mir glauben, auch wenn es schwerfällt. Hast Du mich lieb? Wenigstens ein ganz kleines bißchen? Ich Dich sehr. Du bist der erste Junge, dem ich so lange Briefe schreibe.

Deine M.

Spricht aus dem Brief nicht bereits tiefes Empfinden, die Sorge, daß der geliebte Junge einen Weg nehmen könnte, der seiner Entwicklung nicht dienlich ist? Erwartet sie nicht, daß er aus Zuneigung zu ihr begreifen möge, was er bei anderen, älteren vielleicht, gar nicht anhören würde? Sie hofft, das Gespräch, das sie nur über ein paar Straßen hinweg brieflich mit ihm führt, möge ihn zum Nachdenken anregen. Sie schreibt, weil sie aus der Distanz ihre Gedanken deutlicher und ungehemmter äußern kann. Sie kennt ihren Freund bereits

recht gut, denn beim Zusammensein würde er ihr möglicherweise nicht zuhören oder alles mit einem Scherz abtun.

Dieser Liebesbrief unserer Tage wurde von einem selbstbewußten Mädchen geschrieben. Sie legt bereits an eine junge Liebe hohe Maßstäbe an. M. besitzt ein sicheres Empfinden dafür, welche Charaktereigenschaften ihr möglicher Partner haben müßte.

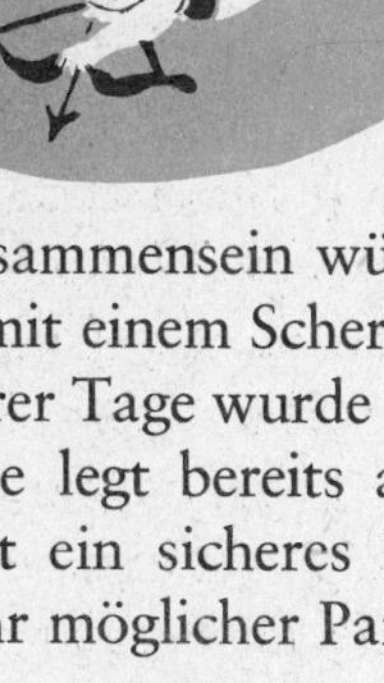

Liebesbriefe damals

Dieser Brief wie auch der Schriftwechsel bedeutender Persönlichkeiten beweisen, daß Liebesbriefe für das gegenseitige Kennenlernen sehr wichtig sind. Wer heute die Liebesbriefe von Karl Marx an Jenny von Westphalen nachliest, spürt, daß sie ihren Bund reiflich erwogen. Der Leser hat teil am Bedürfnis zweier Menschen, sich auszutauschen, sich persönliche Erlebnisse, Freudiges, Belastendes, Schwerwiegendes mitzuteilen. Es sind Briefe voller Zärtlichkeit und Leidenschaft.

Als weiteres aufschlußreiches Beispiel sei die Korrespondenz zwischen Goethe und seiner späteren Frau Christiane Vulpius erwähnt. Sie zeigt die tiefe Zuneigung des Dichters zu einem einfachen Bürgermädchen, zeugt von der Achtung vor der heiteren, klugen Frau.

Diese Briefe seien deshalb erwähnt, weil junge Leute heute oft meinen, es sei nicht zeitgemäß, seine Gefühle offen und leidenschaftlich schriftlich zu äußern. Sind sie wirklich so sachlich? Der erwähnte Brief des jungen Mädchens bewies bereits das Gegenteil. Es wird noch viel geschrieben, vor allem dann, wenn der Freund, der Verlobte, der Ehepartner nicht jeden Tag zu Hause sein kann, weil ihn Arbeit oder Wehrdienst an einen anderen Ort binden. Dann muß sich die Liebe von beiden Seiten schriftlich äußern, sich entwickeln und bewähren.

Viele greifen zur Feder, weil sie mit dem Freund oder Partner die täglichen Anforderungen des Lebens teilen möchten, manchen Rat suchen, Fragen, die sie bewegen, erörtern und auch von mancher Sorge, nicht zuletzt über die Liebe, schreiben möchten.

Die Briefe aus der Zeit des Anfangs einer Liebe sind bleibende Offenbarungen, weil sich jeder eindeutig, ohne Umschweife, mit reiflicher Überlegung äußerte und aussprach, was ihn bewegte. Aber nur dann haben die Briefe diesen Wert, wenn sie wirklich ehrlich waren, wenn das, was mitgeteilt wurde, auch tatsächlich empfunden wurde oder der Realität entsprach.

Wir haben uns mit Liebesbriefen beschäftigt, sie als Ausgangspunkt unserer Betrachtungen genommen, weil sie auch heute noch für die Partnerwahl von großer Bedeutung sind. Ehrliche Briefe, die man sich vor der Ehe über all das schreibt, was das vieldeutige Wort Liebe auszudrücken vermag, erübrigen später vielleicht unangenehme Schriftsätze – für eine Scheidungsklage.

Was ist Liebe?

Was verbirgt sich hinter dem vielschichtigen Begriff Liebe? Psychologen, Sexualforscher, Philosophen, Dichter und Künstler haben ihn zu deuten versucht. Liebe ist gewiß mehr als nur Vorliebe für Äußerlichkeiten, Erotik, Sexualität und Flirt. In der Liebe spiegelt sich alles, was Menschen füreinander zu empfinden und einander zu geben vermögen. Unter dem Begriff Liebe wird sehr viel verstanden: nicht nur die Liebe zum anderen Geschlecht, sondern die Kindes- und Elternliebe, die Liebe zu den Menschen und zur Natur und unter unseren gesellschaftlichen Bedingungen auch die Liebe zum Kollektiv und zur Arbeit. Bei dem einen ist wohl diese, beim anderen wohl jene Regung stärker vorhanden. Bar jeden Gefühls ist wohl kaum ein Mensch.

Jeder sucht beim Partner die ganze Skala der Liebe. So ist es verständlich, wenn eine selbstbewußte Frau sich hin und wieder von ihrem Mann beschützt wissen möchte. Darunter leidet ihre eigene starke Persönlichkeit keineswegs. Sie möchte ganz einfach das Gefühl des Geborgenseins nicht missen. Romain Rolland, der feinsinnige Frauenkenner, sagte, daß die wahre Frau oft einem Geliebten, der sie nicht braucht, einen minder Geliebten vorzieht, den sie umsorgen kann. Der Dichter meint also, daß unterschiedliche Gefühle zeitweilig bei dem einen oder anderen Geschlecht stärker hervortreten. Es läßt sich kein Kalender in einer Partnerschaft darauf einstellen, welcher Ton der Liebe in diesem Monat oder Jahr anklingen soll. Die Liebe zweier Menschen setzt Natürlichkeit voraus, kein Gehabe, das dem Wesen im Grunde fremd ist. Junge Menschen zeigen manchmal – vor allem in der Gruppe – aus den verschiedensten Gründen ein Imponier- oder Renomierverhalten, sei es aus Unsicherheit oder der Befürchtung heraus, sonst nicht ausreichend beachtet und geachtet zu werden. Ein solches »Sich-zur-Schau-stellen« ist vorübergehend und verliert sich meist dann, wenn sich tiefergehende Partnerbeziehungen anbahnen.

Junge Leute stellen heutzutage, vor allem ist dies aber bei Mädchen zu beobachten, hohe Ansprüche an die Persönlichkeit ihres Partners. Tünche ist nicht gefragt, sondern Eigenschaften, die auf das Leben orientiert, real sind und ein echtes, tiefes Gefühl für den anderen verraten.

Heute gehört zu Liebe und Zuneigung in erster Linie wohl die Achtung des Partners: sowohl vor seinen Leistungen, seinem Wissen und Können als auch vor seinem Charakter – seiner Bescheidenheit, Einfühlsamkeit, Zurückhaltung, Leidenschaft und seinen Überzeugungen, die mit dem ganzen Reichtum menschlicher Gefühle erwidert werden können. Liebe entspringt also aus der Achtung einer anderen Persönlichkeit. Diese Achtung wird durch Kennenlernen und Erkennen der Persönlichkeit des anderen erworben, als ein Prozeß, bei dem geprüft, erwogen wird, ob sich die anfängliche Sympathie zu Zuneigung und dauerhafter Liebe entwickeln kann. Dies ist natürlich nicht nur ein vom kühlen Verstand gelenkter Prozeß, sondern ein Spiel der Gefühle, aller jener schönen Neigungen, Emotionen, zu denen Menschen in der Zeit des Werbens umeinander fähig sind.

Gibt es unter diesem Aspekt überhaupt noch die Liebe auf den ersten Blick?

La Bruyère, der zur Zeit Ludwigs XIV. in seinen »Charakteren« mit wachem Sinn die Sitten seines Jahrhunderts beobachtete, sagte: »Die Liebe entsteht plötzlich, ohne alle Überlegungen, aus Temperament oder Schwäche: ein schöner Zug fesselt uns, hält uns gefangen.« Gewiß ein schönes Wort. Es mag zeigen, daß ein Lächeln, eine Handbewegung der Funke sein kann. Jeder Mensch vermag mit einer kleinen Geste seine ganze Persönlichkeit zu offenbaren – so eindringlich, daß er einen anderen entzündet. Liebe auf den ersten Blick wird aber nur von Dauer sein, wenn es dem Partner gelingt, die Flamme zu nähren, sonst bleibt sie ein Strohfeuer.

Die äußeren Reize

Liebe auf den ersten Blick wirft die Frage auf, welche Rolle äußere Reize beim Kennenlernen spielen. Jeder hat eine Vorstellung, wie sein Partner aussehen sollte, gleichgültig, ob er sein Wunschbild findet und heiratet. Statur, Augenfarbe, markante Gesichtszüge beeinflussen die Wahl. Die Auffassungen von Schönheit sind individuell und auch wandelbar, aber ein ebenmäßiges Gesicht, ein gut gewachsenes Mädchen, ein wohlproportionierter, sportlicher Mann erregen Aufmerksamkeit. Doch diese Attribute garantieren noch nicht, daß sich hinter dem angenehmen Äußeren auch ein liebenswerter Mensch verbirgt. Die Gefährten des Odysseus ließen sich von der Zauberin Circe betören und mußten ihre Anbetung der schönen Larve teuer bezahlen, denn die Circe war doch ein rechtes Luder: Sie verzauberte die Verführten in Tiere.

Die vorherrschenden Ansichten über Schönheit sind sehr stark dem Zeitgeschmack unterworfen. Während das klassische Griechenland den athletischen Männerkörper und die Frau mit idealen Proportionen bevorzugte, bewunderte die herrschende Klasse in Rom des Altertums mehr den wohlbeleibten Mann und die überschlanke Frau. Die Malerei der Gotik bis hin zu Lucas Cranach zeigt, daß damals der Büßerinnen-Typ, lang und dünn, als besonders vornehm und schön galt. Die Renaissance besann sich wieder auf die klassischen Körperformen und huldigte der griechischen Plastik. In der Kunst des Barocks triumphierte die Fülle, wie etwa bei »Bathseba im Bade« von Rubens. Klassizismus und Biedermeier haben die ausgeglichenen Körperformen dargestellt. Heute wird der gesunde, ebenmäßige, sportliche und nicht überschlanke Typ als Partner bevorzugt und auch in der Kleidung betont.

Liebe ist mehr

Die Liebe geht nicht etwa nur von Äußerlichkeiten aus. Die Partner erwarten voneinander viele übereinstimmende Grundhaltungen. Die gemeinsame Weltanschauung ist eine wichtige Voraussetzung für das Zusammenfinden der Partner.

Früher sagte man gern, Ehen werden im Himmel geschlossen – aber dieser Himmel war stets auf der Erde. Das Glück einer Ehe heute und hier wird in einem Land geschmiedet, in dem jeder Partner seinen Platz, seine Verantwortung besitzt. Es kann also dem einen nicht gleichgültig sein, wie der andere seine Position in der Gesellschaft begreift. Wer schon tiefer in die gesellschaftlichen Zusammenhänge eingedrungen ist, sollte im Interesse der Gemeinsamkeit den anderen unterstützen, ebenfalls einen festen Standpunkt zu beziehen.

Der soziale Aspekt der intimen Beziehungen war immer wieder Gegenstand von Kunstwerken. Es sei nur an Schillers bürgerliche Tragödie »Kabale und Liebe« erinnert, in der zwischen Luise und Ferdinand unüberwindbare gesellschaftliche Schranken gesetzt sind. In der Novelle »Der Einundvierzigste« von Lawrenjow, einer der bewegendsten Liebestragödien sozialistischer Literatur, gestaltet der Autor die Liebe zwischen zwei jungen Menschen während der Konterrevolution und Intervention gegen den jungen Sowjetstaat. Die Liebe der jungen Kommunistin und des weißgardistischen Offiziers muß scheitern wie die zwischen Ferdinand und Luise, weil sie gesellschaftliche Welten trennen.

Das Glück der Liebenden gedeiht nicht abgeschirmt von der Umwelt. Dennoch sind Grundpositionen zu unserer Gesellschaft, zu unserem Staat nur ein Aspekt, der Einfluß auf die Festigkeit der geschlossenen Bindung ausübt. Viele andere kommen hinzu. Besonders wichtig sind jene, die etwas über das Verhalten, über den Charakter eines Menschen aussagen.

Und die Charaktereigenschaften?

Bei dem künftigen Partner werden in erster Linie Charaktereigenschaften gesucht, die der andere schätzt, als besonders wichtig erachtet oder sie vielleicht selbst nicht in dem von ihm gewünschten Maße besitzt. Es gibt eine alte Redensart: Gegensätze ziehen sich an. In dieser Volksweisheit steckt ein Körnchen Wahrheit, soweit sie auf die Unterschiede der Temperamente abzielt. Jemand, der sehr lebendig ist, ja zur Hektik neigt, kommt mit einem ruhigeren, ausgeglicheneren Menschen meist besser aus. Dennoch sollte man sich nicht allzu sehr auf dieses Sprichwort verlassen, weil es auch andere gibt wie etwa »Gleich zu gleich gesellt sich gern«, das jedoch weniger im Bereich der Temperamente als im Verhalten, in der Einstellung zu bestimmten Dingen, wie z. B. dem Verwirklichen gemeinsamer Interessen, angesiedelt ist.

Die Volksweisheit von den sich ergänzenden Gegensätzen soll auch nicht etwa dazu verleiten, jede Charaktereigenschaft, jedes Verhalten des anderen zu akzeptieren. Leute, die engherzig, geizig, mißgünstig sind, sich selbst überschätzen, sich großmäulig und überheblich äußern (herrührend aus mangelhafter Erziehung in der Jugend, fehlender Selbstdisziplin und aus Kritiklosigkeit gegen sich selbst), werden kaum einen anderen glücklich machen, auch wenn er das ganze Gegenteil wäre. Andererseits darf nicht über jemanden, der diese oder jene schlechte Charaktereigenschaft besitzt, gleich der Stab gebrochen werden.

Jeder sollte dem anderen die Chance geben, sich aus Liebe zu überwinden, und ihm dabei helfen. Manchmal ist die Liebe wie kein anderes Mittel in der Lage, etwas abzutragen, das im Alleinsein wucherte. Oft führten vergangene ungünstige Lebensumstände dazu, daß gute, liebenswerte Eigenschaften eines Menschen verkümmerten, sich sogar ins Gegenteil verkehrten. Es sei an die Weisheit des Märchens »Die Schneekönigin« von Hans Christian Andersen erinnert, in dem Liebe und Zuneigung das Eisherz des Stiefbruders wieder auftauten. Diese Kraft wird aber nur wirksam, wenn der eine nicht aufgibt und der andere, um dessen Liebe gerungen wird, willens und fähig ist, diese opfervolle Zuneigung zu erwidern.

Bei alledem ist nicht zu übersehen, daß die Charaktereigenschaften der beiden Partner sich in der späteren Ehe auf lange Zeit im gemeinsamen Leben bewähren müssen. Deshalb sei nicht verschwiegen, daß auch manche unliebsame Eigenschaft, die schon vor der Ehe bemerkt wurde, sich in späteren Jahren häufig potenziert, und daß die Toleranz des anderen für diesen – einst nur als Eigenheit – angesehenen Charakterzug abnimmt. Unliebsame Eigenschaften wirken sich als Störfaktoren aus, die zum Auseinanderbrechen der Beziehung führen können.

Aus mehrfachem Grund ist hier so ausführlich von Charaktereigenschaften die Rede. Einmal sei dem Urteil vorgebeugt, die Partner wären endgültig geformt und ändern sich nicht. Andererseits ist vor der Gefahr zu warnen, die Eigenschaften des Partners zu idealisieren und dabei dessen Schattenseiten zu übersehen oder aber sich selbst unkritisch zu sehen.

Und noch ein Grund: Viele junge Paare, die vor Gericht die Scheidung ihrer Ehe begehren, geben als Grund an, daß ihre Charaktere miteinander unvereinbar seien. Geht man den Dingen nach, so haben es die Partner vor der Ehe oft versäumt zu prüfen, ob die charakterlichen Anlagen eine dauerhafte Bindung möglich machen, oder es hat sich der eine oder beide zu wenig bemüht, sich zu überwinden, zu ändern. Vor allem haben sich die beiden Partner meist, nachdem sie die Ehe geschlossen haben, wenig aufeinander eingestellt und gegenseitig – liebevoll! – erzogen.

Gleiche Auffassungen in den Grundfragen

Nicht in allen Fragen können und müssen die Partner stets völlig übereinstimmen. Das wäre sogar langweilig und öde, weil sich erst im Widerstreit, im Ringen um eine gemeinsame Meinung Liebe und Ehe festigen. Das heißt nicht, jede Debatte auf Biegen oder Brechen mit gemeinsamen Auffassungen zu beenden. In den Grundauffassungen über das gemeinsame Leben darf es allerdings keine Disharmonien geben, wie etwa in der Haltung der Partner zur Gleichberechtigung der Frau. Diese darf sich nicht nur auf die berufliche Sphäre beschränken. Es muß auch eine gemeinsame Auffassung über die Haushaltsführung bestehen. Es ist zu wünschen, daß z. B. die Wohnung in gegenseitiger Übereinstimmung eingerichtet wird und sich der Geschmack der Partner zueinanderfindet. Jeder sollte seine eigene Note in den Details bewahren und dadurch das gemeinsame Leben bereichern.

Gelegentlich gibt es auch Auffassungen, die man nicht von vornherein teilt. Wenn einer meint, Bücher gehören zum Leben, sollte der andere nicht versuchen, ihn vom Lesen abzubringen. Vielleicht findet er eines Tages selbst Gefallen an der Literatur und erschließt sich mit den Seiten der Bücher neue Seiten des Lebens.

Es wird aber auch Auffassungen geben, die der andere absolut nicht teilen kann. Dann bleibt nur eine Entscheidung: Bedrohen sie das Zusammenleben so ernstlich, daß eine dauerhafte Partnerschaft beeinträchtigt wird, so bleibt nur die Trennung – vor der Eheschließung. Solch ein Fall wäre denkbar, wenn ein Mann z. B. nicht von der Meinung abgeht, er müsse am Sonntag unbedingt zum Frühschoppen, auf den Fußballplatz oder anderen angestammten »Männerinteressen« nachgehen, ungeachtet der Hausarbeit oder anderer Pflichten. Wobei gegen einen – möglichst gemeinsamen – Fußballplatzbesuch nichts zu sagen ist, er ist gesünder und erlebnisreicher als ein Sitzen vor dem Fernseher. Bei den Auffassungen zu Grundfragen des gemeinsamen Lebens sollten die Partner im wesentlichen übereinstimmen. Sie sind sozusagen programmatischer Natur. Die gegenseitige Erziehung zur Gemeinsamkeit ist nicht nur eine Angelegenheit, die von zwei Menschen allein zu bewältigen ist. Hier kann auch das Arbeitskollektiv einen positiven, unaufdringlichen Einfluß ausüben.

… aber vielseitige Interessen

Unterschiedliche, vielseitige Interessen können das Leben der Partner bereichern und viele bleibende Erlebnisse schaffen. Sie belasten jedoch, wenn einer mehr in sein Hobby als in den Partner verliebt ist. Ideal ist, wenn sich einer für die Interessen des anderen erwärmen kann, hin und wieder in diese ganz persönliche Welt hineinblickt, an ihr aktiv teilnimmt und sich ebenfalls daran erfreut.

Vor allem sollten die Partner nach gemeinsamen Interessen suchen. Ein ständiges Bemühen sollte es sein, sich neue Interessen zu erschließen. Oft wird es mit der Freude an flotter Musik, an Sport beginnen, später werden es Liebe zu Büchern, Theater usw. sein. Meist bilden sich gemeinsame Interessen erst im Zusammenleben heraus.

Man kann jedoch nicht erwarten, daß jede Neigung, jedes Interesse vom anderen unbedingt geteilt wird. Der gewiefteste Ehemann wird kaum aus seiner sportabstinenten Frau einen weiblichen Sportfan machen. Bestimmte Interessen bilden sich schon sehr früh – oft in der Kindheit oder im Jugendalter – heraus und sind so stark vorgeprägt, daß sie wichtiger Teil einer Persönlichkeit sind und bleiben müssen. Aber ohne gemeinsame Interessen geht es in einer Partnerschaft nicht, sonst leben beide nebeneinander her.

Eigene und gemeinsame Interessen sind wichtig für die Persönlichkeitsentwicklung. Manche Partner finden nicht allein dazu. Es wäre auch gut, wenn vom Arbeitskollektiv Impulse für Interessen gegeben würden. Wo gemeinsame Interessen fehlen, stellt sich leicht Langeweile ein. Gefährlich für den Bestand von Liebe und Ehe ist, wenn man sich schon in jungen Jahren nichts mehr zu sagen weiß. Jeder sollte sich bemühen, die individuellen Interessen des anderen zu achten, solange sie nicht das gemeinsame Leben stören oder unmöglich machen.

Über Geld und Glück

Bisher wurden subjektive Faktoren behandelt, die der Zuneigung und der Liebe dienlich oder abträglich sind. Die Lebensumstände der Partner als objektive Faktoren, jedoch subjektiv durchaus beeinflußbar, wirken sich ebenfalls auf Liebe, Zuneigung und Zusammenleben aus. Zu ihnen gehören sowohl der Beruf als auch alles, was die Existenzgrundlage einer künftigen Familie ausmacht – und das ist mehr als gemeinsames Einkommen, Wohnraum und materielle Güter. Wichtig ist auch, wie sich die Partner das Miteinander praktisch vorstellen, wie sich Gefühle, Zuneigung, Liebe und gesellschaftliche Position in den eigenen vier Wänden bewähren.

Je realer sich die künftigen Partner über ihren Alltag vor der Eheschließung abstimmen, je offener sie ihre Vorstellungen preisgeben, desto besser werden sie später harmonieren. Die Lebensumstände werden weitgehend vom Fleiß, vom gesunden Streben im Beruf beeinflußt. Die materiellen Grundlagen eines künftigen Familienlebens werden sich so entwickeln, wie die Partner befähigt, gewillt und bemüht sind, sich für die Gesellschaft und für sich persönlich weiterzubilden. Oft geht doch eine höhere Qualifikation nicht nur mit wachsenden Aufgaben, der größeren Befriedigung in der Arbeit, sondern auch mit einem höheren Entgelt einher, selbst wenn der Arbeitsplatz der gleiche bleibt.

Wenn junge Menschen um die Zwanzig miteinander eine Ehe eingehen, dann hegen sie gewisse Vorstellungen von der gemeinsamen Zukunft. Heutzutage ist es doch nicht so, daß sie ohne eigenes Einkommen beginnen. Außerdem genießen junge Eheleute die besondere Fürsorge unseres Staates. Wichtige sozialpolitische Maßnahmen von Partei und Regierung geben jungen Eheleuten auch einen guten Start in eine glückliche Ehe. So werden Kredite zu günstigen Bedingungen gewährt, deren Rückzahlungssumme sich bei den Geburten von Kindern reduziert. Außerdem seien aus diesem Sozialprogramm noch die höhere Geburtenbeihilfe, der längere Urlaub für Wöchnerinnen, die bezahlte Freistellung für Mütter nach der Geburt des 2. und jedes weiteren Kindes bis zur Vollendung des 1. Lebensjahres des Kindes, die verkürzte Arbeitszeit für Mütter mit mehreren Kindern und die Erweiterung der Urlaubsmöglichkeiten hervorgehoben.

Jungen Eheleuten werden in unserem Staat Kredite zu vergünstigten Bedingungen gewährt. Voraussetzungen dafür sind, daß einer oder beide zum Zeitpunkt der Eheschließung Arbeiter, Angestellte, Angehörige der bewaffneten Organe, Studenten, Genossenschaftsbauern oder Mitglieder einer Produktionsgenossenschaft des Handwerks, werktätiger Fischer oder einer gärtnerischen Produktionsgenossenschaft sind und beide das 26. Lebensjahr noch nicht vollendet haben. Die Kredite sind zweckgebunden für die Wohnungsausstattung, die Entrichtung des Genossenschaftsanteils nach Eintritt in eine sozialistische Wohnungsbaugenossenschaft, den Kauf eines ständig bewohnbaren Fertighauses oder den Bau bzw. die Erweiterung eines Eigenheimes als Hauptwohnsitz.

Diese vergünstigten Kredite können junge Eheleute beantragen, die eine Erstehe eingehen, aber auch jene, die eine Zweitehe (einer oder beide) schließen, wenn von keinem der Ehepartner vorher ein Kredit für junge Eheleute in der Erstehe aufgenommen wurde. Auch bei der Zweitehe gilt allerdings, daß beide Ehepartner zum Zeitpunkt der Eheschließung das 26. Lebensjahr noch nicht vollendet haben. Die Kredite sind bei der für den Wohnsitz des jungen Paares zuständigen Sparkasse zu beantragen.

Der Kredit für die Finanzierung des Genossenschaftsanteils wird bis zu einer Höhe von 5 000 Mark zinslos gewährt. Er ist innerhalb von acht Jahren in monatlichen Raten zurückzuzahlen. Mit der Tilgung des Kredits ist spätestens drei Jahre nach Kreditaufnahme zu beginnen. Der Beginn der Rückzahlungen ist mit der Sparkasse vertraglich zu vereinbaren.

Auch wenn ein Haus gebaut oder erweitert werden soll, sind 5 000 Mark des Bauleistungskredits zinslos, wenn es sich um junge Eheleute handelt.

Unabhängig vom Kredit für die Wohnraumbeschaffung kann für den Kauf von Möbeln, hauswirtschaftlichen und haushalttechnischen Gegenständen, Rundfunk- und Fernsehgeräten, von Haushaltwäsche usw. ein Kredit in Höhe bis zu 5 000 Mark zinslos aufgenommen werden. Er ist innerhalb von 8 Jahren, beginnend nach der Kreditaufnahme, in monatlichen Raten, die mit der Sparkasse zu vereinbaren sind, zu tilgen.

Für die Aufnahme zinsloser Kredite sind bei der Sparkasse vorzulegen: die Personalausweise oder gleichgestellte Ausweise beider Ehegatten und die Heiratsurkunde. Eine Kreditaufnahme für die Entrichtung des Genossenschaftsanteils, den Ankauf eines ständig bewohnbaren Fertighauses oder den Bau bzw. die Erweiterung eines Eigenheimes als Hauptwohnsitz ist innerhalb von $1^1/_2$ Jahren, die des Kredites für die Wohnungsausstattung bis zu drei Jahren nach der Eheschließung möglich.

Von den zurückzuzahlenden zinslosen Krediten werden bei der Geburt des 1. Kindes 1 000 Mark, bei der Geburt des 2. Kindes weitere 1500 Mark und bei der Geburt des 3. Kindes weitere 2500 Mark erlassen. Der Krediterlaß wird auch für vor der Ehe geborene Kinder gewährt, für die einer der beiden Ehepartner erziehungsberechtigt ist, sowie für an Kindes Statt angenommene Kinder. Allerdings müssen die Kinder vor Ablauf der Tilgungsfrist von acht Jahren geboren bzw. an Kindes Statt angenommen sein. Bei der Sparkasse sind die Geburtsurkunde oder die Urkunde über die Annahme an Kindes Statt vorzulegen. Über die verschiedenen Möglichkeiten der Kreditgewährung, der Rückzahlung und des Krediterlasses informiert jede Sparkasse.

Viele junge Menschen haben vor der Eheschließung, jeder für sich, für den eigenen Haushalt gespart. Der leichtere Beginn darf nicht dazu verführen, nur nach materiellen Gütern als dem höchsten gemeinsamen Glück zu streben oder noch vor der Eheschließung das richtige Maß für die erwarteten und möglichen gemeinsamen Lebensumstände zu verlieren. Es muß durchaus nicht alles vom ersten Tage an vorhanden sein. Das Verlassen des Elternhauses ist eine große Umstellung, weil eine gewohnte Ordnung und Häuslichkeit aufgegeben wird, die sich das junge Paar erst schaffen muß. Aber gerade in der gemeinsamen Gründung des neuen Haushalts, in dem nicht sofort alles vorhanden ist, bewährt und erfüllt sich die Liebe, festigt sich der gemeinsame Bund. Wer die Lebensumstände nur auf materielle Güter begrenzt, begibt sich des wahren Glücks liebender Menschen.

Nachdenklich muß stimmen, was manche junge Ehemänner als Scheidungsgrund vorbringen: »Meine Frau kann nicht wirtschaften, sie kommt mit dem Geld nicht aus.« Liegt das ausschließlich am Unvermögen der jungen Frau? Das Wirtschaften für eine Familie will gelernt sein. Es ist nicht nur Sache der Frau, sondern auch ihres Mannes. Beide müssen diese hohe Kunst erwerben, denn günstiges Wirtschaften bedarf der Erfahrung und auch des Willens, es zu lernen.

Wichtig ist, daß sich die Partner über die Verwendung ihres gemeinsamen Einkommens einig sind. Mancher Mann, der mehr als seine künftige Frau verdient, glaubt, mehr aus der gemeinsamen Kasse beanspruchen zu dürfen. Dieser Standpunkt zeigt, daß er sich nicht genügend auf die neuen Lebensumstände eingestellt hat. Das rührt meist daher, daß die Partner vor der Eheschließung ihren Verdienst für sich allein und ohne Rechenschaft abzulegen verwenden konnten. In der Ehe entstehen Ausgaben, die beide bisher nicht oder nicht in dieser Höhe kannten (Miete, Strom- und Gasgebühren, Anschaffungen).

Vielleicht waren auch die Eltern zu großzügig und beteiligten ihre heranwachsenden Kinder trotz eigenen Einkommens nicht an den Ausgaben des Haushalts. Um so notwendiger, daß sich die künftigen Ehepartner noch vor dem Gang zum Standesamt über die Haushaltsführung einig werden, weil ständige Auseinandersetzungen über das Geld nach der Eheschließung die größte Liebe töten können.

Man kann nicht alle materiellen Fragen und andere wichtige Angelegenheiten bis ins letzte vor einer Eheschließung klären. Ständig ergeben sich in der Ehe neue Situationen, mit denen die Partner fertig werden müssen. Entscheidend ist der Wille, das Erstrebte gemeinsam zu erreichen. Wer von beiden den gemeinsamen Etat verwaltet, ist nicht so entscheidend. Wer dazu am besten in der Lage ist oder sich diese Fähigkeit schnell anzueignen vermag, sollte es tun.

Zu den gemeinsamen Lebensumständen zählt ebenso die arbeitsfreie Zeit und wie sie eingeteilt werden soll. Die Partner müssen sich rechtzeitig darüber verständigen, damit sich später keiner benachteiligt fühlt.

Die Lebensumstände, die junge Paare heute antreffen, stehen unter anderen Vorzeichen als vor fünfzig Jahren. Die sozialistische Gesellschaftsordnung bietet den Eheleuten vom ersten Tage an ein gemeinsames Leben ohne Angst um Lohn und Brot, ohne Angst vor dem morgigen Tag. Die Heirat hängt heute nicht mehr vom Einkommen, vom Stand und von der Höhe der Mitgift ab. Der sozialistische Staat schafft in zunehmendem Maße günstige Bedingungen für junge Leute. Es kommt für jeden darauf an, die gebotenen Chancen klug und unter Beachtung der gesellschaftlichen und persönlichen Interessen zu nutzen.

Partnerwahl – kein Glücksspiel

Viele Momente beeinflussen die Wahl des Partners, wenn statt Liebelei oder flüchtigem Abenteuer eine dauerhafte Verbindung angestrebt wird. Die Partnerwahl ist in den einzelnen Lebensaltern sehr verschieden. Ältere Menschen gehen im allgemeinen vorsichtiger, prüfender vor. Sie sind gefestigte Persönlichkeiten mit bestimmten Ansichten über ein Leben zu zweit und im Besitz vieler Lebenserfahrungen. Junge Leute sind unbelastet und unbeschwerter, sie spielen sich meist ohne große Schwierigkeiten aufeinander ein.

Das bedeutet nicht, daß man mit jedem Menschen, mit dem man sich versteht, der einem gefällt, den man vielleicht auch liebt, eine harmonische Ehe führen könnte. Zu einer dauerhaften Verbindung gehört mehr, als sich nur aufeinander einzustellen und sich zu verstehen. Vor allem bleibt bei Partnerschaften, die aus Freundschaft oder Kameradschaft keimten, manchmal jene Distanz erhalten, die zwischen Freunden natürlich und verständlich ist, aber in der Liebe nicht bleiben darf. La Bruyère hat dazu gesagt: »Liebe beginnt mit Liebe, die innigste Freundschaft kann nur eine schwache Liebe werden.« Der Franzose der frühbürgerlichen Aufklärung hat insofern Recht, als Freundschaften, auch innige Freundschaften junger Leute, nicht unbedingt in eine intime Liebesbeziehung münden müssen. Die frühen Freundschaften dienen mehr dem Kennenlernen des anderen Geschlechts, dem Gedankenaustausch, einer gemeinsamen Freizeitgestaltung. Es sind Vorstöße auf das noch unbekannte Gebiet der Liebe und deshalb besteht nicht in jedem Fall die Absicht, eine dauerhafte Beziehung zu knüpfen. Bei alledem ist es nicht ausgeschlossen, daß es bei Freundschaften nicht nur zu Zärtlichkeiten, sondern auch zu sexuellen Kontakten kommt.

Junge Menschen beginnen ihre Liebesbeziehungen heutzutage ziemlich früh. Nicht selten kommt es schon im 16. Lebensjahr zu intimen Kontakten. Untersuchungen beweisen, daß diese frühen Partnerbeziehungen, so oberflächlich sie Älteren erscheinen mögen, doch mit der Absicht eingegangen werden, ernsthaft zu prüfen, ob man über eine längere Zeit oder überhaupt zusammenbleiben kann. Fällt aber die Entscheidung eines oder beider Partner negativ aus, wird ziemlich abrupt und ohne viel Aufhebens »Schluß gemacht«.

Bleiben die beiden zusammen, heißt es nicht in jedem Falle, daß schon an eine Heirat gedacht wird, sondern nur an das Zusammensein und Zusammenleben. Wir berufen uns bei diesen Feststellungen auf umfangreiche Untersuchungen von Prof. Dr. sc. Kurt Starke, Leipzig, der nachweist, daß viele junge Paare zwischen zwei und vier Jahren zusammen sind, ohne eine Ehe zu schließen.

Mancher behauptet, die junge Generation sei »zügellos«. Die Jugend von heute denkt viel natürlicher über sexuelle Kontakte als vergangene Generationen. Sie kann es, weil die gesellschaftlichen Verhältnisse in unserem sozialistischen Lande auch auf diesem Gebiet eine Atmosphäre des vertrauensvollen Miteinanders bieten. Künftige Partner sind gegenüber vorehelichem Geschlechtsverkehr des anderen im allgemeinen tolerant. In dieser Einstellung wird einerseits eine andere Haltung zur Sexualität deutlich als noch vor wenigen Jahrzehnten, andererseits ist damit aber keineswegs ein unverantwortliches Aufnehmen von Intimkontakten verbunden. Es ist erwiesen, daß die meisten Paare sich Zeit lassen, ehe sie das gemeinsame sexuelle Erleben suchen. Das alles spricht für eine zunehmende Verantwortung bei der Partnersuche, für zunehmende Ernsthaftigkeit im Prozeß des Kennenlernens. Ebenso wichtig wie die Sexualität wird das Aufschließen der Gedankenwelt des anderen, das Betrachten und Prüfen seiner Einstellung zum Leben überhaupt. Und für junge Mädchen ist ein Kriterium für einen möglichen Partner – seine Haltung zu Kindern.

Selbstverständlich spielen bei der Wahl oder Suche der Partner bei allen Jugendlichen gewisse Wunschbilder eine Rolle. Diese Idealvorstellungen sind aber nicht etwa unveränderbar, wenn die Realitäten eines Partners dieses Wunschbild in einer angenehmen Weise verdrängen. Zu den Idealvorstellungen, den Wünschen und Hoffnungen gehört aber heute bei jungen Menschen bereits die sexuelle Übereinstimmung.

Es wurde schon darauf hingewiesen, daß die »Unberührtheit« der Frau vor der Ehe heute nicht mehr zu den »Forderungen« des Mannes gehört. Darin zeigt sich auch eine Überwindung alter, überholter Moralauffassungen, denn die Jungfernschaft der Frau stand dem selbstverständlichen »Austoben« des Mannes gegenüber.

Sexuelle Kontakte entstehen durch Zuneigung und Sympathie. Ob es eine tiefe Liebe ist oder wird, läßt sich beim ersten Mal nicht immer sagen. Es hängt aber viel vom ersten Verkehr ab. Haben sich die beiden in großer Zuneigung und Hingabe gefunden, kann auf beiden Seiten das Bedürfnis nach einem Partnerwechsel weit zurücktreten, ja sogar unterbleiben.

Es ist zu wünschen, daß die Eltern gerade in dieser Zeit das Vertrauen ihrer heranwachsenden Kinder behalten, weil sie bei ihren ersten Schritten auf den Pfaden der Liebe den Rat Erfahrener brauchen. Von einem gewalsamen Eindringen in das Gefühlsleben der eigenen Kinder ist jedoch unbedingt abzuraten. Meist entstehen Abwehr- und Trotzreaktionen, wo Vertrauen notwendig wäre. Eltern, die ihren heranwachsenden Kindern Freunde sind, werden dann auch von ihnen gefragt, wenn sie in intimen Fragen Rat benötigen.

Die Partnerwahl wirft also viele Fragen auf. Auch in ihr zeichnen sich – besonders bei der jungen Generation – zunehmend sozialistische Denk- und Verhaltensweisen ab. Dennoch gibt es noch Anzeichen dafür, daß die Überwindung alter, überholter Denkweisen ein langer Prozeß ist. So gibt es nach wie vor unterschiedliche Auffassungen zwischen Jungen und Mädchen darüber, ob zu Intimbeziehungen Liebe, zumindest jedoch Zuneigung oder Sympathie, notwendig sind. Nach Untersuchungen betonen 80 Prozent der Mädchen, daß sie mit einem Mann nur dann verkehren, wenn er sie liebt und sie ihn. Hingegen haben nur 40 Prozent der jungen Männer diesen Standpunkt. Die darin erkennbaren Relikte der Vergangenheit lassen sich wohl erst über einen langen Zeitraum abbauen. Sie zu überwinden ist schwer, weil sie vorwiegend, der Außenwelt verborgen, in der Intimsphäre hervortreten.

Dieses Buch richtet sich nicht nur an junge Leute. Es soll auch jenen Ratgeber sein, die den zweiten Start versuchen. Da prüft man im allgemeinen schon kritischer, überlegt reichlicher und hütet sich vor übereilten Entschlüssen. Oft braucht man selbst Zeit, sich zu finden.

Nicht selten ist in Inseraten zu lesen: »Suche nach großer Enttäuschung ...«. Aus der Sicht des einen mag das richtig sein. Wenn man dies aber konsequent zu Ende denkt, müßte derjenige, der enttäuscht hat, überhaupt keinen Partner mehr suchen dürfen. Aber die Statistik der Zweitehen sagt aus, daß überwiegend beide wieder eine neue Ehe eingehen und diese meist dauerhaft ist. Möglicherweise haben jene, die sich trennten, nicht zusammengepaßt, haben ihre gemeinsame Liebe nicht zu entwickeln vermocht oder den gemeinsamen Weg ins Leben vorher zu wenig geprüft.

Reifliches Überlegen ist richtig, dennoch sollte niemand übersteigerte Vorstellungen von einem neuen Partner haben. Wer nur einem Wunschtraum nachgeht, verliert leicht den Blick für die Realitäten. Und manch einer sollte sich eingestehen, daß Eigenschaften wie Egoismus und Egozentrismus – den Ursachen dieser Charakterzüge sei hier nicht nachgegangen – für eine Ehe nur wenig geeignet sind, weil Menschen mit diesen Charaktereigenschaften im allgemeinen kaum einen anderen Menschen tief und dauerhaft zu lieben vermögen.

Auch solche offenen Worte sind zum Thema Partnerwahl nötig.

Die Bemerkungen zu diesem Thema insgesamt sollten verdeutlichen, daß Partnerbeziehungen nicht automatisch entstehen, sondern das Kennenlernen des anderen, das Bemühen um ihn und um sich selbst voraussetzen. Die Liebe gründet sich heute auch auf die Gleichberechtigung der Geschlechter – bei allen geschlechtstypischen Besonderheiten. Gleichberechtigung bedeutet in diesem Fall nicht, daß ein Mädchen vermännlicht oder ein junger Mann verweiblicht. Im Gegenteil. Jeder soll seine speziellen Charakterzüge, die einem Jungen oder einem Mädchen eigen sind, spüren lassen. Gleichberechtigung der Geschlechter ist umfassend zu verstehen. Sie hat sich im Zusammenleben der Partner ständig zu entwickeln, auf allen Gebieten ihres gemeinsamen Lebens.

Kennenlernen, aber wo …

Obgleich junge Leute viele Freundschaften und Bekanntschaften haben, finden sie dennoch nicht auf Anhieb den geeigneten Partner. Sicher macht Gelegenheit Liebe, und die häufigste Gelegenheit ist, sich in der Sphäre der Arbeit und des Lernens näherzukommen. Andere finden sich in der Freizeit im Klub, in der Sportgemeinschaft, auch im Jugendverband. Hier knüpfen gleiche Interessen häufig zarte Bande. Bei gemeinsamen Aufgaben also läßt sich die Leistung des anderen beurteilen, lernt man ihn schätzen und einschätzen. Im Urlaub beginnt manche Liebe. Gemeinsame Erlebnisse verbinden. Vielleicht ist auch mancher gelöster, entspannter, findet zu einer Gemeinschaft von fröhlichen jungen Leuten auf dem Zeltplatz, findet überhaupt leichter Anschluß als im Alltag. Im Urlaub kommt man mit Leuten ganz anderer Berufe, ganz anderer Lebensbereiche zusammen. Der Urlaub ist jedoch nicht der »Alltag« des Lebens. In dieser herrlichen Freizeit werden meist nur die »Schokoladenseiten« offenbar. Ob sie sich später als dauerhafte Eigenschaften erweisen, ist zu überprüfen. Man sollte eine Urlaubsbekanntschaft nicht überbewerten. Manche »Flotten« beiderlei Geschlechts suchen nur ein Ferienerlebnis mit Bar, Kuß und Bett. Und später? Wer wirklich Anschluß sucht, sollte genauer die Bekanntschaft anschauen und in den lieb gewonnenen Menschen hineinhören.

Manch Älterer möchte in seiner Arbeitswelt keinen Partner suchen, weil er weiß, daß es weitaus komplizierter ist, eine Bindung zu lösen, wenn man sich noch ständig begegnet. Junge Leute sind davon nicht so belastet, gehen sich nicht unbedingt aus dem Weg, wenn sie ihr Verhältnis beendet haben.

Die Jugend macht häufig Bekanntschaften beim Tanz. Ein Kennenlernen wird es aber nicht in jedem Falle sein. Das wird manchmal durch die Phonzahl erschwert. Kennenlernen setzt jedoch auch das Reden miteinander voraus, denn wie will man sonst in die Gedankenwelt des anderen eindringen?

Eine weitere Möglichkeit der Kontaktaufnahme zu anderen bieten Zeitungsannoncen. Man sollte über diese Inserate nicht lächeln, denn hinter fast jeder steckt die ernste Absicht, einen Partner zu finden.

Wer sich entschließt, eine Anzeige aufzugeben, betrachtet es nicht als Spiel. Nach vielleicht langem Alleinsein möchte jemand einen guten Freund finden. Jeder, der auf eine Anzeige schreibt, sollte mit dem gleichen Ernst antworten, obwohl er von der Persönlichkeit, die sich dahinter verbirgt, nicht mehr weiß als fünf, sechs Worte – meist belanglose Angaben über Alter, Größe und Beruf. Es gibt keine Statistik darüber, wieviel Ehen auf diese Weise zustande gekommen sind. Jedenfalls bedarf es auf beiden Seiten der Geduld, bis sich aus den kargen Angaben ein gegenseitiges Gefühl entwickelt. Vielleicht keimt es gerade über den Briefwechsel. Bedauerlich ist nur, daß etliche Suchende ihren Herzenswunsch mit vordergründigen materiellen Angaben – wie Haus, Auto, Vermögen – oder deutlichen materiellen Forderungen verbinden. Hier äußert sich häufig noch die überkommene Vorstellung von bürgerlichem Geld- und Besitzdenken.

Das Suchen und Finden eines Partners ist eine sehr vielschichtige Sache. Ob Liebe auf den ersten Blick oder monatelanges Prüfen, Abwägen, das hängt vom Temperament, den Charaktereigenschaften und dem Anspruch an den anderen (nicht im materiellen Sinne) ab. Es gilt noch immer das alte Dichterwort: »Drum prüfe, wer sich ewig bindet …«

Wovon junge Mädchen träumen

Die Erwartungen, die ein junges Mädchen an einen jungen Mann stellt, scheinen sehr vielfältig und bei jedem Mädchen andere zu sein. Aber im Grunde genommen erwartet jedes Mädchen, daß es als Mädchen geachtet, daß seine Liebe erwidert wird und der junge Mann ihm mit Charme und Aufmerksamkeit entgegentritt.

Ein junges Mädchen erwartet von seinem Freund durchaus Liebe, auch Küsse, aber es ist befremdet, wenn ihm schon nach wenigen Tänzen, einem gemeinsamen Kinobesuch oder einer Bootsfahrt angedeutet oder direkt gesagt wird, daß es nun an der Zeit sei, das gemeinsame Erlebnis mit intimen Beziehungen zu vollenden, daß das sozusagen »dazugehöre«. Gewiß, bei jungen Menschen geht alles viel schneller. Dennoch kann auf Taktgefühl, das aus der Achtung vor dem anderen geboren ist, auch heutigentags nicht verzichtet werden. Es gehört ebenso zur sozialistischen Lebensweise wie Aufrichtigkeit, Ehrlichkeit, Bescheidenheit und viele andere Eigenschaften, die den Menschen der sozialistischen Gesellschaft auszeichnen sollten, denn es gibt bei der Herausbildung der sozialistischen Lebensweise keine Frage von untergeordnetem Rang.

Es wäre durchaus wünschenswert, wenn Elternhaus, Schule und Jugendorganisation gemeinsam der Vorbereitung von Jungen und Mädchen auf Ehe und Familie mehr Beachtung schenken würden. Fragen über Freundschaft, Liebe, Ehe und Familie – die das Verhalten beider Geschlechter zueinander berühren – können mehrmals Gegenstand offener kameradschaftlicher Gespräche in guten FDJ-Kollektiven sein und damit zu einer Haltung, die von Achtung zueinander gekennzeichnet ist, beitragen.

Das tägliche kameradschaftliche Beisammensein von Jungen und Mädchen in einer Schulklasse, in einer Lehrwerkstatt, das gemeinsame Aufwachsen beider Geschlechter als Kameraden schließt die Zuvorkommenheit der Jungen nicht aus. Junge Mädchen haben viel für männlichen Charme übrig.

Mädchen möchten ihren Freund wegen einer besonders guten Leistung oder Fähigkeit bewundern, ohne sich dabei in der eigenen Persönlichkeit gemindert zu fühlen. Sie wollen ihn seiner guten Eigenschaften wegen achten und erleben, daß er von seinen oder den gemeinsamen Freunden, vom Kollektiv anerkannt wird.

Der junge Mann kann also mit seinen persönlichen Leistungen in Beruf und Sport oder mit seinen Ansichten und Interessen in der Freizeit durchaus imponieren. Aber er sollte nicht renommieren! Wer angibt, aufschneidet, nur sein Tun und Wissen in den Mittelpunkt stellt, ständig die Unterhaltung an sich reißt, wird wenig Gegenliebe ernten. Ein Mädchen hofft, daß er in den gemeinsamen Stunden einen Gesprächsstoff findet, der nicht nur seine Interessen berührt, sondern auch auf die Gedanken und die Gefühlswelt der Partnerin eingeht.

Ein junges Mädchen erwartet also, was für einen heranwachsenden sozialistischen Staatsbürger selbstverständlich sein sollte: alle hohen moralischen Werte, die unserer Gesellschaft eigen sind – wie Achtung des Menschen, Rücksichtnahme auf den anderen, auf das gesamte Kollektiv, der Wille, sich einzuordnen, bescheiden zu sein und doch durch Leistungen hervorzustechen. Und sie erwartet natürlich Liebe, tiefe, leidenschaftliche Liebe, voller Zärtlichkeit und auch Romantik.

Junge Mädchen mögen keine Unehrlichkeit, Unzuverlässigkeit und körperliche Unsauberkeit beim Partner. Sie schätzen auch nicht überholte Einstellungen und Haltungen, mit denen manche jungen Männer offensichtlich zuweilen ihre Überlegenheit gegenüber dem »schwachen« Geschlecht beweisen und ihre spätere Unabhängigkeit betonen möchten. Wenn ein junges Mädchen zu nachgiebig ist und seinem Partner »Alleingänge«, wie häufige Gaststättenbesuche mit »Freunden«, nicht abgewöhnt, dann wird es sich später zu Hause allein mit der Wirtschaft und den Kindern abmühen müssen. Gewiß mag das nicht mehr die Allgemeinerscheinung sein: Aber geht man an den Wochenenden vormittags in Gaststätten, so kommt man zu der Überzeugung, daß noch manches für die Erziehung der jungen Männer zur Verantwortung gegenüber ihrer Familie getan werden muß.

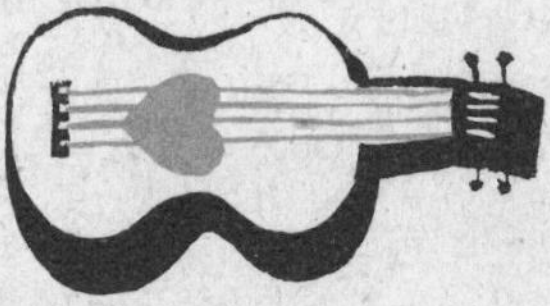

Was junge Männer erwarten

Ein junger Mann erwartet von seiner Freundin ähnliches wie sie von ihm. Er erwartet, daß sie seinen Beruf achtet, weiblichen Charme hat, Anschmiegsamkeit, Zärtlichkeit. Er möchte, daß seine Freundin stets adrett, modern und sauber angezogen ist. Oft stellt er hier höhere Ansprüche an das Mädchen als an sich selbst.

Es ist gar nicht so selten, daß junge Männer von einem jungen Mädchen auch hausfrauliche Fähigkeiten erwarten. Dieser Wunsch hat positive wie negative Seiten. Positiv ist zu werten, daß die jungen Männer sich zu Hause wohl fühlen möchten und auf die häusliche Atmosphäre Wert legen – zu der sie jedoch ebenfalls beitragen sollten. Negativ ist er dann zu bewerten, wenn sich dahinter verbirgt, daß diese jungen Männer ihre künftige Ehe als ein Versorgungsinstitut für sich ansehen. Trotz erheblicher Fortschritte gegenüber der älteren Generation ist der Stand der familiären Gleichberechtigung auch in jungen Ehen noch nicht befriedigend. Es zeigt sich, daß leider in vielen Familien der Haushalt noch weitgehend Sache der Frau ist.

Hausfrauliche Fähigkeiten bei einem jungen Mädchen zu erwarten, ist, abgesehen von den Haltungen, die sich dahinter verbergen können, übertrieben. Um einen Haushalt zu führen, braucht man viel Erfahrung, die nur in der Praxis zu erwerben ist. Es wird mancher Braten anbrennen und mancher Kuchen mißlingen, ehe es die jungen Eheleute zu Meisterleistungen bringen. Es schadet durchaus nicht, wenn sich der junge Mann ebenfalls die Kochkunst und das Abc des Haushalts aneignet. Auch gibt es genug Situationen, in denen der Mann die Familie allein versorgen muß, wie Weiterbildung, Krankheit oder Kur der Frau. Außerdem bliebe ihr, wenn sie die Hausarbeit ohne sein Mittun bewältigen müßte, zu wenig Zeit für die Familie, also auch für ihren Mann.

Heute erwartet ein junger Mann von seinem Mädchen jedoch vor allem, daß es ihm Partnerin im gemeinsamen Leben ist, daß es sich gleich ihm weiterbildet, nach gemeinsamem Erleben trachtet, daß es ebenso wie er seinen Platz in der Gesellschaft ausfüllt.

Gibt es den idealen Partner?

»Ja«, sagen die einen, und »nein« kategorisch die anderen, je nach ihren Erfahrungen im Leben.

Es gibt für jeden Menschen nicht nur einen idealen Partner, sondern viele. Die Entwicklung sozialistischer Persönlichkeiten hat den Kreis möglicher Partner größer werden lassen, denn eine eheliche Verbindung wird heute vom Wesen des Menschen und nicht von Geld und Gut, von Namen und Rang beeinflußt.

Bei den idealen Partnern kommt es im gemeinsamen Bund zur größtmöglichen Übereinstimmung, auch im intimen Verkehr. Diese Übereinstimmung, das sei ausdrücklich betont, kann nicht von Beginn an und auch nicht auf allen Gebieten zugleich vorhanden sein. Beide Seiten müssen jedoch vor einer Ehe spüren, daß sich die ersehnte Harmonie nach und nach erreichen läßt. Es bedarf keineswegs langer Jahre, um die wesentlichsten Charakterzüge eines Menschen zu ergründen. Ebensowenig wie eine volle Übereinstimmung sofort vorhanden sein kann, muß sie auch ewig währen. Ideale Partner bleiben jene, die sich stets aufs neue aufeinander einspielen und Harmonie nie mit Gleichklang verwechseln. Gleichklang allein kann leicht zu Gleichgültigkeit führen. Die Partner leben sich auseinander, obwohl ihre politische Überzeugung, ihre Auffassungen und Interessen im Grunde die gleichen geblieben sind.

Gewarnt sei davor, statt einen Partner zu suchen, einem Idol nachzujagen. Leicht begibt man sich der Chance, einen lieben

Menschen kennenzulernen und für ein gemeinsames Leben zu gewinnen. Jeder sollte sich selbst prüfen, ob er einem solchen Idealbild der gemäße Partner wäre. Die Motive, zu hohe Ansprüche zu stellen, sind sehr verschieden. Oft hängt es von der ersten Begegnung mit dem anderen Geschlecht ab, häufig ist es ein Ausdruck der Furcht vor einer Entscheidung, und manchmal ist es auch nur der Vergleich mit einem Menschen aus dem Bekanntenkreis, der mit seinem Partner das Leben so meistert, wie es als ideal angesehen wird, oder der Wunsch, sofort einem »fertigen« Menschen zu begegnen. Es besteht die Gefahr, daß sich das Idealbild zum Idol verklärt und damit jeder mögliche Partner unter diesem falschen Maßstab bleiben muß.

Die Entscheidung darüber, ob ein Partner ideal ist, hängt auch davon ab, welche Schwächen und Stärken der andere akzeptiert und welche nicht. Wenn jemand nicht zu tolerieren vermag, daß der Partner vielen praktischen Dingen gegenüber unbeholfen ist, darf er einen solchen Menschen nicht heiraten. Ein anderer hingegen findet diese Eigenheiten vielleicht erträglich und bis zu einem gewissen Grade sogar liebenswert. Wichtig ist, sich vor der Ehe genau kennenzulernen, um später nicht überrascht zu sein.

Ein Schuß Romantik

Junge Leute von heute, die sich immer so sachlich dünken, träumen wie Generationen vor ihnen an der Schwelle der Nacht, schauen hinauf zu den Sternen und denken dabei über ihre gemeinsame Zukunft nach. Vielleicht fahren junge Liebende gerade deshalb besonders gern zelten (nicht nur, um im Zelt zusammen wohnen zu können), weil sie draußen in der Natur unbeschwert gemeinsame Stunden verbringen können. Sie wollen aber nicht immer nur allein, nur zu zweit sein. Sie treffen sich oft in Gruppen, um zu plaudern, zu scherzen oder Musik – ihre Musik – zu hören, eng aneinandergeschmiegt vor sich hin zu träumen, ohne Scheu vor den Freunden. Ein flüchtiger Kuß berührt die Lippen, ein Händedruck, mehr oft nicht. Auch das gehört zur Romantik der Liebe, sich zurückzuhalten, sich zu bescheiden, nicht mehr zu fordern, als gewährt werden kann oder gewährt werden möchte.

Durch die hellen Straßen der Städte gehen die Pärchen engumschlungen, ungeachtet des Lichts. Sie vergessen die Helligkeit, sind nur für sich da. Sie verheimlichen ihre Zuneigung nicht. Nur Prüde

erregen sich darüber. Allerdings, was in die Intimsphäre zweier Menschen gehört und nur sie betrifft, ist auf der Straße wenig angebracht. Junge Leute, die sich zur Schau stellen, würdigen die Liebe herab. Romantik in der Liebe ist heute durchaus noch gefragt; im Sinne von Schwärmerei, leidenschaftlichem Bekenntnis und von Worten, die aus dem Herzen des einen den Weg zu dem des anderen suchen.

Intime Beziehungen

Liebe findet nicht zuletzt Erfüllung im intimen Verkehr. Ihm gehen meist jene Zärtlichkeiten, jenes Sich-zueinander-finden voraus, von dem schon die Rede war. Mädchen wie Jungen sammeln ihre ersten Erfahrungen beim Schwärmen für einen Schulkameraden, bei Flirts und schließlich auch durch erste zaghafte zärtliche Berührungen.

Heutzutage haben Mädchen wie Jungen etwa im gleichen Alter den ersten Geschlechtsverkehr. Noch vor wenigen Jahrzehnten war das Alter der Mädchen höher. Mit der Gleichberechtigung und ihrer Durchsetzung im Bewußtsein der jungen Generation wandelten sich auch die Verhaltensweisen in sexuellen Dingen. Der sexuelle Verkehr ist und bleibt aber ein Höhepunkt der Liebe. Er bedarf der Vorbereitung auf beiden Seiten.

Nicht nur körperliche, sondern vor allem psychische Reife ist notwendig, um nicht in erster Linie das eruptive und sinnliche Begehren zu sehen, sondern ganz in das Geheimnis der Vereinigung zweier Menschen einzudringen. Wer den intimen Umgang zur Verrichtung herabwürdigt und glaubt, daß jede Liebelei mit intimem Verkehr einhergehen oder damit beginnen muß, hat noch recht vage Vorstellungen von der geschlechtlichen Liebe. Er begibt sich der schönsten Stunden der Zweisamkeit im Leben und offenbart Oberflächlichkeit und Armut an Gefühl.

Die Emotionen junger Menschen entwickeln sich nicht von selbst. Sie müssen von Kindheit an anerzogen und voll zur Geltung gebracht werden. Es ist wichtig zu wissen, daß die sozialen Beziehungen, zu denen auch Gefühle wie Liebe und Achtung gehören, schon in den allerersten Lebensjahren des Kindes geprägt werden.

Die Erziehung der Gefühle setzt bei allen Erziehern hohe menschliche Qualitäten und ein großes Maß an Lebenserfahrung sowie Geduld voraus. Gleichzeitig ist aber auch Selbsterziehung erforderlich.

Es ist erwiesen, daß der Wunsch nach sexueller Übereinstimmung heute ein wichtiges Begehren vor allem der jungen Mädchen ist. Dieser Wunsch nach Übereinstimmung ist von nicht geringem Einfluß auf den Bestand der Partnerschaft, wobei vielen Mädchen klar ist, daß die volle Erfüllung nicht gleich zu Beginn erreicht werden kann. Es ist auch nicht zu übersehen, daß die Mädchen dem ersten Geschlechtsverkehr mit großen Erwartungen entgegensehen und an diesem Ereignis emotional tiefer und überlegter beteiligt sind, während bei den jungen Männern stärker auch biologische Faktoren eine Rolle spielen beim Erreichen des Höhepunktes. Als eine positive Entwicklung der letzten Jahre ist zu bemerken, daß beide Partner mit größerem Verantwortungsbewußtsein den intimen Verkehr aufnehmen. Bei den Mädchen wird auch eine mögliche Schwangerschaft bedacht. Dabei ist zu berücksichtigen, daß im allgemeinen der Kinderwunsch größer geworden ist und die Einstellung der jungen Männer zum Kind auch zum Prüfstein von Partnerbeziehungen werden. Andererseits verlassen sich zu viele junge Leute auf die Möglichkeit einer Schwangerschaftsunterbrechung, ohne zu erkennen und zu bedenken, daß dies wirklich nur das letzte Mittel einer Geburtenregelung sein kann. Die umfassende Kenntnis aller Verhütungsmöglichkeiten, die helfen, zu einer gewollten Elternschaft zu kommen, könnten bei vielen Jugendlichen gründlicher sein. Daraus ergibt sich für die Eltern Heranwachsender und für die Schule die nicht geringe Verantwortung der sexual-ethischen Erziehung als Teil der sozialistischen Persönlichkeitsbildung. Dabei wäre es völlig falsch, die sogenannte Aufklärung nur auf biologische Vorgänge und Techniken zu reduzieren. Sie muß mit der Erziehung der Gefühle einhergehen.

Gewollte Elternschaft

Intime Beziehungen zwischen Menschen verschiedenen Geschlechts gehören zum Leben und mit zu seinen schönsten Augenblicken. Beide Partner geben sich dem Glück miteinander hin. Doch soll und kann es, vor allem bei den jüngeren Jahrgängen, nicht nur eine Vereinigung um der Vereinigung willen sein. Die »Folgen« bleiben nicht aus – und sollen es auch nicht. Von dem überwiegenden Teil junger Menschen werden sie gewünscht, oft herbeigesehnt, besonders dann, wenn zwei Liebende von der Dauerhaftigkeit ihrer Beziehungen überzeugt sind.

Dabei geht manchmal die Überlegung verloren, daß den heutigen Generationen die Möglichkeiten gegeben sind, den günstigsten Zeitpunkt für die Geburt von Kindern weitgehend selbst zu beeinflussen. Dafür stehen eine ganze Anzahl von Verhütungsmitteln – mit und ohne ärztliche Verordnung – zur Verfügung. Dieses Selbstbeeinflussen, wann in einer Partnerschaft Kinder geboren werden, hat viele Gründe, auch viele Notwendigkeiten. Da stehen beispielsweise beide noch mitten in der Ausbildung, auf die sie sich voll konzentrieren müssen, die finanziellen Mittel sind auch noch knapp bemessen, und es muß genau gerechnet werden, da kann Krankheit oder zeitweise – voraussehbare – starke berufliche oder familiäre Belastung die Realisierung des Kinderwunsches zu diesem Zeitpunkt nicht ratsam erscheinen lassen.

Es ist noch gar nicht so lange her, da war manche Liebesbeziehung, manches intime Beeinandersein Liebender von der Angst vor dem biologischen Zufall – dem Zeitpunkt einer unerwünschten Schwangerschaft – beschattet. Zwar gab es eine Reihe von Verhütungsmitteln, aber sowohl jahrhundertelang aufgebaute Vorurteile – vor allem durch den Klerus – als auch die Eigenschaften und Begleitumstände der Mittel selbst führten zu mancher ungewollten Schwangerschaft und zu nicht erwünschten Kindern. Das hieß in der Regel nicht, daß die Eltern diesen Kindern keine Liebe entgegenbrachten, ihnen keine Geborgenheit boten. Doch die Probleme – ganz unterschiedlicher Art – blieben. Sie wurden gelöst, gewiß. Wer aber im Nachhinein ehrlich gegen sich selbst ist, gesteht sich ein, daß viele Federn dabei gelassen wurden.

Unsere Republik hat den Frauen die Angst vor dem biologischen Zufall genommen. Vorurteile – vor allem gegen hormonelle Verhütungsmittel wie die »Pille« – wurden und werden nach und nach abgebaut, und auch die Schwangerschaftsunterbrechung ist gesetzlich möglich. Das alles geschah mit dem Ziel, das sozialistischer Familienpolitik innewohnt, harmonische und glückliche Partnerbeziehungen zu fördern, denen Wunschkinder ein Anliegen ihrer Liebe zueinander sind. Frau und Mann können sich heute bewußt über den Zeitpunkt verständigen, wann die Geburt ihrer gemeinsamen Kinder für die ganze Familie am günstigsten ist. Eine gewollte

Elternschaft erhöht die Vorfreude auf den kleinen Erdenbürger, birgt starke Keime für künftige innige Eltern-Kind-Beziehungen in sich, denn beide – Mann und Frau – werden dieses Kind bekommen, es hegen und liebevoll umsorgen. Wunschkinder werden die Liebe also festigen, werden sich liebende Paare enger zusammenführen. Diese bewußt übernommene Verantwortung für Kinder trägt zur Persönlichkeitsbildung der jungen Eltern bei. Demgegenüber wird der Entschluß, eine Schwangerschaft vorzeitig abzubrechen, manchmal auch über den weiteren Bestand einer Partnerschaft entscheiden.

Der vorzeitige Abbruch einer Schwangerschaft darf und kann nicht das hauptsächliche Mittel der Familienplanung sein. Junge Menschen, die regelmäßig sexuell miteinander verkehren, sollten nach anderen Methoden der Verhütung suchen und sich nicht auf den möglichen Eingriff verlassen. Am besten ist, sich mit einem Facharzt zu beraten. Er soll vorschlagen, ob statt der üblichen Mittel, wie Kondom, Vaginaltabletten und -zäpfchen (die keine volle Sicherheit bieten), Pessare anwendbar sind oder die »Pille« (hormonelle Ovulationshemmer) genommen werden kann. Ärztlich verordnete Verhütungsmittel werden kostenlos gegen Rezept abgegeben. Das Einnehmen von Ovulationshemmern verlangt aber, sich streng an die vorgeschriebene Dosis und Zeit zu halten. Ohne diese Selbstdisziplin kommt es zu nicht geplanten Kindern.

Soll sich das Mädchen allein vor einer möglichen Schwangerschaft schützen? Das wäre eine sehr bequeme Lösung für den jungen Mann. Er trägt die gleiche Verantwortung. Die Haltung des Mannes zu möglichen Folgen des Verkehrs, also zu einem Kind, ist heute für viele junge Mädchen auch ein Prüfstein für seine Liebe.

Dem könnte entgegnet werden, daß bei einem genaueren Kennen auch schon über die Einnahme der »Pille« gesprochen wurde und damit ein Prüfen, wieweit die Verantwortungsbereitschaft des jungen Mannes geht, entfällt. Gewiß ist die Haltung zu einem »nicht geplanten« Kind nicht der einzige und vielleicht auch nicht der beste Prüfstein für die Beständigkeit, die Intensität einer Zuneigung, die zu intimen Beziehungen führt. Dennoch wird an dieser Frage sichtbar, ob nur das flüchtige – und mit Hilfe der Pille »sichere« – Erlebnis gesucht wird. Und flüchtige Bekanntschaften sind auch heute nicht sehr zu empfehlen. Die Empfindungen, Gefühle des jungen Mädchens oder des jungen Mannes, manchmal auch beider, werden mit oberflächlichen, häufig nur durch Einmaligkeit gekennzeichneten Beziehungen nicht geweckt. Das tiefe Erlebnis, das von dem einen oder dem anderen ersehnt wurde, bleibt aus, Enttäuschung bleibt zurück und hat nicht selten übertriebene Zurückhaltung vor der Aufnahme neuer Beziehungen und ihrer Erfüllung im intimen Beieinandersein zur Folge. Die »Pille« bedeutet einen sicheren Schutz vor unerwünschter Schwangerschaft, aber sie ist kein Freibrief für oberflächliche, inhaltsleere intime Beziehungen.

Ein Kind vor der Ehe heute noch als ein Unglück, als unmoralisch anzusehen, ist überholt. Ein Kind bekommen heißt vor allem, daß beide Partner eine große Verantwortung übernehmen. Sich darauf vorzubereiten, bedeutet nicht nur über Fragen der Sexualität Bescheid zu wissen, sondern sich auch auf eine Ehe- und Familiengründung einzustellen.

Die rechtlich zulässige Möglichkeit, eine unerwünschte Schwangerschaft unterbrechen zu lassen, ist kein Freibrief, sondern ein Ausdruck des Vertrauens des sozialistischen Staates in das verantwortungsbewußte Handeln jedes einzelnen – auch in diesen Dingen.

In den zwanziger Jahren unseres Jahrhunderts setzten sich vor allem fortschrittliche bürgerliche sowie der Arbeiterklasse nahestehende Ärzte für die rechtlich zulässige Unterbrechung einer unerwünschten Schwangerschaft ein, denn das bürgerliche Recht bedrohte sowohl die Schwangere als auch denjenigen, der die Unterbrechung vornahm, dafür mit hohen Strafen. Doch auch darin unterschieden sich die Klassen, denn betroffen war vor allem die Arbeiterfrau, die sich meist aus sozialer Not gegen das Kind entschied, sich aber keine teure Privatklinik mit anschließendem Landaufenthalt – und damit Geheimhaltung – leisten konnte. Das Streben dieser Ärzte galt also vor allem der Arbeiterfrau und der Arbeiterfamilie, als sie gegen den § 218 des bürgerlichen Strafgesetzbuches kämpften, um in den Jahren der Weltwirtschaftskrise am Ende der zwanziger Jahre die Arbeiter und ihre Familien vor noch größerem Elend zu bewahren.

Die Arbeiterbewegung hat sich schon frühzeitig mit der Vorbereitung der Jugend auf den sexuellen Verkehr und die Ehe beschäftigt. Fortschrittliche Ärzte wie Max Hodann, E. C. A. Meyenburg und Emil Hollein haben versucht, jungen Menschen in hervorragenden Schriften die hohe Ethik und Moral der Arbeiterklasse in Ehefragen nahezubringen. Sie machten Front gegen die Erniedrigung der Frau zum Lustobjekt, gegen den Egoismus des Mannes beim Geschlechtsverkehr, gegen den Alkoholmißbrauch und traten für ein beide Partner befriedigendes Liebesleben ein. Sie bewahrten also junge Arbeiter vor den Auswüchsen der bürgerlichen Moral, die zur Lebenszeit dieser Ärzte noch herrschte. Um so mehr haben wir die Verpflichtung, unter unseren Bedingungen die Ehemoral der Arbeiterklasse im Interesse glücklicher Familien und im Interesse der Gesellschaft durchzusetzen. Hodann wie Hollein haben nachgewiesen, daß eine längere Enthaltsamkeit weder beim Mann noch bei der Frau zu körperlichen und seelischen Schäden führt, wenn ihre Liebe reich genug ist, diesen noch ausstehenden Höhepunkt zu erwarten.

Jedes junge Mädchen, das sich zum ersten Mal einem Manne hingibt, ist voller Erwartung, Erregung, aber auch voller Furcht und Scham. Und dennoch treibt es die Liebe zu diesem Höhepunkt der Partnerschaft. Es erwartet das Verstehen der Angst und die Achtung vor dem Schamgefühl, wünscht sich viel Zärtlichkeit, erhofft, ersehnt Erfüllung und Befriedigung, erwartet gewiß noch nicht das Kennen der Sexualtechnik, erreicht auch in den seltensten Fällen den sexuellen Höhepunkt, den Orgasmus. Auch der junge Mann ist erregt, und es fällt ihm schwer, seine Erregung zu meistern und sich zu beherrschen, um im Liebesspiel ein gemeinsames befriedigendes sexuelles Erlebnis zu erreichen.

Sehr oft sind die Mädchen über das erste Zusammensein unzufrieden und suchen Rat, weil sie sich das nicht erklären können. Diese Unzufriedenheit darf man aber nicht mit mangelnder Erfahrung abtun oder auf die Kürze des Verkehrs zurückführen, sonst verweist man dieses tiefe Erlebnis allenfalls nur auf die Ebene der sexuellen Technik. Erst später wissen sie, daß ihr Partner noch zu hastig, ungeduldig war und es an der nötigen Vorbereitung fehlen ließ. Selbstverständlich müssen sich die Partner aufeinander einstimmen, lernen, sich gegenseitig Erfüllung zu geben. Manchmal dauert es Monate, ja Jahre, ehe sich zwei Menschen in dieser Hinsicht gefunden haben. Es kann überhaupt nicht zur Übereinstimmung kommen, wenn ein Mann ständig nur seine eigene Befriedigung sieht und dabei nicht an die Frau denkt.

Weder das Mädchen noch der junge Mann sollten an den ersten Verkehr bestimmte Erwartungen knüpfen. Ein Mädchen sollte sich bei der Defloration nur einem Partner anvertrauen, dessen Liebe und Rücksicht gewiß sind. Dabei ist nicht die sogenannte Erfahrung von Bedeutung, sondern ausschließlich seine Einstellung. Jedes Mädchen, das sich zum ersten Male einem Manne hingegeben hat, braucht nach vollzogenem Verkehr ebensoviel Liebe wie bei der Vorbereitung auf dieses Ereignis. Jetzt möchte es bestätigt hören, daß der Verkehr die Liebe festigte und der junge Mann glücklich ist, gerade sie und nur sie gefunden zu haben. Es sehnt sich nach der kosenden Hand, nach einem liebevollen Kuß und dann auch nach einem Wort.

Die meisten Mädchen erreichen beim ersten sexuellen Verkehr keinen Höhepunkt (Orgasmus). Für viele junge Frauen vergeht lange Zeit, ehe sie ihn wirklich erleben. Es bedarf großer Liebe beider Partner und vor allem viel Geduld des Mannes, die Frau zu diesem Höhepunkt zu führen. Auch wenn das Mädchen weder bei seinem ersten Erlebnis noch längere Zeit danach diesen Höhepunkt nicht erreicht, wird es dennoch glücklich sein, wenn sich der Mann, besonders nach der Vereinigung, nicht ihrem Bedürfnis nach Liebe entzieht. Auch der Mann braucht diese Liebe.

Intime Beziehungen werden heute frühzeitig und noch vor der Ehe aufgenommen. Der Zeitpunkt ist jedoch von geringer Bedeutung, und jemand, der nicht so früh Intimbeziehungen aufnimmt, hat keinen Grund anzunehmen, er sei auf diesem Gebiet zurückgeblieben, er liege nicht mehr in der »Norm«. Solche Gedanken können zu völlig unbegründeten Minderwertigkeitsgefühlen bzw. einer ganz und gar unbegründeten Torschlußpanik führen, die dann die Partnersuche nur unnötig belasten und zu übereilten Entschlüssen führen. Bei der ganzen Problematik sollte auch nicht übersehen werden, daß von manchen jungen Menschen Termine einer frühen Aufnahme des Geschlechtsverkehrs mitunter auch aus Renommiersucht genannt werden. Wie auch immer, zur Aufnahme intimer Beziehungen gehört eine Tiefe des Gefühls, die sich beim einzelnen unterschiedlich schnell entwickelt.

Man muß unter Umständen auch warten können, bis man dem Richtigen begegnet, bzw., bis man den richtigen Menschen findet. Das heißt nun aber nicht etwa, sich zu verschließen, die Fühler einzuziehen und sich ins Schneckenhaus zu verkriechen. Aufmerksames Sich-Umschauen wird meist von Erfolg gekrönt sein.

Mancher sucht im fortgeschrittenen Alter nach einer ersten Ehe einen neuen Partner. Trotz der größeren Erfahrung im Leben wie im intimen Verkehr entstehen auch hier ähnliche Probleme. Der Unterschied zwischen jungen Liebenden und älteren besteht lediglich darin, daß die schon geweckte Frau genauer prüft, ob sie mit einem möglichen Ehemann auch in sexueller Hinsicht harmoniert. Im Prinzip gilt der gleiche Grundsatz: Der sexuelle Verkehr steht nicht am Anfang des Kennenlernens.

Geht die Partnerschaft andere etwas an?

Im allgemeinen verschließen die Menschen ihre Intimsphäre vor anderen. Das ist verständlich. Die Umwelt hat diese Zweisamkeit zu achten. Wenn aber Rat gesucht wird, da die eigenen Erfahrungen nicht ausreichen, ist das Kollektiv, sind seine Mitglieder zur freundschaftlichen Hilfe verpflichtet. Liebende haben das Bedürfnis, sich im vertrauten Kreise auszusprechen.

Wenn Schwierigkeiten zwischen Partnern auftreten, dann wird der eine oder andere, allerdings nicht sofort, den Rat des Kollektivs suchen. Dieses Zögern hat nichts mit einem Abschirmen nach außen zu tun. Die Partner wollen zunächst selbst die Disharmonie überwinden, ehe sie die Hilfe anderer suchen.

Das Nächstliegende wäre, daß sich die jungen Leute an ihre Eltern wenden. Die Erfahrung lehrt jedoch, daß sie nicht in allen Fällen die besten Eheberater sind. Kluge Eltern sehen ein, daß ihre Kinder als

Erwachsene selbst über ihr Leben, also auch über ihre Liebe entscheiden wollen. Sohn oder Tochter müssen mit ihrem auserwählten Partner später zusammen leben und nicht die Eltern. Es hat wenig Sinn, sich in ein Liebesverhältnis einzumischen. Wenn Sohn oder Tochter den Rat der Eltern suchen, so sollten die Älteren im Urteil

über einen künftigen Partner zurückhaltend sein. Das Beste ist, mit geschickten Hinweisen den jungen Menschen zu einer Konsequenz zu führen und ihn zum Nachdenken über das Liebesverhältnis anzuregen. Es bedarf schließlich einer großen Zuneigung, den entschlossenen Schritt aus der gewohnten häuslichen Umgebung in ein noch ungewisses Leben mit einem anderen, fremden Menschen zu gehen.

Wenn die Liebe aber groß genug ist, hat das junge Paar Boden unter den Füßen. Die Eltern sollten sich nun das Vertrauen des neu hinzugetretenen Familienmitglieds erwerben, soweit das nicht schon vorher geschehen ist, es mit der Einstellung aufnehmen, wir haben jetzt einen Sohn oder eine Tochter mehr. Es wäre Eigensucht, wenn die Eltern sich ihres Kindes beraubt fühlten. Eine solche Unvernunft könnte das Zusammenleben des jungen Paares stark belasten.

Noch zu selten suchen junge Paare vor der Heirat die Ehe- und

Familienberatungsstellen auf. Diese Institutionen werden zu oft als Feuerwehr für Ehen betrachtet, in denen es zu brennen begonnen hat. Junge Menschen sollten diese Einrichtung in Anspruch nehmen, weil dort mit rückhaltloser Offenheit über Dinge gesprochen werden kann, die sie weder vor den Eltern noch vor einem Freund aussprechen möchten. Das können ebenso Fragen zum intimen Verkehr wie zum täglichen Zusammenleben sein.

Es sei nochmals an die bedeutende Aufklärungstätigkeit fortschrittlicher Ärzte der zwanziger und frühen dreißiger Jahre erinnert. Damals veranstaltete Dr. Hodann in Berliner Arbeitervierteln öffentliche Foren, die von jungen Leuten überaus stark besucht wurden. Er ließ sich schriftliche Fragen zureichen und gewann nach diesen Versammlungen manches junge Paar, ihn in seiner Sprechstunde aufzusuchen. Diese aufopferungsvolle Tätigkeit galt vor allem den Ehen der Arbeiter, die er vor der Dekadenz der bürgerlichen Ehe bewahren wollte. Auch dieses Erbes der Arbeiterbewegung – einer umfassenden Ehevorbereitung – sollten wir uns im Interesse der Erziehung unserer jungen Generation erinnern. Gewiß, es geschieht jetzt mehr als in früheren Jahren, aber meist in verschiedenen Organisationen und unter sehr verschiedenen Aspekten. Leider gibt es noch zu wenig vorbereitende Zusammenkünfte der Partner, die miteinander eine Ehe eingehen wollen, in denen alle Probleme berührt werden, die die künftige Familie betreffen.

Die staatlichen Eheberatungsstellen sollten deshalb eine höhere Wirksamkeit erlangen. Den örtlichen Räten obliegt auf diesem Gebiet eine umfangreiche Aufgabe. Man kann es zwar keinem jungen Paar vor der Eheschließung zur Pflicht machen, zur Eheberatung zu gehen, aber ein Besuch wäre immer anzuraten.

Soll man sich verloben?

Ein Verlöbnis ist nach dem geltenden Familienrecht kein Heiratsversprechen mit rechtlichen Folgen. Es ist aber das gegenseitige

Gelöbnis, in absehbarer Zeit zu heiraten, weil beide Partner der Ansicht sind, sie passen und gehören zusammen. Diese Probe- und Vorbereitungszeit wird aus den verschiedensten Gründen eingegangen. Sei es, daß die Partner zeitweise räumlich voneinander getrennt leben müssen. Sei es, daß sie nicht das gesetzliche Heiratsalter besitzen. Sei es einfach der Wunsch, eine gewisse Zeit ernsthaft zu prüfen, ob die Liebe von Bestand ist. Viele Jungen und Mädchen wollen mit einem Verlöbnis dokumentieren, daß sie sich an einen bestimmten Menschen gebunden fühlen und ihm die Treue halten. Sie möchten aber auch, daß andere dieses gegenseitige Versprechen respektieren. Wenn einer dauerhaften Verbindung nichts mehr im Wege steht, sollte die Verlobungszeit nicht über Jahre ausgedehnt werden.

Die Verlobungszeit ist heute in erster Linie eine Zeit der Prüfung, und das Verlöbnis wird von den jungen Leuten als Treueversprechen gegenüber einem geliebten Menschen angesehen. In dieser Hinsicht hat der alte Brauch noch Bedeutung.

Wie heiratet man nun?

Ein Paar hat sich kennengelernt. Beide haben geprüft, ob sie eine Ehe – die Gemeinschaft für das Leben – guten Gewissens eingehen können. Nun wollen sie heiraten. Mindestens vier Wochen vor der beabsichtigten Eheschließung muß der Antrag gemeinsam auf dem Standesamt abgegeben werden. Ist einer der beiden Partner verhindert, hat er durch eine schriftliche Vollmacht kundzutun, daß die Eheschließung aus einem triftigen Grund vom anderen in seinem Einverständnis beantragt wird. Der Standesbeamte prüft, ob die Eheschließung nach den gesetzlichen Bestimmungen zulässig ist.

Dazu sind von den künftigen Ehepartnern vorzulegen: der Personalausweis, die Geburtsurkunde und gegebenfalls die Eheurkunde der letzten Ehe sowie der Nachweis über die Beendigung dieser Ehe (Scheidungsurteil, Sterbeurkunde usw.); bei Ehen mit Ausländern gelten besondere Bestimmungen, die ebenfalls beim Standesamt zu erfahren sind.

Nach Erfüllung der Formalitäten können sich die Liebenden das Jawort geben. Sie erklären vor dem Standesbeamten, daß sie die Ehe miteinander eingehen wollen. Dann ist der feierliche Augenblick gekommen, in dem beide mit dem gemeinsamen Familiennamen die Eheurkunde unterzeichnen. Trauzeugen sind nicht erforderlich. Das Heiratsalter ist für Mann und Frau in der DDR auf 18 Jahre festgesetzt.

Das junge Paar trifft vorher noch andere Vorbereitungen für die Hochzeit. Zwei liebende Menschen haben sich gefunden und wollen eine neue Familie gründen. Festgäste sind nicht nur Verwandte, sondern auch Freunde und Kollegen aus den Betrieben der beiden Eheleute.

Können sich die beiden eine ausgiebige Feier leisten? Schließlich haben sie viele Anschaffungen zu machen und wollen einen neuen eigenen Hausstand gründen. Meist statten deshalb die beteiligten Familien die Hochzeit ihrer Kinder aus. Die Zahl der Gäste ist jedoch kein Garant oder gar ein Maßstab für das Glück des jungen Paares.

Die Hochzeitsfeier ist für die jungen Leute da. Ihnen zu Ehren wird gefeiert. Sie soll ihnen stets in guter Erinnerung bleiben als ein Höhepunkt im Leben. Warum sollte man nicht statt eines Gelages zu zweit oder mit den Eltern und Schwiegereltern ein Theater oder ein Konzert besuchen, in einem Lokal feiern oder auf Reisen gehen? Es gibt viele Möglichkeiten. Die Vorstellungen der jungen Leute sollten jedoch unbedingt berücksichtigt werden.

Es hat sich auch durchgesetzt, daß Verwandte, Bekannte und Freunde beizeiten erfahren, welche Geschenke angebracht sind. Nichts ist schlimmer, als wenn alle das gleiche bringen oder noch nach zehn Jahren Vasen und Geschirr in den Schränken stehen, die nie benutzt werden. Die Wünsche der Hochzeiter sollte angemessen sein. Keiner der Jungvermählten darf erwarten, eine komplette Ausstattung geschenkt zu bekommen. Es macht viel mehr Spaß, sich aus dem gemeinsam Ersparten etwas anzuschaffen, nach eigenen Wünschen zu wählen und vor allem mit Ideen und nicht mit hohem Aufwand das gemeinsame Heim einzurichten.

Dieses Buch wendet sich nicht nur an junge Paare, die eine Familie gründen wollen; es wendet sich auch an die Familien, in denen Kinder zu Erwachsenen werden, die in einer harmonischen Familie auf ihre spätere Ehe vorbereitet werden sollten. Das Vorbild der Eltern prägt die spätere Einstellung ihres Jungen zur Frau und ihres Mädchens zum Mann. Diese Erziehung der Kinder beginnt nicht erst in der Pubertät. Das liebe Wort, das Vater und Mutter austauschen, aber auch der Streit, der häßliche Anwurf wird von den Kindern registriert. Vater oder Mutter können zum Leitbild werden. Die Kinder sollen durchaus sehen, daß sich Vater und Mutter lieben. Wie oft wollen die Kleinen ein Elternteil »heiraten«. Bestätigung dafür, daß das Verhältnis zwischen den Eltern stimmt und die Kinder Vater und Mutter als vorbildliches Ehepaar ansehen. In vielen Familien ist man sich dieser frühen Eindrücke, die die Kinder im Hinblick auf ein späteres Zusammenleben mit einem Partner sammeln, nicht immer voll bewußt.

In einer glücklichen Familie groß zu werden, ist eines der schönsten Geschenke, das Eltern ihren Kindern geben können. Aus diesem Quell werden die Kinder stets schöpfen können. Eine glückliche Familie kennt natürlich auch Sorgen und Schwierigkeiten. Aber in ihr kann sich einer auf den anderen verlassen, stellt sich keiner über den anderen, ordnet sich jeder freiwillig in die Gemeinschaft ein. Es gilt das Wort der Eltern, weil es sich erwiesen hat, daß es gerecht, offen und ehrlich ist und stets Liebe und Fürsorge spüren läßt.

Eheglück ist kein Zufall

Mit der Eheschließung wird eine Liebe besiegelt und eine stabile Gemeinschaft für das Leben angestrebt. Jetzt beginnt das gemeinsame Leben, das *Zusammen*-Leben. Die Ehepartner müssen sich darauf einstellen, daß sie Beruf, Bedürfnisse der Freizeit, die Weiterbildung, die Haushaltführung und die Kindererziehung gemeinsam zu bewältigen haben.

Vieles, was schwierig erscheint, wird durch Zuneigung, Liebe, Achtung ausgeglichen, denn die Partner haben den Wunsch, in allen Sphären des gemeinsamen Lebens ihr Glück aufzubauen und es zu bewahren. Es ist nicht nur der Gleichklang der Gefühle, sondern auch die Freude am gemeinsam Erreichten und nicht zuletzt die Übereinstimmung im sexuellen Bereich. Aus diesem Zusammenklang der Gefühle, aber ebenso der Anschauungen und Interessen, wird nicht zuletzt der Wunsch nach Kindern geboren und erfüllt. In diesem Wunsch liegt der Keim für das Werden einer Familie.

Berufstätigkeit gehört zur Gleichberechtigung

Zwei Persönlichkeiten haben zueinander gefunden, die selbstbewußt, zielstrebig und bereit sind, gemeinsam zu handeln.

Ein wichtiger Prüfstein für die Gleichberechtigung beider Partner in der Ehe ist also die Haltung der Partner zum Beruf der Frau. Die Berufstätigkeit bindet die Ehepartner an Kollektive. Die Frage, ob beide Partner einen Beruf haben sollen, ist bereits entschieden.

4,7 Millionen Frauen arbeiten, lernen und studieren in unserem Lande. Die berufliche Arbeit ist den Frauen Bedürfnis geworden, sie ist ein deutlicher Ausdruck von Gleichberechtigung und Selbständigkeit. Die Berufstätigkeit beider Partner wirft aber eine ganze Reihe von Fragen auf. Dabei geht es nicht darum, daß die Ehepartner den gleichen Beruf ausüben oder im gleichen Betrieb arbeiten. Wichtig ist, daß jeder für die Tätigkeit des anderen Verständnis und Interesse aufbringt. Es handelt sich nicht darum, daß sich der andere das Fachwissen des Partners erwirbt, sondern die Partner sollten die Arbeit und das Kollektiv des anderen kennen.

Gespräche über berufliche Pflichten können zu Hause eine Rolle spielen, denn manchmal gibt es auch Dinge, die durch das Verständnis und den Rat des anderen lösbarer werden. Stoßen berufliche Fragen auf Unverständnis, kann dies Ursache für Störungen im ehelichen Zusammenleben sein.

Sollen Mann und Frau gleichermaßen beruflich belastet sein? Gibt es hierin ein Vorrecht für einen der Ehepartner? Weder der Mann noch die Frau sollten auf Kosten und zu Lasten der anderen Familienmitglieder ausschließlich ihre beruflichen Ziele sehen.

Wenn die Frau sich qualifiziert

Selbstverständlich gibt es in jedem Beruf Perioden, in denen der eine besonders angespannt ist und auch über die übliche Arbeitszeit hinaus arbeiten muß. Bei manchen Ehemännern ist es jedoch Gewohnheit, sich ihren Pflichten im Haushalt zu entziehen und alle Arbeiten ihren ebenfalls berufstätigen Frauen allein zu überlassen. Manchmal zeigt sich darin die Unfähigkeit, die Arbeitszeit richtig einzuteilen. Leiter können ein ganzes Kollektiv zu diesem nicht erstrebenswerten Arbeitsstil verführen. Sie gehen unüberlegt mit den familiären Bindungen der Mitarbeiter um, stören das Zusammenwachsen des Kollektivs und das Glück der Familien; Ehebeziehungen sollte kein Leiter als nebensächlich behandeln, sondern vielmehr dafür sorgen, daß die Arbeitszeit gut ausgenutzt wird und der Feierabend pünktlich beginnt. Davon hängt nicht zuletzt ab, daß Frauen mittlere und leitende Funktionen übernehmen können, ohne Haushalt und Kindererziehung als Überbelastung zu empfinden.

Beruf und Ehe bilden im Laufe der Ehejahre kein statisches Verhältnis. Beide Partner werden sich entwickeln. Nicht selten wird das Zurückbleiben des einen zu einem Grund für das Auseinanderleben. Jede Weiterbildung bringt jedoch zusätzliche Belastungen, Bewährungsproben für die Eheleute.

Die Statistik der DDR sagt aus, daß jeder dritte Produktionsarbeiter unserer Republik eine Frau ist. Aber nur die Hälfte dieser Frauen hatte 1971 eine abgeschlossene Facharbeiterausbildung. Heute, 10 Jahre später, zeigt sich ein ganz anderes Bild. Nur noch ein geringer Prozentsatz der werktätigen Frauen verfügt über keine Qualifikation als Facharbeiter. Viele Frauen haben sich, unterstützt von den gesellschaftlichen Organisationen in den Betrieben – durchgesetzt und sich qualifiziert. Viele haben sich zu Meistern, Hoch- und Fachschulkadern entwickelt. Praktisch alle Mädchen erreichen den Abschluß der zehnklassigen polytechnischen Oberschule und beginnen ihr eigenständiges berufliches Leben nach dem Facharbeiterabschluß. Für alle aber ist es genau wie für ihre männlichen Kollegen notwendig, sich ständig weiterzubilden.

Besonders bei der Weiterbildung braucht die Frau die Unterstützung des Mannes. Er sollte sie darin bestärken, sich zu qualifizieren, ihre Fertigkeiten zu vergrößern und Verantwortung zu übernehmen. Er muß sich dabei allerdings auch der Konsequenz für die Familie bewußt sein. Rät er – aus welchen Motiven auch immer – ab, könnte die Frau leicht enttäuscht sein, weil der Mann deutlich bewiesen hat,

daß er sich in einer komplizierten Situation nicht als Partner bewährte. Es gibt viele Eheleute, die sich gegenseitig bei der Qualifizierung unterstützen. Der Mann übernimmt mit Umsicht und Liebe die Pflichten des Haushalts soweit wie möglich, damit seine Frau in Ruhe lernen kann. Oder die Frau hilft dem Manne, zu besten Lernergebnissen zu kommen, indem sie den Trubel der Familie von ihm abhält und ihm in dieser Zeit ihre Liebe besonders zuwendet. Schwierig ist es, wenn sich beide zur gleichen Zeit qualifizieren. Ist die Weiterbildung aufeinander abgestimmt, bringt sie nicht nur neue fachliche Erkenntnisse, sondern prägt auch ein höheres geistiges Profil der Ehe.

Der Beruf erfordert den vollen Einsatz. Die Partner müssen auch in ihrem täglichen Leben dafür die Voraussetzungen schaffen, damit die Frau als gleichberechtigtes Mitglied der sozialistischen Gesellschaft ihren Verpflichtungen im Beruf und als Mutter gerecht werden kann. Die großen Fortschritte in der beruflichen und gesellschaftlichen Arbeit der Frauen sowie die steigenden Geburtenzahlen beweisen, daß ein hohes Niveau von gleichen Rechten und Bedingungen erreicht worden ist. Die berufliche Tätigkeit hat das Selbstbewußtsein, die Entwicklung der Persönlichkeit bei Frauen und Mädchen gefördert und damit auch die Partnerschaft zwischen Mann und Frau in der Ehe und der Familie günstig beeinflußt.

Es geht nicht nur um Broterwerb

Der Beruf zweier Partner ist eben nicht nur Broterwerb, sondern Anteil zweier Bürger unseres Staates am Entstehen des gesellschaftlichen Gesamtprodukts. So wie die Ehepartner die ganze Kraft des Staates, seine Unterstützung, seinen Schutz und seine Entwicklung spüren und am Wohlstand teilhaben möchten, so müssen sie auch ungeteilt an der Entwicklung der Gesellschaft teilnehmen. Eine Ehe existiert nicht außerhalb der Gesellschaft. Sie bringt also persönliche und gesellschaftliche Pflichten mit sich. Durch hohe Leistungen im Beruf schmieden die Ehepartner ihr persönliches Glück und das Glück der Gesellschaft.

Beruf und Ehe werfen zuweilen spezielle Probleme auf. Manche Arbeit läßt sich nur im Schichtbetrieb ausüben. Das nimmt großen Einfluß auf das häusliche Leben. In zunehmendem Maße müssen jedoch die hochproduktiven Anlagen mehrschichtig genutzt werden. Ist die Schichtarbeit ehegefährdend? Die Erfahrungen sagen eindeutig: nein. Die Partner müssen sich allerdings auf den neuen Rhythmus ihres Lebens vorbereiten und insbesondere dann, wenn die Familie zwei oder mehr Kinder hat, die von der Gesellschaft gewährten Vergünstigungen klug nutzen. Es ist Pflicht der Betriebe, die Belange der Familien vorher genau zu prüfen und mit Erfahrungen und Ratschlägen zu helfen. Wo die Schichtarbeit mit den Kollegen vorbereitet wurde, gibt es eine geringe Fluktuation.

Oft müssen die Familienprobleme über den Betrieb hinaus geklärt werden, denn nur in den seltensten Fällen haben die Ehepartner die gleiche Arbeitsstätte. Einkaufsmöglichkeiten, kulturelle Betreuung und vieles andere sind von den Räten der Städte und Gemeinden zu planen. Auch hier können die gewerkschaftlichen Kollektive helfen, daß nicht über die Köpfe der Werktätigen hinweg entschieden wird. Die Ehepartner haben ihre Pflichten noch genauer abzugrenzen und bestimmte Verantwortungen festzulegen. In der ersten Zeit empfiehlt es sich sogar, einen genauen Plan zu machen, weil sich der Mensch nur langsam an einen neuen Lebensrhythmus gewöhnt. Wer nachts gearbeitet hat, braucht ausreichend Ruhe. Die gemeinsamen freien Stunden gewinnen an Bedeutung.

Die Gleichberechtigung beider Partner im Beruf führt heute manchmal dazu, daß eine Frau mehr als ihr Mann verdient. Von Bedeutung ist, daß sich nicht der eine auf Kosten des anderen ausruht und im Beruf weniger gibt, als er kann, und daher geringer bezahlt wird. Diese Gedanken zur Gleichberechtigung fordern, daß Mann und Frau einander helfen, sich zu charakterfesten, allseitig gebildeten und sozialistisch handelnden Persönlichkeiten zu entwickeln.

Ohne sexuelle Beglückung keine dauerhafte Harmonie

Niemand sollte glauben, daß eine regelmäßige sexuelle Beglückung beider Partner für das Eheglück ausreicht, aber es ist im Zusammenleben ein bedeutender Faktor. Jeder empfindet in erfüllter Geschlechtsliebe hohes persönliches Glück. Oft aber erlebt man, daß meist aus unbekannter Veranlassung die Stärke des Glücksempfindens wechselt. Nicht selten wendet sich das Streben nach sexueller Erfüllung dann vom gewählten Partner ab oder erlischt ganz.

Die Ursachen sind meist in einer Fehlhaltung zur Sexualität zu suchen. Diese zeigt sich entweder in Unter- oder Überbewertung des Sexuellen im persönlichen Dasein. Gelegentliches oder dauerndes Fehlen erotisierender Zärtlichkeiten, verbunden mit Schwierigkeiten, sexuelle Beglückung zu empfinden, kann besonders bei Frauen jede sexuelle Regung ersticken. Früher brachte außerdem die Angst vor unerwünschten Folgen manche Frau in Widerspruch zu ihren erotischen Wünschen und denen des Partners. Für andere Männer und Frauen mögen religiöse Gebote Anlaß für Gewissensnöte geworden sein, wenn sie zwar sexuelle Gemeinschaft, aber keine Kinder mehr wünschten, denn in mancher Religionsgemeinschaft waren »fleischliche Genüsse« nur bei willentlicher Zeugung von Nachwuchs sündenfrei.

Auch wird beispielsweise die Überbewertung des Sexuellen beim männlichen und seine Unterbewertung beim weiblichen Partner (oder umgekehrt) zu Konflikten führen. Das kann geschehen, wenn nur einer der Partner seine Erfüllung als Persönlichkeit stärker im beruflichen Erfolgserlebnis empfindet und das Streben dahin der Harmonie innerhalb der Partnerbeziehungen vorzieht. Strebt man aber nach Dauerhaftigkeit des Glücks in der Familie, weil man ihre Bedeutung für das eigene Wohlbefinden und für die Förderung einer gesunden Entwicklung der Kinder erkannt hat, muß man sich über das Wesen der Sexualität und ihrer Rolle im Leben des einzelnen klarwerden.

Dazu muß man von folgenden grundlegenden Gedanken ausgehen:

Der Mensch ist in allen seinen bestimmenden Wesensmerkmalen von der Gesellschaft geprägt, in der er lebt. Er gestaltet und verändert sie auch. Also ist er Produkt und zugleich Schöpfer der Gesellschaft. Im Sozialismus kann jeder einzelne zum Schöpfer seiner selbst und Gestalter kulturvoller Ehebeziehungen werden.

Die Paarbildung zwischen männlichen und weiblichen Lebewesen der gleichen Gattung war und ist die bestimmende Voraussetzung zur Entwicklung höher organisierter Lebewesen.

Sexualität und Fortpflanzung

In einer Geschlechtspartnerschaft kann und sollte der einzelne bewußt mit einer gleichberechtigten Persönlichkeit des anderen Geschlechts zu einer neuen, höheren dialektischen Einheit verschmelzen. In der dauerhaften Ehe ist sexuelle Treue kein Gebot, sondern bewußter Willensentscheid beider. Erst sie läßt zu, *alle* durch Natur und Gesellschaft eröffneten Möglichkeiten für ein befriedigendes erfolgreiches Leben in voller Achtung der Wünsche und Empfindungen beider Partner als gleichberechtigte sozialistische Persönlichkeiten auszuschöpfen.

Diese Charakterisierung der Ehe ist ein Hinweis auf die besonders in ihr erlebbaren Möglichkeiten der Entwicklung und Selbstverwirklichung sozialistischer Persönlichkeiten. Sie darf jedoch niemanden dazu verführen, über Menschen abwertend zu urteilen, die nicht in dauerhafter Geschlechtspartnerschaft leben, auf sie verzichten oder sie entbehren (müssen). Dafür können Ereignisse und Gegebenheiten verantwortlich sein, in die sich ein anderer nie in vollem Umfange einfühlen kann und die sich deshalb in der Regel für ihn jeder Beurteilung entziehen.

Wer aber eine Geschlechtspartnerschaft eingehen und zu dauerhafter Harmonie gestalten will, muß lernen, für sich das Recht auf sexuelle Beglückung in Anspruch zu nehmen. Da jedes Verhalten auch bei Tieren nur durch den individuellen Erfolg bekräftigt wird, kann bei ihnen das Paarungsverhalten nicht mit dem Wirken von Fortpflanzungstrieben gedeutet werden. Denn die gezeugten Nachkommen können für sie keine individuelle Erfolgsbestätigung sein, weil zu viel Zeit zwischen Paarung und Geburt liegt. Auch bei ihnen bestimmt sexuelles Erfolgserlebnis im Orgasmus als nervaler Funktionsablauf das Verhalten. Bei gewisser »Zufälligkeit« ihrer ersten Begegnung koppelt die Stärke des Orgasmus im Gehirn beider Tiere alle im zeitlichen Zusammenhang damit wahrgenommenen Farb-, Duft-, Hör-, Geschmacks- und »Gefühls«-Empfindungen aus allen Bereichen des Organismus mit dem im Paarungszentrum jedes Tieres angeborenen Sexualreflex. Daraus bilden sich bedingte Sexualreflexe. Auf ihrer Grundlage entsteht jedesmal bei Wahrnehmung nunmehr erotisierender Signale ein Widerspruch zwischen Erregung und Hemmung in den Zellen aller Stufen des Zentralnervensystems, der auf Lösung im Orgasmus drängt.

Wird er nicht gelöst, können verschiedenartigste Koordinierungsleistungen nicht in ihrer vollen nervalen Konzentration ablaufen, was unter Umständen zu krankhafter Veränderung mancher Organfunktion führt.

Die Bedeutung des Orgasmuserlebnisses ist auch in der Sexualität des Menschen wirksam und begründet sein Recht auf sexuelle Beglückung. Der Widerwille beispielsweise gegen Nahrungsaufnahme bei Streitigkeiten nach enttäuschenden Paarungserlebnissen ist manchem bekannt. Der Orgasmus wird als Ziel der Geschlechtlichkeit zu einem wichtigen Element der Harmonisierung, der Erhöhung von Gesundheit und Leistungsfähigkeit.

Als entwicklungsgeschichtliches Ergebnis ist das Bedürfnis zur Erfüllung sexueller Wünsche im Orgasmus aufs innigste mit dem Sein des Menschen verknüpft. Seine Behinderung, gleichgültig wodurch, wirkt sich negativ auf das Wohlbefinden und die Persönlichkeitsentwicklung und damit auf die Ehe aus.

Deshalb müssen alle Ratschläge darauf gerichtet sein, Frauen wie Männer zu sexuellen Beglückungen mit ihren Geschlechtspartnern zu befähigen. Daher dürfen wir bei der Erziehung unserer Kinder niemals die Sexualität verunglimpfen, zur Sünde stempeln, als etwas Schmutziges, Verwerfliches abwerten oder mit Krankheiten drohen. Solche früher häufig geübten Erziehungsmethoden sind zum großen Teil schuld daran, daß heute viele Frauen und nicht wenige Männer an Sexualstörungen leiden.

Die Geschlechtsbeziehungen von Frau und Mann dürfen jedoch nicht ausschließlich auf sexuelles Begehren reduziert werden. Liebe sieht im Partner nicht nur das Geschlechtswesen. Die sexuelle Vereinigung wird in ihr Ausdruck der geistigen und moralischen Beziehungen zweier gesellschaftlich geprägter Persönlichkeiten.

Im Unterschied zu anderen zwischenmenschlichen Beziehungen, die zeitlich begrenzt sind und immer nur bestimmte Anteile des gesellschaftlichen Wirkens eines Menschen berühren, erfaßt die individuelle Geschlechtsliebe in ihrer Entwicklung und Festigung die ganze Persönlichkeit des Partners. Sie strebt nach Gegenseitigkeit, Dauerhaftigkeit und Ausschließlichkeit.

Eheliche Partnerschaft sollte als höchstentwickelte Form sozialen Verhaltens verstanden werden, das zwischen zwei Menschen möglich ist. Gegenseitigkeit, Dauerhaftigkeit und Ausschließlichkeit werden in ihr zum Ausdruck der Achtung des anderen und eigener menschlicher Würde. Das sexuell-erotische Spannungsverhältnis zwischen den Geschlechtern muß dabei mit den sozial- und kulturgeschichtlich gewonnenen neuen Qualitäten so verschmelzen, daß in der Partnerschaft jeder die Möglichkeiten zur Entfaltung seiner Persönlichkeit und zu erfolgreicher Lösung übertragener und übernommener

Aufgaben wirklich nutzen kann. So ergibt sich das Recht auf sexuelle Beglückung und das Recht auf bewußte Trennung von Sexualität und Fortpflanzung aus dem kulturhistorisch gewonnenen Recht des Menschen, die in Natur und Gesellschaft wirkenden Gesetzmäßigkeiten im Dienste seines Lebens zu nutzen.

Sexuelles Glück für beide

In der sexuellen Begegnung kann man lernen, den Orgasmus gemeinsam zu erleben. Die hier angesprochene Gemeinsamkeit ist nicht als Forderung nach einem gleichzeitigen Orgasmus beider Partner zu verstehen. Den Orgasmus gleichzeitig wahrnehmen zu wollen, hat schon manches Paar unzufrieden und auch krank gemacht. Die Scheide ist nämlich nicht das »Beglückungsorgan«. Am Anfang sexueller Begegnungen können Mädchen und Frauen auch durch noch so lang dauernde Bewegungen des männlichen Gliedes in der Scheide keine sexuelle Erfüllung finden. Die Beschaffenheit von Scheide und männlichem Glied verführte und verführt auch heute noch viele zu der Auffassung, daß der beim gesunden Mann mit dem Koitus, mit der Einführung und Bewegung des Gliedes in der Scheide, verbundene männliche Orgasmus zwangsläufig auch den weiblichen auslöse.

Kommt er so nicht zustande, so sei die Frau von ihrer Anlage her frigide. Tatsache ist aber, daß die meisten scheinbar frigiden Frauen bei zärtlicher Berührung und Streicheln des Kitzlers zwischen den sogenannten Schamlippen den Orgasmus erleben können oder früher mehrmals erlebt hatten.

Auch die Wissenschaft ist an dieser falschen Auffassung nicht ganz schuldlos. Bei der in allen Wissenschaftszweigen bestehenden Tendenz zur Systematisierung hat man einen im Kitzler (Klitoris) auslösbaren Orgasmus als klitoridalen dem vaginalen, in der Scheide empfundenen, gegenübergestellt. Das Fehlen des vaginalen Orgasmus bei Empfindungsfähigkeit der Klitoris wurde (weil letzterer angeblich unterwertig sei) der Frigidität zugeordnet.

Als Folge derartiger weit verbreiteter Ansichten stehen heute auch in der DDR viele Frauen unter dem Eindruck, krank und frigide zu sein. Manche müssen sich das auch noch von ihren männlichen Partnern vorwerfen lassen.

Wenn trotz bestehender Partnerbeziehung gegenseitig vermittelte Orgasmuserlebnisse ausbleiben, kommt es zu schädigenden Auswirkungen auf die Gesundheit. In den sexuellen Partnerbeziehungen muß man deshalb die notwendigen Verhaltenskorrekturen aus folgenden Erkenntnissen ziehen lernen:

Bei jedem menschlichen Embryo entwickeln sich die Geschlechtsorgane der Jungen und Mädchen anfangs völlig gleichartig. Der Kopf des männlichen Gliedes ist entwicklungsgeschichtlich identisch mit dem Kitzler. Nur hier sind bei Mann und Frau diejenigen Nervenendigungen gelagert, die das Orgasmusempfinden einleiten. Doch werden in jede Wahrnehmung alle in zeitlichem Zusammenhang mit ihr beispielsweise durch Berührungs-, Wärme- und Kältereize entstandenen Erregungen von Nervenzellen einbezogen (Synthesefunktion der Großhirnrinde). Deshalb vermittelt die Stärke des männlichen Orgasmus sowohl am ganzen Schaft des Gliedes als auch an allen mit dem weiblichen Körper in Berührung stehenden Hautpartien die Empfindung der sexuellen Beglückung und noch eine Zeitlang danach die lustbetonte Entspannung.

Die gleiche bedingt-reflektorische Verknüpfung zwischen dem orgastischen Lustgefühl innerhalb der Klitoris und der vorher oder nachher durch Berührungsreize erregten Nervenendigungen innerhalb der Scheidenschleimhaut ermöglichen prinzipiell allen Frauen, nach Einführen des Gliedes in die Scheide einen vaginalen Orgasmus zu empfinden. Dieses Empfinden wird um so eher dann tief in die Scheide verlegt werden, wenn die Frau in den Beziehungen mit ihrem Partner ständig, insbesondere in der Einleitung der sexuellen Gemeinschaft, mit Zärtlichkeiten umworben wird. Je nach der Stärke frühkindlicher, nicht erogener Zärtlichkeiten zwischen Eltern und Mädchen, je nach den Körperpartien, deren Berührung später von dem Mädchen selbst als angenehm und anregend empfunden wurde, prägten sich bei jeder Frau die außerhalb der Geschlechtsregion erotisch anregenden Zonen individuell unterschied-

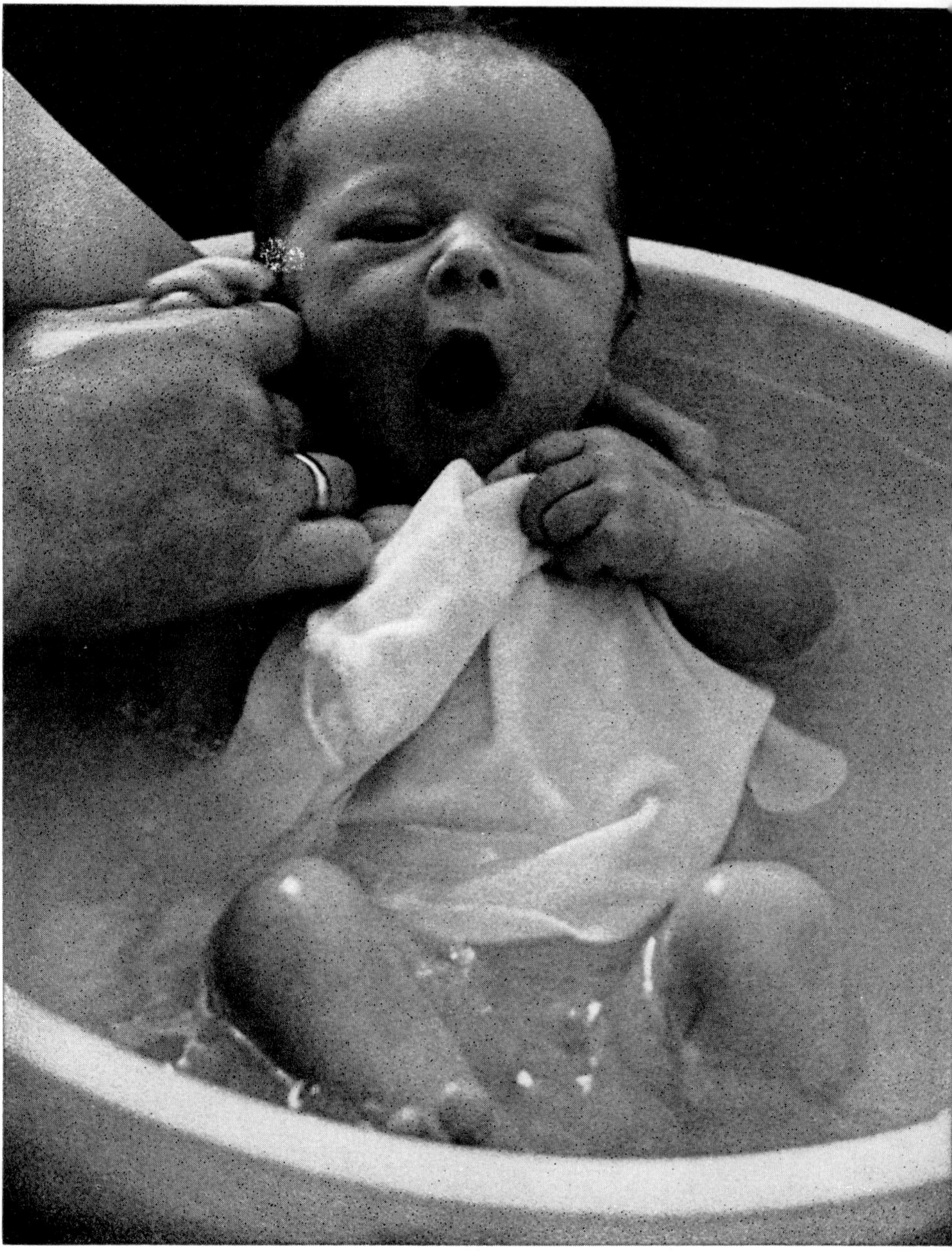

lich aus. Ohrläppchen und Rückenlinie, Brüste und Brustwarzen, die untere Bauchregion, aber auch die Innenseiten der Oberschenkel können zu solchen Zonen werden, deren zärtliches Streicheln sexuelles Begehren (Libido) weckt.

Dieses Begehren kommt bei Mann und Frau verschieden zustande. Der Mann wird im wesentlichen durch Gesicht, Gestalt und Verhalten auf eine Frau aufmerksam. Bei »ihr« wecken »sein« zuvorkommendes Auftreten Sympathie. Sexuelle Wünsche entstehen bei ihr erst aus Beachtung und Werbung. Das Äußere des Mannes, Farbe der Augen und anderes Beiwerk, so schön alles von ihr empfunden werden mag, haben zunächst keine erotisierende Bedeutung.

Wenn allerdings schöngeistige Lektüre sowie Erzählungen von Liebe zwischen Geschwistern vor dem Beginn sexueller Begegnungen auf das Mädchen einwirken, werden die genannten primär erotisierenden Impulse oft vom Schwarm für einen bestimmten Typ überlagert.

Von diesen physiologischen und psychischen Besonderheiten des Entstehens von Libido und Orgasmus bei Mann und Frau kann jeder ableiten, daß eine Gleichzeitigkeit des Orgasmuserlebens äußerst selten und auch nicht von vorrangiger Bedeutung ist. Für die individuelle und partnerschaftliche Harmonie ist es wichtiger, daß jeder dem anderen – gleichgültig ob vorher oder nachher – sexuelle Erfüllung gibt.

Offen miteinander sprechen

In dem täglichen Nebeneinander von Ehegatten wird nicht selten auch bestimmend, zu diesem oder jenem für beide angenehmen Termin sexuell zusammenzukommen. Das damit verbundene Fehlen erotisierender Werbung läßt »sie« in einer zur Routine gewordenen sexuellen Gemeinschaft nur selten zur Libido kommen. Statt dessen empfindet sie Schmerzen beim Einführen des Gliedes. Diese und das Ausbleiben des Orgasmus ist, genau wie häufig beim koitalen Geschlechtsverkehr, Ausdruck ungenügender sexueller Vorbereitung. Das fehlende Erfolgserlebnis wirkt sogar auf die Orgasmusfähigkeit der Klitoris zurück und verursacht die vermeintliche Gefühlskälte.

Die Beteiligung vieler Anteile des Nervensystems am Orgasmus, einschließlich der Großhirnrinde, in der allein alle Erfahrungen gespeichert werden sowie Denk- und Bewußtseinsprozesse ablaufen, führt dazu, daß wiederholt fehlendes sexuelles Erfolgserlebnis auch in den zentralnervösen Abschnitten eine Hemmung sexueller Funktionsabläufe auslöst. Dadurch wird beispielsweise beim Mann, der seine Partnerin beglücken wollte, aber nicht konnte, unter Umständen eine Erwartungshemmung verursacht, die das Glied nicht steif werden oder frühzeitig erschlaffen läßt. Die gleichen nervalen hemmenden Impulse in dem Paarungszentrum der Frau können durch die Miterregung des Brech-, des Atem- und Kreislaufzentrums Ekelempfindungen, Hitzewallungen und allgemeines Unbehagen verursachen.

Abgesehen von einigen seltenen Fehlbildungen in den männlichen und weiblichen Geschlechtsorganen werden oft erwünschte sexuelle Gemeinsamkeiten zwischen den Partnern durch funktionelle Störungen des Orgasmuserlebens erschwert oder sogar unmöglich. Die vermuteten, befürchteten, später häufig tatsächlich eintretenden Änderungen im Verhalten des geliebten und begehrten Partners erschweren die Chance erfolgreicher ärztlicher oder psychologischer Behandlung. Welche Einschränkungen des psychischen Wohlbefindens ein zeitweiliger oder dauernder, teilweiser oder vollkommener Empfindungsverlust (Anorgasmie) oder eine immer oder gelegentlich fehlende bzw. frühzeitig zusammenfallende Gliedsteife (psychische Impotenz) hervorrufen, kann nur der Psychologe nachfühlen, der die Zunge seiner Ratsuchenden zu lösen verstand.

Anders ausgedrückt: Man sollte auch solcher Beschwerden wegen den Arzt, am besten in einer Ehe- und Sexualberatungsstelle aufsuchen und seine Probleme offen darlegen. Angst vor Prestigeverlust und übler Nachrede im Kreis der Kollegen und Bekannten, die Befürchtung, vom Arzt falsch verstanden und moralisch fehlgewertet zu werden, sollten niemanden veranlassen, krampfhaft seine tiefergehenden Probleme (die er oft nicht kennt oder kaschiert) zu verschleiern. Auch eine zunächst behutsam vortastende Frage des Arztes sollte man nicht entrüstet in der Meinung zurückweisen, Form und Erlebnistiefe der Intimitäten ständen in keinem Zusammenhang mit den Beschwerden, die den Besuch beim Arzt veranlassen. Psychische und soziale Faktoren verursachen oft lang dauernde Störungen des Intimverhaltens. Die Hauptursache solcher Störungen besteht in ungenügendem Wissen über die dargelegte Physiologie des Orgasmus.

Den Weg zum Arzt können sich viele Ehepaare aber ersparen, wenn sie lernen, sich gegenseitig mitzuteilen, was ihnen in der sexuellen Gemeinschaft schön und angenehm ist. Zu menschenwürdigen sexuellen Begegnungen gehören gute äußere Bedingungen, durch die das Intimverhalten beider nicht der engeren oder weiteren Öffentlichkeit preisgegeben wird. Enge Wohnverhältnisse oder gar das Ausweichen in die Landschaft können mit der Angst vor Entdeckung zugleich die jeweils aufgebaute erotische Spannung zerstören. Vor allem aber gehören immer erotisierende Zärtlichkeiten dazu, um den weiblichen Partner für die Erfüllung vorzubereiten.

Am Anfang einer Partnerschaft sollte die Erotisierung bis in die Vorphase des Orgasmus geführt werden, ehe es zur körperlichen Vereinigung zwischen Mann und Frau kommt. Damit wird bei Frauen die frühe Entstehung der vaginalen Orgasmusfähigkeit begünstigt.

Erst unter solchen Voraussetzungen sexueller Harmonie kann das erotische Spannungsverhältnis zwischen Mann und Frau als Grundelement ehelichen Glücks alle sozial- und kulturgeschichtlich gewonnenen neuen Qualitäten des Menschenlebens auch in die Vorbereitung und das Erlebnis des Sexuellen einbeziehen. Dazu gehören ebenfalls die Achtung und Berücksichtigung des bei beiden vorgebildeten Moralempfindens und das gemeinsame Vortasten zu solchen Intimitäten, die beiden höchste Erfüllung geben. Wo gegenüber dieser oder jener ihrer Formen Unsicherheit und moralische Bedenken auftreten, möge man überlegen, daß die Intimsphäre einer ehelichen Gemeinschaft eine tabufreie Zone ist, in der das zur Moral wird, was beiden dienlich und von ihnen gewünscht ist.

Für das sexuelle Partnerleben ist es aber auch wichtig zu begreifen, daß alle Konflikte aus dem Berufsleben, aus dem Fehlen gesellschaftlichen Kontaktes und mangelnden allgemeinen Erfolgserlebnissen als Störung nervaler Funktionsabläufe in jedem der Partner nachwirken können. Werden diese Hemmnisse nicht beachtet und nicht durch eine entsprechend einfühlsamere erotisierende Vorbereitung überwunden, stehen die Partner plötzlich vor dem Phänomen, sich sexuell nichts mehr geben zu können. Finden sie aber die nötige Beachtung und eine einfühlsame Überwindung in erotischen Erlebnissen, dann wird der gemeinsame Akt der Geschlechtsliebe mit seinen Möglichkeiten emotionalen Ausgleichs zu einem wichtigen Element aktiver Erholung. Es kennzeichnet deshalb sozialistische Haltung und Kultur in der Geschlechtsliebe, wenn sich mit ihrer Hilfe gesunde, harmonische, allseitig gebildete, leistungsfähige – kurz: gleichberechtigte – sozialistische Persönlichkeiten entwickeln.

Der Wunsch zum Kind

Das begründete Recht, sexuelle Beglückung in der Ehe wahrzunehmen, schließt die Möglichkeit ein, die Partnerschaft durch Nachwuchs, der das Dasein bereichert, zu vertiefen. Die eigene Existenz, auf deren Entstehung man selbst keinen Einfluß hatte, wurde im Paarungsakt von Individuen vieler Generationen vor dem der eigenen Eltern begründet. Daraus ergibt sich für jeden die objektive Notwendigkeit, seine Möglichkeiten zu nutzen, das Leben in einem für die eigene Persönlichkeitsentwicklung sinnvollen Umfang weiterzugeben.

Diese Notwendigkeit wird im Sozialismus zu einem moralischen Prinzip und seine Verwirklichung zu einem Element der Kultur sozialistischer Beziehungen in ehelicher Partnerschaft, also Bestandteil der Lebensweise. Hier haben Kinderwunsch des einzelnen, gesellschaftliches Interesse an Nachwuchs, staatliche Förderung der Familie und ihre soziale Sicherstellung im Sozialismus ihre Begründung.

Allein die Menschen können ihre Liebe bewußt in der Zeugung neuen Lebens, in der bewußten Erziehung der Kinder gipfeln lassen. Das Erleben einer Schwangerschaft in der Familie, die dann besondere Hinwendung der Partner zueinander und zu dem gemeinsam erwarteten, gewünschten Kind erfordert, wird zu einer wichtigen Bewährungssituation für die Dauer des Glücks in den kommenden Jahren der Ehe.

Das gesellschaftliche Interesse an der Weitergabe menschlichen Lebens bedingt somit gesamtgesellschaftliche Bemühungen, den Wunsch zum Kind bei jedem Menschen zu fördern. Das geschieht u. a. durch Vermittlung wissenschaftlicher Erkenntnisse zum Partnerleben. Der individuell geweckte Wunsch zum Kind, ohne den bei den Möglichkeiten zur Antikonzeption oder vorzeitiger Beendigung jeder ungewollten Schwangerschaft keine Frau eine Schwangerschaft austragen würde, kennzeichnet ihren Erfolg.

Dieser Wunsch ist in hohem Grad abhängig von eigenen Kindheitserfahrungen. In Erinnerung an die Geborgenheit, die Mädchen und Jungen in ihrem Elternhaus erlebten, festigt sich ihr Wunsch, nach deren Vorbild ihre eigene Ehe als Familie zu gestalten. Mit dem Bild

der sozialistischen Persönlichkeit ist es aber unvereinbar, sich bei der Erfüllung objektiver sexueller Bedürfnisse dem biologischen Zufall unterordnen zu müssen.

Daher ist die Kenntnis geeigneter Methoden der Antikonzeption wichtig, um sich zu einem selbstgewählten Zeitpunkt bewußt für ein Kind zu entscheiden.

Manche haben noch die Auffassung, die Schwangerschaftsunterbrechung komme der Tötung eines Menschenlebens gleich. Diese Ansicht ist falsch und mystifiziert biologische Zusammenhänge. Ein ungewollt keimendes, jeder Personalität entbehrendes, weil lediglich mit biologischen Merkmalen ausgestattetes Leben wird durch den Abbruch der Schwangerschaft an der möglichen Entfaltung menschlichen Wesens gehindert. Das ist bekanntlich nur unter bestimmten, viele Monate über die Geburt eines Säuglings hinaus wirkenden gesellschaftlichen Voraussetzungen möglich. Erst durch sie entwikkelt sich aus dem Willen der Eltern zum Kind ein Mensch mit gesellschaftsbestimmten Wesenszügen.

Die objektiv mit jeder Schwangerschaft für die Partner verbundenen aktuellen und über sie hinauswirkenden Veränderungen in den gesamten Lebensbedingungen machen es notwendig, den Wunsch zum Kind durch viele gesellschaftliche Maßnahmen zu fördern bzw. den vorhandenen Wunsch zu stärken und seine Realisierung zu erleichtern. Dafür ist die Wohnraumbeschaffung ebenso wie die weitere ideelle Aufwertung von Eltern mit mehreren Kindern von Bedeutung. Das sozialpolitische Programm der SED hat den Frauen einen auf 26 Wochen verlängerten bezahlten Schwangerschafts- und Wochenurlaub, den Müttern von zwei und mehr Kindern Arbeitszeitverkürzung bei voller Lohn- und Gehaltszahlung sowie den Müttern bei der Geburt des zweiten und jedes weiteren Kindes die Möglichkeit gegeben, ihr Neugeborenes auch im zweiten Lebenshalbjahr ohne nennenswerten Ausfall an Lohn bzw. Gehalt zu betreuen. Dazu zählt auch die wachsende Anzahl von Kindereinrichtungen in unserem Land.

Objektiv wird der Wunsch zum Kind begünstigt, wenn sich die Sicherheit für Gesundheit und Leben jeder Frau in Schwangerschaft und Wochenbett weiter erhöht, von letzten Risiken befreit ist, wenn eine Reihe noch auftretender Beschwernisse für Schwangere und Mütter weiter überwunden werden.

Der Förderung des Wunsches zum Kind und seiner Verwirklichung auch noch zwischen dem 25. und 35. Lebensjahr haben eine Reihe medizinischer Maßnahmen zu dienen. Schwangerschaft und Geburt in diesem Zeitraum müssen von ihren körperlichen und psychischen Belastungen möglichst befreit mit Berufsausübung und Qualifikation vereinbart werden. Förderung des Wunsches zum Kind und Antikonzeption sind demnach zwei miteinander verbundene Seiten sozialistischer Familienpolitik.

Verhüten – unterbrechen

Aus der funktionellen Einheit männlicher und weiblicher Geschlechtsorgane ergeben sich eine Vielfalt von Methoden der Schwangerschaftsverhütung, die in allen historischen Perioden von großen Teilen der Menschheit angewandt wurden. Immer griffen die Menschen bei ihrem Versagen auch auf die Schwangerschaftsunterbrechung zurück. Es erübrigt sich heute bei dem Vorhandensein sicherer Antikonzeptiva, auf die Vielzahl der geübten Methoden noch näher einzugehen. Zur Zeit stehen zwei Methoden als sicherste absolut im Vordergrund.

Die erste besteht in der Anwendung hormoneller Ovulationshemmer, in der DDR unter den Bezeichnungen Ovosiston, Sequenz-Ovosiston, Non-Ovlon, Gravistat bekannt. Sie enthalten alle gleiche Substanzen, unterscheiden sich lediglich in deren quantitativer Zusammensetzung. Die Ovulationshemmer verhindern durch das Nachbilden hormoneller Verhältnisse, wie sie sich bei jeder Schwangerschaft ergeben, daß eine befruchtungsfähige Eizelle im Eierstock gebildet wird. Sie sorgen zugleich für die Festigung des Schleimpfropfes im Gebärmutterhals, wie er sich ebenfalls bei einer Schwangerschaft entwickelt.

An der Beziehung der durch die Anwendung der Ovulationshemmer im Organismus der Frau erzeugten hormonellen Situation zu einer Schwangerschaft ist abzulesen, daß in der Anwendung dieser Stoffe auch über lange Sicht keine Gefahren für die Gesundheit der Frau entstehen. Auch Frauen mit ständig wiederholten Schwangerschaften – es sind Frauen mit über 20 Schwangerschaften in Beobachtung gewesen – erlitten keine durch die Schwangerschaft selbst begründeten Schädigungen des Eierstocks. Das widerlegt den Einwand, die Mittel seien nicht langjährig erprobt und deshalb mögliche Spätfolgen nicht genügend erforscht.

Auch andere gelegentlich vermutete Nebenerscheinungen der Ovulationshemmer haben sich in der internationalen Beobachtung als ungerechtfertigt erwiesen. Nachgewiesen wurde lediglich, daß einige Frauen das jeweils industriell standardisierte Mischungsverhältnis der beiden Hormonanteile unterschiedlich vertragen. Daraus entwickelte sich in der DDR neben dem Ovosiston die Bereitstellung unterschiedlicher Ovulationshemmer. Die Hormonforschung sucht nach weiteren sicheren Antikonzeptionsmitteln und Vereinfachung ihrer Anwendung.

Frauen, die Ovulationshemmer wegen Schmierblutungen, nervaler Labilität, Neigung zu Kopfschmerzen oder Zunahme an Körpergewicht u. a. nicht vertragen, können ein anderes Antikonzeptionsmittel benutzen, das sogenannte Intrauterinpessar (IUP). Es wird auf Anraten des Arztes bei bestehendem Einverständnis der Frau in die Gebärmutterhöhle eingelegt und ist dann besonders zu empfehlen, wenn die gewünschte Familiengröße erreicht ist. Dabei erübrigt sich nämlich die tägliche Einnahme der »Pille«, was bekanntlich leicht einmal vergessen werden kann. Beim IUP handelt es sich um Ringe oder Spiralen aus gewebsfreundlichem Plast. Sie müssen der jeweiligen Uterushöhle entsprechend ausgesucht und angewandt werden, um Beschwerden und unerwünschte Folgen auszuschließen. Das IUP wird durch einen Gynäkologen eingesetzt und kann mehrere Jahre in der Gebärmutterhöhle verbleiben. Es gewährt praktisch die gleiche Sicherheit wie Ovulationshemmer und läßt sich auf Wunsch der Frau ohne weiteres wieder entfernen.

Beide Methoden gestatten jederzeit, die Empfängnisfähigkeit der Frau wiederherzustellen. Von diesem Gesichtspunkt aus muß man auch die operative Sterilisation bei Mann und Frau betrachten, da bei ihr die Zeugungs- oder Empfängnisfähigkeit ein für allemal beseitigt ist. Sie ist nur dann bei Frauen vertretbar und unter solchen Bedingungen in der DDR auch gesetzlich gestattet, wenn unheilbare Krankheiten das Leben einer Frau dauernd gefährden und jede bzw. jede weitere Schwangerschaft vermieden werden muß.

Eine klinisch durchgeführte Schwangerschaftsunterbrechung birgt immer bestimmte Gefahren für eine zeitweilige Erkrankung in sich. Darum sollten zuerst alle Möglichkeiten der Antikonzeption genutzt werden, um eine ungewollte Schwangerschaft zu vermeiden. Jede Frau kann sich mit diesen Mitteln vor der Ungewißheit und dem Warten auf die Monatsblutung bewahren. Die Frauen sollten aber auch wissen, daß sie bei mangelndem Erfolg antikonzeptiver Mittel gegen negative gesundheitliche, körperliche, psychische und soziale Auswirkungen durch die Schwangerschaftsunterbrechung in Fachkliniken besser und mit höherer Sicherheit geschützt sind als mit einem selbsteingeleiteten Abort. So werden durch das Gesetz über die Schwangerschaftsunterbrechung vom 9. März 1972 die berufliche und gesellschaftliche Entwicklung, die Ausgeglichenheit und Selbstsicherheit der Frau, das Glück in ihrer Familie gesichert. Ein ständig wiederkehrender Konfliktherd kann durch die Nutzung der Antikonzeption im weitesten Sinne vermieden und endgültig beseitigt werden.

So werden die Bereitstellung sicherer antikonzeptiver Mittel durch Gesellschaft und Staat der DDR und ihre zeitweilige Anwendung in den ehelichen Beziehungen zu einem Element der Kultur. Denn die Unterordnung der Menschen unter den Zwang der biologischen Verknüpfung zwischen Sexualität und Zeugung von Nachwuchs widerspricht dem sozialistischen Menschenbild. Die Sicherung vor unerwünschten Folgen sexueller Gemeinschaft kann dazu beitragen, psychische Konflikte und damit die Entstehung von Sexualneurosen zu verhüten. Insofern werden sie auch zum Prophylaktikum von Sexualstörungen wie Anorgasmie und Impotenz, wenn diese unter der Wirkung von Angst vor Schwangerschaften entstanden sind.

Von dieser Position her sollte jeder die noch hier und da laut werdenden Einwände gegen die Ovulationshemmer bzw. gegen die

Schwangerschaftsunterbrechung zurückweisen. Die angeführten »Argumente« stammen noch aus einer Zeit, in der jede Frau mit ungewollter Schwangerschaft zu illegaler Unterbrechung getrieben wurde. Dabei konnte sie kaum von der Arbeit fernbleiben, um nicht aufzufallen, um nicht »ins Gerede« zu kommen. Die illegalen Abtreiber waren aus Gründen der Geheimhaltung ihrer schmutzigen Verdienstquelle an einer Nachsorge nicht interessiert. Das waren Gründe, die als Folge der illegalen Abtreibung früher bei 12 bis 15 Prozent der Frauen zur Aufhebung ihrer Empfängnisfähigkeit führten, Gründe, die heute nicht mehr existieren.

Unter unseren sozialistischen Bedingungen könnte jede unerwünschte Schwangerschaftsunterbrechung vermieden werden, wenn man junge Mädchen vor Eingehen erster sexueller Beziehungen, aber auch die Frauen bis ins Klimakterium, auf die Nutzung von Antikonzeptionsmethoden aufmerksam machen würde. Zwei Jahre nach der ersten Monatsblutung, nach etwa 12 bis 14 in regelmäßigen Abständen aufgetretenen »Perioden«, kann die Pille gefahrlos eingenommen werden.

Über Treue und Eifersucht

Nicht selten spielen bei Ehekonflikten Reibereien zwischen den Eheleuten eine Rolle, die auf die unterschiedliche Haltung der Partner zur Treue in der Ehe zurückzuführen sind.

Gleichberechtigte Partner entwickeln sich beruflich, charakterlich und in ihren geistigen und psychischen Ansprüchen. Wenn einer zurückbleibt oder den anderen zurückläßt, entstehen Dissonanzen. Partner, die einmal gut harmonierten, finden eines Tages nur noch schwer zueinander. Gewiß führt oft Egoismus des einen zu einer Krise, etwa wenn er seine Weiterbildung zum Nabel der Welt macht und nicht einzuordnen vermag in die Interessen und Bedürfnisse aller Familienmitglieder. Doch kann ebenso falsch verstandene Aufopferung für den anderen Schwierigkeiten herbeiführen. Zumal solch übertriebenes Zurückstehen nicht selten vermischt ist mit Trägheit, Bequemlichkeit, mit mangelndem Begreifen der Verantwortung, die jeder selbst trägt für die Bereicherung seiner Persönlichkeit.

Es bestehen oder entstehen auch Unterschiede in der Liebe Zwanzig-, Dreißig- oder Vierzigjähriger, die sich beispielsweise in der Häufigkeit des Wunsches zu sexueller Gemeinschaft ausdrücken. Einfühlsamkeit und Erfahrung müssen sich paaren. Richtig ist, wenn sich Partner offen und ehrlich über intime Fragen verständigen.

Jeder sollte den anderen auf sich einschleichende Nachlässigkeiten im täglichen Beisammensein aufmerksam machen. Veränderungen im Zusammenleben müssen berücksichtigt werden. Immer muß man bereit sein, den Partner aus Liebe und Zuneigung zu erziehen, etwas Neues an dem geliebten Menschen zu entdecken und auch für ihn zu erfinden. Eine tiefe, sich stets erneuernde Liebe wird nie an gegenseitigem Vertrauen, an gegenseitiger Achtung, an gegenseitigem Begehren verlieren, so daß Treue zur Selbstverständlichkeit wird.

Das bürgerliche Familienrecht verstand unter der Treue nur die sexuelle Treue. Aus dieser Ansicht resultiert auch die Festlegung des bürgerlichen Rechts, daß Ehebruch ein absoluter Scheidungsgrund war. Es mutet heute kurios an, daß das Preußische Recht, das vor dem BGB galt, die Untreue des Mannes im wesentlichen akzeptierte, eine Untreue der Frau aber verdammte. Die klassische literarische Darstellung dieser Rechtsauffassung gab Fontane in »Effi Briest«.

Das sozialistische Familienrecht verwendet bewußt den Begriff der Treue. Er wird keineswegs nur auf den sexuellen Bereich beschränkt. Die sozialistische Moral erfordert, daß übernommene Pflichten und Verantwortung gewissenhaft erfüllt werden. Wer seine Pflichten gegenüber dem Staat, gegenüber seiner Arbeit und gegenüber seiner Familie treu erfüllt, rechtfertigt das in ihn gesetzte Vertrauen. Treue und Vertrauen haben ihren Ursprung im gleichen Verhalten eines Menschen, beide Begriffe sind auch sachlich eng miteinander verwandt, sie bedingen einander. Vertrauen ist eine der wesentlichen Eigenschaften und Voraussetzungen für das Zusammenleben sozialistischer Menschen in einer Familie, im Kollektiv und in der Gesellschaft.

Treue heißt in der Ehe, den einmal eingegangenen Bund für das Leben ständig zu festigen und nicht wegen irgendeiner auftretenden Schwierigkeit an der Festigkeit des Bundes zu zweifeln, sich in einen Rausch oder zu einem anderen – sei es Mann oder Frau – zu flüchten. Hinter einem solchen Ausbruch verbirgt sich häufig ein zu geringes Bemühen um die Liebe zueinander. Die Treue auf den sogenannten Ehebruch im alten Sinne, auf den außerehelichen Geschlechtsverkehr zu reduzieren, hieße, die oben angeführten Dinge zu übersehen, die ebenfalls Vertrauensbrüche darstellen.

Zur Untreue könnte man z. B. zählen, wenn ein Partner den anderen über seine tatsächlichen Einkommensverhältnisse im unklaren läßt und damit das für den gemeinsamen Haushalt aufzuwendende Geld teilweise veruntreut. Das mag etwas zugespitzt klingen, aber noch immer erfahren manche Frauen nur durch einen Zufall – oder im Scheidungsverfahren –, wieviel ihre Männer wirklich verdienen. Unter dem Begriff der Untreue ließe sich auch das Verhalten eines Partners fassen, der Liebe vorspielt, obwohl er sie längst nicht mehr empfindet. Hier ist Offenheit besser.

Wie Treue und Vertrauen eng beeinanderliegen, so gehören auch Mißtrauen und Eifersucht zusammen. Eifersucht und Mißtrauen sind nicht gebunden an die Untreue eines Partners. Sie sind Regungen eines Menschen, die oft jeder Ursache und Grundlage entbehren. Eifersucht kann sowohl Ausdruck einer großen und innigen Liebe sein, jedoch ebenso sich bis ins Krankhafte steigern, wie es von Shakespeare in »Othello« dargestellt wird. Menschen, die sich stets selbst um ihre Persönlichkeitsbildung bemühen, begegnen diesen Regungen, die einem harmonischen Zusammenleben abträglich sein können. Eifersucht hält den anderen Partner nicht. Er wird sogar durch diese Regungen abgestoßen. Wenn es Anlässe zum Mißtrauen zwischen den Partnern gibt, dann hilft nicht Eifersucht, sondern die schon geforderte Offenheit. Mit den eigenen Zweifeln kann man dem anderen nicht das Leben zur Hölle machen, dies fördert und festigt nicht die ehelichen Beziehungen, sondern zerstört sie. Eifersucht ist keine Erscheinung, die nur bei Frauen zu beobachten ist. Der Mohr von Venedig ist ein Beweis dafür. In der Eifersucht steckt immer ein wenig Ausschließlichkeitsanspruch, der nicht nur in der Liebe, bei den

Ehepartnern, sondern auch bei Kindern auftritt, vor allem dann, wenn ein neues Geschwisterchen geboren wird. Die älteren glauben, sie verlieren etwas, werden jetzt »beiseite gestellt«. Hier kann man nur raten, behutsam zu reagieren, mit Geduld, ohne Strafen und dennoch konsequent, man muß sich immer vor Augen führen, daß Eifersucht eine sehr vielschichtige menschliche Regung sein kann.

Unter unseren gesellschaftlichen Bedingungen beruht die Geschlechtspartnerschaft auf einer bewußt von zwei Menschen in völliger Gleichberechtigung getroffenen Willensentscheidung. Niemand hat heute noch das Recht, daraus einen Besitzanspruch auf den anderen zu erheben und deshalb Treue zu verlangen. Derartiges kleinbürgerliches Besitzdenken liegt aber oft der Eifersucht zugrunde. Das zu erkennen, heißt, sich vor ihr zu schützen.

Eine zweite Ursache ist in mangelndem Selbstwertgefühl zu suchen. Auch das resultiert aus einer Zeit, wo nicht jeder seine Persönlichkeit bewußt prägen konnte. Aus dem Vergleich äußerer Merkmale, wie Aussehen und Gestalt, die zu dominierenden Elementen der Bindung wurden, entstehen Minderwertigkeitskomplexe – eine Quelle der Eifersucht. Zunehmendes Erkennen der Menschenwürde und entsprechendes Handeln lassen beides nicht aufkommen.

Verderblich und zum Keim der Zerrüttung wird die Eifersucht, wenn man sich ihrer als Gradmesser der Liebe bedient. Wer meint, an der Eifersucht des Partners die Tiefe der Zuneigung erkennen zu können, oder selbst eifersüchtig ist, um den anderen zum Bekennen seiner Liebe oder gar zu deren geschlechtlichem Vollzug zu nötigen, könnte schneller als gedacht vor dem Scheidungsrichter stehen.

Menschenwürdiges Verhalten beider Partner schützt vor Eifersucht und gibt auch der Gemeinschaft Bestand. Treue heißt also, die einmal eingegangene Ehe als einen Bund für das Leben ständig zu festigen und nicht wegen auftretender Schwierigkeiten aufzugeben. Treue heißt auch, den Partner nicht über seine tatsächlichen Einkommensverhältnisse im unklaren zu lassen und das ganze für den gemeinsamen Haushalt aufzuwendende Geld gemeinsam mit ihm zu verwalten. Treue heißt nicht zuletzt: Offenheit in allen Fragen und Stimmungen. Sie nur gibt die Möglichkeit, kritische Situationen gemeinsam zu überwinden.

Oft wird die Meinung vertreten, die sogenannten Charakterzüge oder wesensbestimmenden Eigenarten und Interessen eines Menschen, die auch das Familienleben beeinflussen, seien erblich-biologisch, sozusagen schicksalhaft angelegt und damit unveränderbar. Demgegenüber muß betont werden, daß alle Eigenschaften und auch Eigenarten eines Menschen aus seinem bisherigen Lebensablauf zwischen Elternhaus, Schule und Berufsausbildung stammen. Sie sind den Gewohnheiten des Vaters, der Mutter oder Anverwandten abgeschaut, prägten sich im Kontakt mit Gleichaltrigen und den dort vorherrschenden »Vorbildern«. Sie konnten sich zu gewohntem Verhalten festigen, weil man damit im bisherigen Milieu »Erfolg« hatte. In der Ehe dürfen sie nicht mehr dominieren. Ein Verlangen gegenüber dem Partner, sie voll anzuerkennen (»So bin ich nun mal«), würde oft berechtigte Wünsche des geliebten Menschen unterdrücken oder gar mißachten. Solche Forderungen können das Eheglück ebensowenig garantieren wie ein Verzicht auf Kinder oder auf das Zusammenleben mit Eltern oder Schwiegereltern.

Der Wunsch nach dauerhafter Gemeinsamkeit sollte zum bestimmenden Element werden, um neue Gewohnheiten und Wesenszüge auszuprägen. Bei allem Streben nach Ausschließlichkeit einer einmal eingegangenen ehelichen Verbindung muß der Schutz der Persönlichkeit in ihr gewahrt bleiben. Kein Partner hat das Recht, den anderen gewissermaßen als sein Eigentum zu betrachten und ihn sich unterzuordnen und ihm zu befehlen. Nur wenn die Partner sich als gleichberechtigte Persönlichkeiten voll anerkennen und achten, wird die Gefahr ausgeschlossen, den geliebten Partner zu verlieren, weil dieser sich mißachtet fühlt. Diese Erkenntnis sollte den Ehepartnern zum fortwirkenden Antrieb gegenseitiger Verhaltenskorrekturen und stets neuer Hinwendung zueinander dienen.

Beziehungen zwischen den Mitgliedern einer Familie

Zweifellos gipfelt die Einheit zwischen Mann und Frau in gemeinsamen Kindern. Beide stellen bei jedem Kind neu die gleiche Frage: Wird es ein Junge oder ein Mädchen? Heute ist dies allerdings keine entscheidende Frage mehr, da beiden Geschlechtern die gleichen Entwicklungsmöglichkeiten offenstehen. Jeder der Gatten träumt auf seine Weise von dem erwarteten Kind. Die Väter schmieden gern Pläne für die Zukunft, überlegen vielleicht schon, was es einmal werden könnte. Sie schauen weit in die Ferne, in eine Zeit, in der sie, nach ihrer Meinung, mit dem Kind endlich etwas anfangen können. Die Mütter sind realistischer. Sie sehen die nächsten Wochen, in denen sie die Hauptverantwortung für das Gedeihen des Kindes tragen.

Beide suchen gemeinsam einen Vornamen, klugerweise einen männlichen und einen weiblichen. Die nötigen Sachen werden gekauft: Jäckchen, Hemdchen, Windeln, Strampelhöschen, Einlagen, Nabelbinden, Gummiunterlagen, eine Babydecke und eine Ausfahrgarnitur. Nicht nur die Frau bekommt das Kind. Auch der Mann muß sich auf die Geburt vorbereiten. Gegenüber der Hochschwangeren sollte er besonders rücksichtsvoll und zärtlich sein. Das Paar kann durchaus ins Theater, Kino oder Konzert gehen, denn diese Eindrücke fördern die Ausgeglichenheit der werdenden Mutter.

Der jungen Frau ist zu raten, sich auf die Entbindung vorzubereiten, sich viel zu bewegen, vor allem an der frischen Luft, und sich eingehend über die Säuglingspflege zu informieren. Die werdende Mutter sollte sich nicht von anderen Frauen angst machen lassen. Die Dauer des Geburtsvorgangs ist bei jeder Frau verschieden und kann durch bewußte Mithilfe verkürzt und günstig beeinflußt werden. Dafür sollte sie den Rat von Fachärzten in Anspruch nehmen. Auch ein junger Ehemann sollte sich die Grundfragen der Säuglingspflege aneignen, damit er sein Kind versorgen bzw. seiner Frau sachkundig zur Hand gehen kann. Weder braucht noch sollte er bei der Betreuung des Babys eine passive Rolle spielen. Jede Frau wird ihrem Manne dankbar sein, wenn er gerade in den ersten Lebenswochen und -monaten ihr das morgendliche Windeln und Füttern hin und wieder abnimmt, damit sie etwas mehr der dringend benötigten Ruhe hat. Schon im frühen Alter des Kindes, zwischen dem 1. und 2. Lebensjahr, bilden sich seine sozialen Beziehungen heraus. Sein inniges Verhältnis zur Mutter, aber eben auch zum Vater, seine Eindrücke von der Umwelt, so unmerklich und unbewußt sie aufgenommen werden, beeinflussen das spätere Sozialverhalten. Wächst es ungeliebt, wenig beachtet auf, begegnet es später seiner Umwelt häufig mit Abwehr, entwickelt wenig eigene Gefühle, wird möglicherweise zum Außenseiter und Einzelgänger. Das Kind braucht also schon in diesen ersten Jahren einen engen, liebevollen Kontakt zur Umwelt. Es genügt nicht, dem Kind regelmäßig Speise und Trank zu geben, es sauberzuhalten und für seinen regelmäßigen Schlaf zu sorgen.

Die Betreuung des ersten Kindes erscheint oft besonders schwierig, weil Mutter und Vater erst selbst lernen müssen, ein so unbeholfenes Wesen zu behüten. Die schwierigen Stunden werden schnell über Stunden der Freude und des Glücks vergessen sein. Bald werden beide Partner lernen, mit einem Kinde umzugehen. Gut, wenn sich jetzt die Liebe bewährt und die gemeinsame Verantwortung für das junge Leben ihre Liebe und Zuneigung zueinander vergrößert.

Meistens geht alles beim zweiten Kind viel besser. Die Eltern sind nicht mehr so ängstlich und aufgeregt, haben jetzt Vergleichsmöglichkeiten, können sich auf bestimmte Verhaltensweisen einstellen. Das Paar sollte jetzt überlegen, wann das zweite und dritte Kind kommen soll. Im allgemeinen sollte der Altersunterschied nicht allzu groß sein. Doch dafür gibt es keine Regel. Ein zu großer Altersunterschied zwischen den Geschwistern ist für ihr harmonisches Aufwachsen ungünstig.

Kinder halten jung

Gewiß fordern Kinder manchen Verzicht. Die Eltern sind stärker an bestimmte Zeiten, an einen bestimmten Rhythmus im Alltag gebunden. Aber was zählt das gegenüber einem Leben ohne Kinder? Kinder bringen Schwung und Leben in eine Familie, fordern Aktivität von den Eltern. Diese müssen sich stets aufs neue mit den Fragen der Heranwachsenden auseinandersetzen. Kinder fördern also Eigenschaften, die der Persönlichkeitsbildung von Mutter und Vater dienlich sind.

Ein Leben mit Kindern eröffnet Erlebnisbereiche, die sonst verschlossen bleiben. Viele sagen: Kinder halten ihre Eltern ständig in Bewegung, körperlich und geistig. Die Eltern müssen sich mit vielen Dingen beschäftigen, die schon längst ihrem Gesichtskreis entschwunden waren. Das Glück der Familie formt sich mit Kindern, doch muß auch dieses Glück täglich neu errungen werden. Gedanken über das Familienglück bewegen viele Paare, die eine Familie gründen. In einer Ein-Kind-Familie wird sich dieses Glück nicht voll entfalten können, das geschieht erst in einer Gemeinschaft mit mehreren Kindern. Ist weiterer Nachwuchs unterwegs und sind bereits Kinder vorhanden, sollten sie an der Vorfreude teilhaben. Sie müssen sich ebenfalls auf den Zuwachs einstellen. Es ist gut, ihnen schon vorher zu erläutern, daß das Neugeborene besonderer Zuwendung bedarf. Erzeugt man dafür Verständnis, wird dem Gefühl vorgebaut, dem Säugling gegenüber zurückgesetzt zu sein. Entsteht solch ein Eindruck, ruft er Ablehnung hervor und führt zu Konflikten. Die älteren Kinder sollten daher an der Fürsorge für das neue Familienmitglied beteiligt werden. Dafür lassen sich altersgemäße Möglichkeiten finden. Jedenfalls sind die Geschwisterbeziehungen von Anfang an behutsam zu fördern, aber jeglicher Zwang ist zu vermeiden. Die älteren Kinder sollen sich an der Entwicklung des jüngsten freuen.

Eine Geburt hat natürlich im Familienleben einige Umstellungen zur Folge. Der Tagesablauf muß neu durchdacht und organisiert werden, Störungen in der gewohnten Ordnung sind möglich. Das darf nicht zu Ungeduld führen, weil daraus leicht Mißstimmungen entstehen. Hier muß sich die Gemeinsamkeit der Ehepartner bewähren. Abends, wenn die Arbeit getan ist und die Kinder schlafen, findet man am besten Zeit, sich in Ruhe darüber auszutauschen, wie manches rationeller erfolgen und man sich noch besser unterstützen kann.

Die gemeinsame Sorge der Familie für das Neugeborene, die Freude an seiner Entwicklung stärkt die Beziehungen in Ehe und Familie. Das Familienglück wird mit gewünschten Kindern begründet, doch muß es täglich neu errungen werden, findet nur in einer harmonischen Atmosphäre seine höchste Vollendung. Dieses Familienglück schaffen sich nicht nur junge Eltern, sondern auch jene Ehepaare, die sich aus vielen Gründen erst spät entschließen, ein Leben mit Kindern zu beginnen. Das trifft auch auf Zweitehen zu, in denen

zu schon vorhandenen Kindern weitere hinzukommen, die die neuen Familienbeziehungen fester knüpfen.

Junge Ehepartner – gleichgültig welchen Alters – sollten auch bedenken, daß die Ein-Kind-Familie besondere Probleme schafft. Ein Einzelkind fühlt sich, obwohl oft mehr umsorgt und umhegt, häufig allein. Es wird mehr als ein Geschwisterkind zum Egoismus geführt, weil es alle Bemühungen der Eltern und der anderen Verwandten auf sich konzentriert. Aus dem häufigeren Zusammensein mit Erwachsenen entspringt, was der Volksmund als Altklugheit bezeichnet. Ein einzelnes Kind hat es schwerer, sich sozial einzuordnen, und es stimmt durchaus nicht, daß es weniger Arbeit macht als mehrere. Anfangs mag es so sein, aber später beschäftigen sich Geschwister miteinander und verlangen nicht fortwährend nach den Eltern.

Häufig wird das erste Kind im ersten Ehejahr geboren. Ihnen folgen weitere. Der zeitliche Abstand der Geburten sollte nicht zu gering, aber auch nicht allzu groß sein. Je nach der körperlichen Beschaffenheit der Frau empfiehlt sich eine neue Geburt nach zwei, höchstens drei Jahren. Dafür gibt es Gründe. Ein Zweijähriges ist aus dem Gröbsten heraus und bedarf nicht mehr des ständigen Umsorgens; zum anderen liegen die Entwicklungsetappen der Geschwisterkinder nicht so weit auseinander.

Die Erfüllung des Kinderwunsches wird von manchem Elternpaar mit materiellen Anschaffungen gleichgesetzt. Das Bedürfnis, sich etwas zu kaufen, ist in jeder Ehe vorhanden. Manch Gegenstand erleichtert die Hausarbeit und verschönt die Freizeit. Aber Besitz gleicht nicht die glücklichen Stunden mit Kindern aus. Wer Auto oder Kind als Alternativen betrachtet, hat den tiefen Sinn einer Partnerschaft von Mann und Frau nicht begriffen und steht der Familie und ihrer Aufgabe fremd gegenüber.

Ein Wort zur unvollständigen Familie

Die alleinstehende Frau und ihr Kind genießen seit der Gründung unseres Staates das gleiche Recht wie ein vollständiger Familienverband. Die Benachteiligung außerehelicher Kinder und alleinstehender Mütter ist endgültig vorüber.

Die unverheiratete Mutter, die geschiedene Frau oder der geschiedene Mann mit Kindern sowie Witwen oder Witwer mit Kind oder Kindern gelten entsprechend dem Familiengesetzbuch der DDR als Familie. Einem alleinstehenden Elternteil stehen sämtliche gegebenen Rechte zu, und er kann sie in Anspruch nehmen. Der unvollständigen Familie wird von seiten des Staates besonders große Fürsorge zuteil, ruht doch die Verantwortung für das Kind oder die Kinder ausschließlich auf den Schultern der Mutter oder des Vaters.

Oft reden die alleinstehenden Mütter oder Väter nicht über die große Belastung, die sie zu bewältigen haben. Sie erfüllen ihre häuslichen Pflichten mit Hingabe, Opferbereitschaft und Liebe, obwohl sie im Beruf nicht weniger als andere beansprucht sind und meist dort auch mit guten Leistungen hervortreten.

Eine junge Mutter, die mit ihrem Kind allein lebt, hat oft niemanden, den sie schnell um Rat fragen kann. Wegen der Pflicht ihrem Kind gegenüber kann sie sich manchmal auch nur ungenügend am gesellschaftlichen Leben beteiligen. Sie ist an die Schließzeiten der Krippe oder des Kindergartens gebunden. Sie kann manche interessante Aufgabe nicht übernehmen. Sie hat es auch schwerer, sich um die Erziehung ihres Kindes zu kümmern, weil sich in den knappen freien Stunden Einkauf, Haushalt, Kind und auch notwendige eigene Interessen zusammendrängen. Tatsachen, die nicht übersehen werden sollten. Bei aller Belastung umgeben diese Alleinstehenden ihre Kinder mit Liebe und Fürsorge, versuchen, das fehlende Elternteil zu ersetzen, und die Liebe zum Kind ist ihnen auch teilweise Ausgleich zur fehlenden Beziehung zu einem Partner. Dennoch sollten sich die Alleinstehenden bemühen, einen neuen Partner zu suchen, und dabei mit allen ihnen zu Gebote stehenden Erfahrungen handeln, damit der zweite Start ins Leben, in die Liebe, ein glücklicher bleibt.

Für die gute Gestaltung der Beziehungen in der Familie existieren keine allgemeingültigen Rezepte. Jeder stellt in seiner Individualität eine »Einmaligkeit« dar und unterscheidet sich von anderen. Folglich tragen auch die Verhältnisse in jeder Familie den Stempel des Individuellen, des Einmaligen und des Unverwechselbaren.

Dennoch sind in unserer Gesellschaft allen Beziehungen zwischen den Menschen und somit auch denen in den Familien bestimmte allgemeine Züge eigen. Deshalb lassen sich daraus auch gleiche Grundsätze und Normen ableiten: gegenseitige Liebe, Achtung der menschlichen Würde, Gleichberechtigung der Ehepartner, gegenseitige Rücksichtnahme und kameradschaftliche Hilfe, Förderung des einzelnen und der Gemeinschaft, wechselseitige Verantwortung, Verbindung persönlicher, familiärer und gesellschaftlicher Interessen.

Diese Prinzipien haben sich bereits in den Familien des revolutionären Proletariats in schwierigsten Situationen bewährt. Briefe, Berichte und Erinnerungen von Familienmitgliedern und Freunden der Familien großer Führer des Proletariats, wie Karl Marx, Karl Liebknecht und Ernst Thälmann, sind hervorragende Zeugnisse dafür.

So bewiesen Jenny und Karl Marx, daß gemeinsame Interessen für den Fortschritt, gleiche Anschauungen, Achtung voreinander, engste Verbundenheit in Freud und Leid neben tiefer Zuneigung die Basis einer glücklichen Ehe sind. Die Innigkeit der Eltern bestimmte zugleich die Gemeinschaft mit den Kindern, das Vertrauensverhältnis, das zwischen ihnen und den Töchtern herrschte. Trotz Not, Entbehrung und Verfolgung war es eine glückliche Familie. Sie bot die Atmosphäre, in der Marx die große Lehre zur Befreiung der Menschheit ausarbeiten konnte. Die Interessen der Familie entsprachen den Interessen der Arbeiterklasse. Das forderte damals große Opfer.

Jene Qualitäten, die sich im harten Kampf um den Fortschritt der Menschheit herausbildeten, sind heute Normen sozialistischer Lebensweise in der Gesellschaft wie in der Familie. Sie entsprechen dem Wesen und der Würde des Menschen. Die von Ausbeutung und sozialer Unsicherheit befreite sozialistische Ordnung ist die feste Grundlage für die Herausbildung solcher Beziehungen in allen Familien. Die Gesellschaft ist zutiefst daran interessiert, weil sozialistische Familienbeziehungen dem einzelnen zur Quelle für seine schöpferischen Kräfte werden. Sie ergeben sich allerdings nur, wenn sich sowohl die Eltern als auch die heranwachsenden Kinder von den sozialistischen Normen leiten lassen. Untersuchungen bestätigen, daß dies um so besser gelingt, je stärker sich die Familie mit dem Leben und Kampf der Gesellschaft verbindet und die in sozialen Kollektiven erlebten wertvollen Beziehungen ins Familienleben übernimmt.

Wenn sich auch immer mehr Familienmitglieder als sozialistische Staatsbürger fühlen und ein aktives Verhältnis zur Gesellschaft besitzen, so hat das keinesfalls automatisch sozialistische Beziehungen in der Familie zur Folge. Sie bedürfen zusätzlicher und spezieller Bemühungen. Doch in der Verbindung der Familie zur Gesellschaft gewinnen ihre Mitglieder jene Erkenntnisse, Einsichten und Erfahrungen, die dazu erforderlich sind.

Das ist ein spannungsvoller und konfliktreicher Prozeß: Überwinden überkommener Traditionen und Gewohnheiten, Zurückdrängen negativer Einflüsse, Vereinbaren familiärer Obliegenheiten mit beruflicher und gesellschaftlicher Tätigkeit. Aus Untersuchungen von Juristen geht hervor, daß ein Zusammenleben der Eheleute durchaus sinnlos werden kann, wenn jeder für sich mit den Problemen fertig zu werden glaubt oder einer der beiden sich ihnen zu entziehen sucht. Die gemeinsame Anstrengung, das verständnisvolle Koordinieren und wechselseitige Unterstützen, das gemeinsame Ringen um die beste Möglichkeit, Konflikte zu lösen, festigen dagegen die Beziehungen. Dann werden Widersprüche zur Quelle für die Entwicklung der Familie als Gemeinschaft und des Glücks.

Jedem seine Pflichten

Für das Leben in der Familie ist jedes Mitglied verantwortlich. Die gemeinsame Verantwortung wird durch den persönlichen Anteil jedes einzelnen verwirklicht. Das individuelle Einstehen bleibt also erhalten. Es ist Ausdruck der wechselseitigen Abhängigkeit, die im Gemeinsamen begründet liegt, und der Mitverantwortung für das Ganze. In einer Familie muß sich jeder Ehepartner für das Leben und für die Entwicklung der Gemeinschaftsbeziehungen persönlich verantwortlich fühlen.

Von diesem prinzipiellen Standpunkt aus hat die Aufgabenverteilung zwischen den Ehegatten zu erfolgen. Sie setzt voraus, daß man genau festlegt, wer welche Pflichten übernimmt. Das kann man nicht dem Zufall überlassen oder nur von Tag zu Tag mehr oder weniger spontan regeln. Eine richtige Arbeitsteilung fördert das harmonische Familienleben und verwirklicht sozialistische Beziehungen.

In manchen Familien haben sich die Eltern die Zimmer aufgeteilt, für deren Pflege jeder verantwortlich ist. Je nach Alter werden die Kinder daran beteiligt. Während ein Ehepartner vorwiegend das Lernen der Kinder anleitet und kontrolliert, kümmert sich der andere um deren Mitwirkung im Haushalt. Ältere Kinder können Haushaltgeräte warten oder dafür sorgen, daß bestimmte Lebensmittel stets vorrätig sind. In anderen Familien obliegt dem Vater das Kochen und Backen, während sich die Mutter auf Pflegearbeiten konzentriert. Die körperlich schwereren Verrichtungen nimmt der Ehemann wahr. Die Kinder halten das Bad sauber, putzen alle Schuhe, waschen ab. Richtig organisiert und mit innerer Bereitschaft wahrgenommen, kann das gemeinsame Verrichten häuslicher Pflichten durchaus teilweise zu einem Element aktiver Erholung werden.

Bei allem Sinn für Ordnung darf man sich keinesfalls zum Sklaven der Wohnung machen. Wenn es die Situation erfordert, dann kann und soll auch einmal etwas »liegen« bleiben. Während an Werktagen ein strenger Zeitplan nötig ist, sollte man an freien Tagen nicht unbedingt auf die Uhr sehen.

Jede Familie muß für sich die zweckmäßigste Pflichtenteilung finden. Eine Entscheidung sollte immer auf gegenseitigem Einvernehmen beruhen. Das Ziel heißt: die häuslichen Arbeiten rationell leisten, der Familie ein Höchstmaß an gemeinsamer Freude sichern. Sinnvoll, jedem die Aufgaben übertragen, für die er besondere Fähigkeiten oder Geschicklichkeit besitzt. Bei den Kindern sollten Neigungen berücksichtigt werden, damit sie ihre Pflichten gern und erfolgreich erfüllen. Mit fortschreitendem Alter müssen sie jedoch lernen, jede Aufgabe im Interesse der Gemeinschaft bereitwillig zu übernehmen.

Von Zeit zu Zeit bespricht die Familie die Erfüllung der Aufgaben. Man ergründet Ursachen für Störungen, kritisiert ehrlich und offen, wer seiner Pflicht nicht rechtzeitig nachkam. Vor allem aber lobt man, wenn alles gemeistert wurde, und überlegt zugleich, wie man vielleicht manches noch effektiver bewältigen kann. Jedes Familienmitglied muß dabei Gelegenheit erhalten, seine Meinung zu äußern. Jede ist von der Gemeinschaft ernst zu nehmen und zu werten. So wird der einzelne mit Auffassungen und Urteilen der anderen Familienmitglieder konfrontiert und lernt, sein Verhalten auf das Wohl der Gemeinschaft zu richten. Zum anderen ist die gemeinsame Tätigkeit auch Gegenstand der gemeinsamen Meinungsbildung in der Familie. Jeder nimmt am Finden gemeinsamer Standpunkte teil.

Vom Ton, der zwischen den Mitgliedern einer Familie herrscht, hängt die Hinwendung des einzelnen zur Gemeinschaft wesentlich ab. Im Alltag sind vielfältige Aufgaben und Pflichten zu erfüllen. Nicht immer gehen alle mit Schwung ans Werk. Verständlich, daß dann auch einmal etwas Ungeduld im Umgangston mitschwingt. Das wird niemanden verletzen, wenn die gegenseitige Achtung gewahrt bleibt. Hüten muß man sich jedoch vor Hektik und in ihrem Gefolge vor übertriebener Strenge, Unrast, Unzufriedenheit und Erregtheit. Sie erzeugen meist eine bedrückende Stimmung. Auf die Dauer können sogar die Beziehungen empfindlich gestört werden. Am dienlichsten sind eine ausgeglichene Atmosphäre und ein sachlicher und freundlicher Ton, sind Ermunterung, Zuwendung, Ansporn und Anerkennung.

Langeweile tötet, schafft Unzufriedenheit und kann die Beziehungen heftig stören. Einseitiges Freizeitverhalten, wie z. B. Dauerfernsehen, kann das familiäre Leben verflachen und dazu führen, daß sich die Partner eines Tages nichts mehr zu sagen haben. Auch Abgeschiedenheit vom gesellschaftlichen Leben oder Einzelgängertum sind sozialistischen Familienbeziehungen nicht dienlich.

Im Leben jeder Familie gibt es einmal Probleme und Konflikte. Sie bedrohen den Fortbestand der Liebe nicht, solange Achtung und Vertrauen herrschen. Natürlich kommt es gelegentlich zu falschem Verhalten in einer bestimmten Situation, zu Fehlentscheidungen, zu Mißerfolgen bei Eltern und Kindern. Es entstehen innere Spannungen und Ärger, Gefühlswallungen und Gemütslagen, wo »die Fliege an der Wand« stört. Affektreaktionen, zwar verständlich, sollten in Kenntnis psychohygienischer Leitsätze (s. S. 298) vermieden, auf keinen Fall also in gleicher Weise erwidert werden. Kritische Situationen brauchen Vertrauen und Vernunft. »Ein richtiger Ehekrach frischt die Liebe auf« oder »Ein Gewitter reinigt die Luft« sind untaugliche »Weisheiten«, weil sie den Grundsätzen menschlicher Würde in den sozialistischen Familienbeziehungen widersprechen.

Bei Streitigkeiten in jungen Ehen hört man von Männern, die Frau sei nicht ordentlich; das mache unzufrieden. Doch meist stellt sich heraus, daß die Frau sehr wohl Sinn für Ordnung hat. Nur fehlt ihr die Fähigkeit oder Erfahrung, die Hausarbeit rationell zu organisieren. Dort, wo die Mitarbeit des Mannes einsetzen müßte, begann seine Nörgelei. Ungeduld und Nörgelei am Partner oder an den Kindern werden von anderen gern als Mißachtung oder fehlendes Vertrauen gedeutet. Kleine Schwächen sollte man entweder übersehen, sofern sie das Zusammenleben in der Familie nicht stören, oder man macht sich gegenseitig darauf aufmerksam und hilft, sie zu überwinden. Was als negative Eigenschaft erschien, erweist sich oft als leicht überwindbare entwicklungsbedingte Schwäche. Bei jeder Kritik muß jedoch der Betroffene spüren, daß sie aus tiefer Zuneigung erfolgt. Nur dann ist sie für den einzelnen und die Gemeinschaft förderlich.

Es geht also darum, stets die ganze Persönlichkeit zu sehen. Die eine oder andere Seite des Ehepartners oder des Kindes darf nicht für das Ganze genommen werden, zumal meist nur die Unvollkommenheiten gesehen werden. Aber auch die Idealisierung des Partners oder der Kinder, das Nicht-Wahrnehmenwollen der Schwächen ist schädlich und bringt Konflikte.

Durch Zukunftspläne, die die Familie schmiedet, wird die Freude am Gemeinsamen und auf das Kommende zur Triebkraft in der Tätigkeit jedes einzelnen. Die geplante Freizeitbeschäftigung nach der Hausarbeit, das gemeinsame Unternehmen am Wochenende, ein Urlaubsziel, eine Anschaffung, die nächste Familienfeier – alles gemeinsam in der Familie beraten – beflügeln. Jeder muß jedoch wissen, was er zu diesen Vorhaben beizutragen hat. Aus dem Wechselverhältnis gegenseitiger Rücksichtnahme und Förderung erwächst die Geborgenheit aller und damit das Glück.

Rücksichtnahme frühzeitig lernen

Das Füreinander und Miteinander in der Familie, das sich in der Gemeinsamkeit der Bedürfnisse und Interessen und in der Verantwortung für das Ganze äußert, muß freilich die persönlichen Wünsche und Neigungen, aber auch die Verpflichtungen außerhalb der Familie gebührend berücksichtigen. Zugleich hat jeder selbst Rücksicht auf das Persönliche des anderen zu nehmen. Diese gegenseitige Achtung ist notwendig, damit sich jedes Familienmitglied voll entfalten kann.

Aus dieser umsichtigen Bedingung erklärt sich auch, weshalb das bürgerliche Ideal von der »sich aufopfernden Mutter« im Sozialismus keinen Platz hat. Sie gab das Persönliche völlig preis, damit sich andere entwickeln konnten. Im Grunde erzog sie dadurch zur egoistischen Rücksichtslosigkeit, förderte ichhaftes Streben auf Kosten anderer. Diese Eigenschaften können niemals harmonischen Beziehungen in der Familie nützen. Ebensowenig sind einseitige Forderungen eines Familienmitgliedes nach Rücksichtnahme und ein Sich-Gehenlassen zu dulden. Die Familie darf im Interesse der Gemeinsamkeit Selbstüberwindung und Verzicht erwarten.

Zweifellos gibt es Situationen, in denen einem einzelnen gegenüber besondere Rücksicht geübt werden muß: bei Abgespanntheit, Mißerfolg, angegriffener Gesundheit. In solchen Fällen bedeutet Rücksichtnahme nicht, sich zurückzuziehen. Taktvolle Fürsorge, Aussprache, Hilfe beim Sich-Überwinden können ausgleichen. Es darf nicht das Gefühl aufkommen, sich selbst überlassen zu sein. Andererseits ist Aufdringlichkeit zu vermeiden. Beides käme fehlendem Verständnis gleich und würde die Beziehungen schwächen. Rücksichtnahme schließt also individuelles Eingehen als aktive Form der Beachtung des Persönlichen ein.

In der Familie weiß man doch sehr genau, wann der Ehepartner oder ein Kind zeitweilig besonders belastet ist. Das kann die Woche der Nachtschicht im Betrieb sein, die Vorbereitung auf eine Prüfung, anstrengender Wettkampf oder Dienst in der Kampfgruppe, die Zeit besonderen Käuferandrangs. Dann sollte man diesem Familienmitglied die eine oder andere Pflicht im Haushalt abnehmen. Auf diese Weise schafft man nicht nur Entlastung, sondern auch Freude.

Die Kinder müssen von klein auf zur Rücksichtnahme erzogen werden, zunächst gegenüber den Eltern und Geschwistern. Andererseits bedürfen sie dieser selbst, und zwar in jenem Sinn, daß sie Möglichkeiten erhalten, alle ihre körperlichen und geistigen Kräfte auszubilden. Niemals sollen ihnen etwa alle Probleme und Schwierigkeiten aus dem Wege geräumt werden. Das wäre falsch verstandene Rücksichtnahme, die lediglich verwöhnt und verweichlicht.

Jedes Kind muß zu gleichem Recht kommen. Eine Bevorzugung – auch unbeabsichtigt – beeinträchtigt die Geschwisterbeziehungen und wirkt auf die ganze Familie ungünstig zurück. Deshalb sollte man immer wieder prüfen, ob nicht ältere Geschwisterkinder gegenüber jüngeren oder Mädchen gegenüber Jungen beim Verteilen häuslicher Aufgaben benachteiligt werden. Ungleichheiten – wobei selbstverständlich Kräfte und Fähigkeiten in Rechnung zu setzen sind – verhindern, daß die Kinder rechte Vorstellungen von gegenseitiger Rücksichtnahme bekommen. Einseitige Zuwendung muß man sachlich begründen.

Sich gegenseitig fördern

Es entspricht dem humanistischen Charakter der sozialistischen Gesellschaft, alle Bestrebungen darauf zu richten, daß jeder einzelne in jeder Familie sich so entwickeln kann, daß er den Anforderungen im Beruf, im gesellschaftlichen Leben, in der Schule gewachsen ist. Die größere öffentliche Wirksamkeit des einzelnen, verbunden mit sozialer Anerkennung, festigt die Beziehungen innerhalb der Familie.

Deshalb sollte jeder daran interessiert sein, daß alle Mitglieder die Möglichkeiten nutzen, die die Gesellschaft zur Entwicklung bietet. Das geschieht durch wechselseitiges Anregen, Ermuntern und Bekräftigen.

Wird ein Ehepartner durch den Besuch eines Qualifizierungslehrganges, eines Kurses, einer Parteischule, der Volkshochschule, ein Fernstudium oder Wehrdienst für längere Zeit beansprucht, treten häufig Probleme im Zusammenleben auf. Sie werden immer dann gelöst, wenn die Sache zum Anliegen der ganzen Familie wird. Die gegenseitige Förderung besteht eben auch darin, daß sie sich zeitweilig auf ein Mitglied konzentriert. Wesentlich ist jedoch, daß niemand eine Sonderstellung einzunehmen trachtet und nur auf die eigene Entwicklung bedacht ist. Das gilt besonders für die Beziehungen zwischen den Ehepartnern. Gleichmäßige Entwicklung ihrer Persönlichkeit übt auf alle großen Einfluß aus. Mann und Frau erhalten in unserer Gesellschaft gleiche Chancen und sollten sie auch nutzen. Deshalb ist es unerläßlich, die Alltagsbeziehungen in der Familie unter diesem Aspekt zu sehen.

In dem Maße, wie beide im Beruf und im gesellschaftlichen Leben vorankommen, bereichern sie die Familie. Auch das wachsende geistig-kulturelle Niveau begünstigt die Familienbindungen. Jede Ehefrau, die aus zwingenden Gründen den Beruf aufgibt, empfindet sehr bald Einseitigkeit und Enge. Dadurch kann Unzufriedenheit entstehen. Der gelegentliche oder auch dauernde Verzicht auf eine Tätigkeit muß aber keineswegs die Preisgabe der Teilnahme am gesellschaftlichen Leben bedeuten. Im Wohngebiet, in der Schule, in Organisationen und Interessengemeinschaften bestehen viele Möglichkeiten zur Aktivität. Hier kann und muß der Ehepartner fördernden Einfluß ausüben, indem er bei der Kontaktaufnahme hilft, Anregungen gibt oder anleitet, berät und häuslich-familiäre Bedingungen schafft, die eine gesellschaftliche Mitarbeit ermöglichen und zur Freude werden lassen.

Alle Konflikte sind lösbar, wenn ...

Die Beziehungen in der Familie werden hauptsächlich von den Ehepartnern geprägt. Ihre Art und Weise und ihr Niveau hängen von deren Auffassungen, insbesondere von den Grundeinstellungen zu anderen Menschen, zu Ehe und Familie ab. Die Einstellungen der Ehepartner sind zunächst unterschiedlich. So können Widersprüche in den Interessen, in Auffassungen über Kinder und ihre Erziehung, über Inhalte der Freizeit, über die Arbeitsteilung, über Beziehungen zur Gesellschaft auftreten. Andererseits weisen die Grundeinstellungen von Mann und Frau in der Regel Gemeinsamkeiten auf, weil sie unter dem Einfluß gleicher sozialistischer Verhältnisse entstanden. Solche Übereinstimmungen in den Grundfragen des Lebens, in der Weltanschauung sind es ja, die einmal die Eheschließung mitbestimmten. Hierin liegt auch der Grund dafür, weshalb die Widersprüche prinzipiell lösbar sind. Allerdings ist dazu nötig, daß die Ehepartner stets von diesen Gemeinsamkeiten in den Auffassungen, Einsichten, Erkenntnissen und Einstellungen ausgehen.

Im Meinungsaustausch lassen sich gemeinsame Standpunkte finden, ohne daß es erst zu ernsten Konflikten kommt. Nur wenn ein

Partner sich mit seiner Einstellung über den anderen hinwegsetzt, entstehen Komplikationen. Sie sind allerdings auch nicht dadurch zu umgehen, daß sich einer willenlos und unkritisch dem anderen anpaßt, um der Auseinandersetzung auszuweichen. Früher oder später prallen dann vielleicht die Gegensätze um so heftiger aufeinander. Die beste Garantie der Einigkeit liegt in der gesellschaftlich richtigen Einsicht in das Wesen sozialistischer Beziehungen. Gegenseitige Liebe bekräftigt das Wollen und Streben nach harmonischen Beziehungen.

Die Einstellungen der Ehepartner formen sich im familiären Zusammenleben; sie sind nichts Endgültiges, Feststehendes. Dabei spielt das Verhalten zueinander eine bestimmende Rolle. Es findet also ein ständiger Wechselprozeß statt. In der aktiven Beziehung der Ehepartner zur Gesellschaft werden neue Einsichten, Erfahrungen, Erkenntnisse gewonnen, die wiederum auch die Einstellungen zur Familie beeinflussen. Dadurch können zwar ständig neue Widersprüche auftreten. Sie jedoch im gegenseitigen Austausch und im gemeinsamen Wirken zu lösen, bedeutet, daß die Familienbeziehungen an Wert und Reife gewinnen.

Die Einstellungen der Eltern übertragen sich zunächst auf die Kinder und bestimmen deren Beziehungen innerhalb und außerhalb

der Familie. Verschiedene Untersuchungen weisen nach, daß die bei Eltern erlebten moralischen Diskrepanzen zwischen Wort und Tat bei den Kindern zu Erziehungsschwierigkeiten führen. Schon häufiges Streiten zwischen Mutter und Vater stört die Eltern-Kind-Beziehungen. Manche Kinder erwerben in solchen Situationen eine Perfektion, den Hader der Erwachsenen zum Durchsetzen eigener Wünsche auszunutzen. Sie beobachten und werten sehr kritisch, wie sich die Eltern begegnen, welche Auffassungen und Ansichten sie über Arbeit, Mitmenschen und politische Probleme äußern. Durch Nachahmung und Identifikation übernehmen sie oft deren Einstellung und Verhaltensweisen.

Fünf Fragen im Vertrauen

Es gehört zur Eigenart des Menschen, daß er sich Ziele stellt, die er im Handeln anstrebt. Bevor er irgend etwas unternimmt, stellt er Überlegungen an, was er erreichen will.

Das Resultat wird dem Handeln gedanklich vorweggenommen. Dazu ist der Mensch kraft seines Bewußtseins fähig. Je klarer die Vorstellungen vom Erstrebten sind, um so genauer kann gehandelt, kann bewußt gestaltet werden. Die Ehepartner tragen gleichermaßen Verantwortung für die Einheit ihrer Familie. Die beste Grundlage sind solides Wissen und Erfahrungen.

Die meisten Menschen haben sich schon vor Gründung einer Ehe und Familie vorgestellt, wie sie miteinander leben wollen. Dazu trugen Kenntnisse der Moral- und Rechtsnormen, der sozialistischen Weltanschauung und der Allgemeinbildung bei – aber auch die Erfahrungen im Elternhaus. Aus vielen Quellen wird das Bild, das Ideal gespeist, von dem man sich zunächst leiten läßt. Gut beraten, wer stets kritisch prüft, ob beides schon vollkommen, nicht etwa lebensfremd und veraltet, frei von Verzerrungen ist und wissenschaftlichen Erkenntnissen sowie dem gesellschaftlichen Leitbild entspricht.

Die Gesellschaft unterstützt die Ehepartner in vielfältiger Weise, zu höherem Wissen zu gelangen, nicht zuletzt mittels der Eheberatung in Wort und Schrift. Diese Hilfe wird aber nur in dem Maße wirksam, wie Mann und Frau bereit sind, sich mit den gesellschaftlichen Ideen auseinanderzusetzen und sie zu ihren eigenen zu machen. Indem beide Ehepartner solche Mittel nutzen, werden sie angeregt, ihre eigene Lebensform von Zeit zu Zeit zu überdenken, Meinungen und Gedanken auszutauschen und die Familienbeziehungen zu vervollkommnen und weiterzuentwickeln. Gemeinsame Auffassungen und Standpunkte vertiefen die Bindungen zwischen Mann und Frau.

Im Familienalltag geschieht freilich nicht alles in voller Bewußtheit. Manches ist Gewohnheit. Manches entspringt spontan dem Gefühl der tiefen Zuneigung, der emotionalen Bindung – eben darin besteht eine wertvolle Besonderheit der Familie. Dies oder jenes erfolgt aus anderem Beweggrund als aus der Absicht, Beziehungen zu vertiefen. Doch stets wirkt alles im Zusammenleben der Familie auch auf den Partner, auf die Kinder. An ihren Reaktionen kann man ablesen, wie sie es erlebten. Oft stellt man erst nachträglich fest, daß eine Geste, eine Aufmerksamkeit, eine anerkennende Äußerung Freude weckte.

Klug handeln jene Ehepartner, die sich regelmäßig solche Fragen vorlegen:

Läßt sich jeder in seinen Entscheidungen und in seinem Verhalten von den Interessen und Zielen der Gemeinschaft leiten?

Findet jeder mit seinen persönlichen Wünschen, Interessen, Neigungen und außerfamiliären Verpflichtungen genügend Beachtung?

Wie bewährt sich jedes Familienmitglied in der Gesellschaft?

Ist jeder seinen Kräften gemäß hinreichend selbständig und schöpferisch in die Gestaltung des Lebens der Gemeinschaft einbezogen?

Halten die Beziehungen in der Familie, ihre Lebensweise mit der fortschreitenden gesellschaftlichen Praxis Schritt?

Veränderungen Rechnung tragen

Im Leben der Familie treten auch Veränderungen und Situationen ein, denen die Beziehungen angepaßt werden müssen, um ihre Harmonie und Stabilität zu sichern. In den meisten Fällen handelt es sich um Geschehnisse, auf die man sich vorausschauend einstellen kann. Insofern ist es der Familie möglich, sich darüber Gedanken zu machen, wie man im gegebenen Fall innerfamiliär reagiert.

Wird beispielsweise die längere Abwesenheit eines Mitglieds von der Familie erforderlich, so ist eine vernünftige neue arbeitsteilige Kooperation und Organisation im Haushalt nötig.

Solche Umstände rufen trotz aller Vorsorge oft manche Komplikationen hervor. Schließlich will sich die veränderte Ordnung erst einspielen. Deshalb darf man in solchen Situationen nicht ungeduldig und nervös werden, wenn diese oder jene Störung auftritt. Hier hilft nur, zu überlegen, wie alles noch rationeller zu organisieren, was zeitweilig zurückzustellen ist. Hasten und Hektik erzeugen leicht eine spannungsgeladene Atmosphäre. Kleinigkeiten, die man sonst nicht bemerkt, führen dann oftmals zu Ausbrüchen, die die Beziehungen in der Familie erschüttern können. Immer sollte man bedenken, daß jeder viel beruhigter einer Verpflichtung, die ihn von seiner Familie trennt, nachkommen kann, wenn er zu Hause alles geregelt weiß.

Neue Situationen treten auch mit der Geburt weiterer Kinder, mit der Einschulung und dem Lehrbeginn ein. Dann erweist sich, wie weit die Dynamik der allgemeinen gesellschaftlichen Entwicklung sich in der Elastizität der Beziehungen zwischen den Mitgliedern der Familie widerspiegelt.

Schulbeginn

Mit dem Schuleintritt wandelt sich also die Stellung des Kindes in der Familie. Seinen neuen Pflichten entsprechend müssen ihm neue Rechte eingeräumt werden. Der Familie obliegt es, dafür zu sorgen,

daß das Kind allen Anforderungen der Schule gewachsen ist. Die Art und Weise, wie es sie erfüllt, bestimmt nunmehr in bedeutendem Maße das Verhältnis der Familie zu ihm.

Die Familie kann sehr viel tun, um Lernmotivation und -freude des Kindes und ein gesundes Leistungsstreben zu entwickeln: Gute Leistungen und gutes Betragen in der Schule sollen zu Hause anerkannt werden. Ebenso muß das Kind gegebenenfalls getadelt und angehalten werden, Wissenslücken zu schließen. Doch übertriebene Belohnung oder unangemessene Zwangsmaßnahmen werden zur Quelle negativer Verhaltensweisen, die die Beziehungen in der Schule wie in der Familie stören.

Einfluß der Arbeitskollektive

Vornehmlich in den beruflichen Kollektiven bilden sich die neuen, sozialistischen Eigenschaften der Werktätigen heraus, die Beziehungen der Zusammenarbeit, Freundschaft, kameradschaftlichen Hilfe, die Verantwortung jedes einzelnen für das Kollektiv und des Kollektivs für jedes seiner Mitglieder. Hier haben sozialistische Einstellung zur Arbeit und zum Volkseigentum, gegenseitige Achtung und Unterstützung, Gefühle des Patriotismus und der Solidarität ihre Grundlage. Die aus der sozialistischen Arbeitsmoral gewonnenen Eigenschaften – Sparsamkeit, Disziplin, Zielstrebigkeit, Ausdauer, Genauigkeit, Sinn für Wesentliches, Orientierung auf das Neue, Fleiß, Tatkraft, Selbstbewußtsein – entsprechen insgesamt jenen Qualitäten, die sich Ehepartner für ein Zusammenleben vom anderen wünschen. Berufliche Anerkennung und Erfolge, aber auch die gemeinsame Meisterung von Komplikationen sind für das häusliche Wohlbefinden von großer Tragweite. Besonders das Erkennen eigener Verantwortlichkeit im Kollektiv, des Einbezogenseins in die Entscheidungsfindung, also das Funktionieren sozialistischer Demokratie, befähigt jeden einzelnen, auch in der Familie zum richtigen Planen und Vollenden beizutragen.

Welch eine Fülle von Fragen allein mit der Erziehung von Kindern auf die Ehepartner zukommt, davon wird später noch die Rede sein müssen. Eines sei vorweggenommen: Alle genannten Merkmale sozialistischer Arbeitsmoral besitzen große Bedeutung für die Erziehung der Kinder. Dieser bedeutsamen Wechselwirkung zwischen Beruf und Familie wegen sollten die Arbeitskollektive auch bei erzieherischen Schwierigkeiten helfend eingeschaltet werden.

Der Erfahrungsaustausch über Erziehungsfragen dient genau wie die Sorge um Gesundheit, Weiterbildung, Verbesserung der Arbeits- und Lebensbedingungen dazu, jedem ein Höchstmaß an Entfaltung der Persönlichkeit zu ermöglichen und Probleme mit Hilfe des Kollektivs zu lösen. Jeder tut also gut daran, diese von den Gewerkschaften ausgehende Initiative zu unterstützen, soll doch dadurch nicht zuletzt der Betrieb in die Lage gesetzt werden, den ihm – in Abstimmung mit den Schulen des Territoriums – übertragenen Anteil pädagogischer Propaganda (zum Beispiel Vorträge, Diskussionen, Filmvorführungen) zielgerichtet zu leisten, orientiert auf die Erziehungsprobleme werktätiger Eltern. Ähnlich dem Angebot an geistig-kultureller, sportlicher Betätigung sind auch hier Anteilnahme und Erfolg am stärksten, wenn von vorhandenen Bedürfnissen ausgegangen werden kann.

Mehr und mehr erweist sich als sinnvoll, daß die Ehegatten berufliche Tätigkeit und Kollegenkreis des anderen kennenlernen. Auch die Kinder sollten in die Arbeit ihrer Eltern nicht nur durch Erzählungen, sondern durch eigene Anschauung Einblick nehmen. Gesellige Zusammenkünfte der Brigaden oder anderer sozialistischer Kollektive dürften den Ehepartnern ihrer Mitglieder nicht verschlossen bleiben. Familiennachmittage im Kulturhaus ermöglichen, die Kontakte auch auf die Kinder auszudehnen.

Diese Außenbeziehungen festigen die Familie. Sie stärken das Verständnis der Ehepartner füreinander, geben oft Anlaß, stolz auf den anderen zu sein. Die Kinder aber erleben einen Kollektivgeist, dem sie nacheifern. Achtung vor der Arbeit und vor allen arbeitenden Menschen – dieser Grundsatz wird von ihnen bei solchen Gelegenheiten gefühlsmäßig und deshalb nachhaltig erfaßt. Da sie mit höherem Alter geneigt sind, eher auf andere als auf die Eltern zu hören, beeindruckt die aus diesem Kreis geäußerte Meinung (Lob wie Kritik) oft sehr stark. Diese möglichen Auswirkungen zeigen, wie überlegt solche Gemeinschaftserlebnisse vorbereitet werden müssen.

Am besten gelingt das – schon wegen der langjährigen Erfahrungen – in den Ferienlagern und -heimen der Betriebe durch die Kommissionen für sozialistische Erziehung. Die Briefe und vor allem die mündlichen Berichte der Kinder zeugen davon. Darüber darf die Familie nicht hinweggehen, muß dort gewonnene Einsichten und Überzeugungen bekräftigen, gewecktes Interesse wachhalten, manch Ordnungs- und Disziplinprinzip getrost beibehalten.

Den Großeltern Dank und Liebe

Wenn wir bei den Hinweisen für das Gestalten der Beziehungen innerhalb der Familie auch nicht die Einstellung und das Verhalten zu den Eltern der Eheleute, also den Großeltern ihrer Kinder behandelt haben, so weisen doch alle dargelegten Gedankengänge direkt darauf hin.

Der Pflege und Erziehung der Eltern jedes einzelnen war es mit zu verdanken, daß der spätere geliebte Partner jene Eigenschaften und Interessen entwickeln konnte, die jeder am anderen schätzt und aus denen die Liebe zueinander entstand. Unendlicher Mühen und oft großer Entbehrungen bedurfte es – bei vielen auch des aufopfernden Einsatzes im politischen Kampf –, um die gesellschaftlichen Voraussetzungen zu schaffen, die der einzelne jetzt zur Ausgestaltung seines Lebens nutzt und genießen kann.

So sehr möglicherweise die Verhältnisse in der Jugend der Eltern diesen keine Gelegenheit boten, ihre Kenntnisse zu bereichern, und daraus der eine oder andere – erst heute erkennbare – Fehler begründet war, so sehr sich daraus bei ihnen Eigenschaften prägten, die man heute nicht mehr so billigt – sie sind es gewesen, die mit ihrer Arbeit die Bedingungen dafür schufen, daß die Eheleute jetzt auf der Höhe gesellschaftlicher, von der Wissenschaft bestimmter Anforderungen ihr Leben gestalten können. All das erfordert Achtung und Verständnis und zwingt zu einem Verhalten, das ihnen später Lohn für all ihre Anstrengungen sein kann.

Ob die alte Generation nun in eigener Wohnung oder im Kreis der neugegründeten Familie lebt – immer muß sie einbezogen sein und darf nie in eine Situation gedrängt werden, in der sie sich überflüssig fühlt. Keine ihrer Erfahrungen wurde nur für sie selbst wichtig. Dieser Gedanke und der Dank für das Leben muß das Verhalten zu ihnen bestimmen.

Daraus erwächst der neuen Generation eine dreifache Erkenntnis. Sie gewinnt das Gefühl für ein sozialistisches Verhalten gegenüber den alten Familienangehörigen, das Liebe, Dank und Achtung vereint. Als zweites bestimmen die Eltern damit weitgehend, wie ihre Kinder sich einmal ihnen gegenüber verhalten werden, ob man mit ihnen gemeinsam wie früher die Früchte der Arbeit teilt. Zum dritten erhalten sie einen Eindruck davon, wie schön das Resultat eines arbeitsreichen, erfüllten Lebens mit Kindern sein kann.

Kinder wollen erzogen sein

Die sozialistische Gesellschaft widmet der Familienerziehung große Aufmerksamkeit. Erkennt man allgemein die Bedeutung der Familie in ihrem Wert für die Persönlichkeitsentwicklung an, so gilt dies ganz besonders für die Kinder. Die Familie ist in der Regel das ständige Grundkollektiv, in dem das Kind und der Jugendliche leben. Die liebevolle Zuwendung der Eltern und der Geschwister ist für die Heranwachsenden ebenso wichtig wie Nahrung und Kleidung.

In der Familie bilden sich in starkem Maße Werte, Normen und Verhaltensweisen heraus. Sie wirken dann besonders nachhaltig, wenn die zwischenmenschlichen Beziehungen in der Familie von tiefer gegenseitiger Zuneigung und Achtung bestimmt werden. Gleich bedeutsam sind eindeutige stabile weltanschauliche und moralische Positionen der Eltern, die sie der Gestaltung ihres Familienlebens und damit auch der Erziehung ihrer Kinder zugrunde legen. Die Familienerziehung ordnet sich in die gesamte Lebensweise der Familie ein.

Häufig wird die Frage aufgeworfen, ob angesichts der zunehmenden Bedeutung der Bildung und Erziehung in Krippe, Kindergarten, Schule und weiterführenden Einrichtungen sowie der Verantwortung aller gesellschaftlichen Kräfte für die Entwicklung der jungen Generation die Familienerziehung an Wert verliert. Das ist eine sehr einseitige Betrachtungsweise. Sicher stimmt es, daß mit der fortschreitenden Entwicklung der menschlichen Gesellschaft Bildung und Erziehung immer stärker von außerfamiliären Institutionen getragen werden. Es entwickelte sich die Schule, um den Schatz menschlicher Kenntnisse weiterzugeben und gleichzeitig im Interesse der herrschenden Klasse zu erziehen. Die Kinder der unterdrückten Klassen wurden dabei stets nur mit dem gesellschaftlich notwendigen Minimum an Wissen ausgestattet. Es gehört zur Tradition der Arbeiterklasse, schon in der kapitalistischen Gesellschaft für bessere Schulen, allen Kindern des Volkes zugänglich, gekämpft zu haben.

Als z. B. Clara Zetkin gegen das »Aschenbrödeldasein« der Volksschulen zu Beginn dieses Jahrhunderts zu Felde zog, prangerte sie nicht nur schlechte materielle Ausstattung und ungenügende Wissensvermittlung an, sondern auch die Erziehung der Kinder im Geiste des Imperialismus und Militarismus zu Untertanen. In die Kampfkraft der organisierten Arbeiterklasse bei dieser Auseinandersetzung bezog sie auch die Familienerziehung der proletarischen Familien ein.

Heute realisiert in der DDR die Bildungspolitik den Willen der Klasse der Arbeiter und Bauern und der mit ihnen verbündeten Schichten. Das einheitliche sozialistische Bildungssystem, in dem Einheitlichkeit, Wissenschaftlichkeit und Parteilichkeit untrennbare Prinzipien sind, gibt allen Kindern des Volkes die Möglichkeit, ihre Persönlichkeit voll zu entfalten. Auch der zeitliche Umfang der gesellschaftlichen Erziehung hat zugenommen. Damit ist jedoch die Bedeutung der Familienerziehung nicht reduziert worden! Eben weil die Familie ständiges Grundkollektiv für das Kind ist, weil die in ihr existierenden Werte, Normen und Verhaltensweisen relativ stabil von den ersten Lebensjahren an in einfacher, später immer differenzierterer Form vermittelt werden, haben sie höchst nachhaltige Wirkung.

Und schließlich überschauen und lenken besonders die Eltern die gesamte Entwicklung der Kinder, wobei es ihre Aufgabe ist, alle Möglichkeiten der sozialistischen Gesellschaft dafür voll zu nutzen. Familienerziehung kann in ihrer Bedeutung heute nicht mehr allein aus sich selbst heraus erklärt werden. Ihr Wert und ihre Qualität hängen in hohem Maße davon ab, wie eng sie sich mit der Erziehung in Krippe, Kindergarten, Schule, der Pionierorganisation und der Freien Deutschen Jugend verknüpft.

Wenn deshalb in den folgenden Abschnitten einige Gedanken und Ratschläge für die Erziehung in der Familie vorgetragen werden, so stets aus der Sicht heraus, daß die Erziehung der Kinder die Familie vor Aufgaben und Probleme stellt, die sie zwar mit den ihr spezifischen Möglichkeiten lösen muß, jedoch stets auf der Grundlage des Erziehungszieles unserer Gesellschaft und in enger Zusammenarbeit mit staatlichen und gesellschaftlichen Kollektiven, in denen das Kind oder der Jugendliche lebt, spielt, lernt und arbeitet. Selbstverständlich kann dieses Buch keine umfassende Erziehungspsychologie oder Familienpädagogik ersetzen. Dazu gibt es spezielle Literatur, die im Anhang verzeichnet ist.

Wozu erziehen?

Ohne feste Zielstellung sind Bildung und Erziehung nicht möglich. Die Herausbildung einer allseitig entwickelten Persönlichkeit vollzieht sich im täglichen Kampf der Arbeiterklasse und der anderen Werktätigen, bei der Arbeit, bei der Aneignung aller Bereiche der Kultur, beim Mitwirken an der Entwicklung der Demokratie und auch bei der Gestaltung des Lebens in der Familie. Das ist ein ständig voranschreitender Prozeß, der immer neue Aufgaben bringt.

Unser auf weitere Ausgestaltung der entwickelten sozialistischen Gesellschaft und auf die Schaffung grundlegender Voraussetzungen für den allmählichen Übergang zum Kommunismus gerichteter Weg verlangt, daß sich die junge Generation die kommunistische Moral, die Normen, Werte und Ideale der Arbeiterklasse zueigen macht.

Die Mädchen und Jungen sollen kluge und gebildete Menschen werden, die fähig und bereit sind, für den Sozialismus zu arbeiten und zu kämpfen. Der X. Parteitag der SED hob hervor, daß wir uns eine Jugend wünschen, die schöpferisch denkt und handelt, einen festen Klassenstandpunkt besitzt, kameradschaftliche Zusammenarbeit und gegenseitige Hilfe, Solidarität, aktive Lernbereitschaft, hohe Wertschätzung der Arbeitsleistungen, Gleichberechtigung, soziale Gerechtigkeit und gesellschaftliche Aktivität zur Richtschnur ihres Lebens erhebt. Dabei hat auch die Familie entscheidende Verantwortung und muß sich nicht nur allgemein, sondern auch in der einzelnen Familie ihrer Zielstellung bewußt sein. Makarenko empfahl den Eltern: »Jeder Vater und jede Mutter müssen genau wissen, wozu sie ihre Kinder erziehen wollen. Sie müssen sich über ihre eigenen elterlichen Wünsche klarwerden. Wollen sie einen wirklichen Bürger des Sowjetlandes erziehen, einen gebildeten, energischen, ehrenhaften, seinem Volk und der Sache der Revolution ergebenen, arbeitsamen, aufrechten und höflichen Menschen? Oder wollen sie, daß aus ihrem Kind ein geiziger feiger Spießer wird, ein schlauer und engherziger Geschäftemacher? Machen Sie sich die Mühe, und denken Sie gut über die Frage nach, denken Sie wenigstens im stillen darüber nach, dann werden Sie alsbald sowohl viele Fehler, die Sie gemacht haben, als auch viele richtige Wege für die Zukunft vor sich sehen.« (Makarenko, Werke, Bd. 4, Berlin 1958, S. 371/372)

Sicher wünschen alle Eltern ihren Kindern für die Zukunft das Beste. Es entspricht ihrem Wollen, die Kinder zu geistig und moralisch hochstehenden und körperlich gesunden Persönlichkeiten zu erziehen, die die gesellschaftliche Entwicklung bewußt mitgestalten, wie es im § 42 des Familiengesetzbuches formuliert ist. Dabei wird besonders auf solche Eigenschaften und Verhaltensweisen verwiesen, wie sozialistische Einstellung zum Lernen und zur Arbeit, Achtung vor den arbeitenden Menschen, Einhaltung der Regeln des sozialistischen Zusammenlebens.

Diese Erziehungsziele werden von den Eltern auf Grund ihrer Lebenserfahrung in der Regel ebenso bestätigt wie die Notwendigkeit der Erziehung zur Solidarität, zum sozialistischen Patriotismus und proletarischen Internationalismus.

Wenn das FGB dann weiter darauf hinweist, daß die Erziehung der Kinder untrennbar mit der Herausbildung solcher Eigenschaften und Verhaltensweisen wie Bescheidenheit, Ehrlichkeit, Hilfsbereitschaft, Achtung vor dem Alter verbunden ist, so wird damit auf die vielfältigen Aufgaben der Familienerziehung hingewiesen. Nicht zuletzt gehört dazu die Vorbereitung der Kinder auf Liebe, Ehe und eigenes Familienleben.

Nicht jede Familie wird diese Aufgaben in gleicher Weise lösen. Die Bedingungen sind unterschiedlich. Jedoch sollte das individuell-familiäre Programm der Entwicklung der Persönlichkeit bewußt mit der allgemein-gesellschaftlichen Zielstellung übereinstimmen, um das volle Wohl des Kindes zu erreichen.

Fünf Regeln fürs Alter bis zu drei Jahren

Ein Kind wird geboren. Es wird freudig begrüßt. Aber es beginnt damit auch die Erziehung. Gerade in den ersten Lebensjahren werden die wichtigsten Voraussetzungen für die allseitige und gesunde Entwicklung geschaffen.

Die Einheit von Wirtschafts- und Sozialpolitik als unverändert gültige Hauptaufgabe hat der Familienerziehung in den ersten Lebensjahren neue Bedingungen geschaffen. Die Möglichkeit, daß die junge Mutter nach der Geburt eines zweiten oder weiteren Kindes ein Jahr lang bei finanzieller Vergütung zu Hause bleiben kann, wird von den meisten der jungen Mütter genutzt. In diesem »Babyjahr« widmen sie sich voll der Erziehung ihrer Kinder.

Erziehung ist immer Befähigung zur Auseinandersetzung mit der Umwelt. Das gilt auch für das Kleinkind. In der Familie wird es im Alltag mit seiner Umwelt vertraut. Es lernt vorwiegend durch Nachahmung, indem sich Eltern und Geschwister mit ihm beschäftigen, mit ihm spielen, indem es sich selbst auf seine Art seine Umgebung erobert.

Der Kleinkindererziehung wandten schon die großen progressiven Pädagogen der Vergangenheit ihre Aufmerksamkeit zu. Immer wieder wurde darauf hingewiesen, daß die Liebe der Eltern zum Kind zwar Voraussetzung für dessen Gedeihen sei, aber erst Wissen um die richtige Erziehung des Kindes in der Familie Eltern und Kinder vor Kummer und Schäden bewahrt.

Mit der Entwicklung der pädagogischen Arbeit in den Krippen entstand in der DDR ein Erziehungsprogramm für Kinder bis zu drei Jahren. Es ist auch als Hinweis für die Erziehung von Kleinkindern, die nicht die Krippe besuchen, anzusehen und umfaßt im wesentlichen fünf Punkte:

Erziehung zur Selbstbedienung

Alle Kinder sollen in diesen Jahren lernen, selbständig zu essen und zu trinken, sich an- und auszukleiden, zu waschen, die Zähne zu putzen, die Nase zu säubern und sich zu kämmen. Etwa ab 6. Monat wird an regelmäßige Topfzeiten gewöhnt.

Bewegungsschulung durch Körperübungen

Gezielten Arm- und Beinbewegungen folgen Sitzen und Kriechen. Dabei übt das Kind Rollen und Umwenden. Daran schließen sich Stehen mit Festhalten, Gehversuche und Balancieren unter Loslassen der Hände. Mit der Sicherheit im Laufen beginnen Bewegungsübungen, wie Steigen, Klettern, Springen und Hüpfen, Ballfangen mit den Händen. Später kommen gymnastische Übungen, u. a. Hängen und Schwingen am Klettergerüst, hinzu.

Anleitung zur Spieltätigkeit

Jeder gesunde Säugling spielt in den Wachzeiten. Dazu muß man ihm handliches, buntes, gegenständliches Spielzeug mit abgerundeten Ecken anbieten. Danach empfehlen sich Bau-, Steck-, Fädel-, Dreh-, Schraub- und Legespiele und natürlich Puppen. Etwa ab 3. Lebensjahr eignen sich Handpuppen, denen die Kinder gern alles abfordern, was ihnen anerzogen wird. Die älteste Kleinkindergruppe der Krippe erfreut sich bereits an Such- und Kreisspielen.

Bekanntmachen mit der Umwelt und Spracherziehung

Die Entwicklung der Sprache geht mit dem gegenständlichen »Begreifen« der Bedeutung der Erscheinungen in der Umwelt des Kindes parallel. Kinder lernen nur sprechen im Kontakt mit Eltern und Erziehern. Gegenstände müssen gezeigt und ihre Bezeichnungen oft wiederholt werden, damit sich die Wörter einprägen. Begonnen werden sollte mit Dingen aus dem Kinderalltag: Mittel zur Körperpflege, unterschiedliche Bekleidungsstücke, die Zimmereinrichtung, Spielsachen, aber auch das Leben auf der Straße mit seinen Einkaufsstätten. Es beginnt bereits die Verkehrserziehung, die im Spiel geübt werden kann. Die Kinder erfahren ferner, daß Personen einen Namen haben; sie werden mit Tieren, Pflanzen, dem Wetter und mit Sonne, Mond und Sternen vertraut und beginnen, zusammenhängend zu sprechen. In dieser Phase muß der Erzieher sich vor der sogenannten Kindersprache hüten, weil nur der richtige Wortklang zur stufenweisen Korrektur der eigenen Lautbildung des Kindes führt.

Musikerziehung und Ausbildung darstellender Tätigkeiten

Mit Freude hören die Kinder Singen, es entsteht der Wunsch zum Nachmachen; das musikalische Gedächtnis wird geschult. Zugleich sollte das Bewegen im Takt der Musik geübt werden. Auch wenn Kinder zunächst die Töne nicht treffen, darf man sie nicht am Singen hindern. Sehr bald lernen sie es: in der Gruppe oder wenn Eltern jede Gelegenheit nutzen, mit ihnen zu singen.

Ab 2. Lebensjahr können die Kinder Schallplatten mit altersgemäßen Liedern abhören.

Krippe – ja oder nein?

Die Frage, ob es für das Kleinkind günstig sei, in die Krippe zu kommen, ist in den letzten Jahren durch die Praxis beantwortet worden. Entgegen mancher Kassandrarufe haben Ärzte, Krippenpädagogen und Säuglingsschwestern durch ihre Tätigkeit die gute Entwicklung der Kleinkinder in der Krippe bewiesen. Damit kommen sie nicht nur dem Bedürfnis der berufstätigen Frau nach, die ihre Aufgaben als Mutter mit denen im Beruf und im gesellschaftlichen

Leben verbinden möchte. Die Entwicklung der Krippen realisiert auch für das Kleinkind den wichtigen pädagogischen Grundsatz der Erziehung in der Gemeinschaft.

Die Praxis zeigt heute, daß das Bedürfnis nach Krippenplätzen weit höher als die Zahl der Plätze ist. Deshalb erfolgt die Einweisung durch örtliche Kommissionen, die über die Plätze in den betrieblichen und kommunalen Krippen entscheiden. In der »Verordnung über die Einweisung und Aufnahme von Säuglingen und Kleinkindern in Kinderkrippen und Dauerheimen« vom 22. März 1973 ist festgelegt, nach welchen Gesichtspunkten die Aufnahme in diese Einrichtungen erfolgt. Im Jahre 1981 konnten über 60 Prozent der Kinder unter 3 Jahren in die Krippen aufgenommen werden. Die Zahl der Krippenplätze steigt von Jahr zu Jahr weiter an.

Durch die sozialpolitische Maßnahme, nach der Mütter nach der Geburt des zweiten und weiterer Kinder bezahlte Freistellung erhalten, entscheiden sich viele berufstätige Mütter dafür, ihr Kind im ersten Lebensjahr zu Hause zu betreuen. Kommt das Kind mit einem Jahr in die Krippe, so ist der Übergang gut vorzubereiten, damit die Eingewöhnungsphase ohne große Schwierigkeiten verläuft. Es ist günstig, das Kind schon vorher mit der Krippe bekannt zu machen und nach Möglichkeit stundenweise an den Krippenaufenthalt zu gewöhnen.

Die gute Entwicklung des Kindes setzt die Zusammenarbeit von Elternhaus und Krippe voraus. Die wichtigste Einsicht besteht darin, daß es sich bei dieser Institution – ähnlich später dem Kindergarten und dem Hort – nicht um eine »Aufbewahrungsanstalt« handelt, auch nicht um eine lediglich fürsorgerisch-gesundheitlich betreuende. Nicht grundlos wurde vor einigen Jahren das Berufsbild der in der Krippe tätigen Kräfte neu bestimmt und mit der Bezeichnung »Krippenerzieherin« versehen. Denn ihre Tätigkeit betrifft einen ersten pädagogischen Bereich, der für die weitere geistige und sittlich-moralische Entwicklung des Kindes ausschlaggebend ist und das Aneignen hygienischer Gewohnheiten weit übersteigt.

Besonders im 2. und 3. Lebensjahr entwickeln sich Sprache und Denken, werden erste Verhaltensweisen in einem Kollektiv – gegenseitige Hilfe und Rücksicht, Selbständigkeit – geübt, stärken Sport und Feste (wie Kindergeburtstag) die Fähigkeit zum Gemeinschaftserlebnis. Von diesem erworbenen geistigen Reichtum darf in der Familie nichts verlorengehen. Daran ist am Abend oder am Wochenende im Umgang mit dem Kind anzuknüpfen. Was es erlernt hat, muß gewürdigt, aber auch verwertet und weitergeführt werden. Der geregelte Tagesablauf in der Krippe muß in der Familie respektiert werden, um psychisch-physische Komplikationen auszuschließen.

Eine harmonische Verbindung von Krippenerziehung und Familienerziehung setzt den engen Kontakt der Eltern zu dieser ersten staatlichen Einrichtung, die ihr Kind bildet und erzieht, voraus, schließt die Bereitschaft ein, von der Sachkenntnis ihrer Mitarbeiterinnen zu lernen, diese aber auch zu unterstützen, und zwar nicht nur im Hinblick auf das eigene Kind. In allen Kinderkrippen gibt es Elternaktive, in denen Mütter und Väter durch ihre Mitarbeit die Aufgaben der Krippe, besonders das Zusammenwirken der Krippenerzieherinnen mit den Eltern, unterstützen.

Was man im Kindergarten alles lernt

Für die kindliche Entwicklung ist das Vorschulalter (3 bis 6 Jahre) eine sehr wichtige Periode. Alle bedeutenden Pädagogen von Komensky bis Makarenko, Clara Zetkin und Krupskaja wiesen auf die große Bedeutung der Vorschulerziehung hin und vertraten den Grundsatz: »Was in körperlicher, in geistiger und sittlicher Beziehung im Kinde in den ersten sechs bis sieben Jahren seines Lebens gepflegt, entwickelt und gestaltet wird, das bleibt meist grundlegend für das ganze spätere Leben.« (Zetkin, 1906) Deshalb kommt neben der Familienerziehung der gesellschaftlichen Erziehung des Vorschulkindes große Bedeutung zu.

Fröbel, der mit seiner pädagogischen Arbeit den Kindergarten entwickelte und der auch den heute international bekannten Begriff »Kindergarten« prägte, schrieb bereits 1843 nach dreijähriger Arbeit: »Der Kindergarten ... ruhe auf der Überzeugung, daß die Einzelerziehung der vorschulfähigen Kinder in der Familie, wie sie im ganzen jetzt ist und unter den bestehenden Verhältnissen sein kann, für die Forderungen der Zeit nicht mehr ausreichte.« (Gedenkschrift zum 100. Todestag von Friedrich Fröbel, Berlin 1952, S. 120)

Mit der zunehmenden Einbeziehung der Frau in die industrielle Produktion wurde besonders für die Arbeiterin die Forderung nach Kindergärten immer dringlicher. Aber es bedurfte erst der sozialistischen Gesellschaft, um die Vorteile der Erziehung im Kindergarten für die Mehrheit der Kinder des Volkes wirksam werden zu lassen. Der Ausbau der Kindergärten hat sich in den letzten Jahren so entwickelt, daß jetzt schon über 95 Prozent aller Drei- bis Sechsjährigen den Kindergarten besuchen können. In wenigen Jahren wird es möglich sein, daß alle Kinder, deren Eltern es wünschen, in den Kindergarten aufgenommen werden können.

Damit ist zugleich eine wichtige Voraussetzung für die Gleichberechtigung der Frau geschaffen. Das Gesetz über das einheitliche sozialistische Bildungssystem kommt ihrem Anliegen entgegen, daß die Kinder berufstätiger und studierender Mütter in den Vorschuleinrichtungen gesund und sozialistisch erzogen heranwachsen.

Im Kindergarten werden nach der Krippe weitere Grundlagen für die allseitige Entwicklung der Persönlichkeit gelegt. Zur inhaltlichen Aufgabenstellung heißt es im Bildungs- und Erziehungsplan für Kindergärten: »Die Persönlichkeitsentwicklung vollzieht sich im Rahmen der Lebensbedingungen der Kinder und äußert sich im Wissen, Können, Verhalten, in ihren Eigenschaften und Gewohnheiten und in ihrer Selbständigkeit, in ihrer Lernbereitschaft und Freude auf die Schule.« (S. 7) Er enthält eine exakte Aufgliederung der Tätigkeitsinhalte in den einzelnen Altersstufen und gibt auch wertvolle Anregungen für die Familienerziehung.

Spiel, Arbeit und Beschäftigung bestimmen neben den notwendigen ausreichenden Ruhepausen weitgehend die Tätigkeit der Kinder dieser Altersstufe. Viele Kenntnisse, Fähigkeiten, Fertigkeiten und Verhaltensweisen werden – eingebettet in einen geordneten Tagesablauf – in kindgemäßer Art vermittelt. Durch die Beschäftigung wird das Kind behutsam, aber kontinuierlich an systematisches Lernen herangeführt. Schon die Aufzählung der Sachgebiete, die die einzelnen Beschäftigungen bestimmen, weist auf die Breite der Beschäftigung hin: Muttersprache, Turnen, Bekanntmachen mit dem gesellschaftlichen Leben, der Kinderliteratur, der Natur, mit Mengen (Vergleichen von Längen, Breiten und Höhen), mit Malen, Zeichnen, Formen, Bauen, Basteln und Musik.

Ein wichtiger Grundsatz: Das Leben muß so erlebnisreich, interessant und froh sein, daß die Kinder gern kommen. Durch inhaltsreiche Tätigkeiten, die befriedigen und Freude bereiten, wird zur selbständigen Gestaltung des Lebens geführt. Dabei spielt die gut organisierte Kindergruppe eine große Rolle. In ihr finden die Mädchen und Jungen ihre Spielkameraden und schließen erste Freundschaften. Sie sammeln soziale Erfahrungen und fühlen sich durch gemeinsame Erlebnisse einander zugehörig.

Die Arbeit der Erzieherin im Kindergarten bedarf des engen Zusammenwirkens mit den Eltern, denn die Entwicklung des Kindes vollzieht sich parallel in der Familie und im Kindergarten. Die Vorschuleinrichtung will und kann nicht die Familie ersetzen. Deshalb müssen sich die Eltern und die Kindergärtnerinnen verbünden und gleiche Ziele setzen. Das Vertrauen des Kindes zu den Erwachsenen und seine Bereitschaft, ihre Normen zu übernehmen, werden erheblich gestört, und es kann sogar zu Fehlentwicklungen führen, wenn hier verboten wird, was dort erlaubt ist.

Viele Eltern haben bereits mit Freude festgestellt, wie umfangreich Eindrücke, Wissen und Können sind, mit denen die Kinder nach Hause kommen. Was lernen sie alles an Liedern und Gedichten! Mit welcher Geschicklichkeit basteln sie! Wie sicher sind sie im Gebrauch von Handtuch und Seife! Wie gut sie beobachten können! Und mit welcher Überzeugung fällen sie Urteile über Gut und Böse!

Wie in Krippe, Schule oder Ausbildung vollzieht sich diese zielstrebige Persönlichkeitsentwicklung nur harmonisch, wenn die Familie den humanistischen Reichtum, der einem ihrer Mitglieder von diesem Kollektiv außerhalb der häuslichen Gemeinschaft zufließt, in ihr Leben aufnimmt und bejaht. Vielfach wird z. B. von Eltern angenommen, im Kindergartenalter seien die Mädchen und Jungen noch zu klein, um Tischsitten und ästhetisches Verhalten zu üben. Wenn sie aber in ihrem Kollektiv sehr wohl dazu erzogen werden, ist es an der Zeit, auch zu Hause auf Beachtung dort geltender Normen zu dringen.

Das betrifft ebenso den Mittagsschlaf. Er muß auch am Wochenende gesichert sein. Dabei gibt es oft Schwierigkeiten. Man prüfe die Bedingungen nach, unter denen im Kindergarten geruht wird: keine Fülle von Eindrücken vorm Zubettgehen, weder Hast noch Unruhe, Stille im Schlafraum. Gleiche Voraussetzungen werden in der Familie gleiche Erfolge bringen.

In dieser Zeit fragen die Kinder viel. Das wird im Kindergarten gefördert und genutzt, um zum Beobachten und zum Erzählen anzuregen. Auch das ist ein Einfluß, dem sich das Elternhaus nicht entziehen sollte. Bequem ist die Fragerei nicht, und häufig lassen sich nur schwer altersgemäße Antworten finden. Unwirsch abtun darf man dennoch keine Erkundigung. Indem man etwa Spaziergänge nutzt, um die Natur aufmerksam zu betrachten und sich die Erlebnisse schildern zu lassen, indem bei den Tätigkeiten im Haushalt erzählt und erklärt wird und in der Freizeit Bilderbücher, Märchen und Lieder Eltern und Kinder gemeinsam erfreuen, formt das Kind sein Bild von der Welt.

Dabei ist zu berücksichtigen, daß sich die Sprache 3jähriger Kinder noch unmittelbar mit den augenblicklichen Wahrnehmungen und

Handlungen verbindet und deshalb kaum zusammenhängend berichtet wird. Spätestens jedoch im 5. Lebensjahr sind vollständige Sätze zu bilden und nachzusprechen. Sonst wäre es nötig, eine Sprachheilkindergärtnerin aufzusuchen. Wichtig zu wissen, daß die Kinder schneller denken, als sie sprechen können, daher oft Wortschwall, verstümmelte Wörter, Wiederholungen. Genau wie im Kindergarten dürfen erregt erzählende Mädchen und Jungen nicht unterbrochen werden, weil sie – in solchen Situationen zum Achten auf die Sprache aufgefordert – leicht Sprachstörungen erleiden. Ungeduldiges Schimpfen führt oft zu Hemmungen bis hin zum Stottern.

Aus all dem ergibt sich, wie notwendig Kontakte der Ehepartner zum Kindergarten sind. Mehr und mehr werden die Gruppeneltern-versammlungen zu pädagogischen Foren, auf denen man die Fragen der Gemeinsamkeit in Bildung und Erziehung erörtert und Erfahrungen austauscht, wie die Familie die von dieser staatlichen Einrichtung – und damit vom Kollektiv eines ihrer Mitglieder – ausgehenden Anregungen am besten aufgreift und weiterführt. Etliche Mütter und Väter vertiefen die Zusammenarbeit, indem sie im Kindergartenaktiv tätig sind, das nach den gleichen Prinzipien wie das Elternaktiv in der Schule arbeitet; es wird von den Eltern gewählt.

Wenn die Kinder in die Schule gehen

Die Einschulung leitet einen neuen, höchst bedeutsamen Lebensabschnitt des Kindes ein. Die zehnklassige allgemeinbildende polytechnische Oberschule will allen Kindern des Volkes durch wissenschaftlichen und parteilichen Unterricht eine hohe Allgemeinbildung vermitteln und sie für den Kommunismus erziehen. Vorbereitung auf das Leben und die Arbeit in der kommunistischen Gesellschaft ist das Anliegen unserer Schule, deren inhaltlicher und organisatorischer Gestaltung auch international hohe Anerkennung gezollt wird. Die Eltern können diesem Tag mit der Gewißheit entgegensehen, daß die Ziele der Schule die beste Grundlage für eine allseitige Entwicklung des Kindes und die Lehrer, denen volles Vertrauen gebührt, ihre engsten Partner bei der Erziehung sind.

Mit dem Lernen übernimmt das Kind erstmals eine wichtige gesellschaftliche Pflicht. In der Familie wird die Freude auf die Schule gefördert. Die Aufnahme in die 1. Klasse ist ein Festtag für alle. Anteilnahme braucht das Kind während der ganzen Schulzeit. Mit der Einschulung treten zwar keine grundlegenden Veränderungen in den innerfamiliären Beziehungen ein, dennoch verlangt die neue Situation einige Umstellungen. Sie beginnen damit, daß die Familie das Lernen als ernstzunehmende Verpflichtung des Kindes unterstützt. Es benötigt dazu Zeit, Platz und Materialien. In der Zeit, da das Kind schulische Pflichten erfüllt, soll es nicht durch häusliche Aufgaben unterbrochen werden. Der Tagesablauf muß neu geregelt werden.

Die Einschulung bringt für das Kind auch neue Beziehungen: zu Lehrern und Mitschülern. Das Klassenkollektiv wird neben der Familie zum Lebens- und Tätigkeitsbereich. Das Kind muß dort seine Position finden. Die Familie kann ihm dabei helfen, indem Eltern und ältere Geschwister mit den Kindern über ihr Verhalten im Kollektiv beraten.

Die Eltern sind an guten Lernergebnissen interessiert. Aber es wäre falsch, die liebevolle Zuwendung zum Kind davon abhängig zu machen, ob es den in der Schule gestellten Aufgaben gerecht wird. Jedes Kind braucht das Gefühl des Geborgenseins in der Familie. Besonders gilt das auch für das Kind, das in der Schule häufig Konfliktsituationen erlebt. Zahlreiche wissenschaftliche Untersuchungen weisen darauf hin, daß eine der Ursachen für Leistungsversagen und negative soziale Haltung in einer unharmonischen Familienatmosphäre oder einem schlechten Eltern-Kind-Verhältnis zu suchen sind.

Die Eltern benötigen den engen Kontakt zur Schule, damit sie auch hinreichend Einblick erwerben, um das Leistungsvermögen ihres Kindes real einschätzen zu können. Stellen sie Forderungen, die es noch nicht oder überhaupt nicht zu erfüllen imstande ist, oder sind sie zu nachgiebig, weil sie glauben, die Schule verlange zuviel – dann wird die Entwicklung des Kindes ungünstig beeinflußt. Jeder Fortschritt – unabhängig von der erworbenen Note – sollte als Ergebnis von Anstrengungen gewürdigt werden.

Durch die Beziehungen in der Familie muß das Kind angeregt werden, auch zum Kollektiv der Gleichaltrigen, zu den Ansprüchen der Schule ein wertvolles Verhältnis zu finden und die Möglichkeiten für seine Entwicklung zu nutzen.

Mit dem Eintritt in die Schule ist für die Kinder ein zweites bedeutsames Ereignis verknüpft, die Aufnahme in die Pionierorganisation. Das ist für die Kinder die erste politische Organisation, der sie angehören, und sie ist für ihren weiteren Weg zum gesellschaftlich aktiven Staatsbürger entscheidend. Jede Familie, die es ernst mit der sozialistischen Erziehung ihrer Kinder meint, muß sowohl dieses Ereignis gut vorbereiten und würdig begehen als auch den weiteren Verlauf der Zugehörigkeit zum Verband voller Anteilnahme verfolgen. Besser noch als beim Erkundigen nach Leistungen und Verhalten in der Klasse läßt sich beim Fragen nach dem Leben in der Pioniergruppe den Kindern gegenüber verdeutlichen, daß sich das Elternhaus für das Kollektiv interessiert, mehr noch: daß es ihm seine Hilfe angedeihen läßt. Nicht immer wird es möglich sein, aus den Reihen der Eltern oder des Patenbetriebes einen Gruppenpionierleiter zu gewinnen. Viel ist jedoch schon erreicht, wenn sich Mütter und Väter einmalig für einen Pioniernachmittag oder eine Information zur Verfügung stellen. Die sowjetische Pädagogin A. M. Nisowa hat auf Einwände, daß es nicht jedem gegeben sei, mit dem Kinderkollektiv umzugehen, sehr klug im Buch »Sie sind in die Schule gekommen« geantwortet:

»Manche sagen, sie verstünden nicht, sich mit den Kindern zu beschäftigen; sie hätten nicht den Beruf, durch den sie die Schule unterstützen könnten. Ich wiederhole noch einmal: Es gibt keinen Beruf, der der Schule nicht nützen könnte. Im Leben jedes Menschen gibt es irgend etwas, was er als wertvolles geistiges Erbe den Kindern mit auf den Weg geben kann.«

Natürlich ist auch schon etliches getan, wenn jede Familie im eigenen Kind zugleich immer den Jungen Pionier sieht, ihn behutsam anleitet, die Gesetze der Organisation auch zu Hause zu achten und zu beherzigen, sich immer davon leiten läßt, daß hier eines der Bewährungsfelder ihrer Kinder liegt. Wird das Mädchen oder der Junge in eine Funktion gewählt (die erste in seinem Leben!), muß das Elternhaus Ehre und Verpflichtung bekräftigen, die neuen Aufgaben ebenfalls sehr ernst nehmen, wenn möglich mit Rat und Tat zur Seite stehen. Diese Haltung bleibt über alle Jahre hinweg gültig: ob sich der frischgebackene Jugendfreund entschließt, Gruppenpionierleiter einer Unterstufenklasse zu werden oder in der FDJ-Grundorganisation der Schule Verantwortung zu übernehmen.

Helfen, ohne vorzusagen

Die wichtigste Forderung, auf die das Kind in seinem neuen Kollektiv, der Schulklasse, stößt und die zunächst auf zehn oder zwölf Jahre, aber eigentlich für sein ganzes ferneres Leben bestimmend sein wird, ist die zu lernen. Die Familie muß sich mit diesem Anspruch identifizieren und alles unternehmen, um ihm auch in ihrem Bereich gerecht zu werden.

Aufgabenverteilung, Mitverantwortung, Mitspracherecht formen in der Familie den jungen sozialistischen Staatsbürger und kennzeichnen die neuen Beziehungen der Familienmitglieder untereinander. Sie bewirken gleichzeitig, die Freude am Lernen zu wecken und wachzuhalten, die Bedeutung des Erwerbs von Wissen, Fähigkeiten und Fertigkeiten zu begreifen. Eine positive Einstellung der Eltern zur Arbeit und zur Schule, ihre gesellschaftliche Aktivität, die einheitliche Erziehung von Mutter und Vater, ein gutes Verhältnis zu den Kindern, überhaupt ein harmonisches Familienleben schaffen Bedingungen, unter denen sozialistische Motive zum Lernen entstehen, also keine egoistisch auf den eigenen Vorteil bedachte Antriebe. Hinzu kommen spezielle Methoden, um auch im Elternhaus das Vermögen, lernen zu können, auszubilden.

Ein reges geistiges Klima ist eine wesentliche Bedingung für die Entwicklung des Kindes zu selbständigem und schöpferischem Denken und Handeln. Es sollte zum guten Ton in jeder Familie gehören, daß man sich über politische Tagesfragen unterhält. Gemeinsam erlebte Fernseh- und Rundfunksendungen, Museumsbesuche oder Veranstaltungen geben reichlich Gesprächsstoff. Immer wieder anzuraten ist, die Bücher und Filme der Kinder zu kennen, um sich mit ihnen darüber verständigen zu können.

Dann dürfte sich kaum jener Lernunwille einstellen, dem mit Zwang am allerwenigsten zu begegnen ist. »Moralpredigten« oder Drohungen wirken hemmend und sind nicht geeignet, die Lernlust wiederherzustellen. Man muß sehr genau die Ursachen prüfen, die zu ihrem Verlust führten. Es könnte sein, daß sich die Eltern nicht mehr gleichbleibend für die Haupttätigkeit des Schülers, das Lernen, interessierten. Negativer Einfluß entsteht auch, wenn zu wenig gelobt, nur getadelt wird. Manchmal begehen Erwachsene den Fehler und halten dem eigenen Kind in bester Absicht aus dem Klassenkollektiv die Besten als Ideal vor. Kann es jedoch deren Leistungen niemals erreichen, stellt sich Resignation ein, ja oft kommt es zu Verhaltensauffälligkeiten, um einen Ausgleich herzustellen und wie das Vorbild – wenn auch entgegengesetzt – die Aufmerksamkeit auf sich zu ziehen.

Außer der pauschalen Unterstützung des Lernens kommt es heute mehr und mehr darauf an, die in der Schule langsam Platz greifenden Techniken geistiger Arbeit zu Hause anzuwenden, z. B. beim Anfertigen der Hausaufgaben. Das Kind soll, ehe es beginnt, überlegen, wie es rationell und effektiv verfährt. Da wäre zunächst die Reihenfolge festzulegen – vom Schweren zum Leichten hin. Vorher müßte das benötigte Arbeitsmaterial zur Hand liegen, also u. a. entschieden werden, welche Lehrbücher und Wissensspeicher griffbereit zu sein haben. Nicht zuletzt sollte der Schüler nach der Uhr arbeiten. Erstens ist es für Kind, Eltern und Lehrer gleichermaßen aufschlußreich, ob die vorgegebene Richtzeit (Unterstufe: 60 Minuten, Oberstufe: 90 Minuten) ausreicht. Zweitens spielen auch im Unterricht, etwa bei Klassenarbeiten, gesetzte Fristen eine große Rolle. Das Zeitgefühl zu entwickeln, ist in vielerlei Hinsicht wertvoll, beugt auch Bummeleien vor.

Solche Methoden können auch im Familienalltag nützlich sein. Das Aufstellen eines Planes, welche Besorgungen nacheinander zu erledigen sind, um ein Hin und Her zu vermeiden und mit den schwersten Lasten den kürzesten Rückweg einzuschlagen, oder den Einkaufszettel so abzufassen, daß die Positionen dem geraden Weg durch die Kaufhalle entsprechen – das sind nur zwei alltägliche Beispiele, die den Kindern zeigen, daß die zunächst unbequem erscheinende geistige Vorbereitung einer Arbeit doch von Nutzen ist.

Oh, diese Hausaufgaben

Alle Schüler der Klassen 1 bis 3, deren Eltern es wünschen, besuchen den Hort. Dort werden die Hausaufgaben angefertigt und auf Sauberkeit kontrolliert. Die Hausaufgabe ist eine Kontrolle für Schüler und Lehrer, ob der im Unterricht behandelte Gegenstand von den Schülern verstanden wurde.

Es muß eingangs ganz deutlich gesagt werden, daß Versäumnisse aus dem Unterricht nicht in die Familie delegiert werden können.

Eltern sind keine Hilfslehrer. Die folgenden Hinweise sollen Anregungen geben, Potenzen im Familienleben direkt für die Unterstützung des Lernens des Kindes in der Schule zu erkennen und zu nutzen.

Am konkretesten wird die Familie mit dem Lernen der Kinder durch die Hausaufgaben konfrontiert. Auch wenn diese in den ersten Schuljahren im Hort angefertigt werden sollten, ist es doch ratsam, sich die Hefte regelmäßig zeigen zu lassen. Das soll nicht bezwecken, daß die Arbeiten etwa wiederholt werden müssen, nur weil die Eltern den Eindruck haben, sie seien nicht ordentlich genug (das würde die Kinder abends überfordern) – vielmehr ist dies eine Form der

Anteilnahme, durch die dem Schüler bewußt wird, daß seine Haupttätigkeit den Erwachsenen wichtig und bedeutsam erscheint. Das kommt auch darin zum Ausdruck, daß man ihm einen Arbeitsplatz einräumt und für Ruhe sorgt, wenn er zu Hause lernt. Die günstigste Zeit für Schularbeiten ist der zweite Höhepunkt täglicher Leistungsfähigkeit. Er liegt nach wissenschaftlichen Erkenntnissen zwischen 14 Uhr und 15.30 Uhr.

Von dieser indirekten Art und Weise muß die gesamte Hilfe bei den Hausaufgaben sein. Zwar erscheint es vor allem in der Unterstufe am einfachsten, richtige Lösungen, Schreibweisen oder gar Aufsätze vorzusagen. Aber es wäre grundfalsch, weil es dem Kind kein dauerhaftes Wissen einträgt, seine Selbständigkeit nicht fördert, ja dazu verführt, sich stets auf andere zu verlassen.

Gern erwecken Schüler den Eindruck, als habe der Lehrer die Hausaufgaben der ganzen Familie erteilt. In der Unterstufe werden Heimatkundemappen, im Fachunterricht Materialsammlungen aller Art angelegt. Natürlich sollen die Eltern die Kinder beraten, ihnen z.B. Zeitungen und Zeitschriften heraussuchen, aus denen sie zum vorgesehenen Thema Bilder und Texte ausschneiden dürfen. Man kann auf Bücher aufmerksam machen, gemeinsam einen dazu geeigneten Museumsbesuch unternehmen. Nur eines wäre nicht richtig: daß die Erwachsenen aus Ungeduld oder weil sie meinen, der Auftrag sei zu schwierig, die Sache selbst erledigen. Zum einen würden sie das Vertrauen zum Lehrer untergraben, von dem das Kind jetzt annehmen muß, daß er nicht überlegt genug handelt; zum anderen hätte man auch hier wieder der Persönlichkeitsentwicklung geschadet, weil sich in diesem Fall eine Charaktereigenschaft wie Ausdauer schwerlich herausbildet und Gewissenskonflikte entstehen, wenn der Schüler das Urteil (noch dazu vielleicht ein Lob) für eine Tat öffentlich entgegennimmt, die er gar nicht vollbracht hat. Ganz zu schweigen von dem Zwiespalt, in den der Pädagoge gerät, der merkt, daß eine Arbeit nicht vom Schüler, sondern von dessen Eltern stammt, und der – übrigens immer, wenn zu Hause korrigiert wurde – eine falsche Information über den Leistungsstand erhält.

Ähnlich beim Aufsatz. Gutes, richtiges, möglichst dialektfreies Sprechen zu Hause ist allgemein zu empfehlen und erweist sich natürlich für den Deutschunterricht besonders günstig. Wissenschaftler haben ermittelt, daß die Verwechslung von mir und mich oder die des 3. und 4. Falles siebenhundertmal korrigiert werden muß, ehe der Fehler endgültig beseitigt ist.

Viele Kinder haben Schwierigkeiten, das Thema zu gliedern. Da hilft, daß sie erst einmal erzählen, was sie schreiben und womit sie beginnen wollen. Im Gespräch gewinnen sie Klarheit der Gedanken. Die Rohfassung sollte man sich vorlesen lassen, weil nicht zu Ende Gedachtes, aber auch logische und grammatikalische Fehler zutage treten. Vertretbare Ratschläge sind: Auf gleiche Satzanfänge, die monoton wirken, hinweisen – aber die Korrektur dem Schüler überlassen! Grammatikalische und orthographische Fehler beanstanden, aber nicht verbessern!

Der Anforderung, die in Gestalt der Aufsätze von der Schule ins Elternhaus dringt, kann von der Familie auf mannigfaltige Weise entsprochen werden. Wenn die Kinder daran gewöhnt werden, Briefe, Glückwünsche, Feriengrüße zu schreiben, fällt ihnen das Formulieren leichter. Nicht zuletzt aber ist Lektüre dienlich. Das Heranführen ans Buch sollte schon in frühestem Alter durch Bilderbücher beginnen und während der Schulzeit die Bedürfnisse des Lehrplans in weitestem Sinn berücksichtigen.

Läßt man sich die gelesenen Geschichten berichten (das trifft auch auf die Wiedergabe von Filmen, Fernsehsendungen, Hörspielen und Theaterstücken zu), erfährt man oft nebensächliche Einzelheiten, die besonders beeindruckten, nicht aber präzise die Haupthandlung. Das Erfassen des Wesentlichen zählt jedoch zu den wichtigsten fachübergreifenden Zielen der Bildung. Auch hier kann das Elternhaus tatkräftig ergänzen, wenn es darauf dringt, daß alle Erlebnisse zusammenhängend, logisch mitgeteilt werden. Das gibt auch den mündlichen Hausaufgaben Rückhalt. Sie werden oft weniger ernst genommen, wahrscheinlich deshalb, weil die Kinder häufig nicht recht wissen, wie sie vorgehen sollen. Sie verstehen nicht, aus dem Lehrbuchtext das Entscheidende herauszulesen. Förderlich ist, nach dem Sinn zu fragen und den Inhalt in wenigen Sätzen wiedergeben zu lassen. Dabei zeigen sich besser die Unklarheiten und Mißverständnisse. Sofern die Schulbücher Eigentum der Familie sind, sollte man gestatten, die markanten Punkte farbig zu unterstreichen. Untersuchungen ergaben, daß dies einen doppelt so hohen Lerneffekt bewirkt.

Lernen im Kollektiv

Zu den vorrangigen Erziehungszielen unserer Schule zählt die Erziehung zu kollektiven Verhaltensweisen. Die Entwicklung der individuellen Persönlichkeit kann sich nur im Wechselspiel mit den anderen Mitgliedern der Gemeinschaft vollziehen. Deshalb zielen die Lehrer bei der Förderung jedes einzelnen Schülers stets zugleich auf das Vorankommen aller. Dieses Miteinander und Füreinander, das die Kinder aus der funktionstüchtigen Familie kennen und in dessen große staatsbürgerliche Dimension sie hineinwachsen sollen, wird in der Klasse durch die verschiedenartigsten pädagogischen Maßnahmen erlebbar gemacht.

Dieses Wir-Empfinden, dem die Kinder voller Stolz zu Hause Ausdruck verleihen, ist von Mutter, Vater und Geschwistern zu bestätigen. Das kann z. B. dadurch geschehen, daß nie nur nach den eigenen Fortschritten im Unterricht gefragt, sondern stets die persönliche Leistung in die des Kollektivs eingeordnet wird. Dabei handelt es sich nicht einfach darum, zu ermitteln, welchen Platz die Tochter oder der Sohn einnimmt. Stets ist zu erkunden, wie denn die guten Schüler darangehen, die schwächeren oder aus unterschiedlichsten Gründen (wie Krankheit und Verschickung) zurückgebliebenen zu unterstützen. Niemanden zurückzulassen, sich für jeden verantwortlich zu fühlen – das muß von der Einschulung an als moralische Norm gelten.

Diese kameradschaftliche Hilfe besitzt ihre Probleme. Eine beliebte Form ist die Lernpatenschaft. Sie setzt voraus, daß der Lehrer die Wissenslücken genau festgestellt und ein Programm ausgearbeitet hat, durch welche Übungen sie geschlossen werden können. Manchmal geht es nur darum, daß einem Mädchen oder Jungen bei den

Hausaufgaben ein Mitschüler zur Seite steht, der gefragt werden kann. Es gehört viel pädagogisches und psychologisches Geschick des Lehrers dazu, die Wahl zu treffen, welche Schüler ein erfolgreiches »Gespann« abgeben.

Diese Entscheidung kann jedoch nicht ohne die betreffenden Familien gefällt werden. Denn die Lernpatenschaft findet immer in dem einen oder anderen Elternhaus statt, meist dort, wo vorteilhaftere Arbeitsbedingungen gegeben sind. Wird ein solcher Vorschlag nach gründlicher Vorarbeit einer Familie gemacht, sollte sie ihn nur aus triftigen Gründen zurückweisen. Man muß sich jedoch darüber im klaren sein, daß damit die Erwachsenen ein gut Teil Verantwortung für das Gelingen auf sich nehmen. Nur wenn sie die Schüler, die meist begeistert beginnen, für jeden Fortschritt loben, die gemeinsame Tätigkeit moralisch hoch bewerten, für beide Seiten als vorteilhaft kennzeichnen und auf strikte Einhaltung der übernommenen Verpflichtungen dringen, darf mit dem erhofften Ergebnis gerechnet werden.

Manche Familie könnte meinen, daß eine vorzeitig abgebrochene Lernpatenschaft kein Grund zur Besorgnis wäre. Erfahrungen zeigen jedoch, daß ein Mißlingen besonders den Helfer psychisch belastet. Leicht könnte bei ihm der Eindruck des Versagens entstehen. Ebenso wäre denkbar, daß er vorübergehend an der Richtigkeit der Maxime, anderen beizustehen, zweifelt und nicht so schnell einen neuen Auftrag dieser Art annimmt.

Nicht nur die Zensuren sehen …

Zu den Ereignissen im Klassenkollektiv der Kinder, die die Beziehungen der Familie zur Schule spürbar beeinflussen, gehören Prüfungen und Zeugnisse. Auch hier gilt es, richtig zu reagieren, um die Persönlichkeitsentwicklung des Familienmitgliedes zu begünstigen. Den Grundstein bildet eine vernünftige Haltung zur Zensierung überhaupt. Die Zensierung erfolgt auf der Grundlage einer objektiven Bewertung von Schülerleistungen. Jeder Lehrer ist bemüht, subjektive Faktoren weitgehend auszuschalten. Das Kinderkollektiv muß wissen, daß die Zensur Auskunft über eine bestimmte Qualität der Lernarbeit gibt, demzufolge also Lob oder Tadel, auf jeden Fall Ansporn

darstellt. Ebenso ist es zur Einsicht zu führen, daß das in Ziffern ausgedrückte einzelne Urteil allein nicht maßgebend für die Einschätzung einer Schülerpersönlichkeit sein kann. Dazu muß sowohl die Gesamtheit der Zensuren als auch das ganze Verhalten – innerhalb und außerhalb des Unterrichts – betrachtet werden. Durchschnittszensuren können niemals das Bild eines Menschen widerspiegeln.

Von dieser Erkenntnis muß sich auch die Familie leiten lassen. Sie sollte sich die pädagogischen Maßstäbe zu eigen machen, jeder Zensur gebührendes Interesse bezeigen, aber keine dramatisieren. Dabei ist immer vom Leistungsvermögen des Kindes auszugehen. Die »3«, die dem hervorragenden Schüler niedrigere Ergebnisse als gewöhnlich signalisiert, bedeutet dem, der sonst nur das Prädikat »genügend« erreicht, ein beträchtliches Vorankommen, stellt für ihn ein Erfolgserlebnis dar.

Jeder Fortschritt ist zu würdigen. Neue Zielstellungen müssen erreichbar sein; sonst wird damit zuletzt Mutlosigkeit erzeugt. Die tritt auch ein, wenn Kritik an unzulänglichen Leistungen von ironischen oder herabwürdigenden Bemerkungen begleitet wird, wie »Aus dir wird nie etwas werden!«, »Du bist der Nagel zu meinem Sarg!« oder »Du raubst mir meine letzten Nerven!« Daß eine Bezahlung der Noten (eine Eins = eine Mark) kein empfehlenswerter materieller Hebel ist, sondern zu egoistischem Strebertum führt, dürfte inzwischen überall bekannt sein.

Herrscht Kontinuität beim Lernen, dann weiß man in der Familie auch, wie dem berühmt-berüchtigten Prüfungsfieber (und das gilt, genau genommen, für die Unruhe angesichts jeder bevorstehenden größeren Arbeit) zu begegnen ist. Dem Schüler muß klar sein, daß sich die in Aussicht stehende bedeutsame Anforderung in seine bisherigen Leistungen einreiht, nicht allein alles entscheidet.

Sodann sollte man sich davor hüten, in dieser Zeit von den Mädchen und Jungen alles im Haushalt fernzuhalten, sie etwa zu ermuntern, bis in die Nacht hinein zu büffeln. Natürlich müssen die Kinder und Jugendlichen in solchen Situationen ihre erworbenen Kenntnisse, Fähigkeiten und Fertigkeiten und das Vermögen, sie anzuwenden, noch einmal überprüfen. Im allgemeinen erhielten sie jedoch Hinweise, worauf sie sich zu konzentrieren hätten!

Die geistige Aufnahme- und Verarbeitungsfähigkeit ist jedoch begrenzt. Sie bedarf des Wechsels und Ausgleichs. Deshalb handeln jene Eltern richtig, die sich nicht von der Nervosität des Prüflings anstecken lassen, sondern dafür sorgen, daß er sich ausreichend im Freien bewegt, durch Spiel und Sport das intensive Lernen unterbricht, Spaziergänge und Wanderungen der ganzen Familie organisieren. Ausgeruht und erfrischt sieht man einer Prüfung oder Klassenarbeit viel ruhiger entgegen.

Was bisher zu den Zensuren geäußert wurde, gilt erst recht für die Zeugnisse. Ausgangspunkt für die Wertung sollte immer sein: Hinter allen Noten steht ein gerüttelt Maß an Fleiß, Mühe und Anstrengung, die Anerkennung verdienen. Bei der Ausgabe nach dem zweiten Halbjahr muß die Schlußfolgerung lauten: Wer versetzt wird, hat viel geleistet!

Nicht ratsam ist es, ausschließlich auf die Noten in den einzelnen Fächern zu blicken. Sie sind im Zusammenhang mit jenen Bemerkungen zu betrachten, die – zunehmend auch nach dem ersten Schulhalbjahr – auf der linken Seite im Zeugnisheft stehen. Sie verleihen den Zahlen erst die rechte Aussagekraft, charakterisieren sie als Fortschritt, Nachlassen oder Stetigkeit, kennzeichnen Schwerpunkte in Leistung und Verhalten während des kommenden Zeitabschnitts.

Einerseits soll man, wie mehrfach betont, keine Zensur überbewerten; andererseits darf man keine gering achten. Noch geistert der Begriff der »Nebenfächer« herum. Im Prinzip widerspricht er der allseitig gebildeten sozialistischen Persönlichkeit, weil sie weder im natur- noch im gesellschaftswissenschaftlichen, weder im musischen noch im sportlichen Bereich einseitig geformt sein soll. Gleichrangigkeit gebührt auch den sogenannten »Kopfnoten« (Betragen, Fleiß, Mitarbeit, Ordnung). Sie sind ebenfalls in bezug zum Worturteil zu setzen, um zu erkennen, welche Eigenschaften gefördert, welche zurückgedrängt werden sollten.

Das Begutachten des Zeugnisses erfolgt am besten in ruhiger, sachlicher, möglichst behaglicher Atmosphäre. Was man dem Schüler sagen will, muß gut bedacht sein. Es soll ihn innerlich bewegen, zur Zustimmung veranlassen, seine Überzeugung von der Notwendigkeit guten Lernens festigen. Zuerst sind die positiven Aspekte hervorzuheben, die Erfolge zu nennen, die es zu halten oder eventuell auszubauen gilt. Dann können Vorschläge unterbreitet werden, wie Schwächen beizukommen wäre. Das Ziel sollten nicht Versprechungen allgemeiner Art sein, sondern reale Vorsätze, die man am besten aufschreibt, um im Laufe der nächsten Monate Fortschritte besser ermessen und jeweils würdigen zu können.

Diese Leidenschaftslosigkeit ist nicht mit Gleichmut zu verwechseln, sondern hat mit Besonnenheit und bewußter Steuerung pädagogischer Prozesse zu tun. Von diesem Gesichtspunkt aus dürfte niemals im Beisein des Kindes eine Zensur oder gar ein ganzes

Wir sind jetzt vier

Familienbilder fotografiert
von
Brigitte Voigt

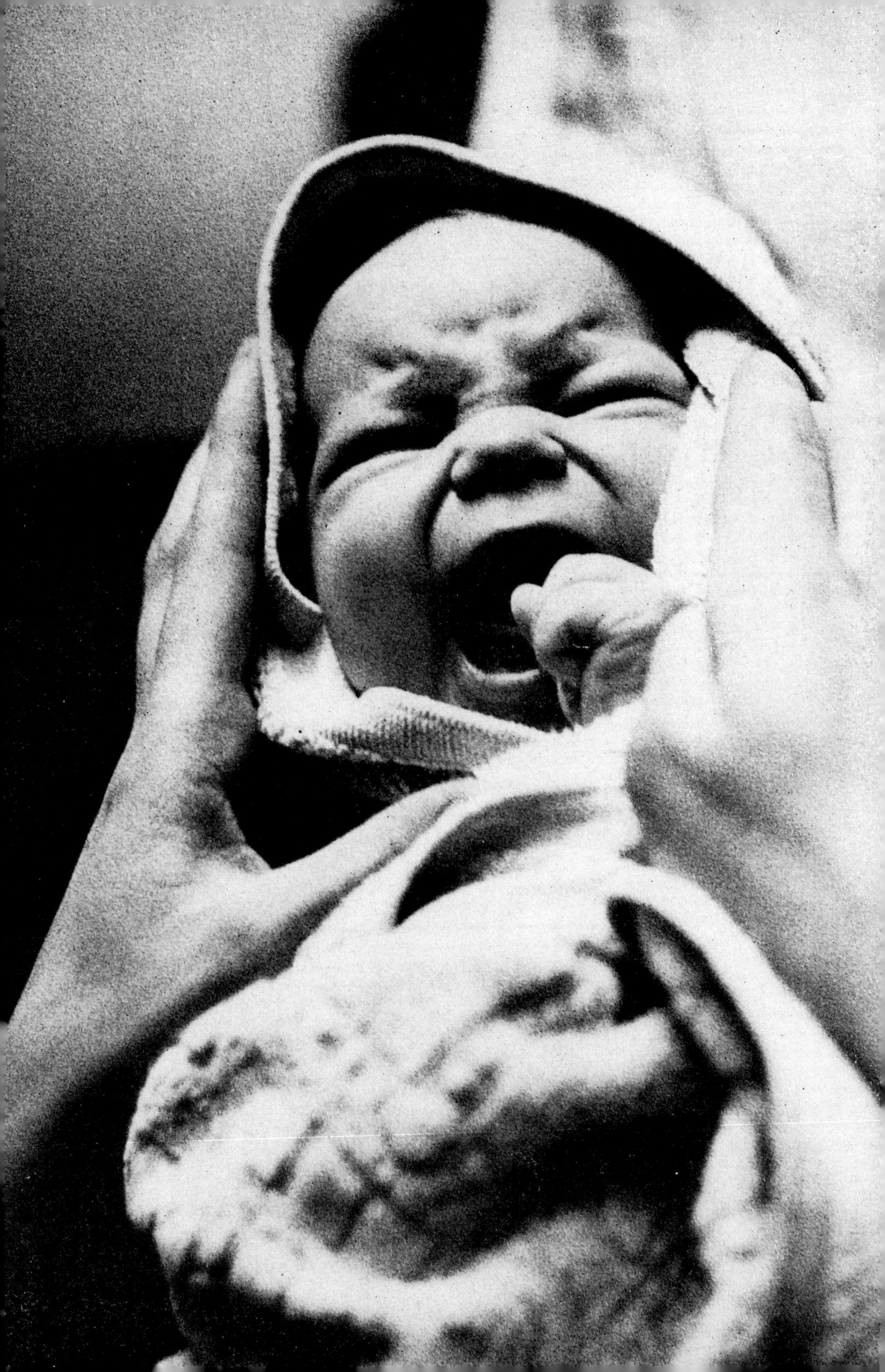

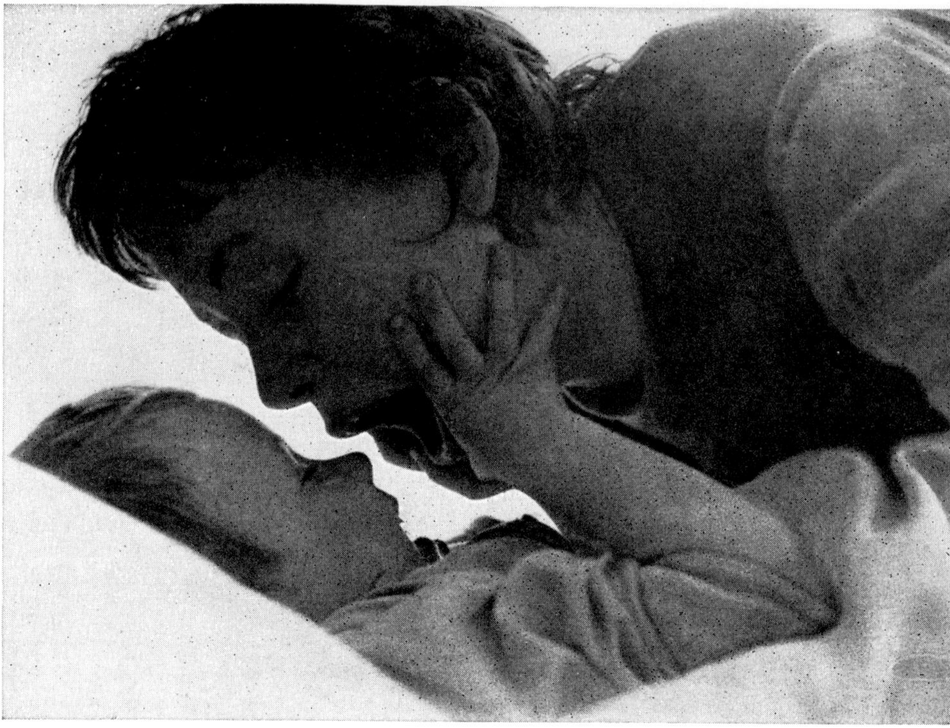

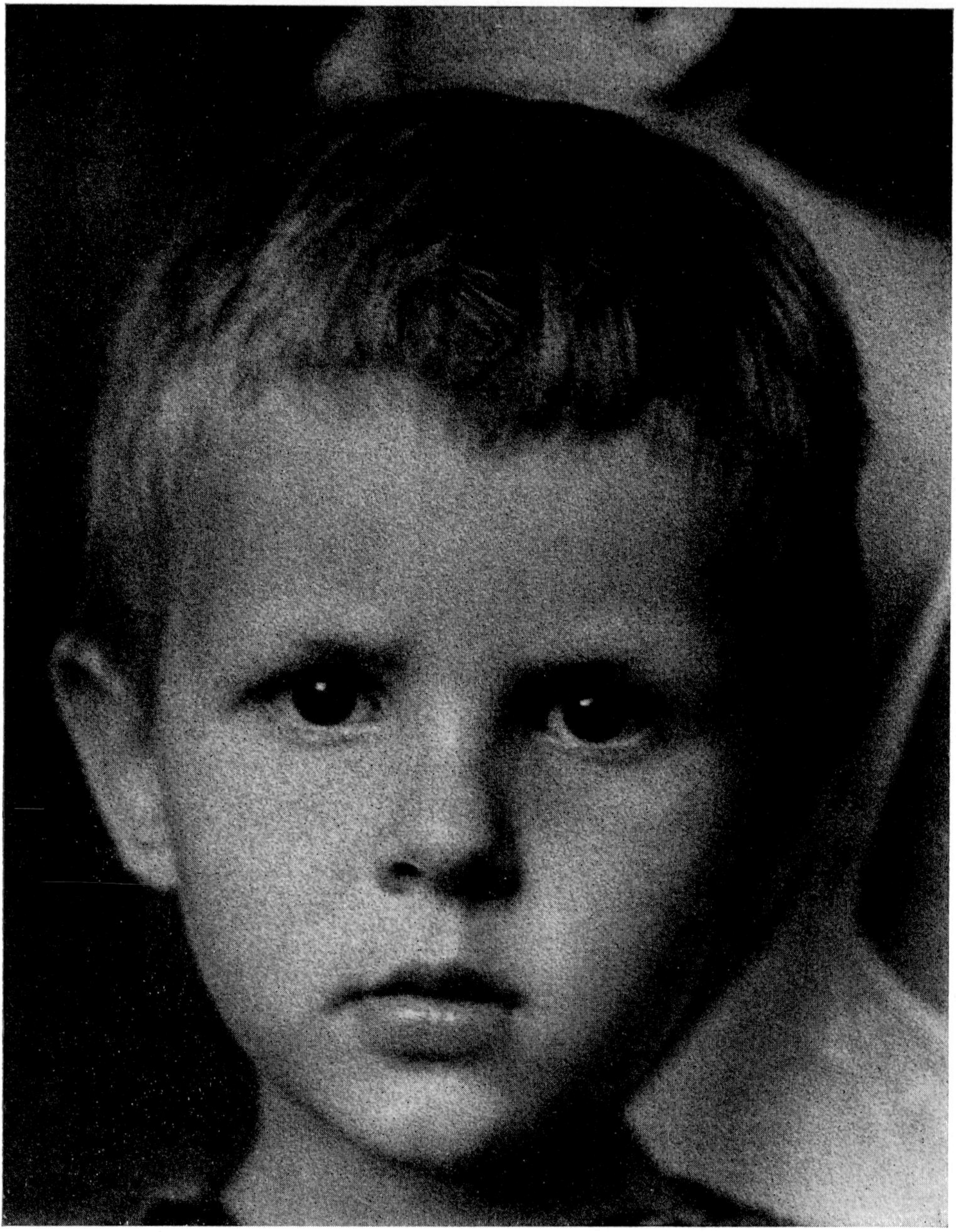

SAGT
INT GUTEN

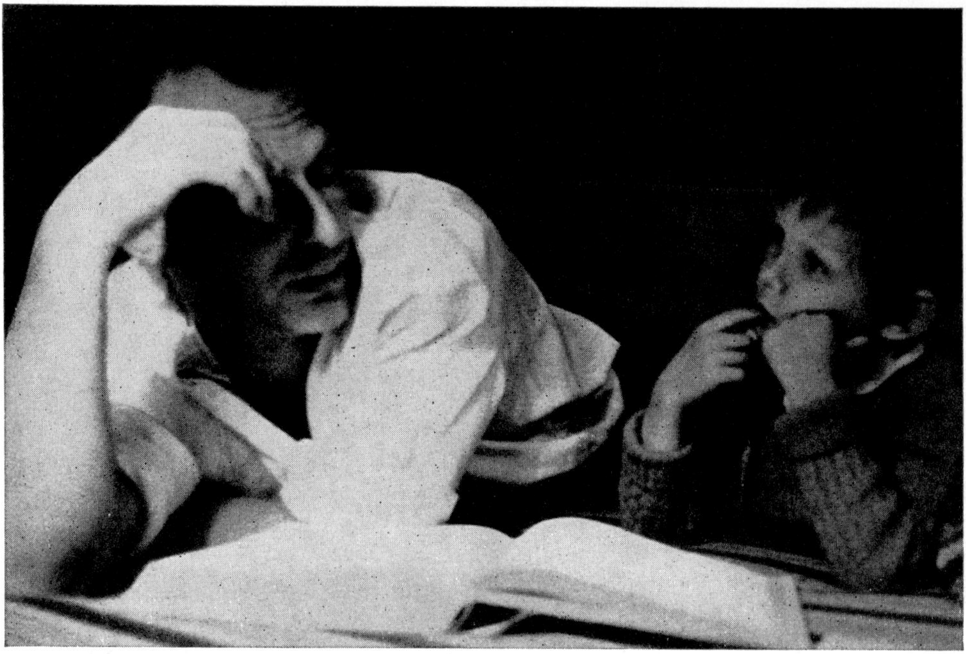

Deutsche
03 2

Zeugnis angezweifelt werden. Das brächte das Schüler-Lehrer-Verhältnis ebenso ins Wanken wie die vertrauensvollen Beziehungen zwischen Elternhaus und Schule. Nicht zuletzt hätte das den erzieherischen Effekt, daß die Kinder den Grund für eigenes Versagen künftig stets bei anderen suchen. Es muß darauf ankommen, auf Zensuren und Zeugnisse so zu reagieren, daß auch in diesem Fall die Übereinstimmung in den Beziehungen Familie–Schule vom Kind erkannt wird.

Natürlich sollen die Leistungen des Schülers anerkannt werden, auch materiell. Es empfiehlt sich eine Weise, die Überraschung und Freude bringt. Denn wichtiger als große Geschenke sind Lob und Dank, an denen die Schüler ermessen können, daß die Eltern an ihrer Entwicklung Anteil nehmen, Vertrauen in ihre Kräfte setzen, ihre Persönlichkeit achten, sie lieben.

Schließlich will man den Kindern und Jugendlichen nicht die stets auf Zeugnisse folgenden längeren Ferien vergällen. Das würde man übrigens tun, wenn der Schüler gezwungen wird, während der unterrichtsfreien Zeit jeden Tag in den Fächern zu üben, die er weniger gut bewältigte. Plan- und zielloses Nacharbeiten bewirkt nichts. Sollte der Lehrer Ratschläge für eine Wiederholung bestimmter Stoffkomplexe gegeben haben, muß die Bürde vom Schüler aus Einsicht auf sich genommen und nur in Stunden eigener Bereitwilligkeit abgetragen werden.

Beim Besprechen des Zeugnisses sollte stets auch nach den Lernerfolgen der Klassenkameraden gefragt werden. Das ist wichtig für die Kollektiverziehung, unterstreicht, daß sich die Familie mit der von der Schule angestrebten Verantwortlichkeit des einen für alle und der Gemeinschaft für jeden identifiziert. Deshalb müßte jetzt noch einmal nachgeforscht werden, ob sich Tochter oder Sohn nachdrücklich genug darum kümmerten, daß leistungsschwächeren oder zurückgebliebenen Kameraden geholfen wurde, ob sie selbst Unterstützung gaben, welchen Platz die Klasse im Kollektiv der Schule einnimmt, ob es Erscheinungen gibt, die zu fördern oder zu bekämpfen sind. Auch das wirkt der Erziehung von Individualisten entgegen.

Kein Ehepaar sollte übrigens versäumen, Zeugnisse selbstkritisch zu lesen. Nicht, indem man sich angesichts mangelnder Leistungen fälschlich vorwirft, ungenügend den Hilfslehrer gespielt zu haben. Das verlangt die sozialistische Schule von keinem Elternhaus. Sehr wohl aber offenbart dieses Dokument, ob man es schaffte, dem Kind die richtige Einstellung zum Lernen anzuerziehen, ob z. B. Ordnungssinn und Disziplin, Höflichkeit und Kameradschaftlichkeit das Familienleben genügend bestimmen.

Die Kinder nicht unterschätzen

Man muß in den Kindern die künftigen Staatsbürger sehen und ihnen eine Mitwirkung am Familienleben einräumen und abverlangen, die der Erziehung zur Liebe zur Arbeit dient. Auch bei häuslichen Pflichten haben Genauigkeit, Gründlichkeit, Verantwortungsbewußtsein, Ordnung, Sauberkeit, Disziplin, Sorgfalt und Selbständigkeit zu soliden Arbeitsergebnissen für die Gemeinschaft zu führen.

In vielen Familien ist es gang und gäbe, daß die Kinder mit verschiedenen Aufgaben betraut werden. Sie sind dabei, wenn die Eltern Probleme beraten, den Haushalt planen. Natürlich muß dabei berücksichtigt werden, was können Kinder ihrem Alter entsprechend verstehen und vollbringen. Denn nur dabeizusein und diese oder jene Aufgabe zu erfüllen, reicht nicht aus. Das Kind muß vielmehr entsprechend seinem Alter in ernst zu nehmender Funktion, durch Pflichten an der gemeinsamen Verantwortung beteiligt werden.

Aus einer Befragung von 302 Kindern des 4. Schuljahres ging hervor, daß Kinder in diesem Alter häufig noch in ihrem Leistungsvermögen von den Eltern unterschätzt werden. Sie brachten Unzufriedenheit darüber zum Ausdruck, daß ihnen in der Familie zu wenig Verantwortung übertragen wird. In der Schule, in der Pionierorganisation »Ernst Thälmann« werden an ihr schöpferisch-selbständiges Handeln schon höhere Ansprüche gestellt. Ein solcher Widerspruch kann leicht dazu führen, daß die Kinder zu Hause unwillig wirken.

Die Untersuchung offenbarte ferner, daß diese Zehnjährigen nur selten von den Eltern angehalten werden, ihre Betten selbst zu ordnen, für die Familie (auch für die Eltern!) die Schuhe zu putzen, leichte Näharbeiten an ihren Sachen oder denen jüngerer Geschwister zu verrichten, ihr Kinderzimmer selbst sauberzuhalten.

Erzieherisch erfolgreiche Eltern übertragen ihren Kindern Pflichten, die sie regelmäßig, über einen längeren Zeitraum hinweg im bestimmten Rhythmus zur Sicherung des familiären Lebens (und nicht nur zur Selbstbedienung des Kindes!) verantwortlich zu erledigen haben. Lob und Tadel, anerkennende oder ermahnende Äußerungen tragen dazu bei, dem Kind die Bedeutung seines Tuns für das Gemeinsame, seine Verantwortung in der Familie bewußt zu machen.

Oft wundert man sich über eine gewisse Sorglosigkeit der Kinder im Umgang mit Sachen, in der Wahrnehmung von Pflichten, obgleich sie erleben, wie die Eltern rechnen, überlegen, planen, welche Störungen eine unerledigte Obliegenheit im Alltag hervorruft. Zunächst ist zu berücksichtigen, daß sie ja manches noch lernen müssen. Ihnen fehlt oft der notwendige Überblick. Gewohnheiten sind vielleicht noch nicht genügend herausgebildet. Möglicherweise wurden ihnen Aufgaben übertragen, ohne sicherzustellen, daß sie sich dafür erforderliche Fertigkeiten, organisatorische Fähigkeiten oder gar Sachkenntnis aneignen konnten.

Das darf die Eltern nicht veranlassen, die Aufgabe selbst zu übernehmen oder dem Kinde nur einfache, unkomplizierte oder gar keine Pflichten zu übertragen. Damit würde man es aus der gemeinsamen Verantwortung herauslösen und in eine Sonderstellung drängen. Das Kind will dann stets bedient werden und weicht Schwierigkeiten aus. Sein Selbstbewußtsein und Selbstvertrauen können gehemmt werden. Es nimmt eine abwartende Haltung an und verrichtet jede Arbeit lustlos.

Die Eltern müssen also dem Kinde geduldig helfen, immer anspruchsvollere Aufgaben selbständig zu lösen. Manchmal haben die Kinder dazu keine Lust. Das kommt bei Erwachsenen auch vor. Dann sollte man nicht schimpfen, sondern Verständnis zeigen und aufmunternd auf die Wichtigkeit der Sache hinweisen. Vielleicht ist es sogar gelegentlich angebracht, sie gemeinsam anzupacken. Aus solchem Erleben gegenseitiger Hilfe und Rücksichtnahme, der Abhängigkeit des Familienlebens von der Mitarbeit jedes einzelnen erwächst dem Kind die Einsicht in die wechselseitigen Beziehungen. Es wird sich selbst als Teil des Ganzen bewußt.

Aus vielfältigen Untersuchungen zur Familienerziehung ergab sich ein zentrales Problem: Es kommt darauf an, daß die Kinder beim Mitgestalten des Familienlebens ihre wachsenden geistigen Bedürfnisse, ihr Streben nach Bewährung in der Gemeinschaft, nach Selbständigkeit, nach schöpferischer Aktivität altersgemäß befriedigen können. Während sich das Vorschulkind freut, wenn es den Eltern zur Hand gehen kann, möchte der Schüler selbständiger handeln dürfen. Der Jugendliche hingegen will ernst genommen und gleichberechtigt behandelt werden.

Mit fortschreitendem Alter wächst das Verlangen der Kinder nach größerer Verantwortung in der Familie, nach Aufgaben, die es ermöglichen, größere Reife zu zeigen und bestätigt zu bekommen, wie »erwachsen« sie schon sind. Schließlich erhalten sie mit 14 Jahren einen Personalausweis, durch den sie sich – ebenso wie durch die Jugendweihe – in den Kreis der Erwachsenen aufgenommen fühlen. Die Jungen und Mädchen suchen die Gesellschaft der Eltern nicht mehr vorrangig im Unterhaltungsspiel oder beim Spaziergang, sondern vor allem im Gedankenaustausch über Grundfragen des Lebens.

Sie möchten mehr ins Vertrauen gezogen werden und erleben, daß in Angelegenheiten der ganzen Familie ihre Meinung gefragt ist. Zugleich muß den Mädchen und Jungen aber bewußt werden, daß entgegengebrachtes Vertrauen keinesfalls die an sie gestellten Forderungen mindert, sondern erhöht. Kleinliche Bevormundung, Gängelei, ängstliche Überwachung und übertriebene Kontrolle werden von Kindern und Jugendlichen als mangelndes Vertrauen erlebt und mit Widerspenstigkeit quittiert.

Mit zunehmendem Alter wenden sich die Kinder immer mehr gesellschaftlichen Bereichen zu. Das natürliche Hineinwachsen in die Gesellschaft muß nicht zur Folge haben, daß sie sich aus den familiären Bindungen lösen. Ihre wachsenden Verpflichtungen außerhalb des Elternhauses müssen lediglich beachtet werden. Auch der beinahe erwachsene Jugendliche sucht in der Familie Rat und Hilfe, soziale Bestätigung für gesellschaftliche Aktivität. Anteilnahme, Anregung und Verständnis der Familie sind deshalb nötig, um die Gemeinsamkeit aufrechtzuerhalten.

Der höhere Anteil gesellschaftlicher Aufgaben wirft in manchen Familien die Frage auf, inwieweit man die Kinder weiterhin mit häuslich-familiären Aufträgen betrauen kann. Keinesfalls dürfen sie davon völlig entbunden werden. Schließlich bleiben sie gegenüber den Eltern und der Familie verpflichtet. Auf jeden Fall sollte darüber gemeinsam beraten und entschieden werden. Es gilt, sie zu überzeugen, daß sie ihre persönlichen Ansprüche und die der Familie in Einklang bringen müssen. So entsteht Gemeinschaftsdenken, und die harmonischen Beziehungen bleiben erhalten.

Durch die Schule und besonders durch die sozialistische Kinder- und Jugendorganisation erhalten die Jungen und Mädchen viele Möglichkeiten, sich staatsbürgerlich zu betätigen und sich ihrer gesellschaftlichen Position bewußt zu werden. Sie erhalten dabei vielfältige Eindrücke, stoßen auf Probleme, haben Erlebnisse. Damit wächst ihr Bedürfnis, sich darüber mit den Eltern auszutauschen. Solche Gelegenheiten müssen genutzt und auch gesucht werden, um den Kindern zu helfen, ihre Beobachtungen und Erfahrungen zu ordnen, zu werten, und gleichzeitig ihre gesellschaftliche Aktivität zu bekräftigen. Dadurch fühlen sie sich bestätigt und erleben Familie und Gesellschaft als Einheit.

Indem man diese Wechselwirkung durch Anregung und Anleitung bewußt fördert, werden die Beziehungen zwischen Eltern und Kindern reicher. Indem sich die Kinder schöpferisch-verantwortlich in die Familie einordnen, bilden sich Verhaltensweisen heraus, die weit über das Jugendalter hinaus wirksam sind.

Druck und Zwang sind ungeeignet

Von klein auf werden die Kinder angehalten, sich in bestimmter Art zu den Eltern, zu den Geschwistern und anderen Menschen zu verhalten. Sie erleben Angehörige. Sie ahmen die Eltern nach, übernehmen Urteile, Meinungen und Haltungen. Schließlich setzen sie sich schon im Vorschulalter dafür ein, daß Regeln und Normen eingehalten werden, die sie in der Familie kennenlernten und die ihnen bedeutsam geworden sind. So festigen sich unter dem Wirken starker emotionaler Bindungen schon frühzeitig im Kinde Verhaltensgrundlagen.

Die wichtigste Voraussetzung, daß sich die Kinder in der Gesellschaft bewähren, sich zu geachteten und leistungsfähigen Staatsbürgern entwickeln, ist die Übereinstimmung der Anschauungen, Einstellungen, Beziehungen in der Familie mit den sozialistischen Ideen, Prinzipien und Normen. Sie müssen für die Kinder in der Familie erlebbar sein, praktisch geübt und angewendet werden können; das Beispiel der Eltern muß sie vermitteln und bekräftigen.

Die Arbeits- und Lebenserfahrungen der Eltern sind für die Kinder eine wichtige Grundlage für ihr eigenes Verständnis der sozialistischen Umwelt. Eltern werden als Gesprächspartner über politische und weltanschauliche Fragen von Kindern bevorzugt.

Durch Fernsehen, Rundfunk und Zeitungen werden täglich viele gesellschaftlich bedeutungsvolle Informationen an die Familienmitglieder herangetragen. Durch die Art der Entgegennahme und Wertung in der Familie lernt das Kind gesellschaftlich Bedeutsames als auch für den einzelnen richtig zu erkennen und wird zu eigener Aktivität motiviert. Das gemeinsame Gespräch zwischen Eltern und Kindern über weltanschauliche, politische und moralische Fragen trägt zur Vertiefung der Eltern-Kind-Beziehungen bei.

Nach und nach bilden sich die Mädchen und Jungen ihre Meinung selbständig. Auf der Grundlage ihres Wissens, ihrer gesellschaftlichen Erfahrungen und ihres Denkvermögens betrachten und werten sie Einstellungen und Verhalten der Eltern zunehmend differenzierter und kritischer.

Das gesprochene Wort, der Meinungs- und Gedankenaustausch

zwischen Eltern und Kindern sind für die sozialistische Erziehung unbestritten sehr nützlich, aber sie genügen nicht. Es kommt vielmehr darauf an, daß sich bei den Kindern im eigenen Tun und Erleben sozialistische Verhaltensweisen herausbilden. Kinder sollen in die gemeinsame Verantwortung für die Familie einbezogen werden und eigene Aufgaben erhalten. Sie sollen aber auch immer wieder ermutigt werden, für ihr Kinderkollektiv, in der Hilfe für andere tätig zu werden und sich gesellschaftlich zu engagieren.

Es gibt eine ganze Reihe negativer Einflüsse. Wird ein Kind z. B. von den Eltern ständig unter Druck und Zwang gehalten, kann sich bei ihm keine Initiative, schöpferische Aktivität entwickeln. Andererseits schafft rege gesellschaftliche Tätigkeit von Mutter und Vater kein Vorbild, wenn die Kinder nicht Anteil nehmen können. Halten die Eltern Schwierigkeiten von ihnen fern, werden die Willenskräfte nicht entwickelt. Widersprüche zwischen dem Verhalten in der Familie und dem in der Gesellschaft fördern Heuchelei. Bevorzugung eines Kindes, Unaufrichtigkeit zwischen den Ehepartnern erzieht zu Unehrlichkeit.

... und die Geschwister?

Für die Ausprägung sozialistischer Verhaltensweisen in der Familie sind die Beziehungen der Geschwister untereinander sehr bedeutsam. Gegenseitige Hilfe in den verschiedensten Bereichen, gemeinsames Spiel, Unterstützung beim Lernen, Austausch von Geheimnissen, schließlich auch das Vorbild der älteren Geschwister, die Sorge für die jüngeren, das sind reiche soziale Erfahrungen für das Kind. All das wird jedoch nur wirksam, wenn sich alle Kinder in der Familie gleichgeliebt fühlen – unabhängig von ihrer Stellung in der Geschwisterreihe, ihrer Leistung in der Schule.

Aber nicht immer herrscht Harmonie im Geschwisterkreis. Es gibt Auseinandersetzungen, manchmal auch handgreifliche. Notwendige einseitige Rücksichtnahmen muß man sachlich erläutern und begründen.

Im allgemeinen sind Streitigkeiten zwischen den Geschwistern nicht überzubewerten. Bei einem Altersunterschied von 2 bis 3 Jahren treten sie häufig auf. Das ältere Kind verfügt über einen größeren Schatz an Wissen, Können und Erfahrungen. Es vermag daher dies und jenes an Erscheinungen, Zusammenhängen und Verhaltensweisen besser zu beurteilen. Aus dieser Sicht nimmt es im Kontakt

mit dem jüngeren Geschwisterkind zu dessen Handlungen und Aussagen Stellung. Dabei fehlt dem älteren Kind oft noch die Fähigkeit, Ursachen und Erscheinungen richtig zu bewerten, und die Erfahrung, erzieherisch geschickt einzuwirken. Daraus resultieren manche Konfliktsituationen. Denn alle Kinder haben in der Familie die gleiche soziale Position inne: Sie werden erzogen. Deshalb räumen sie das Recht der Einflußnahme oft nur den Eltern ein und wehren sich aus Selbstbewußtsein gegen Maßregelung durch Geschwister, weil sie das als Bevormundung erleben.

Solche Streitigkeiten tragen Geschwister gewöhnlich unter sich aus. Oft kann man sie nach kurzer Zeit wieder bei gemeinsamer Beschäftigung in trautem Miteinander beobachten. Die Beziehungen werden höchstens kurze Zeit, doch nie gänzlich gestört. Für die Eltern ist es jedoch wichtig, die Ursachen, die hauptsächlich zum Streit führen, und die Art und Weise, wie er ausgetragen wird, zu ergründen, damit sie die Lebensordnung so einrichten, daß jedes Kind zu seinem Recht kommt. Oft sind gemeinsam benutzte Gegenstände, Schubfächer, Arbeitsplätze Ausgangspunkt für Zänkereien. Hier kann durch Verantwortlichkeiten, Regeln und Gewohnheiten Abhilfe geschaffen werden. Grundsätzlich müssen die Kinder lernen, Konflikte in den gegenseitigen Beziehungen ruhig und sachlich, ohne Grobheiten und Beleidigungen zu lösen. Gegebenenfalls sollen sie – wenn sie sich nicht einigen können – die Eltern um Klärung bitten.

In vielen Fällen erweist es sich nicht als sinnvoll, während des Streits der Kinder den Anlaß oder Schuldigen herausfinden zu wollen. Das verschärft nur den Zwist, weil die Kinder – ohne zu lügen – in der Aufregung den Hergang nicht mehr rekonstruieren, den Anlaß nicht mehr erklären können. Insofern werden Strafen vom vermeintlich schuldigen Kind als ungerechte Härte erlebt.

Manche Eltern neigen dazu, stets das ältere Kind strenger zur Verantwortung zu ziehen, weil es doch »schon vernünftiger« sei. Das ist eine Überforderung. Daraus kann leicht ein Haß auf das jüngere Geschwisterkind entstehen. Überhaupt sollte man bei solchem Zank selten strafend eingreifen – höchstens, wenn die Schuld eines Kindes eindeutig nachweisbar ist. In der Regel reicht es, den Streit dadurch zu beenden, daß ein Kind – etwa durch einen Auftrag, der aber nicht parteinehmende Strafe bedeuten darf – aus der Situation gelöst wird. Haben sich die Gemüter beruhigt, kann man im zwanglosen Gespräch bessere Wege zur Lösung derartiger Konflikte weisen.

Auf jeden Fall muß man die Kinder zur Rücksichtnahme untereinander erziehen. Das jüngere darf die älteren nicht bei Schularbeiten stören, die älteren haben dem jüngeren Geschwister gegenüber vernünftige Nachsicht zu üben, ohne ständig seinem Drang nach Aufmerksamkeit nachzugeben. Auch die Bereitschaft, sich gegebenenfalls untereinander bei der Erfüllung häuslich-familiärer Pflichten zu entlasten, ist zu wecken.

Später haben sie selbst Familie

Nicht früh genug können die Eltern daran denken, daß die Mädchen und Jungen die künftigen Mütter und Väter sein werden. Vielen wird diese Tatsache erst bewußt, wenn die Kinder freundschaftliche Beziehungen zum anderen Geschlecht aufnehmen. Doch dann haben sich bei ihnen dazu schon wesentliche Anschauungen, Grundeinstellungen, Charakterzüge, Eigenschaften herausgebildet. Aus dem Erleben der Beziehungen in der Familie, zwischen den Eltern, prägte sich bereits ein Bild, von dem sie sich leiten lassen. Verfügen sie über ein sozialistisches Moralbewußtsein, dann ist auch ihr Verhältnis zu Ehe und Familie günstig beeinflußt. Die Praxis lehrt aber, daß eine Vorbereitung nur in der letzten Phase des Jugendalters keinesfalls ausreicht. Denn die Beziehungen in der Familie entscheiden schon viel früher über die künftige Stellung und Rolle der Mädchen und Jungen in einer eigenen Familie. Im Elternhaus erleben sie über viele Jahre hinweg, wie sich Ehepartner zueinander verhalten, welche Rolle Vater und Mutter spielen, wie sie sich gegenüber den Kindern benehmen.

Das Schlüsselproblem ist hierbei die Erziehung der Kinder zur Gleichberechtigung. Sie beginnt schon bei den ganz Kleinen. Da gibt es immer noch die unbedachte Redewendung vom Jungen als »Stammhalter« oder den Hinweis, daß ein Junge nicht weinen, ein Mädchen sich nicht schmutzig machen dürfe. Das führt zu einer falschen geschlechtsdifferenzierten Stellung der Kinder in der Familie. Diese wird oft durch die Auswahl des Spielzeugs, den Umfang und die Art der häuslichen Arbeiten, bei der Berufsorientierung verhärtet. Tatsache ist, daß dadurch der Grundstein für spätere Konflikte in den Ehe- und Familienbeziehungen gelegt wird, weil die gesellschaftliche Wirklichkeit solche Unterscheidungen nicht kennt.

Die Mädchen und Jungen müssen in gleicher Weise lernen, einen Haushalt zu führen, und die elterliche Familie sollte für sie die »Schule« sein, in der sie dazu Wissen, Fähigkeiten, Fertigkeiten und Erfahrungen erwerben und zur Bereitschaft erzogen werden, im gemeinsamen Tun dem Partner möglichst viel Nutzen und Freude zu bereiten. Dazu wäre es angebracht, wenn sich Eltern öfter einmal fragten: Wie erleben die Kinder uns im Familiengeschehen? Geben wir ihnen jederzeit ein gutes Beispiel, daß sich Mann und Frau als gleichberechtigt in Familie und Gesellschaft wechselseitig ergänzen, abstimmen, unterstützen? Die Kinder sollen miterleben, wie sich der Vater für die Belange des Haushalts, für die Erziehung der Kinder genauso verantwortlich fühlt wie die Mutter. Dann wird es für Mädchen wie für Jungen selbstverständlich sein, dort zuzupacken, wo es nötig ist, und sie werden jede Arbeit, die den Lebensrhythmus der Familie sichert und deren Wohl fördert, als gleichbedeutend empfinden, achten und verrichten.

Harmonische und stabile Beziehungen in der Familie, durch die sich jedes Mitglied geborgen und anerkannt, bestätigt und gefördert weiß, wecken bei den Kindern am besten das Bedürfnis und Streben, diesem Vorbild in eigener Familie nachzuleben. Familienglück ist ein sicheres Fundament für die nächste Generation.

... und nicht nur das eigene Kind

Wie alle Teile des gesellschaftlichen Lebens ist auch die Schule vom Prinzip der sozialistischen Demokratie durchdrungen, daß jeder mitverantwortlich planen und handeln soll. Die Entwicklung der sozialistischen Schule wäre ohne die Mitarbeit der Eltern nicht denkbar. Mit der demokratischen Schulreform begannen 1946 auch die »Freunde der neuen Schule« wirksam zu werden, aus denen dann die gewählten Organe der Elternschaft hervorgingen. Eine Neubestimmung ihrer Aufgaben erfolgte in der Elternbeiratsverordnung von 1966. Im Elternaktiv und im Elternbeirat arbeiten jeweils die Vertreter aller Eltern der Schüler einer Klasse bzw. einer Schule. Sie werden jährlich bzw. zweijährlich gewählt.

In stetig wachsendem Umfang nehmen Eltern ihre Rechte und Pflichten wahr. Man sollte nicht unterschätzen, daß diese für die Kinder recht sichtbare gesellschaftliche Aktivität ihre eigene Standpunktbildung, vom Ich zum Wir, beschleunigt. Das setzt voraus, daß die Annahme einer solchen Wahlfunktion nicht aus Motiven erfolgt, die den Vorteil des eigenen Kindes im Auge haben.

Beide Elternvertretungen sollen, wie es im Gesetzblatt heißt, die Bildungs- und Erziehungsarbeit der Schule unterstützen, die sozialistische Erziehung der Kinder in allen Familien fördern, der Kinder- und Jugendorganisation helfen und sich mit allen gesellschaftlichen Kräften (vornehmlich Betriebe und Wohngebiete) verbünden. Wer bereit ist, diese Aufgaben in die Tat umzusetzen, kann kandidieren und gewählt werden.

Das *Klassenelternaktiv* besteht aus drei bis sieben Mitgliedern. Der Klassenleiter berät mit ihnen seinen Jahresarbeitsplan, damit sie von diesem ausgehend und unter Berücksichtigung der Zielstellungen des Elternbeirats die eigenen Vorhaben bestimmen. Zusammenkünfte sollen etwa alle sechs Wochen stattfinden. Am Jahresende ist vor allen Eltern Rechenschaft über die Tätigkeit zu geben.

Über die Aufgaben des Klassenelternaktivs gibt die Elternbeiratsverordnung Auskunft. Aus ihr sei hier der § 9 zitiert:

(1) Das Klassenelternaktiv bemüht sich um die unmittelbare Verbindung zu allen Eltern der Schüler der Klasse. Es wirkt darauf hin, jede Familie für eine gute Zusammenarbeit mit der Schule zu gewinnen und sie in die gemeinsame Arbeit einzubeziehen.

(2) Das Klassenelternaktiv sorgt dafür, gute Erfahrungen der Familienerziehung zu verbreiten. Das geschieht bei Elternbesuchen, Sprechstunden und Elternberatungen gemeinsam mit dem Klassenleiter.

(3) Das Klassenelternaktiv berät regelmäßig Aufgaben und Probleme der Erziehungs- und Bildungsarbeit mit den Eltern.

(4) Das Klassenelternaktiv bemüht sich, alle Eltern mit dem Ziel und Inhalt der sozialistischen Bildung und Erziehung vertraut zu machen, und unterbreitet dem Klassenleiter und dem Elternbeirat die

Hinweise und Vorschläge der Eltern für die inhaltliche Gestaltung der pädagogischen Propaganda.

(5) Das Klassenelternaktiv unterstützt die Tätigkeit der FDJ-Organisation bzw. der Pioniergruppe und hilft besonders der FDJ-Leitung oder dem Pionierrat.

(6) Das Klassenelternaktiv nimmt Einfluß auf die Entwicklung der außerunterrichtlichen Tätigkeit, einschließlich der Horterziehung und der Feriengestaltung.

(7) Das Klassenelternaktiv richtet seine Aufmerksamkeit auf die Erziehung der Kinder zum Schutz und zur Erhaltung des Volkseigentums, arbeitet bei der Verschönerung und Ausgestaltung der Schulräume und Horte mit.

(8) Das Klassenelternaktiv hat das Recht, die Einhaltung der schulhygienischen und sanitären Mindestanforderungen, die gesundheitliche Betreuung der Schüler und die Qualität der Schulspeisung zu kontrollieren. Dem Elternbeirat und dem Klassenleiter können Vorschläge zur Sicherung der schulhygienischen Mindestanforderungen, der gesundheitlichen Betreuung der Schüler und zur Verbesserung der Schulspeisung unterbreitet werden.

Deutlich wird als Prinzip: Nicht für die Eltern und für die Schüler, sondern mit den Eltern und mit den Schülern soll das Elternaktiv wirksam werden. Das heißt, daß alle Eltern zu gewinnen sind.

In der Tätigkeit der Elternaktivmitglieder spielt der Elternbesuch eine große Rolle. In der Regel sind die Eltern über einen solchen Besuch sehr erfreut, der meist gemeinsam mit dem Klassenleiter erfolgt. Es empfiehlt sich die Norm, alle Eltern aufzusuchen. Damit wird vermieden, daß bei einem Hausbesuch der Eindruck entsteht, er sei durch ein negatives Vorkommnis veranlaßt. Selbst dann, wenn das der Fall sein sollte, müßte jede »Schuldfrage« ausgeklammert und mit den positiven Seiten, die jeder Schüler besitzt, begonnen werden. Jede Familie wird dankbar sein, wenn sie konkrete Hinweise für die sozialistische Erziehung erhält. Deshalb muß ein Hausbesuch gut vorbereitet sein, sind realisierbare Vorschläge – sei es in bezug auf das Familienklima oder den Tagesablauf – zu unterbreiten.

Für den ersten Besuch in einer Familie ist es zweckmäßig, vorher den Unterricht zu besuchen, um sich ein genaues Bild vom Schüler zu verschaffen, mit dessen Eltern man beraten will. Hat man hospitiert, sollte verabredet sein, wann man dem Klassenleiter, dem Fachlehrer, dem Elternaktiv und besonders in höheren Klassen auch den Kindern und Jugendlichen seine Beobachtung mitteilen kann. Sie dürfen sich nur auf die Schüler beziehen. Die Unterrichtsführung des Lehrers beurteilen allein Direktor, Fachberater oder Inspektor.

Die Zahl der *Elternbeirats*mitglieder richtet sich nach der Größe und den Erfordernissen der Schule und soll 25 nicht übersteigen. Wer in ihm mitarbeitet, richtet sein Augenmerk auf jene Probleme, die über den Rahmen einer Klasse hinausgehen. Der Arbeitsplan des Elternbeirats geht von dem der Schule aus; unmittelbarer Partner ist der Direktor.

Der Elternbeirat leitet die Klassenelternaktive an, unterstützt ihre Bemühungen, allen Familien schulpolitische, pädagogische und psychologische Kenntnisse zu vermitteln, regt an, zur Verschönerung des Gebäudes beizutragen. Er fördert die Patenschaftsbeziehungen zu sozialistischen Betrieben und Genossenschaften, berät die gewählten Leitungen der Kinder- und Jugendorganisation. Seine Kontrolltätigkeit erstreckt sich auf die Einhaltung der schulhygienischen und sanitären Mindestanforderungen und die Schulordnung, die gesundheitliche Betreuung der Schüler, die Qualität der Schulspeisung.

Um seine vielfältigen Aufgaben zu erfüllen, bildet der Elternbeirat Kommissionen, u. a. für Familienerziehung und für Berufsorientierung und Studienaufklärung, in denen viele Mütter und Väter gemäß ihren speziellen Neigungen und Sachkenntnissen ein interessantes gesellschaftliches Tätigkeitsfeld finden. In diese Kommissionen werden auch Eltern und andere Werktätige berufen, die keine Elternvertreter sind.

Alle Elternvertreter müssen die gesetzlichen Grundlagen ihrer ehrenamtlichen Funktion kennen und diese, soweit sie alle Familien betreffen, ständig erläutern. Dazu gehört vor allem die Schulordnung vom 29. November 1979, insbesondere ihre §§ 30 bis 32, die Pflichten und Rechte der Schüler, Belobigungen und Auszeichnungen sowie Schulstrafen regeln.

Es ist für jede Familie aufschlußreich, daß darin z. B. festgestellt wird: »Zur Wahrnehmung seines Rechts auf Bildung hat jeder Schüler die Pflicht, fleißig und gewissenhaft zu lernen und sich für eine gute Lern- und Arbeitsatmosphäre im Kollektiv einzusetzen. Die Schüler haben die Pflicht, sich gegenüber den Lehrern, Erziehern und anderen erwachsenen Personen sowie im Schülerkollektiv höflich und anständig zu benehmen, gegenseitige Rücksichtnahme und Hilfsbereitschaft zu üben. Alle Schüler sollen sich aktiv am schulischen und gesellschaftlichen Leben beteiligen. Sie haben die Forderungen, die sich aus den Rechtsvorschriften und den anderen Bestimmungen über die Schulhygiene, den Gesundheits-, Arbeits- und Brandschutz sowie zur Zivilverteidigung ergeben, gewissenhaft zu erfüllen.« (§ 30/2)

»Die Schüler haben den Unterricht und andere schulische Veranstaltungen regelmäßig und pünktlich zu besuchen. Sie sind verpflichtet, die für den Unterricht benötigten Materialien bereitzuhalten und ihre Hausaufgaben sorgfältig anzufertigen.« (§ 30/3)

»Die Schüler sind verpflichtet, die Hausordnung einzuhalten, das gesellschaftliche Eigentum zu achten, es sorgsam zu behandeln und sich im Schulgebäude sowie außerhalb der Schule diszipliniert zu verhalten. Sie haben die Forderungen des Direktors, der Lehrer, Erzieher und Betreuer zu erfüllen und ihre Anweisungen zu befolgen.« (§ 30/4)

Bemerkenswert ist auch, wie viele Formen des Lobs und der Auszeichnung vorgesehen sind, von denen etliche den Leitungen der Betriebe der Eltern mitgeteilt werden sollen. Selbstverständlich enthält die Schulordnung auch Richtlinien über Strafmaßnahmen und zählt auf, von welchen die Erziehungsberechtigten zu informieren sind, gegen welche Einspruch erhoben werden darf.

»In die Zeugnisse dürfen Schulstrafen nicht eingetragen werden.« (§ 32/5)

»Die Direktoren der Schulen sind verpflichtet, die in die Schülerdokumente aufgenommenen Schulstrafen nach Ablauf eines Jahres zu löschen. Vor Ablauf dieser Frist ist die Löschung einer Schulstrafe möglich, wenn auf Grund des verbesserten Verhaltens des Schülers vom Klassenleiter ein entsprechender Antrag gestellt wird. Dazu ist die Meinung der betreffenden FDJ- beziehungsweise Pioniergruppe zu hören. Über die Löschung der Schulstrafen sind die Eltern zu unterrichten.« (§ 32/6)

»Die Anwendung körperlicher Züchtigung und anderer ehrverletzender Strafen ist untersagt. Die Bestrafung von Schülern durch zusätzliche Hausaufgaben und Nachsitzen ist nicht erlaubt.« (§ 32/7)

Mitzuhelfen, Rechtspflege auch im Hinblick auf die Gesetze und Verordnungen des Volksbildungswesens zu sichern, sollte für jede Familie ehrenvolles Anliegen sein.

Auch dieses Gremium eröffnet zahlreichen Eltern die Möglichkeit, die Beziehungen der Familie zu jenen Kollektiven, denen ihre Kinder angehören, zu stärken. Die Entwicklung der heranwachsenden jungen Persönlichkeit wird sich nicht zuletzt dann harmonisch vollziehen, wenn sie spürt: Die Eltern sorgen sich um uns alle, ums Ganze.

Informationen nutzen

Der Ratschlag an die Eltern, sich zu informieren, sich das für die zielgerichtete Erziehung benötigte Wissen anzueignen, gilt für alle Altersstufen der Kinder. Schon in den Abschnitten über Kinderkrippe und Kindergarten war davon die Rede, daß die pädagogische Sachkenntnis der Erzieherinnen die Familienerziehung bereichern kann, ihr den Charakter des Spontanen und Zufälligen nimmt, sie stärker in den Rang eines genau durchdachten Prozesses erhebt. Das trifft uneingeschränkt auf die Schulzeit zu.

Das Gespräch mit Eltern über pädagogische Fragen hat in der DDR eine gute Tradition. Seit 1949 werden an den Schulen Elternseminare durchgeführt, deren Träger zunächst der DFD war. Heute sind die Formen der pädagogischen Propaganda sehr vielfältig.

Die regelmäßigste Form der Begegnung von Lehrern und Eltern dürfte die Klassenversammlung sein. Das Gesetz schreibt wenigstens drei solcher Veranstaltungen im Jahr vor. An ihnen teilzunehmen sollte für jede Mutter, jeden Vater selbstverständlich sein. Hier erfährt man, welche Anforderungen das Kind in nächster Zeit erwarten, wie man es unterstützen kann. Aber man hört zugleich, welche Ziele der Pädagoge dem ganzen Kinderkollektiv setzt.

In vielen Schulen dient jährlich mindestens eine dieser Zusammenkünfte dazu, über ein pädagogisches Thema zu sprechen. Meist wird es der Klassenleiter sein, der – ausgehend von der konkreten Situation – über ein allgemein interessierendes Problem referiert und dann zum Erfahrungsaustausch auffordert. Solche Fragen, die Elternhaus und Schule verbinden, sind u. a.: Welche neuen schulpolitischen Aufgabenstellungen gibt es? Wie gedeiht die Kollektiverziehung? Wie ist der Tagesablauf des Schülers zu gestalten? Wie können die Kinder ihre Freizeit sinnvoll verbringen? In welchem Verhältnis sollen Lob und Tadel stehen? Ferner werden Probleme der Entwicklungspsychologie, Berufsberatung, Geschlechtererziehung erörtert.

Solche Abende vertiefen die Kenntnisse über das eigene Kind. Man kann das persönliche Verhalten überprüfen. Dieser oder jener schildert seinen Erziehungsstil, seine Methoden – vielleicht läßt sich davon etwas übernehmen. Die Teilnahme trägt auch zur Kollektivbildung der Eltern einer Klasse bei, die durch ihre gleichaltrigen Kinder eine Fülle an Gemeinsamkeit besitzen.

Manche Schulen veranstalten auch pädagogische Vorträge für die Eltern einer Klassenstufe oder überhaupt für jedermann. Meist gewinnen sie dafür Wissenschaftler oder andere Fachleute, die mit neuesten Erkenntnissen vertraut machen. Stets sind Diskussionen vorgesehen, um Fragen zu beantworten. Sehr verdienstvoll arbeiten zu diesem Zweck vielerorts URANIA und Volksbildungsorgane zusammen. In seinen Frauenakademien hält der DFD Zyklen zu Fragen der Familie und der Erziehung. Auch das sind Chancen, die man wahrnehmen sollte.

Schon in mehreren Bezirkshauptstädten der DDR hat sich die Form einer Elternakademie bewährt. Die älteste besteht seit 1968 in der Hauptstadt Berlin. Sie bietet ein breites Spektrum an Veranstaltungen. Es umfaßt Filmvorführungen, öffentliche Sprechstunden, Streitgespräche, Vortragsreihen, Lehrgänge für Elternvertreter. Die Thematik reicht von Fragen, die Eltern von Krippenkindern interessieren, bis zur Berufsberatung und der Vorbereitung junger Leute auf die Ehe. Zehntausende haben inzwischen von dieser kostenlosen Einrichtung Gebrauch gemacht.

Kein Elterntreffen – ob in der Schulklasse oder an anderem Ort – sollte vorübergehen, ohne daß pädagogische Literatur für den Hausgebrauch erwähnt wird. Das Selbststudium ist heute im Bereich der Erwachsenenbildung zu einer der hauptsächlichsten Formen geworden, sich den neuesten Stand politisch-ideologischer und fachlicher Erkenntnisse anzueignen. Es sollte auch auf dem Gebiet der Familienerziehung zur Selbstverständlichkeit werden. In jeder Kreisstadt kann die Volksbuchhandlung über Neuerscheinungen Bescheid geben.

Vom Beruf hängt viel ab

Eine der wichtigsten Funktionen der sozialistischen Schule ist es, die Mädchen und Jungen auf das Berufsleben vorzubereiten, sie mit solidem Wissen und Können auszurüsten, das bei den unterschiedlichsten Tätigkeiten anwendbar ist. Der allgemeinbildende Unterricht kann nicht unmittelbar einem bestimmten Beruf dienen. Er sorgt dafür, daß die jungen Leute den politisch-moralischen und fachlichen Anforderungen der nächsten Bildungsstufe gerecht werden können. Unbeschadet dessen fällt die Berufsentscheidung bereits während der Schulzeit.

Berufswünsche treten bekanntlich schon bei Vorschulkindern auf. Die Drei- bis Sechsjährigen beobachten Tätigkeiten, und in ihrem Drang, die Erwachsenen nachzuahmen, begeistern sie sich für deren Arbeit, geben sie im Spiel wieder: Kindergärtnerin, Ärztin, Taxifahrer, Volkspolizist, Feuerwehrmann. Für die Familie ist es angebracht, den Gesichtskreis der Kleinen durch Hinweise zu erweitern, welche

Berufe es noch gibt, und schon die Einsicht anzubahnen, daß man jede Arbeit, jeden arbeitenden Menschen achten muß.

Während des Besuchs der Unterstufe wechseln die Berufswünsche der Kinder weiterhin. Etwa ab 6. Klasse könnte man damit rechnen, daß Eindrücke von Tätigkeiten festere Vorstellungen künftig einzuschlagender Berufswege hervorrufen. Deshalb setzen in diesem Alter die berufsorientierenden Anstrengungen der Schule ein. Nach wie vor besteht das Ziel noch nicht darin, einseitig zu werben. Exkursionen sollen das breite Angebot der im Territorium vorhandenen Berufe zeigen.

Dabei muß die Information in zweierlei Hinsicht erfolgen. Ganz realistisch sind den Schülern Fakten mitzuteilen – etwa, daß eine Laborantin heute meist im Schichtbetrieb arbeitet, eine Friseuse immer steht, alle Fahrberufe einen gewissen Grad an Gefährlichkeit besitzen. Zum anderen – und das darf nicht versäumt werden – ist auf die Abhängigkeit zwischen schulischer Leistung und Lehrvertrag, später zwischen Arbeitsleistung und Verdienst zu verweisen. Über diese Wechselwirkung sind sich die Kinder oft überhaupt nicht klar. Noch in 7. Klassen werden Berufswünsche aufgeschrieben, die in völligem Gegensatz zu den Ergebnissen im Unterricht stehen. Oft

ergibt sich jedoch die Möglichkeit, die Lernhaltung durch Kenntnis der Anforderungen einer gewünschten Lehre zu stimulieren.

Auch die Beteiligung an außerunterrichtlichen Arbeitsgemeinschaften und Zirkeln kann Berufsinteressen wecken, präzisieren, zu besseren Ergebnissen im Unterricht führen. Da sie ganz allgemein die Persönlichkeit bereichert, sollte sie jedes Elternhaus gutheißen und – wie im Kapitel über die Freizeit näher dargelegt – tolerieren. Die Familie kann die berufsorientierenden Maßnahmen der Schule unterstützen, indem auch sie vermeidet, die Kinder auf einen einzigen Beruf festzulegen. Immer wieder gibt es zu dem Zeitpunkt, wenn die Bewerbungskarten an die Betriebe eingereicht werden, große Enttäuschungen bei Jugendlichen und ihren Eltern, weil »ihr« Beruf überlaufen ist oder sie ihn plötzlich aus gesundheitlichen Gründen nicht ergreifen können. Eltern, Bekannte und Verwandte müssen immer davon ausgehen, daß jedes Mädchen und jeder Junge die Anlagen zum Erlernen verschiedener Berufe besitzt.

Da jeder Erwachsene heute nur einen sehr begrenzten Einblick in die Hunderte Ausbildungsberufe besitzt, ist zu befürworten, daß alle Möglichkeiten genutzt werden, sich über recht viele sachkundig informieren zu lassen. Da veranstaltet man Foren, auf denen Lehrmeister sprechen, Filme und Dia-Serien vorgeführt, Prospekte verteilt werden. Viele Betriebe laden interessierte Eltern und Schüler ein, sich an Ort und Stelle ein Bild zu machen.

Mit dem Lehrbeginn beginnt dann ein neuer Abschnitt im Leben des Jugendlichen. Die Jugendlichen zeigen ausgeprägtes Selbstbewußtsein. In eigenen Angelegenheiten verfügen sie über einen hohen Grad an Selbständigkeit. Sie sind sich der Tragweite des Starts in das Berufsleben bewußt. Sie kennen die gesellschaftliche Wertschätzung der Arbeit und wollen sich nun hier bewähren. Um so mehr erwarten die Mädchen und Jungen von den Eltern, in der Familie jetzt als Partner geachtet zu werden und größere Rechte zu bekommen.

Die Jugendlichen wissen auch, daß sie bereits in wichtigen Entscheidungen auf sich selbst angewiesen sind. Sie erkennen, daß ihnen niemand die Verantwortung für eigenes Handeln abnehmen kann. Häufig haben sie allerdings in diesem Alter das Gefühl, von niemandem verstanden zu werden. Der Eintritt in das Berufsleben bringt viele neue Probleme, die sie plötzlich meistern sollen.

Besonderes Gewicht hat in dieser Zeit der Umgangston. Begegnet man den Jugendlichen schroff, mit Vorwürfen oder »Moralpredigten«, dann verschließen sie sich oder reagieren grob. Knappe sachliche Hinweise und kameradschaftlicher Meinungsaustausch schaffen hingegen eine vertrauensvolle Atmosphäre. Manches möchten sie dennoch für sich bewahren. Es wäre falsch, in sie zu dringen. Mit diesem oder jenem müssen sie allein fertig werden. Vorteilhaft, wer seine Kinder so gut kennt, daß er ihnen manches »von der Nasenspitze abliest«. Dann genügt eine kleine Geste, das Verstehen kundzutun und die Bereitschaft zu wecken, sich helfen zu lassen, sei es auch nur durch »Herzausschütten«.

Die Umstellung auf den Beruf erfordert – trotz im polytechnischen Unterricht erworbener Kenntnisse und Erfahrungen – körperliche Anstrengung, Mühe, Anpassung. Der Lebensrhythmus hat sich gewandelt. Deshalb empfindet der Jugendliche die besondere Fürsorge und Rücksichtnahme der Familie beim Beginn der Lehrzeit als wohltuendes Entgegenkommen. Die Eltern müssen ihm taktvoll helfen, den Tagesablauf zu ordnen.

Im Betrieb erhalten die Mädchen und Jungen vielfältige Eindrücke. Sie begegnen im Lernaktiv neuartigen Beziehungen, berufsspezifischen Sitten und Gebräuchen. Das alles müssen sie verarbeiten und sich selbst dazu in Beziehung setzen. Davon hängt oft die Einstellung zum Beruf ab. Mitunter treten in diesem Zusammenhang erste Zweifel an der Richtigkeit der Wahl auf. Im freimütigen Gedankenaustausch mit den Eltern, oftmals nur in kurzen Andeutungen, sucht der Jugendliche die Meinung der Eltern zu erfahren. Im kameradschaftlichen Gespräch können sie helfen, Erlebtes zu ordnen, richtig zu bewerten und das Verhältnis zum Beruf zu festigen. Aus der stärkeren Zuwendung in dieser Zeit darf jedoch keine Sonderstellung erwachsen. Die Jugendlichen haben weiterhin Pflichten gegenüber den Eltern und Geschwistern zu erfüllen. Für die Eltern kommt es darauf an, das richtige Maß zu finden.

Wenn möglich, sollen die Mädchen und Jungen in der Familie Gelegenheit erhalten, im Beruf erworbene Kenntnisse und Fertigkeiten anzuwenden. Das gibt ihnen Gefühl und Bewußtsein, zu Hause gebraucht zu werden.

Veränderungen im Leben der Familie können also zur Folge haben, daß sich die Gemeinschaft dem einen oder anderen Mitglied zeitweilig stärker zuwenden oder es entlasten muß. Wesentlich ist dabei stets, daß die anderen Mitglieder zu Einsicht und Bereitschaft geführt werden, ihre Ansprüche der Situation anzupassen, notwendiger neuer Aufgabenverteilung zuzustimmen und andere, weitere Pflichten zu übernehmen. Das trägt zur Festigung der wechselseitigen Beziehungen bei, deckt sich mit den Bestrebungen aller Eltern für ihre Kinder und trifft im Grunde nicht nur für die Schulzeit zu, sondern im Prinzip bereits von der Geburt an. Jede Familie ist deshalb ursächlich daran interessiert, ein Höchstmaß an Gemeinsamkeit staatlicher und elterlicher Erziehung herbeizuführen, heißt es doch im Gesetz über das einheitliche sozialistische Bildungssystem vom 25. Februar 1965, daß sein Ziel – in Übereinstimmung mit den gesellschaftlichen Anforderungen – die Erziehung der Kinder und Jugendlichen zu allseitig und harmonisch entwickelten sozialistischen Persönlichkeiten ist, die bewußt das gesellschaftliche Leben gestalten, die Natur verändern und ein erfülltes, glückliches, menschenwürdiges Leben führen.

Haushaltführen läßt sich lernen

Wir führen den Haushalt anders als die vorigen Generationen. Das Verhältnis der Geschlechter zueinander hat sich gewandelt. Rund 89 Prozent der arbeitsfähigen Frauen in der Deutschen Demokratischen Republik sind berufstätig, das sind fast 50 Prozent aller Beschäftigten. Neue technische und chemische Hilfsmittel erleichtern die Arbeit. »Große Wäsche« etwa – ein Schreckgespenst für die Frau, für die gesamte Familie – nahm oft mehrere Tage in Anspruch, denn vom Kinderhöschen bis zum Nachthemd wurde alles gekocht und geplättet. Den Staubsauger gab es schon, aber er war für viele unerschwinglich. Oder: Eingekocht wurde von Juni bis Oktober, weil Gefrierkost nicht einmal dem Wort nach bekannt war und Konserven sich nicht immer jeder leisten konnte.

Heute gehört der Staubsauger zu den Selbstverständlichkeiten. In vielen Familien übernimmt die Waschmaschine – 1980 war in 86 Prozent aller Haushalte der DDR eine vorhanden – die schwerste Arbeit, der Kühlschrank – Ausstattungsgrad 1980 in der DDR rund 100 Prozent – erlaubt Vorratswirtschaft. Fertiggerichte, Gefrierkostpackungen erleichtern das Zubereiten und Kochen. Müssen die meisten Familien auch noch täglich heizen, so wächst doch der Anteil an zentralgeheizten Häusern von Jahr zu Jahr. Spricht man vom Haushalt, so denkt man in erster Linie an die Wohnung, die Einrichtung, die Hauswirtschaft und erst in zweiter Linie daran, daß ein Haushalt ohne Familie keine rechte Funktion hat und umgekehrt eine Familie nicht ohne Haushalt existieren kann. Beide gehören zusammen. Also ist es selbstverständlich, daß jeder, der zum Haushalt gehört, Mann, Frau und Kinder, nach Kräften und Fähigkeiten beiträgt, den Haushalt zu führen. Verglichen mit der Hausarbeit von früher haben wir es bedeutend leichter. Leicht aber ist sie trotzdem nicht, wenn beide Ehepartner berufstätig sind. Denn im Arbeitsbereich hat sich die Gleichberechtigung – gesetzlich fundiert – eher durchgesetzt als in der Familie.

Angelegenheit der Frau?

Einer Statistik zufolge lasten noch immer 80 Prozent aller Hausarbeiten auf der Frau, auf der *berufstätigen* Frau! Dabei sei den Männern gar nicht unterstellt, daß sie der Anschauung huldigen, Haushalt, Familie und Kindererziehung wäre Sache der Frau. Das äußert sicher niemand mehr ernsthaft. In der Praxis jedoch ist der männliche Anteil an der Hausarbeit (Betreuung und Erziehung der Kinder eingeschlossen) noch unbefriedigend, obschon sich bei jungen Männern da schon viel geändert hat. Die Frau, zum »schwachen Geschlecht« gehörend, was physisch durchaus stimmt, investiert im allgemeinen immer noch weit mehr Kraft, Nervenanspannung und Zeit, die ihr für eigene Erholung, Weiterbildung und Teilnahme am gesellschaftlichen Leben verlorengehen.

Wo liegen die Gründe dafür, daß der Ehemann so wenig seinen Beitrag zur Hausarbeit leistet? Keineswegs sind immer Trägheit, Bequemlichkeit, Nichtkönnen oder gar eine Pascha-Natur die Ursachen. Viel Schuld tragen solche Eltern, die ihren Sohn zum »Mann« erzogen, indem sie alle »Frauenarbeit« von ihm fernhielten, ihn bedient, ihm nachgeräumt, kurz, ihn verwöhnt haben. Aber auch Jahrtausende alte »Traditionen« spielen, sicher unbewußt, eine Rolle. Sie sind oft mit besseren Einsichten und allein vom Verstand her nicht so leicht auszurotten. Der Mann war der Haushaltsvorstand, ihm oblag es allein, die Existenzgrundlage zu schaffen und nur allein wichtige Entscheidungen (z. B. bei der Berufswahl der Kinder hatte die Mutter bis vor wenigen Jahrzehnten kein Mitspracherecht) zu treffen. Hauswirtschaft und alles, was damit zusammenhing, war Sache der Frau.

Aber es gibt auch Frauen, denen Mittun des Mannes wenig erwünscht ist. Das trifft vornehmlich auf diejenigen zu, die als perfekt gelten können, die von klein auf an diese Arbeiten gewöhnt sind, Kniffe kennen, schnell und übersichtlich arbeiten. Ihnen ist der Mann, besonders der in Hausarbeit unerfahrene, im Wege; er ist ihnen zu langsam, zu unfertig und ungeschickt. »Sie« macht ja alles viel besser. Ein Mann, auf diese Weise beiseite geschoben, verliert allmählich den Mut und die Lust zur Hausarbeit. Eine Frau, die ihre Überlegenheit immer wieder betont, schadet sich selbst, sie »verdirbt« sich den Mann, statt ihn zu erziehen und ihm zu zeigen, wie und was und aus welchem Grunde so gemacht werden muß. Allerdings wird dabei diese oder jene Arbeit beim Mann, wie später auch bei den Kindern, anfangs länger dauern, vielleicht weniger gründlich und sachgemäß erledigt werden. Doch Übung macht auch hier den Meister – und dann soll die Frau mit Lob und Anerkennung nicht sparen. So erreicht sie eine Mitarbeit, die nicht nur widerwillig geleistet wird.

In jungen Ehen ist das kameradschaftliche Miteinander im Haushalt heute schon vielfach ausgeprägt. Diese Partner kommen meist aus Familien, in denen beide Elternteile berufstätig waren, also die Kinder schon ihre festen Pflichten im Haushalt hatten, jüngere Geschwister betreut werden mußten und es keinen Unterschied zwischen Tochter und Sohn gab. Man darf überzeugt sein, daß künftige Statistiken über anteilige Hausarbeit viel günstiger für die Ehemänner ausfallen, weil nicht nur das Können, sondern auch die Gewohnheit dabei eine Rolle spielen. Den Verdacht, »unter dem Pantoffel« zu stehen, dem sich früher schon ein Mann aussetzte, der mit einem Einkaufsnetz gesehen wurde, äußert aus diesem Grund längst keiner mehr. Und ein junger Vater, der den Kinderwagen schiebt, erregt keinerlei Aufsehen. Erstreckt sich die Selbstverständlichkeit aber auch schon auf die gemeinsame Haushaltführung?

Mein Geld + dein Geld = unser Geld

Bei Ehepartnern, die beide berufstätig sind, dürfte eine solche Frage gar nicht erst aufkommen: Wer bezahlt dies, wer jenes? Noch schlimmer wäre die Auffassung: Ich verdiene mehr, also habe ich Anspruch auf ein größeres Taschengeld. Es sollte selbstverständlich sein, daß aus der Summe beider Einkommen die gesamten Ausgaben bestritten werden.

Finanzplanung im Haushalt ist ebenso notwendig wie im Betrieb. Die Aufstellung eines Etats ist weder bürokratisch noch spießbürgerlich. Auch ein Ausgabenbuch zu führen, ist ratsam, damit immer ein Überblick besteht, wofür Geld ausgegeben wurde. Das heißt nicht, jedes Brot und jedes Pfund Obst zu registrieren, wohl aber größere Beträge. Was wäre bei der Einteilung des Einkommens zu berücksichtigen, wie könnte man kalkulieren? Zuerst müßten alle feststehenden und regelmäßig wiederkehrenden Ausgaben (Miete, Strom, Gas, Beiträge, Fahrkarten, Zeitungs- und Rundfunkgebühren, Versicherung, Betriebsessen, Kindergarten usw.) zusammengestellt werden. Ferner ließe sich ein fester wöchentlicher Betrag für den Einkauf von Lebensmitteln, Haus- und Toilettenartikeln festlegen, den man am besten ermittelt, indem 3 bis 4 Wochen lang alle Ausgaben dafür notiert werden. Konsequenz und Disziplin sind anzuraten, um sich nicht verleiten zu lassen, von der nächsten Woche etwas zu borgen, in der festen Hoffnung, diesen Betrag wieder einzusparen. Überschreitet man doch einmal die Summe, dann auf keinen Fall heimlich. Das wäre unehrlich gegenüber dem Partner und kann leicht zu Ärger führen. Für solche Fälle – etwa ein günstiges Angebot oder unvorhergesehene Reparaturkosten – erweist sich ein dem Wochengeld zugeschlagener Betrag als nützlich, der natürlich nicht von vornherein zum Ausgeben vorgesehen werden darf.

Erfahrungen besagen, daß nicht alle Einnahmen »verplant« werden sollten. Eine Sparreserve, und sei sie noch so gering, hilft, manche unvorhergesehene Schwierigkeit ruhiger als sonst zu überwinden. Gerade in einem neugegründeten Haushalt fehlt dies und jenes, und wenn Kinder da sind, ergeben sich schnell zusätzliche, ungeplante Ausgaben. Es geht also nicht um den Sparfimmel, aber der »Groschen in der Not« zählt auch heute noch. Wobei wir unter Not dank unserer sozialistischen Gesellschaftsordnung nur den Zustand zu verstehen haben, da uns ein nicht geahntes Ereignis überrascht – und sei es auch nur ein verlorener Anorak der Kinder, plötzlich auftauchender Besuch, ein Wiedersehen, das gefeiert werden muß. Wie peinlich, wenn dann gerade die letzte Mark vom Haushaltgeld ausgegeben worden ist. Die ursprüngliche Freude schlägt leicht in Mißmut um, bringt nicht selten unerfreuliche Auseinandersetzungen. Die wird es auch dann geben, wenn der eine Ehepartner verschwenderisch, der andere eher sparsam ist. Wohlgemerkt, sparsam und nicht geizig.

Da junge Leute heute schon oft ein gar nicht so kleines Einkommen haben, verlieren sie leicht das Verhältnis zum Geldwert. Besonders dann, wenn sie vor der Heirat noch im elterlichen Haushalt wohnen und dort mit allem versorgt werden, ohne daß ihnen ein Beitrag abgefordert wird. Wenn dann ein »Verschwender« und eine »Spar-

same« (oder auch umgekehrt) heiraten und eine Familie gründen wollen, wenn dann nicht mehr so manches Scheinchen über die Theke gehen oder für teuere Kosmetika auf den Ladentisch geblättert werden dürfte und dies trotzdem getan wird – dann ist der Streit da. Haben da nicht auch die Eltern etwas Schuld, die beide Augen zudrückten, wenn Sohn oder Tochter das Geld verplemperten?

Tägliche Hausarbeiten

In manchen Familien klingelt der Wecker für die Ehefrau eine Stunde früher als für Mann und Kinder. Denn sie deckt den Tisch, bereitet die Frühstücksbrote zum Mitnehmen, putzt die Schuhe, und dann erst weckt sie ihre Lieben, zieht die Kinder an, lüftet – zwischen Kaffeekochen und Stullenschmieren – die Betten, räumt auf, vielleicht sogar, während Mann und Kinder längst am gedeckten Tisch sitzen. Eine berufstätige Mutter von drei Kindern rechnete einmal aus, daß sie wöchentlich 12 Stunden weniger Schlaf als ihr Mann hat. Das Frühstück, in Ruhe eingenommen, ist eine gute Grundlage für den ganzen Arbeitstag. Hektik am Morgen erzeugt Nervosität. Besonders die Kinder sollten nicht gehetzt in Krippe, Kindergarten oder Schule kommen. Die Zeit für diese Mahlzeit gewinnt auch die Frau, wenn der Mann gleichzeitig aufsteht, wenn der Frühstücksplatz schon am Abend vorher gedeckt wird, die Schulmappen der Kinder gepackt und die Schuhe geputzt sind. Diese Vorbereitungen treffen alle Familienmitglieder, jeder nach seinen Kräften und Möglichkeiten. Denn das ist klar: Wo Eltern am Morgen ihre Siebensachen in Hetze zusammensuchen, werden die Kinder in ähnlicher Hast ihre Schultaschen packen.

Der Morgen, an dem sich alles auf knappe Zeit konzentriert, wo es auf jede Minute ankommt, erfordert ein Höchstmaß an Organisation. Nach Möglichkeit soll die Wohnung aufgeräumt verlassen werden. Dazu kann jeder beitragen, indem er zunächst seine eigenen Sachen an Ort und Stelle bringt. Vorteilhaft ist es, das Frühstücksgeschirr noch abzuwaschen und die Betten zu lüften und zuzudecken; abends ist es doch ziemlich unangenehm, alles am Morgen Unterlassene nachholen zu müssen. Außerdem hat man Zeit gewonnen, die abends besonders in Familien mit Kindern sehr rasch vergeht.

Das Einkaufen von Lebensmitteln nimmt noch immer zuviel Zeit in Anspruch. Ist ein Kühlschrank vorhanden, kann man – vom Brot abgesehen – für mehrere Tage einkaufen. Unverderbliche Waren wie Nährmittel lassen sich auf Vorrat halten. Ein kleiner Bestand an Konserven, eine Dauerwurst – da kann nicht viel passieren, wenn einmal keine Zeit fürs Einholen bleibt.

Wer aber kauft ein – wer hat das Haushaltsgeld? In manchen Familien ist der Gang in die Geschäfte fast ein Hobby der Väter, eine Arbeit, in der sie sich bewähren und die ihnen Freude macht. Schön und gut, solange es nicht der einzige Beitrag bleibt und sie mit dem Wirtschaftsgeld haushalten. In anderen Familien kauft die Frau besser ein, weil sie mehr Warenkenntnis hat und sich weniger von Angeboten verführen läßt, genauer rechnet. Natürlich geht es auch abwechselnd. Ein Notizblock, am besten in der Küche, dient als Gedächtnis- und Erinnerungsstütze. Einkäufer sollte nicht derjenige sein, der z. B. einen Sprößling aus dem Kindergarten abholt, denn mit ihm in einer Zeit höchsten Andrangs einzukaufen, macht Kind und Erwachsenen nervös.

Auch die Kinder können schon je nach Alter verschiedene Besorgungen erledigen. Art und Menge ist ihnen zu sagen, gleichzeitig jedoch auch – zumindest größeren Kindern – eigene Wahl zu überlassen, wenn das eine oder andere nicht zu haben ist. Sie sollen z. B. Leberkäse kaufen. Er ist aber nicht vorhanden. Ein ängstliches oder eingeschüchtertes Kind wird von Laden zu Laden laufen, darauf bedacht, nur Leberkäse zu finden. Das selbständigere wird sich für Römerbraten entscheiden, statt unnötige Zeit mit Herumlaufen zu verbrauchen. Dafür ist es zu loben. Geht bei solchen selbständigen Entscheidungen doch einmal etwas schief, dann ist dem Kind sachlich und ohne großen Stimmaufwand seine Fehlentscheidung zu erklären. Kinder sollen einkaufen, aber nicht hin und her gejagt werden, weil die Erwachsenen dies und jenes vergessen haben. Ist das doch einmal der Fall – auch Eltern sind nicht unfehlbar –, dann entschuldigt man sich bei dem Kind und entschuldigt das Kind, falls ihm das einmal passiert. Wenn die Kinder fühlen, daß sie geachtet werden, werden sie die Eltern ebenso achten.

Je nach Arbeitsrhythmus müßte möglichst einmal am Tag – ob nun beim gemeinsamen Frühstück, Mittagessen oder Abendbrot – die ganze Familie in Ruhe gemütlich beieinander sein. Vor allem die Kinder möchten gern von ihren Erlebnissen berichten. Treibt man sie z. B. gleich nach dem Abendbrot an, ihre Spielsachen an Ort und Stelle zu bringen, die Schultaschen zu ordnen und ins Bett zu gehen, werden sie trödeln, unwillig und widerspenstig sein. Wissen sie aber, daß noch ein Märchen vorgelesen, ein Spiel mit den Eltern bevorsteht oder einfach ein bißchen erzählt oder gesungen wird, erfüllen sie gern Anforderungen.

Das Wochenende

Wann aber erledigt man Arbeiten, für die eine Abendstunde nicht ausreicht? Am Wochenende gemeinsam, am Hausarbeitstag die Ehefrau allein, an einem Abend, wenn die Kinder im Bett sind?

Das Wochenende bietet sich am ehesten an. Meist sind beide Eheleute zu Hause – aber die Kinder auch und bei dieser Arbeit im Wege. Die einfachste Lösung: Vater oder Mutter nimmt sie an die Hand und geht mit ihnen spazieren. Mancher Frau oder manchem Mann ist es so am liebsten; sie schaffen mehr, wenn sie freie Bahn haben. Aber sollte das Wochenende nicht der Erholung dienen? Bliebe der Hausarbeitstag. Er sollte solchen Tätigkeiten vorbehalten bleiben, die nach Arbeitsschluß nicht zu bewältigen oder am Wochenende schlecht möglich sind, und für solche, die in der Regel einer Frau besser von der Hand gehen als dem Mann: Wäsche und Garderobe ausbessern, Schränke und Schubladen reinigen und nach einem praktischen Prinzip umräumen, mit den Kindern zu einer Untersuchung oder auch einkaufen gehen; für diese Tage kann man auch den Handwerker oder Kohlenmann bestellen.

Bleiben die Abende. Im Sommer mag das hingehen. Aber im Winter? Wer möchte da abends Fenster putzen? Nach allen Überlegungen ist also doch das Wochenende die günstigste Zeit. Aber dann nur ein Tag! Und möglichst zu zweit! Man sollte nicht den Ehrgeiz haben, an einem Wochenende die gesamte Wohnung vom letzten Stäubchen befreien zu wollen. Ja, aber die Kinder? Sind sie in einem Alter, in dem sie sich schon selbst beschäftigen können, reserviert man ihnen ein Plätzchen zum Spielen und verspricht ihnen einen schönen Sonntag. Oder wie wär's, wenn eine Nachbarfamilie die Kinder aufnimmt und man sich später mit der gleichen Freundlichkeit revanchiert? Beiden Seiten wäre geholfen.

Vor zwei Extremen sei gewarnt. Eines: der Putzteufel. Bei Frauen, die ihm anheimgefallen sind, ist das Reinemachen Selbstzweck – oft weil keine anderweitigen Interessen bestehen. Abkapseln und nur in den eigenen vier Wänden die Welt sehen, ist leicht die Folge. Da besteht die Gefahr, daß auch der Mann gleichgültig gegenüber der Umwelt wird. Oder er bricht aus dem blankgeputzten Käfig aus! Wer hat hier etwas falsch gemacht, daß es dazu kommen mußte? Die Quelle für solches Fehlverhalten ist oft schon in der Zeit vor der Ehe zu finden. In dieser Periode sahen beide vielleicht über manchen

Charakterzug hinweg, der ihnen beim Partner mißfiel, in der Hoffnung, das würde sich abschleifen. Schuld an der Vereinsamung der Frau – denn das ist die Flucht in nur häusliche Beschäftigung – kann auch bei dem Mann liegen, der es nicht versteht oder es nicht der Mühe wert hält, sie in seine Welt der Gedanken, des Interesses und des Berufs einzubeziehen.

Das andere Extrem: eine sträflich vernachlässigte Wohnung. Schmutziges Geschirr bleibt stehen, bis sich ein Aufwaschen »lohnt« – was eine Milchmädchenrechnung ist, denn angetrocknete Teller und Töpfe erfordern mehr Wasser, mehr Spülmittel, mehr Kraft. Schmutzige Wäsche bleibt liegen, bis das letzte saubere Stück aus dem Schrank genommen und Waschen unumgänglich ist. Aber ein Berg Wäsche braucht viel Zeit, macht eher müde, unlustig, drückt auf die Stimmung.

Beide Extreme taugen nicht. Deshalb sind Einteilung und Organisation, Erziehung des einzelnen zur Selbständigkeit und Verantwortung bei der Haushaltpflege angebracht. Die Wohnung muß nicht aussehen, als sei sie frisch einer Möbelausstellung entnommen, nein, sie soll etwas darüber aussagen, wie ihre Bewohner leben, wo ihre Interessen liegen, wie sie sich beschäftigen. Eine wohnliche Atmosphäre zu schaffen und trotzdem keine Unordnung aufkommen zu lassen, das läßt sich lernen. Unordnung ist z. B. nicht, wenn das Kind in Ermanglung eines eigenen Zimmers sein Spielzeug auf dem Fußboden ausgebreitet hat.

Anschaffungen

Die jungen Leute von heute haben meist sehr präzise Vorstellungen von der Familie, die sie gründen wollen. Sie planen nicht nur den Zeitpunkt der Heirat, sondern auch die Anzahl der Kinder, die sie einmal haben wollen.

Sie müssen sich aber rechtzeitig einigen, wie sie ihren Haushalt aufbauen wollen. Die Verordnung über die Gewährung von Krediten an junge Eheleute bietet dazu sehr günstige Bedingungen. Was vorrangig angeschafft wird, sollte nicht nur von der momentanen Situation abhängen, sondern möglichst mit einem Gedanken an die Zukunft verbunden sein. Haben z. B. die jungen Eheleute vorerst nur ein Zimmer, aber die Aussicht, bald eine eigene Wohnung zu bekommen oder sich selbst eine auszubauen, so sind Anbau- oder Montagesätze zu empfehlen, die bei größerem Wohnraum durch Zukaufen ergänzt werden können.

Auch an Ersatzkäufe soll schon gedacht werden, denn für ein eventuelles Provisorium, wie es die Einraumwohnung vielleicht ist, wird man nicht gleich die teuersten und besten Gardinen kaufen, die dann später nicht an andere Fenster passen. Hat man ein Wohn-Schlaf-Zimmer und benutzt täglich die Couch zum Sitzen und Schlafen, so wird sie einer Aufarbeitung bedürfen, wenn die neue Wohnung in Sicht ist.

In Betracht zu ziehen ist ferner, daß spätestens nach drei Jahren mit der Rückzahlung des Kredits begonnen werden muß. Sind in dieser Zeit Kinder geboren, so verringert sich der Betrag zwar beträchtlich, andererseits sind neue Anschaffungen notwendig.

Auch aus einer gutgemeinten Absicht können solche Komplikationen entstehen. Beispielsweise will der eine Partner den anderen »überraschen«, hat aus dem Wunsch heraus, dem andern Freude zu bereiten, übereilt gekauft. Es wäre grausam, die Begeisterung im Augenblick zu zerstören, da sie am größten ist. Nichts wäre damit gewonnen. Aber vielleicht schon am nächsten Tag fällt der Appell an die Vernunft auf fruchtbaren Boden, spätestens jedoch, wenn eine dringendere Anschaffung wegen der »Überraschung« unterbleiben muß. Gerade wo nicht aus Eigennutz verschwendet wird, sondern aus Liebe zum Partner, gehört Fingerspitzengefühl dazu, den anderen auf den Boden der Tatsachen zurückzuholen, ohne seine Gefühle zu verletzen.

Jeder kennt Beispiele genug. Da ist das Auto, das ohne Rücksicht auf die täglichen Belange aller Familienmitglieder zusammengespart wird. Da ist extravagante Kleidung für einen einzelnen auf Kosten der anderen. Immer sollte man bei Käufen davon ausgehen, was allen am meisten nutzt.

Ehe man sich jedoch zum Kauf irgendeines Geräts entschließt, sollte man immer seine Zweckmäßigkeit für die jeweilige Situation in Betracht ziehen. Was bietet es für sein Geld: welche Vorteile, welche Erleichterungen. Alle hauswirtschaftlichen Apparate haben ihre Berechtigung. Die Reihenfolge der Anschaffungen müßte jedoch von der familiären, berufsbedingten und finanziellen Lage bestimmt werden.

Mit Staubsauger und Boiler beginnen

Ein Staubsauger ist nicht sehr teuer und sollte beim Einzug in die eigenen vier Wände nicht fehlen. Außerdem ist er eine Haushalthilfe mit höchstem Effekt. Denn auch dort, wo noch kein Teppich oder Textilbelag auf dem Fußboden liegt, saugt er Staub, Krümel und Fusseln weg. Das Aufwischen ist danach leichter, das Wasser bleibt sauberer. Ja, manchmal genügt ein trockenes Wischen mit dem Bohnertuch oder Mopbesen, weil der größte Teil des Schmutzes schon vom Staubsauger geschluckt wurde. Außerdem reinigt er Stühle, Sessel, Couch, Auflegematratzen, Übergardinen und Kissen vom Staub. Für das alles genügt ein Gerät in einfacher Ausstattung. Aggregate wie Teppichklopfer und Spritzdüse zur chemischen Teppichreinigung können später nachgekauft werden. Für Haushalte, die nicht an eine Warmwasserversorgung angeschlossen sind, empfiehlt sich ein elektrischer Warmwasserbereiter oder ein Gas-Durchlauferhitzer. Heißes Wasser jederzeit zur Hand zu haben, besonders wenn kein Bad vorhanden ist, erleichtert die Hausarbeit sehr, ist hygienisch und natürlich auch bequem. Das Geschirr einer Mahlzeit wird eher gleich abgewaschen, wenn man nicht erst warten muß, bis ein Kessel mit Wasser heiß geworden ist. Ein Boiler zahlt sich besonders morgens aus, wenn alles schnell gehen muß. Auch bei der Kleinwäsche bewährt er sich.

Wann lohnt sich eine Küchenmaschine?

Das hängt davon ab, wie groß der Haushalt (und der Geldbeutel) ist, wie oft gekocht, gebacken und entsaftet wird. Zum Beispiel für ein kinderloses berufstätiges Ehepaar, fünf Tage in der Woche im Betrieb mit einer warmen Mahlzeit versehen, lohnt sie sich kaum. Selbst dann nicht, wenn oft Gäste kommen, für die Getränke gemixt werden. Dazu reicht ein kleines Mix-Rühr-Gerät. In einer kinderreichen Familie dagegen erfüllt die Küchenmaschine ihren Zweck – auch dann, wenn die Eltern an der Arbeitsstelle, die Kinder in Schule, Kindergarten oder Krippe essen. Denn mit ihr sind größere Mengen (Kartoffeln, Gemüse) schnell verarbeitet. Nach ernährungswissenschaftlichen Erkenntnissen sollte jede Familie bei den Mahlzeiten, die zu Hause eingenommen werden, vor allem Wert auf Rohkost und frische Obstsäfte (Vitamine!) legen, bei deren Zubereitung die Küchenmaschine eine schnelle Helferin ist.

Nutzen von Waschmaschine und Kühlschrank

Die Waschmaschine rangiert bei den Anschaffungen oft noch vor Kühlschrank und Fernseher, weil sie nicht nur Kraft und Zeit spart, sondern auch jederzeit zur Verfügung steht. Bei Benutzung der Waschküche im Mietshaus oder einer Gemeinschaftswaschtrommel im Wohngebiet oder bei Inanspruchnahme eines Dienstleistungsbetriebes ist man immer an Termine gebunden, muß im letzten Fall teilweise mit längeren Lieferzeiten rechnen. Das aber erfordert einen größeren Wäschebestand. Ferner wird ein großer Teil Wäsche und Kleidung – Strümpfe, Stricksachen, Leibwäsche aus synthetischen Fasern – dort nicht angenommen. Aber eben solchen Stoffen, die den Anteil der Kochwäsche verringern, gehört die Zukunft. Obwohl Wäschereien und chemische Reinigungen ihre Dienstleistungen ständig erhöhen und ihr Netz in Kleinstädten und Gemeinden ausgedehnt wird (entfielen 1965 nur 5,3 kg bzw. 1,6 kg, so waren es 1980 schon 12,0 kg bzw. 2,7 kg je Kopf der Bevölkerung), können sie von der in Haushalten anfallenden Reinigungswäsche immer nur einen gewissen Teil übernehmen. Auch deshalb ist eine Waschmaschine von Vorteil.

Je größer die Familie, je mehr Schmutzwäsche – um so höher der Nutzen einer Waschmaschine. Selbst wenn große Stücke, wie Bett- und Tischwäsche, Hand- und Wischtücher, außer Haus gegeben werden, leistet sie gute Dinge für die umfangreiche und vielfältige Kleinwäsche.

Der Kühlschrank ist auch für die kleinste Familie von Vorteil, weil er überall dort Vorratswirtschaft erlaubt und dadurch zeitsparend wirkt, wo kühle Speisekammern oder Keller fehlen. Er sollte nicht zu klein sein, auch wenn die Familie vorerst nur aus zwei Personen besteht. Für viele Jahre wird er gekauft, deshalb sollte man zum einen an das Größerwerden der Familie denken, zum anderen an die ökonomischen und zeitsparenden Vorteile, die ein Typ mit Tiefkühlfach bietet. In ihm lassen sich gefrostete Lebensmittel mehrere Tage einlagern, ohne daß Wert- und Geschmacksminderungen auftreten. Noch vorteilhafter sind Gefrierschränke, in denen Lebensmittel mehrere Monate gelagert werden können. Da kann von preisgünstigen Saisonangeboten Gebrauch gemacht werden, kann man Obst und Gemüse aus dem eigenen Garten schnell haltbar machen und kann später Kompotte oder Marmelade zubereiten bzw. hat Obst und Gemüse fast taufrisch mit hohem Vitamingehalt zur Verfügung.

Günstig ist es auch, fertige Gerichte bzw. »Reste« einzufrosten. Das zahlt sich aus, wenn man schnell ein Essen auf den Tisch bringen will und wenig Zeit hat bzw. wenn plötzlich Gäste kommen.

Ein Kühlschrank und Gefriertruhe sind die modernste Einrichtung der Vorratshaltung, aber auch die teuerste. Allerdings amortisiert sich der Anschaffungspreis im Laufe der Jahre durch rationelle Einkäufe mit großer Zeitersparnis und Resteverwertung. Aber erst muß er einmal erworben werden, und das sollte nur dann geschehen, wenn alle anderen für den täglichen Bedarf notwendigen Gegenstände vorhanden sind.

Reserve für den Urlaub

Der Jahresurlaub sollte seinen festen Platz im Budget haben. Eventuelle Prämien könnten ihm zugute kommen. Die Rechnung, daß man für diese Zeit kein Haushaltgeld braucht oder im Urlaub nicht mehr als zu Hause ißt, geht selten auf. Nicht einmal dann, wenn man mit einem Ferienscheck der Gewerkschaft oder in einem Betriebsferienheim den Urlaub verbringt, auch nicht beim Zelten oder Camping. Oder man müßte alles, was den Urlaub erst richtig schön macht, entbehren: die Tasse Kaffee am Nachmittag oder das Eis, einen Ausflug oder eine Flasche Wein am Abend. Das alles kostet zwar nicht die Welt, und man kann natürlich auf das eine oder andere verzichten. Aber wenn man entsagen muß, weil jeder Groschen dreimal umgedreht werden muß, dann drückt das auf die Ferienstimmung.

Deshalb sollte der Urlaub unter »Anschaffungen« rangieren, auch wenn am Jahresende nichts Gegenständliches – außer einem kleinen Souvenir vielleicht – vorzuweisen ist. Ja, er müßte sogar Vorrang haben vor dieser oder jener Anschaffung, denn Erholung ist wichtig und dringlich. Nicht grundlos ist der Urlaub gesetzlich geregelt, wird voll bezahlt und darf nicht abgearbeitet werden. Natürlich muß auch dieser Posten in Einklang mit dem Gesamteinkommen stehen. Falsch wäre es, das ganze Jahr über nur darauf zu sparen und sich nichts zu gönnen, nur um im Sommer eine »Traumreise« machen zu können.

Junge Ehepaare mit Kleinstkindern werden meist im Urlaub zu Hause bleiben müssen. Brauchen sie also keinen Posten »Ferien« in ihrem Etat und können statt dessen etwas anschaffen? Nein, auch sie sollten Geld einplanen: für einen Theaterabend, einen Spaziergang zu einem Gartenrestaurant, eine Einladung an Freunde, für die man sonst wenig Zeit hat.

Auch das Hobby kostet Geld

Wie auf den Urlaub, so wird das nächste Kapitel auch genauer auf das Hobby eingehen. Hier interessiert speziell der finanzielle Gesichtspunkt. Denkbar wäre, jedem Familienmitglied für sein Steckenpferd einen bestimmten Betrag zu bewilligen, der dem Taschengeld zugeschlagen werden könnte. Niemals darf natürlich der Aufwand für Liebhabereien – und förderten sie noch so sehr die Persönlichkeitsentwicklung – auf Kosten aller gehen, sondern er muß sich in den allgemeinen Etat einfügen.

Wie und in welcher Höhe das Taschengeld an die einzelnen Familienmitglieder verteilt wird, hängt ganz davon ab, wer was davon bestreiten muß: Fahrgeld, Zeitungen, Geschenke, Betriebs- oder

Schulessen und anderes mehr. Ist dieses Geld so bemessen, daß es haargenau dafür aufgeht – wo bleibt dann das Steckenpferd? Das Taschengeld ist deshalb so zu berechnen, daß ein gewisser Spielraum bleibt, den jeder selbst durch sparsames Umgehen mit seinem Etat für sein Hobby übrig hat. Auch die nichtberufstätige Frau hat den gleichen Anspruch auf ein Taschengeld und ein Steckenpferd, was manchmal noch vergessen wird.

Zeit müßte man haben!

Obgleich wir die 5-Tage-Arbeitswoche haben, also über unvergleichlich mehr freie Zeit als unsere Vorfahren verfügen, bleiben in vielen Familien noch zu wenige Stunden übrig für Weiterbildung, Erholung, Entspannung, Kunstgenuß. Der komplizierter gewordene Haushalt frißt zuviel Zeit!

Alle Gegenstände der Wohnung bedürfen der Pflege, sollen sie lange nützlich und ansehnlich sein. Andererseits sind die Dienstleistungen noch bei weitem nicht so entwickelt, daß sie jeder nach Bedarf nutzen kann. Doch es gibt viele Festlegungen von Partei und Regierung, um nach und nach den Einzelhaushalt zu entlasten. Es ist interessant, daß sich damit bereits die Klassiker des Marxismus-Leninismus befaßten. So erwähnte der junge Friedrich Engels in seiner ersten Elberfelder Rede die Vorschläge des englischen utopischen Sozialisten Robert Owen, der schon vor mehr als hundert Jahren für eine Rationalisierung der Wohn- und Wirtschaftsverhältnisse eintrat. Engels sagte:
»Gehen wir aber auf das Detail der Hauswirtschaft ein, so werden wir erst recht die Vorteile der Gemeinschaft einsehen. Welch eine Menge von Arbeit und Material wird nicht bei der jetzigen, zersplitterten Wirtschaft verschwendet – z. B. bei der Heizung! Sie müssen für jedes Zimmer einen besonderen Ofen haben; ein jeder Ofen will besonders geheizt, in Brand gehalten, beaufsichtigt werden; das Brennmaterial muß nach allen diesen verschiedenen Orten gebracht, die Asche weggeholt werden; wieviel einfacher und wohlfeiler ist es nicht, an die Stelle dieser vereinzelten Heizung eine großartige Gesamtheizung, z. B. mit Dampfröhren und einem einzigen Heizungszentrum, zu setzen, wie dies schon jetzt in großen Gesellschaftslokalen, Fabriken, Kirchen etc. geschieht! ...« (Marx/Engels, Werke, Band 2, Berlin 1957, S. 545/546) Diese Forderung ist zum großen Teil erfüllt, Großhaushalte, wie sie Engels in der gleichen Rede vorschlug, gibt es auch heute nicht. Jedoch wurde eine ganze Menge dieser Forderungen erfüllt oder durch ähnliche mit der gleichen Wirkung ersetzt. Es gibt die Betriebsküchen, die der werktätigen Familie täglich eine warme Mahlzeit zu einem Preis liefern, zu dem sie im Einzel-

haushalt nicht hergestellt werden kann. Die Kinder essen in den Tagesstätten und Schulen. Überall bestehen Voraussetzungen, elektrische Geräte im Haushalt einzusetzen. Die Zahl der zentral- oder ferngeheizten Wohnungen mit Anschluß an eine Warmwasserversorgung wächst ständig. Theoretisch haben wir also viel mehr freie bzw. Nichtarbeitszeit als unsere Vorfahren. Doch sie reicht uns trotz alledem nicht, da unsere Bedürfnisse angewachsen und auch die Ansprüche an uns gestiegen sind, was meist mit mehr Zeit verbunden ist. Mehr denn je muß man seine Zeit gerade für die Hauswirtschaft planen. Aber wie teilt man sie am besten ein?

Ein kinderloses Ehepaar

Mag es nun ein jung verheiratetes Ehepaar ohne Kinder oder eins sein, dessen Kinder schon erwachsen sind – ihnen macht der Haushalt sicher am wenigsten zu schaffen. Haben die Partner obendrein etwa die gleiche Arbeitszeit und essen im Betrieb zu Mittag, dann dürften sie wohl kaum klagen: »Keine Zeit, keine Zeit!« Da in der Wohnung tagsüber niemand ist, bleibt sie verhältnismäßig sauber. Die Küche, nur morgens und abends zum Anrichten einer kalten Mahlzeit benutzt, bereitet wenig Arbeit. Man kann also an den Wochentagen jeweils ein Zimmer gründlicher reinigen, Kleinwäsche säubern, in Ruhe einkaufen usw.

Und bei Schichtarbeit?

Schwieriger wird der Tagesablauf, wenn einer der Ehegatten Schichtdienst hat. Ein solcher Haushalt muß besonders straff organisiert sein; es darf nichts dem Zufall überlassen bleiben, weil das nervös machen könnte. Denn die Partner gehen ja fünf Tage in der Woche sozusagen aneinander vorbei – zeitlich gesehen. Trotzdem sollten sie, auch wenn die Schlafenszeit dadurch etwas kürzer wird, sich täglich – und sei es auch nur eine halbe Stunde – über die wichtigsten Ereignisse in der Familie verständigen. Ein noch so ausführlich geschriebener, hingelegter Zettel ersetzt nicht das Gespräch.

Da der Schichtarbeiter erst nachts nach Hause kommt und vielleicht noch später schlafen geht (nicht jeder kann gleich »abschalten«), wird er morgens noch im Bett sein, wenn die übrigen Familienmitglieder möglichst leise aufstehen. Da muß gut überlegt sein, was alles bereits am Abend erledigt werden kann, um morgens unnötige Lauferei in der Wohnung oder gar ins Schlafzimmer zu vermeiden. Andererseits: Schichtarbeit, ob nun von Mann oder Frau (und immer mehr Frauen werden in sie einbezogen), ist kein Freibrief für Untätigkeit zu Hause. Im Gegenteil! Es kommt eben darauf an, daß jeder (auch die Kinder!) genaue Pflichten erhält. Wer nach der Schicht ausgeschlafen hat, kann im Haushalt vieles erledigen, ehe er wieder zur Arbeit geht. Mancher besorgt nach der Nachtschicht für die Familie Brötchen oder schafft, ehe er schläft, die Kinder in die Krippe bzw. den Kindergarten.

Das Studentenehepaar

Daß junge Leute heiraten, die beide noch in der Ausbildung stecken, ist keine Seltenheit. Wie gut das geht, ist nicht zuletzt davon abhängig, wie sie haushalten. Setzt man den Fall, daß sie keine eigene Wohnung besitzen und nur einen Raum haben, so sollte doch jeder seinen Arbeitsplatz erhalten. Noch günstiger, wenn jeder über ein Zimmer verfügt, das er auch sauberhält! So stört keiner den anderen, falls der eine morgens früher, der andere einmal abends später arbeitet. Selbstverständlich, daß vor einem Examen der andere alle häuslichen Pflichten übernimmt.

Ohne hier auf weitere Besonderheiten eingehen zu können, sei doch angemerkt, daß der Haushalt eines Studentenehepaares anderen

Bedingungen unterliegt als der eines Ehepaares, in dem es einen regelmäßigen Feierabend gibt und wo beide Ehepartner schon Geld verdienen. Hier spielt die Selbsteinordnung und ein genaues Planen der zur Verfügung stehenden Mittel wohl eine entscheidende Rolle, ebenso das Wissen, daß es sich zumeist um eine Zwischenlösung handelt. Auf manches, über das Gleichaltrige schon verfügen, muß noch gewartet werden. Trotzdem ist es bei entsprechender Einteilung der Stipendien und anderen Zuwendungen möglich, schon kleinere Anschaffungen zu machen. Außerdem steht der Ehekredit zur Verfügung. Oft ist es regelrecht erstaunlich, mit wie wenig Geld sich Studentenehepaare ansprechend einrichten.

Einer studiert, einer arbeitet

Auch das gibt es: Eine junge Frau steht bereits fest im Beruf, und ihr Mann – z. B. nach längerem NVA-Dienst – beginnt erst mit dem Studium. Finanziell ist durch das Einkommen der Frau und das Stipendium des Mannes der Hausstand gesichert. Aber was will da alles bedacht sein! Wenn auch die Frau früher das Haus verläßt als der Mann, darf sie ihm dennoch nicht einfach die morgendliche Routine-Arbeit überlassen, und sie kann nicht verlangen, daß er sie abends unterhält, statt noch über den Büchern zu sitzen. Studieren heißt auch arbeiten, und das Lernen läßt sich nicht immer pünktlich beenden. Das bedeutet nicht: Wer studiert, darf sich bedienen lassen! Vielmehr ist hier eine besonders differenzierte Aufgabenteilung erforderlich! Und das trifft auch bei umgekehrter Sachlage zu: wenn er arbeitet und sie studiert, denn der Anteil der Frauen am Hochschulstudium beispielsweise hat sich 1979 auf 48,2 Prozent gegenüber 26,1 Prozent im Jahre 1965 erhöht.

Man könnte meinen, der Tagesablauf sei desto schwieriger zu organisieren, je größer eine Familie ist. Dem ist keineswegs so. Das hängt natürlich davon ab, wie groß die Kinder und ob sie tagsüber versorgt sind, ob die Eltern im Schichtdienst arbeiten und eine Oma hilft. Bei mehreren Kindern treibt eins das andere an. Sie achten untereinander darauf, daß Aufträge auch erledigt werden. Eine kluge Zeiteinteilung ist das A und O! Und schließlich besteht eine Familie nicht plötzlich aus 7 Personen. Die Eltern wachsen von Kind zu Kind mit ihren Aufgaben und lösen sie immer rationeller. Wer von den Eltern zuerst aus dem Haus gehen muß, bringt das jüngste zur Krippe und nimmt, falls der Kindergarten in der Nähe ist, das zweite gleich mit. Inzwischen räumt der andere das Frühstücksgeschirr weg, wobei manchmal die größeren Kinder schon helfen können. Schulkinder, die später als die Eltern aus dem Hause gehen, sollten diese Aufgabe ohnehin als ihre ständige Pflicht ansehen!

Ideal ist es, wenn die Arbeitszeiten von Mann und Frau eine Stunde auseinander liegen. Das hat den Vorteil, daß z. B. die Mutter, die erst 7.30 Uhr am Arbeitsplatz zu sein braucht, die Kinder relativ spät wegbringt, der Vater sie dagegen relativ früh holt.

Ist der Vater abends eine Stunde vor der Mutter zu Hause, kann er auch schon die Schularbeiten nachsehen. Dann kauft die Mutter auf dem Heimweg das ein, was die Kinder nicht besorgen können. Kinder sollten überhaupt nur Waren einkaufen, die nicht allzu teuer und schwer sind und über die sie leicht entscheiden können, wie Brot, Milch, ein Stück Butter. Alles, was nicht für den Tag frisch sein muß, ist in einem Einkauf für die ganze Woche oder noch länger zu holen. Gerade mit verzetteltem Besorgen, heute dies, morgen das, wird viel Zeit vertan, die jede Familie dringend für anderes braucht.

Das Abendbrot sollte mit den größeren Kindern zusammen eingenommen werden. Es ist dies die wichtigste Stunde des Tages für die Familie, besonders für die Kinder, die immer etwas mitzuteilen haben und angehört werden wollen. Auch für das Kleinkind muß man sich Zeit nehmen, mit ihm ein bißchen spielen, mit ihm sprechen, sich überhaupt mit ihm beschäftigen, was wichtig für seine geistige Entwicklung und den Kontakt zur Familie ist. Kann es schon sitzen, so nimmt es am Familientisch auf einem Kinderstühlchen seinen Platz ein.

Nun wird man sagen, wo sollen die Leute die Zeit dafür hernehmen, da steht noch nichts von Reinemachen, Wäschewaschen und was noch so zur Hauswirtschaft gehört. Richtig, am Abend bleibt nicht mehr allzuviel Zeit übrig. Da muß schon einmal der Sonnabend herhalten. Das ist die beste Lösung. Dann allerdings sollte der Sonntag wirklich zum Ausspannen genutzt werden. Das heißt nun nicht, daß man bis in den nächsten Vormittag hinein »ausschlafen« muß, um wirklich entspannt zu sein. Wenn Kindern eingetrichtert wird, am Sonntagmorgen ja schön still zu sein, damit die Eltern ausschlafen können, wenn sie allein aufstehen und frühstücken müssen, fühlen sie sich einsam.

Wir halten den Sonnabend, an dem beide Eltern zu Hause sind, die sich in die Arbeit teilen können, für den günstigsten Hausarbeitstag. Jedenfalls für den besseren. Die Arbeit auf fünf Tage der Woche zu verteilen, jeden Abend Unruhe in der Wohnung verbreiten, versetzt die Familie in Nervosität. Es wird auch nicht so viel geschafft, daß es sich lohnt. Das Familienklima ist verträglicher, wenn die Abendstunden ohne Hetze und Hektik, ohne Schimpfen verlaufen. Allerdings sollte auch nicht alles dem Sonnabend vorbehalten bleiben, da Hausarbeit auch viel Kraft kostet. Einen »Feierabend«, donnerstags oder freitags, kann man zur Entlastung des Wochenendes wohl doch dem Haushalt opfern. Insbesondere muß doch in der Woche auch schnell mal das eine oder andere Kleidungsstück wie Pulli, Strümpfe – im Sommer auch noch manches andere – ausgewaschen werden. Im übrigen hat sich für die berufstätigen Frauen mit zwei und mehr zum Haushalt gehörenden Kindern im Alter bis zu 16 Jahren die Arbeitszeit täglich um 45 Minuten verkürzt, so daß diesen Frauen täglich eine gewisse Zeit mehr für Haushalt und Familie zur Verfügung steht.

Um die Arbeit am Sonnabend bewältigen zu können, sollten Familien mit mehreren Kindern sich mehr auf technische Hilfsgeräte orientieren, die die Arbeit erleichtern und beschleunigen. Je kleiner die Kinder sind, um so mehr brauchen sie die Eltern. Man wird

einwenden, daß Kinder ja auch kosten, und kein Geld bleibe für größere Anschaffungen. Staatlicherseits wird versucht, diesen Eltern durch Kindergeld, das jetzt für das 3. Kind monatlich 100 Mark beträgt, Steuerermäßigung, durch die preiswerte Unterbringung in Krippe, Kindergarten und Schulhort materiell zu helfen.

Außerdem verringern sich die Rückzahlungsquoten des von jungen Eheleuten in Anspruch genommenen 5 000-Mark-Kredits bei der Geburt jedes Kindes gestaffelt und sind mit der Geburt des 3. Kindes gänzlich erlassen. Allerdings wäre es falsch, von vornherein die Tilgung der Kredite durch drei Geburten während der siebenjährigen Rückzahlungsfrist fest einzuplanen und somit die Frau zu »programmieren«.

Übung macht den Meister

Neben einer guten Organisation des Haushalts sollten sich alle Eheleute darum kümmern, was es alles an Hilfsmitteln und Erleichterungen gibt. Weiß jeder schon, daß man Selbstglanzbohnerwachs kaufen kann und Waschmittel, die in kaltem Wasser höchste Reinigungskraft haben, und Abwaschzusätze, die das Geschirr von selbst trocknen lassen? Verwendet man solche Erzeugnisse wie Kuko-Reis, vorgegarte Hülsenfrüchte, vorgeputztes Gemüse, halbfertige Pommes frites, geschälte Kartoffeln, Gefrierkost, bratfertige Fischgerichte? In den Reinigungsautomaten lassen sich innerhalb von einer halben Stunde leicht mehrere Kilo Garderobe preiswert reinigen, die man zu Hause nicht waschen kann.

Im Betrieb hält es jeder für selbstverständlich, daß Neuerervorschläge unterbreitet und erprobt werden, um so rationell wie möglich zu arbeiten. Auch im Haushalt sollte man viel mehr knobeln!

Eine Umfrage hat ergeben, daß junge Leute, die bald heiraten wollen, sehr an Lehrgängen interessiert sind, in denen Grundkenntnisse der Ehe- und Haushaltführung vermittelt werden. Als Themen wurden gewünscht: Kochen, Benutzung von Haushaltgeräten, Säuglingspflege, Kinder-Psychologie, Hygiene. Wohlgemerkt, alles für beide. Die jungen Männer waren sogar sehr interessiert an der Säuglingspflege, weil sie es als gegeben voraussetzen, auch einmal das Baby zu baden und trocken zu legen bzw. die Flasche zu geben.

In letzter Zeit hat sich der DFD dieser Bedürfnisse angenommen und vielerorts Beratungszentren eingerichtet. Auch für solche Möglichkeiten sollte sich jeder interessieren.

Wem dafür die Zeit fehlt, kann durch einschlägige Literatur, Haushalt- und Kochbücher, Wäschefibeln, Sonderhefte unterschiedlichster Thematik seine Kenntnisse erweitern. Und schließlich geben auch die Eltern gern Rat, vielleicht sogar durch Tat. Wie im Beruf, so lassen sich auch im Haushalt Fertigkeiten durch Übungen und Erfahrungen erwerben. Auch hier gilt das Sprichwort: Es ist noch kein Meister vom Himmel gefallen.

Die Familie in der Freizeit

Wenn jemand gefragt wird, was er unter dem Begriff Freizeit verstehe, wird er erstaunt antworten: »Die Zeit nach der Arbeit, den Feierabend.« Diese selbstverständlich klingende Erwiderung gerät ins Wanken, wenn weiter geforscht wird: Beginnt die Freizeit sogleich nach Arbeitsschluß? Jeder weiß, was alles nach der beruflichen Arbeit noch auf den einzelnen einstürmt. All diese Dinge – vom Einkauf bis zum Abwasch – werden die wenigsten schon als Freizeit empfinden.

Wann beginnt die Freizeit?

Mediziner, Juristen, Soziologen und Kulturwissenschaftler unterscheiden deshalb zwischen arbeitsfreier Zeit und Freizeit. Auf den ersten Blick sieht das nach Haarspalterei aus; aber, wie schon angedeutet, sind eine Menge von Verrichtungen nach Feierabend nicht unmittelbar der entspannungsreichen Freizeit zuzuordnen. Kurz: Die arbeitsfreie Zeit ist die dem Werktätigen nach Abzug der Arbeitszeit vom gesamten Zeitetat verbleibende Zeit. Oder, einfacher gesagt: Nach einer durchschnittlichen Arbeitszeit von täglich 8 bis 9 Stunden verbleiben 15 bis 16 Stunden. Das klingt viel. Darin sind jedoch einbegriffen: der Hin- und Rückweg zur Arbeitsstelle, Zeit für den Haushalt und häusliche Bedürfnisse wie die Betreuung der Kinder, die Qualifizierung, die Zubereitung von Speisen und das Essen, die Pflege der Kleidung und des Körpers, den Einkauf und die Ausführung der verschiedensten Reparaturen, die Arbeit im Garten und schließlich den Schlaf. Der Aufwand hängt von vielen Faktoren ab. Auch ist er von Tag zu Tag in den einzelnen Familien und in den jeweiligen Wohn- und Arbeitsgebieten unterschiedlich.

Wenn man all das vom Etat der 15 bis 16 arbeitsfreien Stunden abrechnet, bleibt jene Zeit übrig, die wir als Freizeit im engeren Sinne, als Zeit der Muße – nicht des Müßiggangs – bezeichnen können. In dieser Zeit werden persönliche und Familienbedürfnisse befriedigt. Vor allem kommen in dieser Zeit die Kinder zu ihrem Recht, denn die Beschäftigung mit ihnen sollte den Eltern nicht nur Notwendigkeit, sondern auch dringendes Bedürfnis sein. Diese Zeit der Muße wird aber auch genutzt für Bildung, schöpferische Tätigkeit, Hobby, Sport und auch für gesellschaftliche Arbeit.

Den Freizeitbegriff in diesem Sinne finden wir bei Karl Marx definiert als »... Zeit zur menschlichen Bildung, zur geistigen Entwicklung, zur Erfüllung sozialer Funktionen, zum geselligen Verkehr, zum freien Spiel der physischen und geistigen Lebenskräfte.« (»Das Kapital«, Band 1, Werke Bd. 23, Berlin 1974, S. 280) Dieser Satz wird unter den Bedingungen der sozialistischen Gesellschaft in zunehmendem Maße Wirklichkeit. Die Marxsche Definition weist sowohl den Weg für die Entwicklung der persönlichen Bedürfnisse sozialistischer Staatsbürger als auch für die Forderungen und Notwendigkeiten, die die sozialistische Gesellschaft an den einzelnen stellt.

Die Worte von Marx regen an, dieser wichtigen Zeit, die der Reproduktion der Arbeitskraft sowie der geistig-kulturellen Bildung und der Erholung dient, große Aufmerksamkeit zu schenken. Dieser goldene Fonds darf nicht vertan und vertrödelt, sondern muß sinnvoll genutzt und nach Möglichkeit erweitert werden. Darauf hat nicht nur der einzelne, sondern die gesamte Gesellschaft einen großen Einfluß. Sie muß Bedingungen schaffen, damit die notwendigen Verrichtungen in der arbeitsfreien Zeit so schnell und so rationell wie möglich erledigt werden können.

Die Freizeit soll und muß das Leben der Menschen bereichern. In ihr sollen sich Eigenschaften entwickeln können, für die in der Sphäre der Arbeit manchmal nur wenig Raum bleiben kann. Die Freizeit soll helfen, von der Arbeit und in ihr geprägte Verhaltensweisen zu ergänzen, soll dazu beitragen, Bedürfnisse zu befriedigen, die der Entwicklung sozialistischer Persönlichkeiten dienen. Marx weist ganz bewußt auf die Zeit zur menschlichen Bildung hin. Er versteht darunter nicht allein eine spezielle Fachbildung, sondern die Bereicherung des Allgemeinwissens; er verweist auf das Bedürfnis, nach der Arbeit für die Gesellschaft gleichfalls Nützliches zu leisten, und er verweist auch auf den geselligen Verkehr, auf den Umgang mit Freunden und Bekannten. Karl Marx pflegte diesen nicht nur in einem regen Maße mit Gleichgesinnten, sondern er bezog die Geselligkeit auch sehr stark auf die eigene Familie. Dabei waren Freunde und Bekannte in das Leben der Marxschen Familie einbezogen. Auch das beweist, wie hoch Marx die Zeit für die Familie schätzte.

Die Sphären der Arbeit und der Freizeit berühren sich sehr eng. Unter sozialistischen Verhältnissen ist jedoch der Widerspruch zwischen beiden, der aus dem Klassenwiderspruch resultierte, überwunden. Dieser Gegensatz von Arbeitszeit und Freizeit besteht in der kapitalistischen Gesellschaft darin, daß sich die Bourgeoisie den größten Teil der freien Zeit der Gesellschaft aneignet, während der Arbeiterklasse sowie den anderen Werktätigen vor allem die gesellschaftliche Arbeitszeit zugewiesen wird; bei der Verteilung der gesellschaftlichen Arbeit ist ihnen die Hauptlast zugewiesen.

In der sozialistischen Gesellschaft wird das Bedürfnis nach Freizeit als Raum zu menschlicher Entwicklung im wachsenden Maße befriedigt ebenso wie die wachsenden Bedürfnisse nach materiellen Gütern und Leistungen. So gibt es also vielfältige Beziehungen zwischen beiden Bereichen des menschlichen Lebens, die sich u. a. auch darin ausdrücken, daß zunehmend Arbeitskollektive, die in der Produktion gut zusammenwirken, auch gemeinsame Erlebnisse in der Freizeit suchen. Dazu gehört z. B. das gemeinsame Knobeln an Neuerervorschlägen, was nicht nur der Entwicklung der Produktion, sondern auch der sinn- und nutzvollen Gestaltung der Freizeit dient; es macht die enge Beziehung beider Sphären deutlich.

Der sozialistische Staat ist ständig bestrebt, die Proportionen zwischen den notwendigen Verrichtungen in der arbeitsfreien Zeit und der eigentlichen Freizeit, der »Mußezeit«, für den Werktätigen günstiger zu gestalten. Dazu ist vor allem erforderlich, vorhandene Reserven zu erschließen, wie sie z. B. in einem gut funktionierenden Berufsverkehr, im Ausbau der Dienstleistungen und im Handel liegen. Die in diesen Bereichen Tätigen tragen also eine hohe Verantwortung für die nutzvolle Verwendung des Zeitetats der Werktätigen. Jeder unnütze Weg, jede lange Wartezeit stiehlt Freizeit.

Die enge Beziehung zwischen Arbeit und Erholung wurde bereits betont. Ein ausgeruhter Mensch, der seine Arbeitskraft durch ausreichenden Schlaf, gehaltvolles und gesundes Essen reproduzieren konnte, der sich durch die Befriedigung seiner kulturellen, geistigen und gesellschaftlichen Interessen und in einem harmonischen Familienleben erholte, wird mit hoher Spannkraft und ausgeglichen am nächsten Tag seiner Arbeit nachgehen können. Der Einfluß der Freizeit auf die Arbeitsproduktivität läßt sich zwar nicht unmittelbar messen, aber er ist überall spürbar.

Zeit für die Familie

In der Freizeit verleben die Familienmitglieder gemeinsam oder auch jeder für sich erlebnisreiche Stunden, die der Bereicherung ihres Wesens, der Entwicklung der Persönlichkeit dienen. Es festigen sich die Familienbeziehungen. Die Freizeit der Familie spielt sich zu einem großen Teil in der Wohnung ab. Sie ist der wichtigste Freizeitbereich.

Das heißt aber nicht, daß sich die Familie von der Außenwelt abkapselt, von der Gesellschaft isoliert. Gesellschaftliche Tätigkeit in ihrer Vielfalt, die Teilnahme am kulturellen Leben, am Sport, die Begegnung mit Freunden bereichern ebenfalls die Freizeit.

Die Gestaltung der Freizeit stellt die Frage nach dem Kulturbedürfnis des sozialistischen Menschen. Zunächst ein historischer Rückblick: Der Kulturbegriff hat schon viele Wandlungen erfahren. In der Antike war er zunächst die Bezeichnung für die Bodenbearbeitung, das Kultivieren des Landes für die Nahrungsbedürfnisse der Menschen. Aber schon in den Oden des Horaz wird »cultura« als Begriff für die Ausbildung und Vervollkommnung menschlicher Fähigkeiten und Anlagen, als Erwerb von Wissen gebraucht. Später verstanden die herrschenden Ausbeuterklassen unter Kultur: Wissenschaft, Kunst und ihren Lebensstil.

Die Klassiker des Marxismus-Leninismus haben den Kulturbegriff neu und umfassender begründet. Ihre Definition geht von der Klassengebundenheit der Kultur aus und setzt an die Stelle der Kultur der Privilegierten, der Minderheit der Ausbeuter, die Kultur der von der Ausbeutung befreiten Menschen. Diese Massenkultur im wahrsten Sinne des Wortes, die unter der Herrschaft der Arbeiterklasse geschaffen wird, begrenzt sich nicht nur auf die schönen Künste und die Wissenschaft.

Der Mensch braucht die Kraft der Kultur und Kunst, um seine Sinne, seine ethischen und ästhetischen Anlagen, seine Erlebnisfähigkeit auszubilden. Wenn die Künste auch nicht allein die Entwicklung dieser Anlagen bestimmen, so haben sie doch einen großen Anteil daran. Kultur und Kunst bereichern die Freizeit der Menschen, geben ihr Inhalt und wirken persönlichkeitsbildend.

Das Bedürfnis nach künstlerischen Erlebnissen entwickelt sich sehr differenziert und widersprüchlich, das Kulturniveau ist noch unterschiedlich. Es hängt vom Bildungsstand, von Gewohnheiten, auch von den örtlichen Möglichkeiten ab. Oft bedeutet das Fernsehen das einzige kulturelle Erlebnis. Vielfach ist die Freude am Lesen, am Theater, an der Musik, am Betrachten von Werken der bildenden Kunst noch nicht geweckt. Doch geben Schule und Arbeitskollektive immer mehr Impulse, die belebende Kraft der Kunst zu empfinden.

Auch in der Familie entwickeln sich die kulturellen Interessen. Dabei sollten die Eltern nicht nur ihre eigenen Ansprüche befriedigen, sondern ihren Kindern helfen, sich in Kultur und Kunst rechtzeitig heimisch zu fühlen, Geschmack und Anspruch zu bilden.

Erlebnisse für alle und jeden

Es ist wünschenswert, daß die Familie soviel Freizeit wie möglich gemeinsam verbringt. Aber es lassen sich nicht alle Vorhaben gemeinsam ausführen. Jeder braucht Zeit, um Anregungen, Informationen, Eindrücke, Erlebnisse des Tages zu verarbeiten oder seinen Interessen nachzugehen. Die Familie darf weder den einzelnen einengen, noch sollte es zu einem Nebeneinanderleben kommen.

Die individuellen und gemeinsamen Freizeitbedürfnisse ändern sich im Leben einer Familie. Äußere Umstände wie etwa das Anschaffen eines Autos oder Gartens und das Lebensalter sind Gründe dafür. Es gibt Perioden, in denen besonders Jugendliche eigene Wege gehen, und wiederum Zeitspannen, in denen sie die Gesellschaft der Eltern suchen und nicht missen möchten. Hier wäre Gängeln falsch. Fest steht nur, daß die Familie, ob mit kleinen oder schon erwachsenen Kindern, stets gemeinsame Erlebnisse braucht und diese in einer harmonischen Familie von allen Mitgliedern gewünscht werden. Wenn die größeren Kinder die Liebe zum anderen Geschlecht entdecken und sich zeitweilig weniger an die Familie anlehnen, sollten sich kluge Eltern an ihre eigene Jugend erinnern und nur behutsam darauf dringen, daß bestimmte Gemeinsamkeiten in der Familie nicht verlorengehen.

Die Qualifizierung vollzieht sich häufig in der arbeitsfreien Zeit. Sie ist einerseits individuelles Bedürfnis, zum anderen gesellschaftliche Forderung. Es gibt gesetzliche Möglichkeiten, dem Werktätigen für die Qualifizierung arbeitsfreie Zeit zusätzlich zu gewähren, doch wird er in der Regel auch aus seinem Freizeitfonds viele Stunden aufbringen. Das beeinflußt den Zeitetat der gesamten Familie. Die

Weiterbildung eines Familienmitgliedes verlangt eine noch exaktere Planung der Freizeit sowie Ruhe und Zeit für das jeweilige Familienmitglied. Mit allen muß auch besprochen werden, wie die notwendigen Verrichtungen während dieser Zeit zu bewältigen sind. Für einen nicht unbedeutenden Teil der Werktätigen, insbesondere die Frauen, ist durch starke berufliche Belastungen, vielseitige gesellschaftliche Aufgaben und familiäre Verpflichtungen die Zeit für notwendige Bildung und kulturelle Genüsse stark eingeschränkt. Harmonische Familien werden Wege finden, auftretende Schwierigkeiten gemeinsam zu meistern. Außerdem sollten der Betrieb und die Studieneinrichtung sich um die häuslichen Belange kümmern, damit eine Qualifizierung nicht schon aufgesteckt wird, ehe sie recht begann.

Heimweg – »verlorene« Zeit?

Zwischen Arbeitsschluß und dem Eintreffen zu Hause liegt der Heimweg. Auf ihm vollzieht sich bereits ein Teil des Übergangs von der Arbeit zu den erholsamen Stunden der Freizeit.

In den meisten Fällen werden öffentliche Verkehrsmittel benutzt – nur wenige können zu Fuß gehen und dabei bereits entspannen. In den Spitzenzeiten sind Eisenbahn, Omnibus oder Straßenbahn voll besetzt und geben wenig Gelegenheit, sich zu erholen. Es ist empfehlenswert, sich auf dem Heimweg bei Bewegung ein wenig frische Luft zu gönnen. Das gilt auch für Menschen, die den Heimweg mit dem Auto, Motorrad oder Fahrrad antreten. Der dichte Verkehr ist keine Erholung. Der Mensch braucht nach der Belastung des Arbeitstages unbedingt eine Pause, bevor er den Anforderungen des Haushalts und der Familie gerecht werden kann. In ihr werden sich die Nerven in kurzer Zeit beruhigen, und die gemeinsame Hausarbeit wird dann wesentlich schneller von der Hand gehen. Die kurze Ruhepause zahlt sich im Verlaufe des Abends aus, ist keine »verlorene« Zeit. Ein unausgeruhter Mensch braucht für alle Arbeiten

einen höheren Zeitaufwand, neigt zur Hektik und schadet seiner Gesundheit. Je nach Lebensalter werden 10, 20 oder 30 Minuten Pause benötigt. Sie muß, gleich wie sie verbracht wird, beiden Ehepartnern zustehen!

In Familien mit kleineren Kindern ist es nicht ganz einfach, sich dieses Verschnaufen zu gönnen. Hier sollte zumindest derjenige Ehepartner eine Ruhemöglichkeit erhalten, der in Arbeit und Haushalt am meisten belastet ist. Das muß nicht jeden Tag die Frau sein!

Die Kinder überfallen abends oft die Eltern mit ihren Problemen und Erlebnissen, wollen Aufgestautes loswerden. Die Eltern müssen ein sehr feines Ohr dafür haben, ob das, was ein Kind auf dem Herzen hat, sofort anzuhören ist. Im übrigen sollten sie bei ihnen Verständnis für die Abspannzeit nach der Arbeit wecken.

Auch die Ehepartner wollen sich mitteilen, was sie am Arbeitstag Außergewöhnliches erlebten. Jene, die sich gut verstehen, spüren genau, ob sich der andere gleich aussprechen muß. Oft stellt sich heraus, daß die offenbarten Dinge aus der Sicht des nicht unmittelbar Beteiligten viel unkomplizierter erscheinen, als es der Betroffene selbst glaubt. Freudige Ereignisse in Arbeit und Schule sollten so schnell wie möglich allen Familienangehörigen mitgeteilt werden. Das Erzählen vergrößert den Erfolg. In dem Erkennen und Spüren, der eine braucht den anderen, bewährt sich die Partnerschaft. Unverständnis für die Probleme des anderen, das »Abschieben« seiner Fragen kann der Beginn ernster Krisen sein.

Vorbereitung auf den neuen Tag

Die »Nachbereitung« des vergangenen Arbeits- bzw. Schultages sollte mit der Vorbereitung des neuen beendet werden. Das gilt für Kinder wie Erwachsene gleichermaßen. Der Schultag der Kinder wird mit der Kontrolle der Hausaufgaben abgeschlossen. Dies sollte möglichst noch vor dem Abendessen geschehen. Das heißt nicht, im Unterricht Versäumtes nachzuholen. Es ist Pflicht des Schülers, sich im Unterricht zu konzentrieren, und es ist Pflicht der Schule, die Schüler zum Lernen und zur Beurteilung ihrer Leistung zu erziehen. Die Eltern haben darauf zu achten, daß die Kinder ihren schulischen Pflichten nachkommen, keine Nachlässigkeit einreißt, sich ihre Lernbereitschaft entwickelt. Die Eltern können auch nur kontrollieren und beeinflussen, was sich an Unregelmäßigkeiten und Disziplinlosigkeiten in der Familie zeigt. Fehlverhalten am Vormittag kann nur bedingt abends »nacherzogen« werden. Eintragungen der Pädagogen dienen den Eltern zwar als Information über das schulische Verhalten, können aber nicht als Aufforderung zur Bestrafung verstanden werden. Je differenzierter die Eintragungen durch den Pädagogen vorgenommen werden, desto besser sind die Eltern in der Lage, mit dem Kind über sein Verhalten zu sprechen und es zu beeinflussen.

In der Zeit der Pubertät reagieren die Kinder nicht immer so, wie es von ihnen erwartet wird. Sie sind oft sprunghaft, heute anschmiegsam und morgen spröde, abweisend. Mädchen überwinden diese schwierige Periode schneller als Jungen. Die körperliche und psychische Entwicklung des Kindes zum Erwachsenen ist ein umwälzendes Ereignis in seinem Leben. Die jungen Leute werden selbstbewußter, sind oft in ihrem Auftreten jedoch noch Kind. Die Gliedmaßen gehorchen noch nicht recht, die Bewegungen vor allem bei

Jungen sind zum Teil linkisch, Mädchen schwanken häufig zwischen übertrieben damenhaftem Auftreten und betonter Derbheit. Auch der Ton, den die Heranwachsenden sowohl unter sich als auch gegenüber Erwachsenen wählen, ist nicht immer ganz passend. Diese Unebenheiten abzuschleifen, erfordert von den Eltern großes Einfühlungsvermögen, Geduld und Beharrlichkeit, sonst lockert sich in dieser schwierigen Periode leicht der innere Kontakt des Jugendlichen zu seinen Eltern. Manchmal reicht es, mit einem Scherz eine Sache abzutun oder schweigend darüber hinwegzugehen. In anderen Fällen ist eine gemäße Strafe zu finden. Makarenkos »Buch für Eltern« ist nach wie vor ein guter Ratgeber.

Freizeitreserven

Einen großen Teil der arbeitsfreien Zeit aller Familienmitglieder nimmt der gemeinsame Haushalt in Anspruch. Partei und Regierung verfolgen mit der Erfüllung der Hauptaufgabe auch, die noch ungünstigen Proportionen zwischen der arbeitsfreien Zeit (mit den notwendigen Verrichtungen) und der eigentlichen Freizeit zu verändern. Dazu gehört nicht nur eine bessere Organisation des Handels und des Dienstleistungswesens, obwohl es dort große Reserven gibt. Gleichzeitig kann auch die Familie selbst das Zeitbudget für diese notwendigen Angelegenheiten des Haushalts gestalten, wozu das Kapitel »Haushaltführen läßt sich lernen« Ratschläge unterbreitet.

Das Familiengespräch

Die notwendigen Verrichtungen nach Arbeitsschluß sind nicht nur Mühsal und Plage, Pflicht und Aufgabe. Der abendliche Einkauf kann auch von größeren Kindern erledigt werden. Das Zubereiten der

Mahlzeit ist für manche Frau und manchen Mann Steckenpferd. Sie vermögen in kurzer Zeit ein appetitliches Abendbrot zu zaubern. Meist geben kleine Dinge der Mahlzeit den Glanzpunkt: eine nette Garnierung, ein schnell zubereitetes Mixgetränk, ein erfrischender Salat.

Das gemeinsame Abendbrot kann also Höhepunkt all der Vorbereitungen sein, die die Freizeit einleiten. Es ist wohl der wichtigste abendliche Treffpunkt der Familie. Jeder sollte sich bemühen, so ausgeglichen wie möglich am Tisch Platz zu nehmen. Das ist nicht nur Ergebnis der empfohlenen kurzen Entspannung, sondern auch eine Sache des Willens, der Selbstbeherrschung, die der ganzen Familie zugute kommt.

Es darf durchaus gesprochen und gelacht werden. Schweigen am Tische ist eine veraltete Sitte. Oft entspinnt sich ein Gespräch aus Ereignissen des Tages oder aus einem Erlebnis, das mitteilenswert ist. An der Unterhaltung nehmen alle teil. Es bewähren sich Bescheidenheit und Einfühlungsvermögen. Wenn ständig nur einer erzählt, werden die anderen schweigsam und reden nicht über das, was sie selbst auf dem Herzen haben. Außerdem zeugt dies nicht gerade von Rücksichtnahme.

Der Gesprächsstoff wird sicher nicht so problemgeladen sein, daß man darüber das Essen vergißt oder ohne Genuß verzehrt. Die Themen kennen keine Grenzen. Sie entstehen spontan. Ausgangspunkt bilden nicht selten Veröffentlichungen in der Presse und gemeinsame Erlebnisse, die Rundfunk und Fernsehen vermitteln. Selbstverständlich wird sich die Familie über politische Tagesfragen unterhalten und dabei ihren Standpunkt festigen. Eine klare politische Haltung der Erwachsenen hilft den Kindern am besten, unterstützt die kommunistische Erziehung von Schule, Pionierorganisation und Jugendverband. Unterhaltungsstoff können ebensogut naturwissenschaftliche und kulturelle Themen sein, auch Pläne, die die Familie für die nächste Zeit schmiedet, oder Erinnerungen, die alle mögen.

Auch Probleme der Arbeit der Eltern sollten in Gegenwart der Kinder – je nach ihrer Auffassungsgabe – eine Rolle spielen. Dabei kommt es nicht nur darauf an, sie zum Stolz auf die Tätigkeit oder die Leistungen von Vater und Mutter zu erziehen. Manchmal wird mit dem erhabenen Begriff »Stolz« leichtfertig und oberflächlich umgegangen. Eine solche »Erziehung« kann zur Folge haben, daß die Kinder gegenüber Schulkameraden überheblich werden, deren Eltern nicht so viel Aufhebens von ihren Leistungen machen. Die Familie soll von der Tätigkeit jedes Mitgliedes eine reale Vorstellung erhalten. Die Kinder müssen wissen, daß es nicht jeden Tag Höhepunkte im Leben geben kann und auch der Erwachsene sich mit jeder neuen Aufgabe bewähren muß und dabei manchmal sogar scheitert. Solche Kenntnisse führen am ehesten zum begründeten und maßvollen Stolz auf die Eltern. Jede gute Leistung sollte besprochen werden. Es ist sehr wichtig, vor der gesamten Familie zu loben. Das spornt an und stärkt das Selbstbewußtsein.

Das abendliche Gespräch soll nun keinesfalls nur erziehen und bilden. Dann würde es bald verstummen, verkrampft, langweilig sein. Es muß und soll auch den heiteren Seiten des Lebens aufgeschlossen bleiben. Es gibt so viel Situationskomik im Familienkreis, die unbedingt auszukosten ist. Das Lachen soll jedoch befreien und nicht irgend jemanden verletzen. Eine muntere Unterhaltung, die alle packt und fesselt, kann sich hin und wieder über den ganzen Abend ausdehnen, obwohl sich dieser oder jener etwas anderes vorgenommen hatte. Auch wenn das Gespräch sich bisweilen vom Hundertsten ins Tausendste verliert, so sind es doch nützliche Stunden. Es werden dabei viele Interessen berührt, manche neu geweckt, und es wird vor allem dem Mitteilungsbedürfnis aller Familienmitglieder Rechnung getragen. Bei einer Familie mit mehreren Kindern ergeben sich ganz spezielle Gesprächsstoffe. Die Eltern sollten mit Geschick dafür sorgen, daß die kleineren Geschwister beizeiten ins Bett gehen, allerdings ohne unbeantwortete Fragen. Danach können die Probleme der größeren Kinder besprochen werden, wobei die kleineren ohnehin stören würden.

Zu guter Letzt sei zum Thema Gespräch noch eine Anmerkung gemacht. In manchen Familien wird zu Beginn des Abendbrots der Fernsehapparat eingeschaltet. Im Interesse des abendlichen Gedankenaustausches und auch einer gesunden Verdauung, die nicht durch eine Reizüberflutung des Nervensystems gestört werden sollte, ist anzuraten, daß Fernsehen *und* Abendessen nur eine sehr seltene Ausnahme sein kann. Psychologen und Spezialisten für Herz- und Kreislauferkrankungen haben nachgewiesen, daß Reizüberflutungen zu psychischen und physischen Belastungen führen.

Erholung und Entspannung

Ziel der Freizeit sind Erholung und Entspannung, Bereicherung des Lebens durch Kunstgenuß, Sport und Spiel, ist Erweiterung der Allgemeinbildung. Die steigenden Anforderungen im Produktionsprozeß, aber ebenso notwendiger Zeitaufwand für Qualifizierung und ehrenamtliche gesellschaftliche Tätigkeit wecken natürlich auch unterschiedliche Bedürfnisse – nach kulturellem Gemeinschaftserlebnis ebenso wie nach individueller Tätigkeit und Erholung. Die Freizeit gleicht die Belastungen des Tages aus. Sie ist äußerst wertvoll für das Leben des Menschen und muß daher ihren Inhalt haben. Langeweile, stumpfes Dahinleben, Einseitigkeit und Vergeudung von Freizeit sind Zeichen labiler Lebenshaltung und mangelnden Willens, dem Leben neue, interessante Seiten abzugewinnen, von der Gesellschaft gebotene Möglichkeiten zu nutzen.

Die Freizeit- und Erholungsbedürfnisse der Familienmitglieder sind unterschiedlich. Sie ergeben sich aus dem Konzentrations- und Leistungsvermögen, dem Maß der beruflichen und gesellschaftlichen Aufgaben und Interessen, dem Bildungsweg und auch aus dem Alter. Die unterschiedlichen Bedürfnisse stehen dem gemeinsamen Nutzen der Freizeit nicht entgegen. Dennoch kann nicht gefordert werden, daß die Familie ständig ihre gesamte Freizeit gemeinsam verbringt. Jedes Familienmitglied hat das Bedürfnis nach individueller Tätigkeit und Erholung, es hat auch ein Recht darauf.

Es geht darum, Einseitigkeit zu vermeiden, die Persönlichkeit zu bereichern, ihre geistige Welt zu erweitern, sie allseitig zu entwickeln. Diesem Ziel dienen vor allem auch jene neuen Gemeinschaftsbeziehungen, die sich in der Sphäre der Arbeit entwickeln und auch in der

Freizeit – im Kino, Theater, Konzert oder im Klub und Kulturhaus – neue Impulse ausstrahlen. Nutzt der einzelne die bereits vorhandenen Möglichkeiten des geistig-kulturellen Lebens für seine Entwicklung, so werden sie Rückwirkungen auf seine Stellung im Arbeitskollektiv, auf seine schöpferische Mitarbeit, auf die Kulturatmosphäre im Betrieb und in der Familie haben.

Besonders Frauen machen sich von dem inneren Druck oft nicht frei, daß im Haushalt etwas liegenbleibt, wenn sie ihrem Bedürfnis nach individueller Tätigkeit und Erholung nachgeben. Sie meinen, sich die Zeit für individuelles Tun stehlen zu müssen.

Die Zeit, die der Erwachsene braucht, muß auch dem Kinde im Laufe des Abends gewährt werden. Das Kind muß noch spielen können. Unklug wäre, das spielende Kind zur Essenszeit abrupt und mit Gewalt aus seiner Beschäftigung herauszureißen. Sie muß möglichst ausklingen und abgeschlossen werden. Spielzeug wie Puppen oder Plüschtiere dürfen Begleiter in den Schlaf sein. Ungeeignet sind Gegenstände, die das Kind im Bett einengen oder gar verletzen können. Größere Kinder lesen noch gern, bevor sie einschlafen. Dagegen ist nichts einzuwenden, wenn ausreichende Beleuchtung vorhanden ist, die Lektüre nicht endlos ausgedehnt wird oder aufregende Träume verursacht bzw. offene Fragen hinterläßt. Es ist gut, wenn die Eltern die Lektüre ihrer Kinder kennen.

Wohnung und Freizeit

Es ist nicht immer möglich, daß jedes Familienmitglied seinen eigenen Bereich oder gar sein eigenes Zimmer besitzt. Die Wohnverhältnisse fordern von der Familie gegenseitige Rücksichtnahme. Es ist zweckmäßig, die Wohnung so aufzugliedern und einzurichten, daß Eltern und Kinder ihr eigenes Reich haben. Wird eine Familie größer, wächst die Wohnung selten mit. Bei der Aufteilung der Räume ist es üblich geworden, für Eltern und Kinder jeweils einen kombinierten Wohn-Schlaf-Bereich einzurichten. Ein Wohn-Schlaf-Raum läßt sich heute mit modernen Anbaumöbeln so gestalten, daß er bei Tag und Nacht die nötige Atmosphäre ausstrahlt und Bequemlichkeit bietet.

Wenn die Kinder heranwachsen, sind neue Entschlüsse zur Einrichtung der Wohnung zu fassen. Bruder und Schwester können in einem Zimmer schlafen. Sie sind miteinander aufgewachsen, kennen sich genau. Kinder sollen in der Familie nicht zu falscher Scham erzogen werden. Bei einem größeren Altersunterschied wird das Zusammenwohnen jedoch schwierig. Eine Sechzehnjährige hat andere Lebensgewohnheiten und einen anderen Tagesablauf als ein zwölfjähriges Geschwister. Das jüngere Kind muß zeitiger schlafen gehen. Das ältere möchte noch Licht brennen. Hier muß man das Zimmer ideen- und erfindungsreich mit einem Vorhang oder anderen Raumteilern aufgliedern, um den Bedürfnissen beider gerecht zu werden. Geräuschintensive Betätigungen sind dann am Abend nicht möglich. Aber Musik kann man auch mit Kopfhörern genießen oder, wenn die Eltern unterwegs sind, in ihrem Zimmer. Die Wahl der Freizeitbeschäftigung muß von allen Familienmitgliedern so getroffen werden, daß der eine den anderen nicht behindert. Man muß sich abstimmen, damit die Harmonie in der Familie gewahrt bleibt.

Auch mit Typenmöbeln läßt sich eine anheimelnde, wohnliche Atmosphäre schaffen. Es ist ein Irrtum, daß in früheren Zeiten die Wohnräume wesentlich individueller eingerichtet gewesen seien. Die gestalterische Grundlinie war in jeder Stilepoche ziemlich gleichartig. Der Fachmann kann an der Formgebung der Möbel auf den ersten Blick die Epoche bestimmen, sei es Rokoko, Empire oder Biedermeier. Je mehr die Möbel in Manufakturen und Fabriken gefertigt wurden, um so mehr ähnelten sie sich.

Die persönliche Note wird einer modernen Wohnungseinrichtung durch die Details gegeben – Bilder, Grafiken, Zimmerpflanzen, ein ererbtes schönes Stück, Mitbringsel oder auch selbstgefertigte künstlerische Arbeiten. In den Kleinigkeiten bestand schon immer die Kunst, eine Wohnung anziehend, unverwechselbar einzurichten.

Bei der Einrichtung der Wohnung sind die Freizeitbedürfnisse des einzelnen zu berücksichtigen. Der Bücherfreund braucht einen Platz für Bücher, der Liebhaber von Schallplatten einen für seine Geräte, und dem Bastler kann man keinen Tisch mit polierter Platte anbieten, auf dem er werken soll. Die Kinder haben in den verschiedenen Altersstufen wieder andere Wünsche, ihren Bereich oder ihren Raum auszugestalten. Sie möchten z. B. Poster, Bilder, Schnitzereien anbringen, sie sollen und wollen ihrer Phantasie freien Lauf lassen, denn auch sie möchten sich in der Wohnung wohl fühlen. Es hat keinen Zweck, sich zu erregen, wenn die Dekoration häufiger wechselt, als es der Tapete zuträglich ist. Es lassen sich Lösungen finden, die diesem Schmuckbedürfnis Rechnung tragen. Die Wände können mit Stoff bespannt werden, auch Spanplatten lassen sich anbringen.

Bei der Ausgestaltung des Zimmers können auch die Türen mit viel Phantasie zu besonderen Blickpunkten gestaltet werden. Eine Tür muß nicht weiß sein; sie kann mit einem Großfoto überzogen, mit mehreren Farben oder hübscher Malerei dekoriert werden.

Vergnügen mit Büchern

Es gibt viele Möglichkeiten, in der Wohnung die Freizeit zu verbringen. Es sei auf einige aufmerksam gemacht, an bereits Gebräuchliches erinnert, aber auch manche Anregung vermittelt. Noch bevor die Technik in unser Leben mit Grammophon, Laterna magica, Radio, Fernsehen, Kassettenrecorder, Diaprojektor, Filmapparat und Stereo-Tontechnik eingriff und die Freizeit um neue Möglichkeiten bereicherte, war das Vorlesen eine weitverbreitete und beliebte Beschäftigung der Familie. Diese schöne Sitte muß von der Technik nicht vertrieben werden. Nicht nur im Hause Goethes wurde vorgelesen, wie wir aus Gesprächen Eckermanns mit dem Geheimrat wissen. Auch von der Familie Marx ist bekannt, daß regelmäßig erzählt wurde. Marx hat seinen Kindern wunderschöne, selbsterdachte Märchen vorgetragen.

Das Lesen ist nach wie vor eines der wichtigsten Freizeitbedürfnisse, und mancher seufzt, daß er zu wenig Muße dafür habe. Lesen verlangt Ruhe, und die Eltern kommen meist erst dazu, wenn der Haushalt in Ordnung gebracht ist und die Kinder schlafen.

Stunden mit Büchern gehören zu den glücklichen Stunden des Lebens. Sie sind kaum durch andere Freizeitbeschäftigungen voll zu ersetzen. Lesen regt an und fordert zum eigenen Erleben, zur eigenen Stellungnahme heraus. Die Literatur und die Kunst paaren Erkenntnis und ethische Forderung mit Vergnügen, mit Genuß und Freude. Sie lehren, menschlicher zu leben, indem sie uns am Schicksal anderer Menschen, an ihrem Denken und Fühlen, ihren Kämpfen, Niederlagen und Siegen teilnehmen lassen.

Beginnt sich bei den Mitgliedern einer Familie die Beziehung zum Buch zu entwickeln, so wird nach und nach eine mehr oder weniger umfangreiche Familienbibliothek entstehen. Darüber hinaus gehört das Ausleihen bei staatlichen Bibliotheken heute schon häufig zu den Selbstverständlichkeiten.

In der Schule wird den Kindern von der 1. Klasse an eine Reihe wichtiger Werke der Weltliteratur vollständig oder im Auszug nahegebracht. Die empfohlenen Bücher können bereits den Grundstock einer späteren Bibliothek bilden. Es gibt Buchklubs für Schüler und für junge Leute. Die Eltern sollten den Beitritt ihrer Kinder unterstützen. Wenn die Kinder heranwachsen, trennen sie sich von manchem Spielzeug. Ebenso möchten sie mit ihren Kinderbüchern verfahren. Doch ein gutes Kinder- und Jugendbuch kann auch dem Erwachsenen noch etwas geben. Ebenso sollten die Kinder ihre Schulbücher aufbewahren. Nicht nur, daß sie in höheren Klassen bestimmte Dinge nachschlagen können, die bereits behandelt wurden, sondern die meisten Schulbücher bieten auch für spätere Jahre noch die leicht verständliche Zusammenfassung eines Wissensgebietes.

Mit der Aufnahme des Berufs oder mit dem Studium kommen neue Bücher in die Wohnung: Grundlagenwerke des Marxismus-Leninismus und Fachliteratur, die zum Kern jeder Familienbibliothek gehören. Man könnte sie sich auch aus öffentlichen Bibliotheken entleihen. Da sie häufig benutzt werden, ist das nicht ratsam. Die Frist der Ausleihe ist begrenzt, und außerdem haben viele Leser die Gewohnheit, Unterstreichungen oder Randbemerkungen vorzunehmen, um sich den Inhalt besser aneignen zu können.

Die Eltern sollten die Kinder so zeitig wie möglich an Bücher heranführen. Es gibt keine Rezepte dafür, welche Bücher eine Familie kaufen sollte. Dazu sind die Interessen, Neigungen und Lebensbedürfnisse zu unterschiedlich. Jedoch lohnt es sich immer, wichtige Werke der sozialistischen Gegenwarts- und Weltliteratur anzuschaffen. Nach ihnen wird immer aufs neue gegriffen werden. Der Erwerb mehrbändiger Werkausgaben hat nur dann einen Sinn, wenn die Familie sie ständig benutzt und benötigt.

Besonders sei auf Nachschlagewerke der verschiedensten Gebiete verwiesen. Der Mensch unserer Tage ist mit vielen Fragen konfrontiert, auf die er eine kurze und bündige Antwort sucht und für die das Schulwissen nicht mehr ausreicht. Vor allem auf dem Gebiet der Naturwissenschaft verdoppelt sich etwa alle fünf bis sieben Jahre der Wissensstoff. Eine Vielzahl von Enzyklopädien und Lexika aller Gebiete stehen dem Wißbegierigen zur Verfügung, nicht nur auf naturwissenschaftlichem, sondern auch auf gesellschaftswissenschaftlichem Gebiet, um auf dem Laufenden zu bleiben. In den letzten Jahren ist besonders das Bedürfnis nach sogenannter Ratgeberliteratur, nach populärwissenschaftlichen Darstellungen auf allen Wissensgebieten größer geworden.

Leseabend zu Hause

Vom Vorlesen von Märchen war schon die Rede. Es ist besonders für die Erziehung der Kinder wichtig. In Märchen mit der einfachen Alternative von gut und böse erwirbt es Moralbegriffe. Es lernt beurteilen, welche Folgen Ehrlichkeit, Offenheit und Freundschaft haben, und es verachtet Neid, Gewalt und Hinterlist. Aus den Märchen entstehen Fragen, die die Eltern den Kindern beantworten müssen. Neben den Märchen sollten die Eltern die Kinder auch an die altersgemäße Literatur heranführen, damit sie sich nicht in die Welt der Kobolde, Riesen und Elfen einspinnen. Sie finden sonst schwer wieder heraus.

Das Vorlesen führt die gesamte Familie an die Literatur heran, regt alle an, zum Buch zu greifen. Außerdem entwickelt es die Kunst des Erzählens, denn oft lesen Vater und Mutter nur bestimmte Stellen aus einem Buch vor und gestalten frei den Fortgang der Handlung. Dies setzt wiederum die eigene Beschäftigung mit der Literatur voraus. Ein Gespräch, das sich an eine schöne Stelle anschließt, vertieft die Gedanken, die der Dichter vermitteln wollte. Welch großes Bedürfnis nach dem Vorlesen besteht, kann man auch daran ermessen, daß Literaturabende, Lesungen in Theatern und Vortragssälen meist ausverkauft sind und besonders ein jugendliches Publikum anziehen.

Es muß Literatur ausgewählt werden, die möglichst alle Familienmitglieder begreifen und aufnehmen können. Im Vorlesen sollten sich alle versuchen. Das übt die freie Rede und die Sprechkultur. Die Lesung muß nicht unbedingt an einem Abend abgeschlossen werden. Es ist viel spannender, wenn in regelmäßigen Abständen neue Leseabende folgen. Zum Vorlesen gehört, daß Fragen über die Entwicklung der Personen, über die Konflikte und die Führung der Handlung beantwortet werden.

Hausmusik war früher weit verbreitet. Das Klavierspiel nahm den ersten Platz ein, weil dieses Instrument die Interpretation der gesamten Musikliteratur ermöglicht. Das Klavierspiel scheitert heute nicht selten an der Platzfrage. Andere Instrumente werden bevorzugt. Junge Leute begeistern sich besonders für die Gitarre. Sie kann mitgenommen werden, wenn Freunde unterwegs sind. Das gemeinsame Musizieren geschieht heute weniger in der Familie als vielmehr in Gruppen und in Klubhäusern.

Zuhören ist wohl die häufigste Begegnung mit der Musik – sei es im Konzertsaal oder an der Heimelektronik.

Die Technik bietet der Familie also neue Möglichkeiten, die Freizeit zu beleben. Da wären z. B. gemeinsame Schallplattenabende, bei denen je nach der abendlichen Stimmung der Familie ein Werk ausgewählt wird. Musik kann sehr viel zur Ausgeglichenheit aller Familienmitglieder beitragen. Es gibt Tage, an denen alle ein wenig überreizt sind. Die durchschaubare, fast mathematisch-logische, kraftvolle, optimistische Musik Bachs oder Händels kann eine solche Atmosphäre glätten und allen Freude bringen.

Von jeder Musik gehen starke emotionale Wirkungen aus, die über unser Nervensystem die Stimmung, die Gedanken und die Gefühle beeinflussen. Wenn die Familie das Hören von Schallplatten gewohnt ist, so wird sie selbst wissen, welche Musik jeweils am besten geeignet ist. Diese Gewohnheit muß sich entwickeln. Das Interesse für die Musik kommt nicht von allein, es stellt sich beim Zuhören ein. Es soll nicht nur für das Hören klassischer Werke plädiert werden. Auch die heitere Muse, auch Chansons und Kabarettaufnahmen bereiten angenehme Stunden.

Neben dem Plattenspieler ist der Kassettenrecorder als Wiedergabegerät besonders bei der Jugend beliebt. Die Kassette weist Vorteile gegenüber der Schallplatte auf. Es können besonders beliebte Titel und Wortsendungen aufgenommen und als »Konserven« zu jedem beliebigen Zeitpunkt abgespielt werden.

Die Stereotechnik hat die Wiedergabe wesentlich verbessert und den Konzertsaal oder die beliebte Gruppe mit ihrer raffinierten

Technik ins Haus geholt. Oft werden aber die Möglichkeiten dieser Geräte nicht oder falsch ausgeschöpft und angewandt, weil die Boxen im Zimmer nicht richtig aufgestellt werden und manchmal Lautstärke das Klangerlebnis verdrängt.

Es ist zu empfehlen, die vom VEB Deutsche Schallplatte herausgegebene Platte oder Kassette »Was ist Stereo« anzuschaffen oder in Bibliotheken auszuborgen, damit entsprechend der konservierten Anleitung die Geräte genutzt werden.

Abends im »Latschenkino«

Umfragen über Freizeitbeschäftigungen haben ergeben, daß das Fernsehen neben der handwerklichen Betätigung im Haus und der Gartenarbeit an erster Stelle der Freizeitbeschäftigungen steht. Es folgen Wandern und Ausflüge, das Verbringen der Freizeit mit den Kindern, Lesen und das Hören von Platten. Die Freizeitinteressen haben sich in den vergangenen Jahren in dieser Hinsicht profiliert.

Es soll hier nicht über den Nutzen des Fernsehens als Freizeitbeschäftigung ausführlich geschrieben werden. Das Bedürfnis nach Information, nach niveauvollen Programmen, nicht nur nach Unterhaltung schlechthin, ist größer geworden. Dies entspricht den geistigen Bedürfnissen, die schon dadurch anwuchsen, daß heute die Generationen mit zehnklassiger Schulbildung bestimmend sind. Die Fernsehschaffenden bemühen sich, diesen Anspruch zu befriedigen und dennoch kann nicht jeden Tag ein voll befriedigendes, allen Wünschen gerecht werdendes Programm ausgestrahlt werden. Es sollte auch mit Konsequenz im Programm gewählt werden. Ein wahlloses Einschalten und Alles-laufen-lassen führt dazu, daß man wenig aufnimmt, sich überlädt, ein passiver Verbraucher wird. Es besteht die Gefahr, daß andere Interessen verkümmern. Dies ist aber nicht die Absicht der Programmgestalter. Fernsehen verlangt, wie alle kulturelle Betätigung, eigenes Urteilsvermögen, und das beginnt eben schon bei der Auswahl der Sendung.

Basteln für den Wohnbereich

Jeder weiß, daß das Heimwerken im umfassenden Sinne in den letzten Jahren stark zugenommen hat. Nicht etwa nur aus dem Grund, daß nicht immer ein Handwerker zur Verfügung steht, sondern auch, weil Heimwerken, das Gestalten oder Umgestalten in der Wohnung Freude bereitet und auch das Selbstvertrauen stärkt – weil man stolz auf das erfolgreich beendete Werk ist. Hinzu kommt, daß sich auf diese Weise viele individuelle Wünsche verwirklichen lassen. An vorderster Stelle steht wohl das Malern und Tapezieren. Besonders junge Leute geben ihrer Wohnung oder ihrem Lebensbereich mit Farbe, Kleister und Tapete den gewünschten Pfiff. Viele haben es schon zur Perfektion gebracht. Man sollte es versuchen, auch wenn die ersten Bahnen nicht so recht gelingen. Es gibt eine ganze Reihe von Fachbüchern, die die Techniken erläutern und nicht wenige KWV oder VEB Gebäudewirtschaft führen Kurse für »Selbsthilfe« durch.

Nicht nur das Renovieren der Wohnung, auch ihr Verschönern mit Raumtextilien, ihre bessere Nutzung durch Teilungen, das Aufmöbeln guter alter Stücke, zählen zunehmend zur Freizeitbeschäftigung. Neben diesen, zum Heimwerken im engeren Sinne gehörenden Tätigkeiten, sind viele Handarbeitstechniken wie Glasmalerei, Bauernmalerei, textile Wandgestaltung, Makramee und vieles andere in Mode gekommen. Übrigens betätigen sich nicht etwa nur Frauen, sondern ebenso auch Männer auf diesen Gebieten, und nicht selten hat die gesamte Familie an solchen Hobbys entsprechend ihren Möglichkeiten teil.

Mit Blitzlicht und Kamera

Weit verbreitet sind das Fotografieren und Filmen als gemeinsames Familienhobby, das mit Dia und Heimkino viele Abende verschönt. Oft werden die Bilder auch Bekannten und Freunden vorgeführt. Das

Leben der Familie, die Entwicklung jedes einzelnen – besonders der Kinder – läßt sich dokumentarisch festhalten. Gut gelungene Schnappschüsse widerspiegeln das Wesen eines jeden. Ein schöner Urlaub oder ein Ausflug gewinnen nach Jahren noch einmal an Bedeutung. Manches Vergessene wird in Erinnerung gebracht, manch neuer Eindruck von einem Motiv gewonnen. Zudem bietet die Industrie eine Vielzahl unterhaltsamer und lehrreicher Dia-Serien und Filme an.

Technik, die unsere Freizeit bereichert, ist nicht billig. Die Familie muß also die Anschaffungen planen und gemeinsam überlegen, mit welchem Gerät sie beginnt. Die technischen Geräte für die Freizeitbedürfnisse sollten mit den in der Familie vorherrschenden Interessen in Einklang stehen. Die Geräte sind empfindlich und daher kein Kinderspielzeug. Hier zahlt sich Großzügigkeit nicht aus. Der Forscherdrang der Kleinen und manchmal auch der Größeren kann kostspielige Reparaturen zur Folge haben.

Trotz des ständigen technischen Fortschritts auch bei Geräten der Heimelektronik sollte man sich dennoch auf Langlebigkeit orientieren. Man kann nicht immer auf dem »neuesten Stand« sein. Die vorhandenen Geräte entsprechen meist hohen Ansprüchen – auch auf lange Zeit – und Unterschiede zu neuesten Geräten, die man deutlich zu hören oder zu spüren glaubt, sind meist nicht so gravierend, daß man schon wieder das neue Modell kaufen muß, obgleich das vorherige kaum genutzt wurde. Manche Feinheit wird durch unzureichende Bedienung gar nicht richtig genutzt. Die Erfahrungen der Reparaturwerkstätten besagen, daß es nicht unnütz wäre, wenn die Bedienungsanleitungen der Geräte genauer gelesen würden. Viele Schäden sind auf das unsachgemäße Bedienen zurückzuführen oder auf das Nichtbeachten der Pflegehinweise.

Schach, Dame und Skat

Das Spiel mit Karten, Figuren und Würfeln gehört schon seit Jahrhunderten zur Freizeitbeschäftigung der Menschen. So sehr sich die Spiele auch wandeln, basieren sie doch meist auf klassischen Spielideen. Schach, Dame, Halma, Mühle und andere Brettspiele fördern so wichtige Eigenschaften wie konzentriertes Überlegen und Kombinieren, das Denken in Zusammenhängen und den Wettstreit miteinander.

Neben den altgewohnten Würfelspielen ist heute das Bedürfnis nach neuen, sogenannten strategischen Spielen größer geworden, Spielen, bei denen nicht der Zufall, das Glück, den Ausschlag für den Sieg geben, sondern eben die obengenannten wichtigen Eigenschaften. Neue Möglichkeiten, dieses Bedürfnis nach niveauvollem Spiel zu befriedigen, bietet die Mikroelektronik, die z. B. den Fernsehapparat in ein Spielfeld verwandeln kann.

Nach wie vor sind Kartenspiele wie Skat, Rommé und Canasta weit verbreitet. Für alle Spiele gilt, dem Besseren die Ehre zu geben und mit Anstand zu verlieren. Viele Kinder stehen hier vor Schwierigkeiten. Sie können nicht verlieren, wollen aufstecken oder mogeln, sie müssen sich erst daran gewöhnen, auch einmal das Nachsehen zu haben, um so größer ist die Freude, die Eltern zu besiegen.

Es ist nicht ungewöhnlich und auch keineswegs »nicht altersgemäß«, wenn junge Leute noch »Rauswerfen« spielen, obwohl sie über das Kindesalter schon hinweg sind. Beim Spiel ist ihr Erwachsensein wie weggeblasen, und sie freuen sich wie die Kinder, wenn der andere plötzlich das Nachsehen hat.

Die altbekannten Schreibspiele bieten ebenfalls Kurzweil. Welchen Spaß macht es, auf verdeckten Zetteln Worte zu schreiben, sie auszutauschen und die entstandenen Kombinationen vorzulesen. Würfelspiele dagegen sind lediglich Zeitvertreib. Außerdem können Schreibspiele – der Phantasie sind keine Grenzen gesetzt – auf bestimmte Wissensgebiete beschränkt werden. Auch Rätselraten gehört zu den beliebten Unterhaltungen. Schon Vorschulkindern bereitet es Spaß, leichte Rätsel zu lösen.

Formen, Basteln und Gestalten

Zur kulturellen Nutzung der Freizeit gehört bei vielen die Selbstbetätigung auf künstlerischem Gebiet. Sie ist nicht nur Einzelbeschäftigung, sondern auch Freizeitnutzung der Familie. Vielfältige Anregungen für eine differenzierte Betätigung werden durch Klubs und Kulturhäuser in Zirkeln und Arbeitsgemeinschaften vermittelt.

Mancher wird schon in der Schule zu eigener künstlerischer Arbeit ermuntert oder findet in der Familie den Anstoß, zu Pinsel, Schnitzmesser oder Schere zu greifen. Zuweilen bereitet ein selbstgemaltes Bild, ein schlichtes Aquarell, eine Bleistiftzeichnung der Familie viel Freude. Dabei kann ruhig eine Vorlage verwendet werden. Nicht jeder ist schließlich in der Lage, Themen und Motive seiner Umwelt selbst zu finden und zu gestalten. Aber viele besitzen eine ausgezeichnete Beobachtungsgabe, können gut kopieren.

Aus dem künstlerischen Volksschaffen heraus haben sich viele Talente schon zu hervorragenden Künstlern entwickelt. Wenn jemand auf irgendeinem Gebiet größeres Talent zeigt, so gibt ihm unsere Gesellschaft die Gelegenheit, sich in Zirkeln bei Berufskünstlern und Fachleuten zu vervollkommnen.

Die häusliche künstlerische Selbstbetätigung konzentriert sich neben dem Zeichnen und dem Umgang mit Farben auf textile Handarbeitstechniken, die auch von jungen Leuten wieder betrieben werden. Makramee, Knüpfen, Filetarbeiten sind wieder in Mode gekommen. Aus Flicken wird Farbenfrohes, sogenanntes »Patchwork«, gezaubert.

Schnitzen und Drechseln wird von der Ostsee bis zur Rhön von vielen betrieben. Andere verstehen, aus Wurzeln bizarre Gestalten zu formen. Manche Technik – wie Emaillierarbeiten – sind etwas ins Hintertreffen geraten, andere – wie Bauernmalerei auf selbstgefertigten Wandbrettern oder Glasmalerei – wieder populär.

Die Welt en miniature

Nur skizzenhaft kann erwähnt werden, wie vielfältig und differenziert diese Art der Selbstbetätigung in der Freizeit sein kann. Einige Bemerkungen seien jedoch dem Modellbau gewidmet, der heute mehr denn je zur Beschäftigung in Mußestunden gehört. Die Welt en miniature ist schon viele Jahrhunderte das Ziel von Berufs- und Laienkünstlern. Jeder, der schon einmal das Grüne Gewölbe in Dresden besuchte, wird sich der kunstvollen Elfenbeinschnitzereien und Silberarbeiten des genialen Dresdener Juweliers Dinglinger erinnern. Auch hier die Welt im kleinen, ebenso wie im Arnstädter Museum »Mon plaisier« und im Sonneberger Spielzeugmuseum.

Der Modellbau wendet sich weitgehend funktionsfähigen Nachbildungen von Schiffs-, Eisenbahn-, Flugzeug- und Automodellen nach Bauplänen zu. Doch werden auch Kutschen, Häuser, Windmühlen, Möbel und Maschinen in kleinen Maßstäben nachgebaut. An dieser Freizeitbeschäftigung kann die gesamte Familie teilhaben. Neben den handwerklichen Fertigkeiten ergibt sich meist eine gründlichere Beschäftigung mit einem bestimmten Fachgebiet, mit seiner Kultur- und Entwicklungsgeschichte.

Vor allem die GST bietet die Möglichkeit, speziellen Modellbau in Gemeinschaften zu betreiben. Dort werden nicht nur handwerkliche Geschicklichkeit gefordert, sondern Kenntnisse auf dem Gebiet der Fernsteuerung sowie der Navigation.

Groß ist die Zahl der Modelleisenbahner, die sich in einem eigenen

Verband zusammenschlossen. Sie haben nicht nur Freude am Fahren der Züge, sondern bilden hohe technische Kenntnisse aus und erwerben Erfahrungen in der künstlerischen Gestaltung des Geländes. Dabei lassen sich mannigfaltige Interessen der Familie vereinen. Viele schließen sich Arbeitsgemeinschaften an, in denen gemeinsam gebaut wird. Einige Gruppen haben wichtige Gleisanlagen ausprobiert. Eine Freizeitbeschäftigung, die auch von hohem gesellschaftlichem Nutzen ist. Wie sich überhaupt heute mehr denn je viele Steckenpferde als gesellschaftliche Arbeit bewähren und bei vielen der Drang zu spüren ist, über den Familienkreis hinaus mit seinem Hobby zu wirken.

Steckenpferde im Gespann

Oft lassen sich Hobbys mit anderen Interessen in der Familie verbinden. Freunde der Natur gehen mit der Kamera auf Jagd, beobachten Vögel beim Brüten, belauschen das Wild, spüren der Geschichte nach oder gestalten Trickaufnahmen. Das geschickte Verbinden verschiedener Hobbys sollte nicht dazu verführen, vieles nur zu beginnen.

Wer vieles anfängt oder Hobbys nur oberflächlich betreibt, wird weniger Freude und Entspannung finden als jener, der sich auf ein Gebiet konzentriert. Allerdings wird man zunächst suchen und wechseln, ehe das richtige Interessengebiet gefunden ist. Nicht immer wird die Familie allein in der Lage sein, sich alle Geräte für eine vollendete Arbeit anzuschaffen. Die Interessengemeinschaften des Kulturbundes, die Zentralhäuser für Kulturarbeit, die Kreiskabinette, die Klubs und Kulturhäuser bieten ihre Einrichtungen zur Nutzung an. Schon aus der Zusammensetzung vieler Arbeitsgemeinschaften ist zu erkennen, daß ihnen oft ganze Familien angehören. Die Familien suchen mit ihren Freizeitbedürfnissen den Kontakt zur Gesellschaft. Neue Beziehungen zu anderen Menschen bahnen sich an, und dieser Austausch bereichert alle.

Tiere – Gefährten und Gefahren

Man staunt immer wieder, wie viele Tiere in Städten gehalten werden. Tiere in der Wohnung – das will gut überlegt sein. Es muß, soweit das im Mietvertrag entsprechend geregelt ist, auch mit dem Vermieter abgestimmt werden. In den Familien möchten vor allem die Kinder gern Tiere haben. Wer hat nicht in seiner Jugend heimlich vom Taschengeld weiße Mäuse und Hamster gekauft – und selten den Beifall der Eltern dafür gefunden? Die kindliche Tierliebe hat die verschiedensten Motive. Häufig ist der Umgang mit dem Tier zugleich Forscherdrang. Es werden genau die Lebensgewohnheiten verfolgt oder mit großer Begeisterung Jungtiere gezüchtet, um sich am Betreuen der Kleinen zu erfreuen.

Tierhaltung in der Wohnung ist nur möglich, wenn Raum, ständige Pflege, sachgemäße Haltung und Sauberkeit garantiert sind!

Man muß jedoch wissen, daß jedes Tier Krankheitskeime auf den Menschen übertragen kann, ohne selbst krank zu sein. Das geschieht nicht allein durch direkte Berührung, sondern auch durch Ausscheidungen oder Spuren. Peinliche Sauberkeit in der Pflege und Betreuung der kleinen Gefährten schützen weitgehend vor Infektionen, Krankheiten und Parasiten. In den zoologischen Handlungen werden nur Tiere verkauft, die den tierärztlichen Vorschriften entsprechen. Aber das ist keine absolute Garantie. Die Haustiere – viele bewegen sich ja auch im Freien – sind ebenso wie der Mensch für Infektionen empfänglich. Erwachsene wie Kinder sollten sich nach intensiver Berührung der Tiere gründlich die Hände waschen.

Wer sich ein Tier anschafft, muß sich vorher darüber im klaren sein, daß es auch im Urlaub Pflege braucht und in den meisten Fällen mehrere Jahre lebt. Ein übereilt erfüllter Kinderwunsch kann für manchen Hund, manche Katze oder manchen Vogel bedeuten, daß das Tier kein ständiges Zuhause findet, weil es von Besitzer zu Besitzer weitergegeben wird. Wer sich also ein Tier anschafft, übernimmt auch Verantwortung gegenüber diesem Hausgefährten, das sollte er sich vorher bewußt machen.

Sammeln als Erholung und Leidenschaft

Das Sammeln ist eine liebenswerte Eigenschaft der Menschen. Sie verrät viel über das Wesen und seine Haltung zur Umwelt, über seine Erlebnisfähigkeit. Im Sammeln drückt sich vieles aus, so die Eigenschaft, für sich, für die Familie etwas bewahren zu wollen.

Sammeln hat etwas mit Zusammentragen von Schätzen zu tun. Mancher Sammler hat unschätzbare Werte bewahrt. Man denke nur an die Gebrüder Grimm, die sich zu den alten Muhmen in den Dörfern gesetzt und aufgeschrieben haben, was sie erzählten. Wäre ohne ihren Fleiß, ohne ihr unermüdliches Suchen der Märchenschatz unseres Volkes erhalten geblieben? Das gleiche gilt z. B. für Herders kulturhistorische Tat, Volkslieder zu sammeln.

Diese Ethik des Sammelns sollte Leitmotiv sein. Sammeln als Anhäufen von Werten im Sinne von Geldanlage oder weil es »chic« ist, ist von rechter Leidenschaft weit entfernt.

In allen Familien ist das frühe Sammeln der Kinder zu achten. Aus solchem Sammeleifer können sich später Interessen entwickeln oder zumindest die Anregung, zeitweise zu entdecken und zu forschen. Von Bedeutung ist, daß das Sammeln von der gesamten Familie akzeptiert wird und alle Mitglieder daran Anteil nehmen.

Wer das Sammeln ernsthaft betreiben möchte, sei es Philatelie, Numismatik, das Sammeln von Büchern, Grafiken und vielem anderen, kann sich Interessengemeinschaften des Kulturbundes anschließen. Dort wird er Gleichgesinnte finden, meist auch Familien, die sich mit ähnlichem beschäftigen.

Das Sammeln von Briefmarken wird heute nicht mehr allein als das Zusammentragen einzelner Marken oder das systematische Abonnieren eines Landes betrieben, sondern es hat sich inzwischen zu einem Hobby mit großer gesellschaftlicher Aussage entwickelt. Die sogenannte thematische Philatelie gibt die Möglichkeit, sich an Hand postalischer Belege mit Spezialgebieten oder bestimmten Motiven zu befassen oder der äußerst interessanten Geschichte dieser kleinen Grafik selbst oder der Post nachzugehen. Auch lassen sich bedeutende geschichtliche Ereignisse mit der Briefmarke dokumentieren. Diese Methode des Briefmarkensammelns hat im letzten Jahrzehnt die Mitgliederzahl des Philatelistenverbandes anwachsen lassen.

Erfreulich ist auch, daß die Interessengemeinschaften des Kulturbundes, die sich mit der Bodendenkmalspflege – dem Naturschutz –, dem Hegen der heimischen Fauna und Flora befassen, regen Zuspruch haben. Besonders junge Leute entschließen sich, hier gemeinsam mit anderen ihren Interessen nachzugehen, die hohes Wissen, Ausdauer, Beständigkeit erfordern und dennoch viel Freude und viele Erlebnisse bringen. Nicht wenige sammeln Mineralien und Fossilien. Dabei ist zu beachten, daß dies einer besonderen Genehmigung bedarf, weil wertvolle Mineralien Volkseigentum sind und bleiben.

Andere Interessengemeinschaften beschäftigen sich mit der Heimat- und Ortsgeschichte, dem Leben berühmter Persönlichkeiten, dem Erforschen der Geschichte großer wissenschaftlicher Leistungen der Vergangenheit, wie dem Netz der sächsischen Postmeilensäulen, die eine erste grundlegende Kartierung eines großen Territoriums möglich machten.

Viele Anhänger haben die Aquarianer, die Orchideenzüchter und in letzter Zeit Interessengemeinschaften für Ortsgeschichte.

Insgesamt haben die Hobbys in ihrer Vielfalt zugenommen und sind geistig anspruchsvoller geworden. Dabei ist der Zuwachs an jungen Leuten besonders erfreulich.

Das Spiel der Kleinen

Als eine spezielle Freizeitbeschäftigung möchten wir das Spiel der Kinder betrachten. Das Spiel ist die erste aktive Beschäftigung des Kindes, die mehr und mehr auf ein bestimmtes Ziel – Auseinandersetzung mit der Umwelt – gerichtet ist. Sie ist also eine sehr wichtige Tätigkeit des Kindes, für die es Zeit, Raum und Möglichkeiten haben muß.

Im frühen Lebensalter setzt das Kind schon bunte Würfel aufeinander. Zunächst freut es sich, wenn der Turm zusammenfällt. Bald versucht es, mehr und mehr Klötze zu schichten, ohne daß alles einstürzt. Allmählich begreift es im Spiel, daß der Turm nur stehen bleibt, wenn die Würfel so exakt wie möglich aufeinandergesetzt werden. Es ist um eine Erfahrung reicher geworden, und es muß viele solcher Erfahrungen sammeln. Je komplizierter das Kind zu denken vermag, um so besser ist es in der Lage, aus Einzelheiten einen Gegenstand seiner Umwelt aus dem Gedächtnis nachzuformen.

Nehmen wir an, es baut ein Haus, das aus Dutzenden Plastbausteinen besteht. Das Kind entwickelt im Spiel sein abstraktes Denkvermögen; denn es baut nicht ein Haus, das es sieht, sondern das Haus, das es sich unter dem Begriff »Haus« vorstellt. Es kann ein Hochhaus, ein Landhaus, ein Haus mit einem spitzen Giebel usw. sein.

Im Spiel bilden und zeigen sich Charaktereigenschaften, werden vorhandene Anlagen entwickelt, lassen sich Ausdauer, Kühnheit, Konzentration erziehen. Man kann aber auch Egoismus und Ungeduld erkennen. Letztere sollten die Eltern vorsichtig beurteilen. In den ersten Jahren beschäftigen sich die Kinder nicht gern lange mit dem gleichen Gegenstand, das ist nicht besorgniserregend. Spielen ist anstrengend. Sie ermüden, das Interesse erlahmt. Das Nachlassen des Interesses kann auch seine Ursache in nicht altersbedingtem Spielzeug haben. Es kann auch vorkommen, daß das Kind immer wieder etwas versucht und ein Vorhaben nicht gelingen will. Der Erwachsene soll im allgemeinen nicht in das konzentrierte Spiel des Kindes eingreifen, aber er kann helfen, wenn das Kind aus Ungeschicklichkeit und Unerfahrenheit den Mut und Spaß am Spiel verliert. Diese Hilfe darf nicht die Initiative des Probierens hemmen, sonst werden die Kleinen leicht »bequem« und wollen sich später »unterhalten« lassen. Manche Langeweile und Interesselosigkeit von Jugendlichen geht auf solche Erziehungsfehler in der frühen Kindheit zurück. Aus dem Spiel muß schließlich der Drang zur nützlichen zielgerichteten Arbeit werden. Dann hat es einen wichtigen Sinn erreicht.

Die Kinder spielen, aber die Eltern kaufen das Spielzeug. Hier liegt ein Problem. Vor allem für junge Eheleute ist es nicht ganz einfach, immer recht zu beurteilen, welches Spielzeug für eine bestimmte Altersgruppe das geeignete ist. Die Eltern sind heutzutage geneigt, den Kindern viel zu früh kompliziertes, weil teures Spielzeug in die Hand zu geben. Da werden schon für 4- und 5jährige zu den Festtagen fernlenkbare Autos und andere mechanische Spielwaren gekauft. Das Kind ist geistig überhaupt noch nicht in der Lage, den komplizierten Mechanismus, den ihm der Vater vollendet vorführt, zu erfassen. Abgesehen davon, daß das Kind mit diesem Spielzeug auch vom Spiel her verhältnismäßig wenig anfangen kann, dafür wird das Geschenk mit ungeschickten Händen auseinandergenommen. Nach kurzer Zeit ist es völlig zerstört. Die Eltern sind verärgert, und das Kind ist unzufrieden. Die Schuld müssen die Eltern aber bei sich suchen. Am besten, man läßt sich in der Krippe und im Kindergarten beraten, welches Spielzeug am geeignetsten ist. Es soll dem Alter entsprechen, naturgetreu und wirklichkeitsnah, stabil, hygienisch sowie ideenreich und pädagogisch wertvoll sein.

Das Spielzeug läßt sich in einige Hauptgruppen unterteilen. Zum *Funktionsspielzeug* gehören z. B. der Ball, den man werfen, fangen und rollen kann, und das Springseil; aber ebenso auch der Metall- und Plastbaukasten und das ferngelenkte Auto.

Das *soziale Rollenspiel* kommt mit geringen Hilfsmitteln aus. Wer kennt nicht »Vater-Mutter-Kind«, die Spiele »Schule«, »Kaufladen« oder »Puppendoktor«? Phantasiebegabte Kinder versetzen sich so tief

in eine Rolle, daß sie z. B. in der Lage sind, die Rolle der Oma zu übernehmen und der mitspielenden richtigen Großmutter den Platz des Kindes zuzuweisen. Das soziale Rollenspiel, das im allgemeinen ein Gruppenspiel ist, wird von manchem Kind auch allein gespielt. Es nimmt sämtliche Puppen und Plüschtiere zur Hand und verkörpert fünf oder sechs Rollen zu gleicher Zeit. Das soziale Rollenspiel ist sehr schöpferisch, weil es die Phantasie übt und das Kind sich bemüht, seine Umwelt zu interpretieren. Wer einmal genau zuhört, wird erstaunt sein, was das Kind alles aufgenommen hat. Rollenspiele fördern die soziale Einordnung und werden daher in den Kindergärten besonders gepflegt.

Die Entwicklung des Denkvermögens und des Gestaltens wird vor allem mit *Spielmaterial* unterstützt. Es kommt nicht darauf an, teures und viel Spielzeug zu kaufen, sondern Material, mit dem das Kind vieles anfangen kann und bei dem es nicht schade ist, wenn es weggeworfen wird. Unter Spielmaterial sind Bauklötze, Zeichengerät, Knetmasse und ähnliches zu verstehen. Hierbei entwickeln sich nicht nur Handfertigkeiten, Gestaltungswille und Ausdauer, sondern vor allem wird das Zuendeführen einer Aufgabe, die sich das Kind gestellt hat, erreicht. Die Freude über den Erfolg zählt. Eine besonders schöne Knetarbeit sollte daher einen Ehrenplatz in der Wohnung und die Anerkennung der Familie finden.

In den jeweiligen Lebensaltern herrschen bestimmte Arten des Spieles vor. Mit 3 bis 4 Jahren etwa beginnt das sogenannte *Malalter.* Das Kind soll und muß sich »ausmalen«. Es lernt beobachten, die Umwelt erfassen, schult seinen Farbsinn. Man muß sich darüber klar sein, daß die Kleinen noch nicht abmalen, sondern aus dem Kopf malen. Die Eltern sollten sich hüten, Kinder zum Abmalen zu zwingen oder ihnen etwas vorzumalen. Das Kind vermag, wenn auch ungelenk, seine Umwelt in wenigen Strichen zu abstrahieren. Wer in diesen Prozeß eingreift, fördert nicht das schöpferische Denken des Kindes, stört seine Empfindungswelt. Außerdem werden die Kleinen sehen, daß die Eltern besser malen können und wollen sich nun immer etwas vormalen lassen. Nur kleine Korrekturen sind angängig. Oder man zeigt dem Kind, wie man aus freier Hand einen Kreis malt, also Handbewegungen.

Die Kinder spielen nicht nur in der Wohnung, sondern vor allem auf dem Spielplatz. Sie vertreiben sich mit den altbekannten Bewegungs- und Sportspielen wie »Einkriegezeck«, »Hopse« bis zum »Versteck« und Fußball die Zeit. Sie sind ein echter Ausgleich nach dem langen Stillsitzen in der Schule. Sie spielen auch »Indianer«. Nichts dagegen, wenn sich die Kinder balgen, diese oder jene Fehde miteinander ausfechten. Sie wollen ihre Kräfte messen. Aber manch-

mal gehen sie zu weit. Fruchten dann Ermahnungen Erwachsener nichts, sollte auch die Mieter- oder Wohngemeinschaft versuchen zu verhindern, daß sich solches »Spiel« breitmacht.

Im Idealfall wechselt bei Heranwachsenden das Spiel ins Steckenpferd über. Aus der Kindereisenbahn wird eine Modelleisenbahn, aus der Freude an einzelnen schönen Briefmarken die exakte philatelistische Sammlung. Der Metallbaukasten, ergänzt durch Zahnräder und Motoren, dient für schwierigere Konstruktionen. Das Zeichnen gewinnt an Qualität. Manch intensiv betriebenes Spiel des Kindes kann Quelle späterer Freizeitinteressen sein.

Bei manchen Heranwachsenden bricht das Spiel plötzlich ab. Alles, was ihm bisher ernst, lieb und wert war, wird beiseite geschoben, weil es schon in der Kindheit nicht intensiv, nicht ausdauernd betrieben wurde. Neigungen, die sich zu einer bestimmten Zeit einmal zeigten, sei es Zeichnen oder Modellieren, sei es Musizieren oder Konstruieren, gehen für immer verloren, wenn die Eltern nicht darauf achten. Auch unter diesem Aspekt sollten die Erwachsenen das Spiel ihrer Kinder sehen und schon im Kindesalter Interesse fördern. Dann wird es später wenig Langeweile geben.

Es mag noch viele Möglichkeiten geben, die Freizeit im Familienkreis und in der Wohnung mit interessanten Tätigkeiten zu nutzen. Schon die Fülle, die aufgezählt wurde, unterstreicht deutlich, wie kostbar Freizeit ist.

5 Tage in der Woche sind in der Regel Werktage mit Freizeit am Abend. Das unterstreicht, welche Aufmerksamkeit man gerade dieser Zeit widmen muß. Sie dient außer der ehrenamtlichen gesellschaftlichen Tätigkeit den unterschiedlichsten Bedürfnissen, die in dieser Zeit befriedigt werden können und dazu beitragen, wertvolle geistige Fähigkeiten und Eigenschaften des sozialistischen Menschen zu prägen.

Abend mit Freunden

In der Freizeit lädt sich die Familie oft auch Freunde und Bekannte ein, mit denen man vielleicht schon viele schwierige und heitere Situationen erlebte, die man genau kennt, vor denen man im Grunde genommen keine Geheimnisse hat. Mit ihnen kann man sich über Familiensorgen und -freuden austauschen. Manchmal kommen die Eltern in der Erziehung ihrer Kinder nicht weiter, oder es gibt Eheprobleme und berufliche Konflikte, die sich mit dem Rat von Freunden besser lösen lassen.

Das Wichtigste ist, daß jede Familie Freunde und Bekannte hat. Was man seinen Gästen anbietet, hängt vom Anlaß ab. Es müssen nicht immer große Vorbereitungen getroffen werden. Bei manchen Familien hat sich eingebürgert, daß Freunde und Bekannte beim Bereiten der Mahlzeit oder eines Imbisses und beim Abwasch helfen, damit die Gastgeber sich um so mehr dem Besuch widmen können.

Frohe Feste feiern

Die Familie hat auch Grund zum Feiern. Staatliche und berufliche Ehrungen sowie Geburtstage sind Höhepunkte im Leben der Familie. Jeder Ehrentag hat seine besondere Note. Wer ihn begeht, soll sich nicht in ein Programm eingezwängt fühlen, das ihm gar nicht liegt. Manche feiern still, sitzen nur beisammen und plaudern, andere wünschen sich Musik und Tanz.

Zu *Kindergeburtstagen* sollten sich die Kinder ihre Gäste selbst einladen dürfen und ihren eigenen Freuden nachgehen können. Nach Möglichkeit bereite man ihnen eine eigene Tafel; denn sie wollen unter sich sein, die ihnen gemäßen Späße treiben. Je weniger sich die Erwachsenen in ihre Art zu feiern hineindrängen, um so dankbarer wird das Geburtstagskind den Eltern für den schönen Tag sein.

Der *Geburtstag von Erwachsenen* wird entweder im Kreise der Familie oder auch mit Freunden verbracht. An diesem Tage werden einmal die besonders beliebten Schallplatten des Geburtstagskindes gespielt, Dias vorgeführt, oder es kommen andere liebe Gewohnheiten der Familie zu ihrem Recht. Vielleicht findet sich die frohe Runde auch in einer besonders gastlichen Stätte zusammen. Alle sollten versuchen, dem Geburtstagskind dadurch eine Freude zu bereiten, daß sie sich der Atmosphäre der Feier anpassen.

Nicht jeden Geburtstag braucht man als ein großes Fest zu begehen. Vielleicht sollten die Kinder, wenn sie etwas größer sind, begreifen, daß die Eltern gerade an diesem Tag zu einer früheren Stunde als sonst einmal allein sein möchten, und diesen Wunsch durch ihre Mithilfe im Haushalt noch schneller erfüllen. Das gilt z. B. auch für den elterlichen *Hochzeitstag.* Er ist jedes Jahr eine gewisse Bilanz der Ehe. Und die Art einer kleinen Aufmerksamkeit bezeugt, ob Oberflächlichkeit, Routine, Gleichgültigkeit sich in die Ehe eingeschlichen haben oder noch tiefe Beziehungen zwischen den Partnern bestehen. Vielleicht unternimmt man am Hochzeitstag am besten etwas, was man im Alltag des Jahres unterlassen, vergessen oder zu wenig getan hat.

In der sozialistischen Gesellschaft sind bestimmte, von der Arbeiterklasse erkämpfte Feiertage zur Tradition geworden. Sie werden von Gesellschaft und Familie gleichermaßen begangen. Der *Internationale Frauentag* z. B. wird heute nicht nur im Betrieb gefeiert, sondern hat auch in der Familie seinen festen Platz gefunden. Dabei geht es nicht um aufwendige Geschenke. Auch wirkt es eigenartig, an diesem Tag eine sonst nicht praktizierte Geschäftigkeit zugunsten der Frauen zu entfalten. Wer sich damit von seinen Pflichten im Betrieb gegenüber den Kolleginnen oder in der Familie loskaufen will, hat die tiefe politische Bedeutung dieses Ehrentages mißverstanden. Die Gleichberechtigung der Frau gilt nicht nur am 8. März. Freilich ist es angebracht, wenn sich an diesem Tage manches Familienmitglied bestimmter Vorsätze erinnert und ihnen künftig im Alltag ständig gerecht wird, damit die Mutter weniger Lasten und mehr

Freizeit hat. Auch sollten alle ihre Freude, ihren Stolz zeigen, wenn die Frau in ihrem Betrieb geehrt worden ist, und mit ihr beraten, wie sie neuen Aufgaben noch besser gewachsen ist. Sie muß an diesem Tag besonders die Liebe, Achtung und Verehrung ihrer Familie spüren. Es ist wichtig, den heranwachsenden Kindern beizeiten den politischen Sinn des Tages, den langen Kampf um Gleichberechtigung der Frau, um ihren Platz in der Gesellschaft zu erläutern. Der jungen Generation ist die Unterdrückung der Frau unvorstellbar. Gerade deshalb müssen sie mit Vergangenem bekannt gemacht werden.

Die *Jugendweihe* wird immer mehr zu einem der bedeutendsten Feste im Leben der Familien. Während sie sich vor Jahren noch wenig von anderen Familienfeiern unterschied, bemühen sich jetzt die Familien, mehr auf die Wünsche des Jugendlichen Rücksicht zu nehmen und ihn zu fragen, wie er sich seine Aufnahme in den Kreis der Erwachsenen vorstellt. Es ist schwierig, Klassenkameraden einzuladen, weil sie am selben Tage Jugendweihe haben. Aber kontaktfreudige Jugendliche besitzen Freunde über diesen Kreis hinaus: aus der Sportgemeinschaft, aus dem Jugendverband, ältere Schüler, auch etwa gleichaltrige Cousinen und Cousins. Die Jugend feiert meist laut, will tanzen, singen. Ein Büfett paßt vielleicht eher als eine gedeckte Tafel. Auserlesene Getränke müssen nicht sein, Jugendliche bevorzugen »Cola mit Schuß«. Nur die wenigsten wollen ihr Erwachsensein mit entsprechendem Alkoholkonsum beweisen. Erwachsene, die einen Jugendlichen an seinem Festtag zum Alkoholgenuß animieren, erweisen ihm keinen Dienst. Die Erwachsenen sollten sich ähnlich dem Kindergeburtstag nicht aufdrängen und vor allem nicht künstlich jugendgemäß aufführen. Jede aufgesetzte Fröhlichkeit wirkt unecht.

Die Jugendweihe muß man übrigens nicht unbedingt zu Hause feiern. In einer gepflegten Gaststätte können alle Familienmitglieder, ohne den Aufwand, den eine solche Feier nun einmal mit sich bringt, unbelastet an der Feier teilnehmen. Findet das festliche Ereignis an einem Sonnabend statt, so kann man auch das verlängerte Wochenende zu einer Fahrt nutzen.

Zunehmend kommen Klassenkollektive dem Wunsch der Jugendlichen nach, unter vertrauten Freunden zu feiern. Sie begehen die

Jugendweihe gemeinsam in einer Gaststätte, in der sie nach Herzenslust tanzen können. Eingeladen sind auch die Gäste der Familie. Es liegt im Feingefühl der Eltern, den Kreis nicht über Gebühr auszuweiten. Organisation und Anregung liegen meist bei den Elternaktiven.

Die Jugendweihe sollte nicht das einzige Fest der Jugend sein. Die Eltern sollten für ihre heranwachsenden Kinder Verständnis haben, wenn sie sich hin und wieder einmal Freunde einladen und mit ihnen in bescheidenem Maße feiern möchten. Dabei lernen sie zugleich den Umgang kennen.

Jugendliche feiern ausgelassen. Bei aller Fröhlichkeit ist die Großzügigkeit der Gastgeber zu respektieren, die erwarten, daß die Jugendlichen sich ihrem Alter entsprechend bewegen und die Wohnungseinrichtung anderer achten.

Der Abend im Klub, Theater oder Kino

Die Freizeit am Abend wird nicht nur zu Hause verbracht. Die Teilnahme an Zirkeln und Arbeitsgemeinschaften in den verschiedenen gesellschaftlichen Organisationen und Institutionen gehört heute zu den verbreiteten Freizeitbeschäftigungen. Viele dieser Gruppen vereinen nicht nur Menschen mit gleichen Interessen, sondern üben Tätigkeiten von hohem gesellschaftlichem Wert aus. Es sei hier nur auf die Mitglieder der Freiwilligen Feuerwehr, die Helfer der Volkspolizei und die Mitglieder des DRK und des ADMV hingewiesen. Eine ganz besondere Freizeitbeschäftigung ist die Zugehörigkeit zu Rationalisatoren- und Erfinderkollektiven. Hier vereinigen sich Freude am Knobeln und Nutzen für das Volkseigentum besonders deutlich. Mancher Rationalisator vergißt beim Brüten über einer Idee Zeit und Stunde.

Die Teilnahme der Familie an Kultur und Kunst vollzieht sich u. a. in Theater, Konzertsälen, Klubhäusern und Museen. Dieser Umgang entwickelt neue, unverwechselbar sozialistische Gewohnheiten, bereichert die Persönlichkeit. Ein Kunstwerk hat die besondere, durch keine andere Form der Ideologie ersetzbare Eigenschaft, vom »ganzen Menschen Besitz zu ergreifen und in ihm Eingang zu finden, auch ohne daß er sich dessen bewußt ist« (Johannes R. Becher). Gedanken und Gefühle, Stimmungen und Leidenschaften, das Handeln des Menschen können von künstlerischen Erlebnissen wesentlich beeinflußt werden. Kunstwerke fördern Selbsterkenntnis und Schöpferkraft, vertiefen Gefühle und beflügeln die Phantasie. Diesen Gewinn, der aus Begegnungen mit der Kunst – auch bei häuslicher Lektüre oder am Bildschirm – entspringt, darf die Familie nicht missen.

Die Aufnahme von Kunstwerken ist ein schöpferischer Prozeß, der volle geistige und gefühlsmäßige Hingabe verlangt. Deshalb scheut mancher davor zurück, nach einem anstrengenden Arbeitstag zum Sinfoniekonzert zu gehen. Die sogenannte »ernste Musik« kennt soviel verschiedene »Handschriften«, die Sprache der Töne ist so reich, daß sie auf jede Stimmung und auch auf Abspannung die entsprechende Entspannung und Erbauung bringen kann. Gleiches gilt für das Theater und die anderen Kunstgattungen. Das Wichtigste ist, aus dem Reichtum und den gegebenen Möglichkeiten auszuwählen und nicht zu glauben, daß nach einem Arbeitstag nur die leichte Muse noch zu verdauen ist. Was nicht heißt, daß die leichte Muse nicht zur Entspannung gehört.

Die Teilnahme der Familie an Kunst und Kultur wird durch die Initiative vieler Arbeitskollektive gefördert, die das kulturelle Leben in ihren Alltag einbeziehen.

Nach wie vor ist das Kino die begehrteste Kultureinrichtung. Es zieht mit anspruchsvollen Filmen, die wichtige Fragen unseres Lebens aufgreifen, und nicht nur mit Reißern, alt und jung an. Die Bemühungen unserer Theater, günstige Anrechte zu schaffen, haben den Besucherkreis erweitert, ebenso haben sich die Theaterfahrten und die Abstecher vieler Bühnen bewährt. Mehr Familien sollten sich entschließen, Anrechte zu erwerben, um regelmäßig Aufführungen der dramatischen Kunst zu erleben. Man kann erst ein Verhältnis zu den Künsten gewinnen, wenn man sich bemüht, Neues, Unbekanntes für sich, für die ganze Familie zu entdecken. Es ist darum sehr wichtig, die Kinder an die Schönheiten und Werte humanistischer Kultur heranzuführen, sie ins Theater oder Konzert mitzunehmen. Solche Erlebnisse prägen sich tief ins Gedächtnis ein. Besondere Freude werden die Kinder an heiteren Spielopern und vor allem an Balletten nach Märchenstoffen haben. Davon lassen sich schon Sieben- oder Achtjährige begeistern. Solche Theaterbesuche sollten entweder in den Ferien oder am Wochenende stattfinden, damit der Schlaf nicht verkürzt wird. Theateranrechte für Schüler festigen das Interesse an der dramatischen Kunst.

Ab und zu ins Museum

Gemeinsame Besuche der Familien in Museen und Ausstellungen sind zum Bedürfnis geworden. Sie vermitteln Kenntnisse und gesellschaftliche Zusammenhänge, schulen den ästhetischen Geschmack, das Empfinden für Farbkompositionen und das Erkennen bestimmter Techniken. Vor allem Jugendliche urteilen dort sehr kritisch und sind oft keineswegs zurückhaltend in ihrem Urteil, ob der Künstler sein Thema bewältigt hat.

Besonders für Kinder sind Museen Schatzkammern. Dieses Bildungserlebnis sollte jede Familie suchen, weil die jüngere Generation die Erfahrungen und Geschehnisse vergangener Epochen am besten gegenständlich begreift. Ein Museumsbesuch sollte besonders an regnerischen Tagen und im Winter auf dem Familienprogramm stehen.

Tanzen und Sport

Zur Freizeit gehören Tanzen und Sport. Die Älteren sollten es auch nicht vergessen.

Sport wird in der Freizeit nicht klein geschrieben. Abgesehen von den Disziplinen, die der einzelne entsprechend seiner Alters- und Leistungsgruppe in Gemeinschaften betreibt, gibt es viele Möglichkeiten, Sport ohne großen Aufwand zu betreiben. Da wäre das Schwimmen im Freibad, in Flüssen und Seen, im Winter – dort wo sie vorhanden sind – in Hallen. Schwimmen hat den Vorteil, daß alle Körperteile gleichmäßig beansprucht werden und besonders der Kreislauf angeregt wird. Das Schwimmen wirkt Schäden des Bewegungsapparates entgegen.

Wandern kann man sehr gut gemeinsam. Es ist zu jeder Jahreszeit möglich. Bei der Familienwanderung bestimmt das Tempo der am wenigsten Leistungsfähige. Wandern heißt allerdings nicht spazierengehen, sondern einige Kilometer in einem gleichmäßigen, aber nicht zu langsamen Tempo zurücklegen. Erstreckt sich die Wanderung über mehrere Stunden, so sind zwei Drittel des Weges im ersten Teil der Wanderung und nach einer Pause das letzte Drittel zu gehen. Bequemes Schuhwerk, klimaentsprechende Kleidung und Rucksäcke statt Beutel und Taschen gehören dazu, damit es nicht zu Blasen und Zwangshaltungen während des Laufens kommt. Die Kilometerzahl der Wanderungen ist im Laufe des Jahres langsam zu steigern. Mit

Schulkindern kann man bis zu 20 Kilometer am Tag zurücklegen, für kleinere sind kürzere Wege zu wählen und Tragegestelle mitzunehmen.

Die Bewohner vieler neuer Wohngebiete haben sich Kleinsportplätze und Volleyballfelder gebaut. Sport vor der Haustür ist nicht ungewöhnlich. Bei einer Fahrt ins Grüne reicht eine Leine, um z. B. Volley- oder Faustball spielen zu können. Im Winter empfehlen sich für die Familien Schlittschuhlaufen und Rodeln. Skiausrüstungen für alle zu kaufen ist nur ratsam, wenn der Wohnort im Gebirge liegt oder jedes Jahr Winterurlaub in schneesicherer Gegend möglich ist. Denn sie sind sehr teuer und lohnen nicht, wenn sie jährlich nur 8 bis 14 Tage genutzt werden. Zudem gibt es in allen Wintersportorten der DDR Ausleihstationen. Es ist auch zu bedenken, daß man ohne ständige Übung die spezielle Abfahrt- und Langstreckentechnik verlernt. Manche Zerrung und mancher Beinbruch hätten vermieden werden können, wenn sich Winterurlauber nicht schon am ersten Tage Skitouren zutrauten, die sie nur bei dauerndem Training absolvieren können.

Erlebnisse im Wohngebiet

Was von den Familien sonst noch in ihrer Freizeit erlebt bzw. unternommen werden kann, hängt nicht unbeträchtlich davon ab, wie das geistig-kulturelle Leben im Wohngebiet, in der Kleinstadt bzw. im Dorf entwickelt ist. Und der Entwicklungsstand wiederum wird weitgehend durch die eigenen kulturellen Aktivitäten, die Bereitschaft zur Mitarbeit der Bewohner sowie von den örtlichen Organen und den Ausschüssen der Nationalen Front bestimmt. In den oft durch Bürgerinitiative geschaffenen Klubs und Kulturhäusern finden Zirkel, Foren, Tanzveranstaltungen, Wissensteste u. v. a. statt. Betriebs- und Dorffestspiele, die die kulturelle Betätigung fördern, werden schon vielerorts organisiert.

Gewiß sind für die Bewohner der Großstädte mehr Möglichkeiten zum Besuch von Theater, Konzerten und Museen gegeben. Um so mehr ist anzuerkennen, was von manchen Dorfklubs und anderen Gremien auf die Beine gestellt wird, um ihren Bürgern Kultur- und Kunsterlebnisse zu vermitteln. Diese Initiativen werden von den staatlichen Kulturinstitutionen unterstützt, beispielsweise der schon traditionelle Konzertwinter auf dem Lande.

Den Betrieben kommt bei der Entwicklung der kulturellen Bedürfnisse in den Wohngebieten eine hohe Verantwortung zu. Viele von ihnen tragen dem Rechnung. Sie organisieren für die Bürger des Territoriums Veranstaltungen bzw. beziehen sie in Veranstaltungen der Betriebe mit ein. In vielen Dörfern sind die Landwirtschaftlichen Produktionsgenossenschaften Mittelpunkt des kulturellen und geistigen Lebens.

Die Jugend hat eigene Interessen

Die Jugend hat spezielle Kulturbedürfnisse. Sie will tanzen, mit Altersgenossen zusammen sein, ihre Musik hören. Diesen Interessen sollten auch die Familien Rechnung tragen. Das Gesetz zum Schutz der Jugend schreibt genau vor, wann die jungen Leute die öffentlichen Gaststätten zu verlassen haben (Jugendliche bis 16 Jahre um 22 Uhr, bis zur Volljährigkeit um 24 Uhr), und verbietet gleichfalls den Alkoholausschank an Jugendliche unter 16 Jahren. Öffentliche Veranstaltungen dürfen in Begleitung der Erziehungsberechtigten bis zum Schluß besucht werden. Den Eltern empfiehlt sich, nicht engherziger zu sein als der Gesetzgeber. Gewiß, es ist nicht einfach, sich daran zu gewöhnen, daß die Kinder älter und selbständiger werden. Manch berechtigte Sorge ist Anlaß für Verbote und Einschränkungen. Aber Gängeln bringt den geringsten Erfolg. Wenn die Erziehung zur Verläßlichkeit rechtzeitig begonnen wurde, werden die Heranwachsenden das Vertrauen der Eltern respektieren. Läßt man die Jugendlichen selbst vorschlagen, wann sie bei einem Abendausgang nach Hause kommen wollen, und legt nur dann ein Veto ein, wenn sie über Gebühr ausbleiben möchten, werden Komplikationen am ehesten vermieden. Denn die meisten Mädchen und Jungen halten ihr eigenes Angebot ein, weil sie auch vor den Eltern als zuverlässig gelten möchten. Es ist ratsam, bei einer Verspätung erst die Gründe aufmerksam anzuhören. Tatsächlich können Zufälle die beabsichtigte Pünktlichkeit beeinträchtigen. Man hört schnell heraus, ob anerkennenswerte Gründe vorliegen.

Das Wochenende

Am Wochenende verfügt die Familie über längere zusammenhängende freie Zeit. Während die Kinder am Sonnabend für einige Stunden zur Schule gehen, erledigen die Eltern noch Einkäufe oder Arbeiten im Haushalt, bereiten schon den Ausflug oder ähnliches vor. Das Wochenende muß geplant werden, gleichgültig, ob es gemeinsam verbracht wird oder nicht. Wenn in einer Familie mit mehreren Kindern keine Einigkeit darüber herrscht, so leiden letztendlich alle darunter. Schon im Laufe der Woche sollte über die arbeitsfreien Tage gesprochen werden. So besteht die beste Gewähr dafür, daß keiner seine Freizeit verbummeln muß, kein besonders guter Vorschlag untergeht. Das verlängerte Wochenende bringt für manche jungen Menschen Probleme, weil sie z.B. an unfreundlichen Tagen nichts anderes mit sich anzufangen wissen, als die wertvolle Freizeit etwa in einer rauchigen Kneipe zu vertrödeln. In einer harmonischen Familie werden rechtzeitig Freizeitinteressen und Unternehmungsgeist geweckt, damit dann, wenn dieser und jener seine eigenen Wege geht, von früheren gemeinsamen Erlebnissen an Wochenenden profitiert werden kann. Die Vorbereitung des Wochenendes darf nicht nur auf einem Familienmitglied lasten. Die Mutter hat das gleiche Recht auf Freizeit wie alle anderen. Außerdem verzögert sich der Aufbruch, wenn sich nur einer um die Pflichten, die man dazu erfüllen muß, bemüht.

Solange und sooft wie möglich sich in frischer Luft zu bewegen, auch wenn es ein bißchen regnet oder der Frost zwickt, ist meist der beste Ausgleich zum beruflichen Alltag.

Wie nahe ist die Naherholung?

Häufig wird heute das Wochenende mit der Naherholung in Beziehung gebracht. Sie ist abhängig vom Reiz der Umgebung des Wohnsitzes, von den jahreszeitlichen Bedingungen, der vorhandenen Zeit für einen Ausflug und von den Verkehrsbedingungen. Will die Familie einen ganzen Tag unterwegs sein, so sollte sie mit der Eisenbahn, dem Autobus, dem Schiff, dem eigenen PKW oder dem Fahrrad ein Stück Weges zurücklegen, um in nicht alltäglicher Gegend neue Eindrücke zu sammeln. Viele Verkehrsbetriebe haben an den Wochenenden einen zusätzlichen, meist recht preisgünstigen Linienverkehr eingerichtet.

Vor allem für kinderreiche Familien ist ein Tagesausflug nicht gerade billig, wenn unterwegs gegessen wird. Da sollte man sich wieder stärker an die Traditionen der Großeltern erinnern, die ihr Ränzel mit Verpflegung füllten und hinauszogen. Der traditionelle Kartoffelsalat, das kalte Beefsteak, die gekochten Eier, auch das Kotelett sind eine geeignete und bekömmliche Verpflegung. Das hat auch andere Vorteile. An vielen stillen, reizvollen Plätzchen gibt es keine Gaststätten. Man ist ungebundener, umgeht längere Wartezeiten in den Saisongaststätten. Ein Picknick im Freien bereitet überdies Spaß. Wer die Natur liebt, verläßt den Rastplatz so, wie er ihn vorzufinden wünscht.

Sobald die Sonne am Himmel höher steigt, zieht es die Menschen ins Freie, in die Nähe eines kühlenden Wassers, wo man baden und in der Sonne liegen kann. Abends wird dann oft ein tüchtiger Sonnenbrand mit nach Hause gebracht. Gerade bei den ersten Ausflügen in der warmen Jahreszeit ist Vorsicht am Platze, stundenlanges Aalen in der prallen Sonne zu vermeiden. Sonst kommt es leicht zu Unwohlsein. Kinder können einen Hitzedurchfall bekommen, der mit

Erbrechen und ähnlichen unangenehmen Erscheinungen verbunden ist.

Es gibt Wochenenden wie Pfingsten, an denen die Familie einen mehrtägigen Kurzurlaub verleben kann. Er muß sehr genau geplant werden, weil Übernachtungen in Hotels oder Herbergen nötig sind. Es lohnt sich, im Laufe des Jahres auf einen solchen Kurzurlaub zu sparen. Die Frühjahrs- und Herbstferien der Kinder sind dazu ebenfalls geeignet. Ob Ausland oder Inland – die Übernachtung muß rechtzeitig sichergestellt sein, besonders, wenn Kinder mitreisen.

Liegen Seen oder Flüsse in der Nähe, lohnt die Anschaffung eines Paddelbootes. Der Paddler erreicht die stilleren, wenig besuchten Gewässer und trainiert außerdem wie der Ruderer seinen Körper. Der Anschaffungspreis ist erschwinglich. Gut gepflegt, bringt ein Faltboot mehreren Generationen Freude. Empfehlenswert ist auch ein aufblasbares Schlauchboot. Es kann zugleich als »Badestützpunkt« dienen und ist sicherer als eine Luftmatratze. Vor allem bei kleineren Kindern, die noch nicht ausdauernd schwimmen können, bietet es sich als sichere Rettungsinsel an.

Gartenfreuden

Die sinnvolle, zielstrebige Arbeit im Freien ist ein sehr gesunder Ausgleich für manche einseitige oder fehlende Körperbeanspruchung im Beruf. Gartenarbeit bedeutet allerdings wenig Erholung, wenn das gesamte Wochenende oder jeder Abend nur auf dem »Feld« verbracht werden, weil der Garten nicht rationell angelegt worden ist. Dabei soll man nicht etwa glauben, daß ausgedehnte Rasenflächen weniger Arbeit machen als ein Garten mit Gehölzen, Blumen oder Gemüse. Meist lassen sich Stauden, Beete und Gehölze leichter pflegen als Rasen. Auch sollte der Garten entsprechend der umgebenden Landschaft gestaltet sein. Für Waldgrundstücke stehen zahlreiche Kulturpflanzen, wie z. B. Gartenheidelbeeren u. a. zur Verfügung. Arbeit und Erholung müssen also im Einklang stehen. Die Sparten des Verbandes der Kleingärtner, Siedler und Kleintierzüchter (VKSK) beraten ihre neuen Mitglieder, wie sie am besten ihre Fläche nutzen können.

Dank der regen Initiative des Verbandes der Kleingärtner, Siedler und Kleintierzüchter hat in den vergangenen Jahren die Betätigung im Garten nicht nur hohe Anerkennung von Staat und Regierung gefunden. Sie ist nicht zuletzt durch die Schaffung neuer Kolonien zu einem weit verbreiteten Hobby geworden. Dabei geht es den Kleingärtnern nicht nur um die Ausgestaltung ihres Gartens. Eine Unmenge Freizeit bringen sie auf, um Gemeinschaftsanlagen und staatlich anerkannte Naherholungsgebiete zu schaffen. Nach Vorschlägen des VKSK und der Siedlergemeinschaften entstanden viele ansehnliche Anlagen, die sinnvolle Erholung bieten, aber auch dem gesellschaftlichen Anliegen – zusätzlich Obst und Gemüse, Blumen und Weißfleisch zu erzeugen – nachkommen.

Es ist eine interessante Entwicklung, daß gerade in landwirtschaftlichen Gegenden die Zucht von Rassegeflügel verschiedenster Arten zugenommen hat. Die Genossenschaftsbauern vieler Dörfer halten nicht mehr nur schlechthin Hühner, Gänse oder Enten. Sie bemühen sich – oft in Gemeinschaftsanlagen ihres Dorfes – Rassegeflügel hervorragender Qualität zu züchten.

Es ist weit verbreitet, seltene Rassen mit hervorragenden Eigenschaften, die auszusterben drohten, wieder zu halten, und sie auch in der Öffentlichkeit zu zeigen. Die eigene Versorgung mit Eiern und Fleisch paart sich mit einem nutzvollen züchterischen Anliegen. Dies wurde auch möglich, weil die Arbeitsproduktivität durch die moderne Technik stieg und auch in Saisonzeiten die extensive Ausdehnung der Arbeitszeit zurückging. Diese Möglichkeiten eröffneten Wünsche und Bedürfnisse, die Freizeit immer gehaltvoller zu verbringen.

Nicht nur auf dem Lande, sondern auch in den Klein-, Mittel- und Großstädten haben die Sparten des VKSK großen Anteil an der Gestaltung der Freizeit. Viele Industriearbeiter, Angehörige aller

Schichten der Bevölkerung verbringen auch hier ihre Freizeit im Garten oder wenden sich mitunter selbst in Großstadtwohnungen dem Züchten edler Tiere zu.

In den letzten Jahren hat sich das Züchten von Vögeln stark entwickelt. Viele seltene Sittich- und Papageienarten wachsen in Käfigen und Volieren heran. Die Züchter sind stolz darauf, daß es ihnen gelungen ist, seltene Vögel zum ersten Mal in der Gefangenschaft zum Brüten gebracht zu haben. Jedes dieser Hobbys – sei es auf dem Gebiet der Tierzucht oder der Kultivierung neuer Blumen oder Gehölze – geht einher mit einer intensiven fachlichen Qualifizierung auf dem Freizeitgebiet, das oft mit wissenschaftlicher Akribie betrieben wird. Nicht selten stehen Züchter mit Fachinstituten in Verbindung. Diese Betätigung, die von dem Bemühen um spezielle Kenntnisse begleitet ist, deutet auch auf den gewachsenen Bildungsstand in den letzten Jahrzehnten hin. Die Hobbys sind im allgemeinen nicht nur vielseitiger, sondern auch anspruchsvoller geworden. Dabei ist besonders erfreulich, daß meist die gesamte Familie daran Anteil hat und sich wie z. B. in den Sparten des VKSK Gruppen »Junger Züchter« in zunehmendem Maße bilden.

Mit dem Zelt unterwegs

Das Zelten hat sich sehr schnell verbreitet, auch weil das Bedürfnis gewachsen ist, irgendwo in freier Natur eine ständige Unterkunft zu haben. Der Handel führt ein sehr gutes Campingangebot. Eine komplette Ausrüstung zu kaufen – zu ihr gehören ja auch Kochgeräte, Möbel, Schlafsäcke – lohnt aber nur, wenn sie über Jahre hin in jedem Urlaub und an vielen Wochenenden genutzt wird. Zelten ist jedoch stark witterungsabhängig. Wenn es Stunden und Tage regnet, Nässe und Luftfeuchtigkeit in Sachen und Betten kriechen, dann wird es ungemütlich. Es gehört Begeisterung und entsprechende

Lebensweise dazu, um solche klimatischen Reize gesund zu überstehen.

Wer sich zum Zelten entschließt, hat auch zu überlegen, welche Leinwandvilla die richtige ist, ob das Zelt einen Dauerstandort haben soll oder als zeitweilige bzw. Wanderunterkunft dient. Vor allem ist

beim Kauf zu berücksichtigen, wieviel Personen zu gleicher Zeit während der Zeltsaison dort leben werden, welcher Komfort gewünscht wird und wie der Transport der umfangreichen Ausrüstung erfolgt.

Zelten ist besonders für junge Leute geeignet. Sie brauchen nicht unbedingt ein komfortables Modell, sondern in erster Linie ein Dach über dem Kopf, das sie auf ihrem Moped oder Motorrad transportieren können.

Einige zusätzliche Tips ergeben sich, wenn der ganze Urlaub im Zelt verbracht werden soll. Bei dem umfangreichen Gepäck, das für einen Zelturlaub benötigt wird, sollte vieles schon vorher mit der Bahn befördert werden. Auch wenn ein Auto vorhanden ist, reicht sein Kofferraum in der Regel nicht aus. Zelten kann man von etwa Mitte Mai bis Ende September. Wichtig ist, daß sich die gesamte

Familie auf eine strenge Hygiene im Zelt vorbereitet, sonst können Infektionen und Krankheiten auftreten. Auch bei einem Zelturlaub muß man sich jeden Tag gründlich waschen. Das Baden allein tut es nicht. Das Zeltinnere ist täglich zu reinigen, Decken und Schlafsäcke sind ausgiebig zu lüften, Lebensmittel sind in Behältern aufzubewahren und vor der Sonne zu schützen, um Vergiftungen vorzubeugen. Auch im Hochsommer braucht man festes Schuhwerk und warme Sachen.

Gemeinsamer Urlaub

Ein erholsamer Urlaub beginnt mit der rechtzeitigen Planung und Finanzierung, mit der Vorbereitung all dessen, was mit auf die Reise gehen soll. Die Familien planen meist Anfang des Jahres ihren Urlaub, weil sich die Arbeitskollektive, zu denen Mann und Frau gehören, abstimmen müssen. Dort, wo viele Kollegen mit schulpflichtigen Kindern tätig sind, können nicht alle wunschgemäß im Juli oder August Urlaub machen. Das bedarf einer einfühlsamen und gerechten Regelung. Die Zahl der Kinder und die Arbeitsleistungen sollten berücksichtigt werden. Im Interesse des gemeinsamen Urlaubs mit den Kindern sollten sich die Eltern entschließen, auch die Winterferien im Februar für den Jahresurlaub zu nutzen. Es ist sehr zu überlegen, ob man die Kinder während des ganzen Jahresurlaubs bei den Großeltern »abgibt« oder ins Ferienlager schickt, um selbst ungestört verreisen zu können. Wenn es auch zu verstehen ist, daß man einmal seine »Ruhe« haben möchte, so muß man doch sehen, daß die Kinder die Geborgenheit in der Familie brauchen. Sie wollen längere Zeit mit Vater und Mutter an einem besonders schönen Ort zusammen sein. Die Familie benötigt diese Gemeinsamkeit im Urlaub für ihre Harmonie und ihren Bestand.

Auf den Urlaub muß sich die gesamte Familie finanziell einstellen. Am günstigsten ist eine Urlaubskasse, in die allmonatlich ein bestimmter Betrag eingezahlt wird. Auch die Kinder sollten sich finanziell auf den Urlaub vorbereiten und einen Teil ihrer kleinen Einkünfte dafür sparen, um sich dann diese oder jene Kleinigkeit kaufen zu können.

Eltern und Kinder entspannen sich im Urlaub auf verschiedene Weise. Die Erwachsenen brauchen mehr Ruhe und wollen wenigstens einige Stunden des Tages für sich sein. Ein verständliches Bedürfnis der beiden Ehepartner. Größere Kinder werden darauf Rücksicht nehmen, von kleineren Kindern kann man dies noch nicht erwarten. Aber sie gehen zeitig ins Bett und spielen zeitweise – wenn sie daran gewöhnt sind – recht ausdauernd, so daß die Eltern durchaus auch im Urlaub mit kleineren Kindern eine gewisse Entspannung finden können. Schwieriger hingegen ist es mit dem Ausgehen. Darauf muß manchmal verzichtet werden, weil kleine Kinder in der ihnen zunächst fremden Umgebung oft unruhiger schlafen, außer es finden sich Urlaubsfreunde oder andere junge Paare, die während der Abwesenheit bei Bedarf zur Stelle sind.

Koffer packen

Wenn der Urlaub bevorsteht, geht es ans Kofferpacken. Wie man es auch immer macht – die letzten Tage vor einem Urlaub sind immer ziemlich nervenaufreibend für die Familie. Man ist mit dem Vorbereiten der Sachen beschäftigt, mit dem Besorgen der Fahrkarten oder auch dem Überprüfen des eigenen Fahrzeugs. Meist weiß man nicht so recht, was eingepackt werden soll. Abgesehen davon, daß Zelt- oder Heimaufenthalte, See oder Gebirge den Kofferinhalt bestimmen, lautet eine Faustregel: Lieber etwas zuviel als zuwenig mitnehmen, denn das Wetter kann schnell umschlagen. Feste Schuhe und wärmere Kleidung sind daher auch im Sommer vonnöten.

Kofferpacken ist Erfahrungssache. Jeder hat seine Methode. Der Erfahrenste der Familie sollte es tun. Anzuraten ist, daß jeder der Erwachsenen und größeren Kinder seine Sachen bereitlegt. Dazwischenreden, aufgeregtes, hastiges Suchen führen nur zu Spannungen. Dabei werden oft wichtige Kleinigkeiten vergessen, denn Kofferpacken erfordert Konzentration. Unbedingt ist an einige Spielsachen für die Kinder und an Lektüre zu denken.

Alles sollte in Behältnissen Platz finden, die von den Familienmitgliedern über kurze Strecken getragen werden können. Es erleichtert die Bahnreise, wenn die Koffer vorher aufgegeben werden, aber nicht erst am Vorabend, damit auch sie rechtzeitig eintreffen. Und die Kofferschlüssel nicht vergessen!

Erholung nicht nur an der See

Nicht nur der Hochsommer bietet Erholung und nicht nur die Ostsee. Natürlich reizen immer wieder eine Fahrt ans Meer, das Baden in den Wellen und die bräunende Sonne an der Küste. Wer aber nur in der Sonne liegt und sich dann im Wasser abkühlt, wird den Kreislauf eher belasten als beleben. Erfahrungen der Ärzte besagen, daß ein unvermittelter Übergang von der Anspannung zur Entspannung bei labilen oder überarbeiteten Menschen zum Kollaps oder gar Herzinfarkt führen kann. Übermäßig intensive und zu lange Sonneneinstrahlung kann eine krankhafte Erregbarkeit des Nervensystems auslösen, daher ist die See für überreizte Menschen durchaus nicht immer der geeignete Erholungsort.

Für gesunde Menschen bedeutet das Baden im Meer Anregung des Stoffwechsels und des Herz-Kreislauf-Systems. Außerdem versprüht der Gischt der See feinste Wasserteilchen auf das Festland, die Luft erhält dadurch einen hohen Kochsalzgehalt. Die Verdunstung des Wassers am Strand führt dem Körper eine große Menge Sauerstoff zu. Der Wellengang wirkt beim Baden als kräftige Körpermassage. Auf diese außergewöhnlichen Reize muß sich der Urlauber erst einstellen, und daher ist es auch bei schönstem Wetter nicht ratsam, sich sofort und lange in die Fluten zu stürzen. Zum Urlaub an der See sollten auch Ballspiele und längere Wanderungen gehören, um den Körper gleichmäßig zu belasten.

Das Fluß- und Binnenwasser hat die gleiche massierende Wirkung, wenn man seinen Kräften entsprechend schwimmt. Für den unerfahrenen Schwimmer ist von Wichtigkeit, daß er mit zunehmender Tiefe des Gewässers und auf Grund von Strömungsverhältnissen plötzlich in kältere Bereiche geraten kann, die leicht Schwächeanfälle verursachen. Der Schwimmer muß daher auch kräftesparende Schwimmarten beherrschen.

Man soll nicht unmittelbar nach den Mahlzeiten baden. Verdauen und Baden zugleich belastet den Kreislauf zu stark. Wer friert, soll nicht aus »falschem Heldentum« noch länger im Wasser bleiben. Zu großer Wärmeverlust des Körpers belastet ebenfalls den Kreislauf. Es ist eine weitverbreitete Unsitte, die nasse Badehose am Strand anzubehalten. Manche Nierenerkrankung rührt von solchem Leichtsinn her, den Badeanzug am Körper trocknen zu lassen, weil man glaubt, die wasserabweisenden Kunstfasern seien im Nu trocken. Die nasse Badebekleidung ist sofort nach dem Bad zu wechseln.

Der Reiz des Gebirges

Ein Urlaub im Gebirge kann sehr vielseitig und der Gesundheit dienlicher sein als ein Aufenthalt an der See. Man braucht in diesen Gegenden das Baden nur selten zu entbehren. Viele Gemeinden haben Schwimmgelegenheiten geschaffen. Beim Wandern – im Gebirge wichtigste Erholungsquelle – kann man viele Sehenswürdigkeiten, historische Denkmäler betrachten, kann sich Ziele in Wald und Flur vornehmen, die in einer bestimmten Zeit erreicht werden sollen Wandern ist auch bei trübem, leicht regnerischem Wetter möglich und bei entsprechender Kleidung sogar schön.

Diese aktive Art der Erholung läßt sich mit anderen Sportarten wie Bergsteigen, Radfahren oder Skilaufen im Winter kombinieren. Ein wenig trainierter Mensch kann am Tag 10 bis 12 Kilometer zurücklegen. Erfahrene Touristen schaffen 20 bis 30 Kilometer. Es empfiehlt sich, in einem Rucksack Wegzehrung mitzunehmen. Die frische Luft, das Auf und Ab des Weges strengen an, machen hungrig und durstig; nicht jedesmal ist ein Gasthaus in der Nähe.

Ins Gebirge kann man zu allen Jahreszeiten fahren. Der Wald hat stets seine Reize. Besonders beliebt ist die Pilzpirsch im Sommer und Herbst, auch das Beerensammeln. Bei einem Urlaub im Hochgebirge, der übrigens wie ein Seeurlaub in einem Reizklima verbracht wird, muß man sich mit der Kleidung entsprechend einrichten. Festes Schuhwerk, Pullover und robuste Oberbekleidung benötigt man dort

auch im Hochsommer, weil starke Temperaturunterschiede zwischen Tag und Nacht herrschen und das Wetter von einem auf den anderen Tag umschlagen kann. An warmen Tagen darf man die ultraviolette Strahlung nicht unterschätzen und unbedeckte Körperstellen nur kurz der intensiven Strahlung aussetzen. Die ultraviolette Strahlung ist hier stärker als an der See. Den Kopf sollte man mit einem Hut, die Augen mit einer Sonnenbrille schützen. Der Urlaub im Hochgebirge ist für Gefäßkranke nicht zu empfehlen, hingegen finden Menschen, die für Bronchialleiden anfällig sind, dort meist Linderung.

Für Familien mit ausgeprägten Interessen an Sehenswürdigkeiten und kulturellen Einrichtungen kann Urlaub in oder nahe Städten anziehend sein. Meist liegen sie – Dresden, Weimar, Meißen, Quedlinburg und Eisenach seien hier als Beispiele genannt – auch in landschaftlich reizvoller Umgebung, die zu erlebensreichen Ausflügen lockt. Ein solcher Urlaub – er eignet sich weniger für Familien mit kleinen Kindern – kann auch in Jahreszeiten mit wechselhaftem oder kühlem Wetter unternommen werden.

Neuerdings fahren immer mehr Familien im Winter an die See. Zu dieser Zeit ist es dort ruhig, aber durchaus nicht langweilig. Ausgedehnte Wanderungen am Strand sowie im küstennahen Hinterland, das Erlebnis der tosenden oder vereisten Wintersee ermöglichen erholsame Stunden von sehr eigenwilligem Reiz. Wie Erfahrungen besagen, fühlen sich auch Kinder sehr wohl, können sich z. B. lange damit beschäftigen, Schwäne und Möwen zu beobachten, die dichter herankommen als im Sommer.

Urlaub zu Hause

Auch ein Urlaub zu Hause bedarf der Planung, obgleich spontane Entschlüsse viel Spaß machen können. In der näheren Umgebung des Wohnortes gibt es Ausflugsziele, die nach und nach wieder – oder neu – entdeckt werden können. Nach Möglichkeit sollte die Familie auch außerhalb essen. Die Tage und Abende können in Muße für all die Steckenpferde genutzt werden, die sonst zu kurz kommen. Man kann sich auch manches vornehmen, was an einem üblichen Wochenende nicht erreichbar ist. Am nächsten Tag ruft keine Arbeit, man kann sich nach ausgedehntem Ausflug ausschlafen. Das trifft zum Beispiel auch auf Theaterbesuche in der nahegelegenen Stadt zu. Wer einen Kleingarten besitzt, kann auch dort sehr erholsame Tage verleben.

Wenn die Kinder Ferien haben

Die Ferien der Kinder währen länger als der Urlaub der Eltern. Das bringt Probleme für Vater und Mutter, wenn beide berufstätig sind. Vor allem dann, wenn die Großeltern und nähere Verwandte ebenfalls im Arbeitsprozeß stehen. Von den Schulen und örtlichen Räten wird vieles zur Betreuung unternommen: Ferienspiele, Pionierlager, Gruppenfahrten usw. Die Horte übernehmen ebenfalls eine ganztägige Betreuung. In den Sommermonaten können die meisten Kinder in die Ferienlager der Betriebe fahren, und der Aufenthalt ist ihnen ein bleibendes Erlebnis. Das Leben im Kollektiv ist von großer Bedeutung für die Persönlichkeitsentwicklung. Ein anfängliches Sträuben verliert sich meist beim gemeinsamen Ferienerlebnis und sehnsüchtig wird schon das Wiedersehen im darauffolgenden Jahr erwartet.

Es gibt in jeder Jahreszeit Schulferien, in denen die Kinder sich auf ganz unterschiedliche Weise erholen wollen. Im Winter möchten sie, falls Schnee liegt, rodeln, Schlittschuh laufen oder in Gebirgsgegenden Ski fahren. All das ist auch in der Gemeinschaft sehr gut möglich. Der Betreuer jedoch übernimmt eine hohe Verantwortung. Er muß beim Wintersport manches untersagen und auf strenge Disziplin achten, die Kinder können manches nicht tun, was sie in Begleitung ihrer Eltern dürften. Kinder und Jugendliche haben nicht immer die notwendige Einsicht in die Maßnahmen der Betreuer.

Im Winter eignet sich auch nicht jeder Tag zum Wandern, zum Aufenthalt an der frischen Luft. Gegen Schneematsch ist das festeste Schuhwerk machtlos. Die Gesundheit der Kinder kann nicht aufs Spiel gesetzt werden. Dem Betreuer bleibt keine andere Wahl, als im

Raum, meist im Klassenraum, zu bleiben und dort die Kinder zu beschäftigen. All das müssen die Eltern am Abend berücksichtigen, wenn die Kinder erzählen. Sie sollten ausgleichen mit dem Ziel, das Kind an die Einordnung in das neue Kollektiv zu gewöhnen. Dazu gehört Verständnis und Konsequenz zugleich, sonst werden Kinder trotzig und stellen an die Eltern Forderungen, die sie nicht erfüllen können und dürfen.

Im Sommer fahren viele Gruppen gemeinsam baden. Das ist die beste Möglichkeit für Kinder, sich auszutoben und ihrem Bewegungsdrang nachzugeben. Deshalb sollten die Eltern dafür sorgen, daß ihr Nachwuchs so zeitig wie möglich schwimmen lernt, weil sich dadurch der Feriengestaltung in den Sommermonaten viele Möglichkeiten eröffnen.

Die Feriengestaltung ist ein weites Feld für sozialistische Familienpolitik. Betriebe, staatliche und gesellschaftliche Einrichtungen sollten alle ihnen zu Gebote stehenden Möglichkeiten nutzen, um den Kindern erlebnisreiche Tage zu bereiten. Die Feriengestaltung darf nicht routinemäßig behandelt, sondern muß jedes Jahr aufs neue mit großer Verantwortung und mit viel Ideen von allen vorbereitet werden, die es angeht.

Niemand erwartet, daß sich nur die staatlichen und betrieblichen Einrichtungen um das Wohl der Kinder bemühen. Die Eltern kennen ihre Kinder am besten, können entscheiden, in welchem Alter sie schon einen oder mehrere Tage nach ihren persönlichen Wünschen verbringen dürfen. Etwa im 10. Lebensjahr können die Kinder einen Tag und ab dem 12. Lebensjahr einen ganzen Ferienabschnitt allein verbringen. Dieses Vertrauen kann nur walten, wenn die Kinder zuverlässig sind und sich an verabredete Zeiten und Orte halten.

Reißt Unzuverlässigkeit ein, sind zeitweilige Einschränkungen meist unumgänglich. Zweckmäßig ist wohl, mit den Kindern einen Ferienplan aufzustellen. Die günstigste Lösung ist eine Kombination zwischen individuell genutzter Freizeit und der Teilnahme an der kollektiven Feriengestaltung.

Man muß einen Unterschied machen zwischen den Ferieninteressen der Kinder bis 14 Jahre und den älteren. Die letztgenannte Altersgruppe ist schon selbständig und kann Verantwortung übernehmen. Sie wird aber nicht mehr ins Ferienlager mitgenommen, muß sich also nach anderen Möglichkeiten umsehen, in einer Gemeinschaft Ferien machen zu können. Die Heranwachsenden haben im allgemeinen diesen Wunsch. Den gesellschaftlichen Organisationen wie FDJ, GST, DRK und den Sportgemeinschaften kommt hier eine große, neue Aufgabe zu. Die Jugendlichen wollen in den Ferien auch etwas Nützliches unternehmen. Sie sind bereit, Aufträge und Aufgaben mit ihren Ferieninteressen zu vereinen, sei es als Ordner im Pionierlager oder auch als Bastler zu Hause.

Viele Jugendliche über 14 Jahre gehen während ihrer Schulferien bis zu 3 Wochen arbeiten, nicht nur, um ihr Taschengeld aufzubessern, sondern vor allem, um die Arbeit in einem Betrieb näher kennenzulernen, bevor sie die Lehre aufnehmen. Bei günstigen Arbeitsbedingungen kann sich während der Ferientätigkeit der Berufswunsch festigen oder sich die Verbindung zu einem ganz bestimmten Betrieb herausbilden. Auch unter diesem Gesichtspunkt sollten Schulen, Eltern und Betriebe die Ferienarbeit der Schüler betrachten und demzufolge auch vorbereiten.

Das Thema Freizeit ist ein sehr vielschichtiges Thema. Es umfaßt einen großen Teil der Zeit, den die Familie gemeinsam verlebt und in der sich die Beziehungen zwischen den Familienmitgliedern festigen. Die Freizeit wird in der sozialistischen Gesellschaft größer werden. Es wird neue Möglichkeiten geben, überall am kulturellen Leben teilzunehmen und vielseitigen Interessen nachgehen zu können.

Hygiene und Gesundheit der Familie

Wohl jeder Gedankengang in den bisherigen Kapiteln war darauf gerichtet, Eheleuten und solchen, die es werden wollen, Hilfe und Rat zu geben: damit sie ihr Glück pflegen und es noch fühlbarer, sichtbarer machen können.
»Glück hat man, oder man hat es nicht.« – »Zum Glück muß man geboren sein.« – »Ich habe sowieso nie Glück – ich bin ein Pechvogel.« Solche Sprüche prägten einst das Denken vieler. Aber auch heute noch wirken sie unter uns. Sie lassen die Versemacher für Schlagertexte immer noch von der »Liebe auf den ersten Blick« singen oder von dem Glück, die »eine« oder den »einen« gefunden zu haben oder erwählt worden zu sein. »Glück« hat man auch, wenn man einen Haupttreffer im Lotto erzielt oder morgens noch jene Straßenbahn erreicht, mit der man pünktlich zum Arbeitsbeginn im Betrieb ist. Hier wird Glück einem Zufall gleichgesetzt, der einmal keine negativen Auswirkungen hatte und nicht zum Unfall oder Unglück wurde. Auf vergangene Zeiten bezogen, sind solche Auffassungen verständlich. Sie entstanden in engem Zusammenhang mit den Lebensbedingungen der Menschen, die noch nicht erkennen konnten, daß Glück und Unglück in vielfältigen, allein vom Menschen abhängigen Voraussetzungen wurzeln. Deshalb gilt es heute, alte Spruchweisheiten über Bord zu werfen und, gemeinsame Errungenschaften nutzend, unser Leben selbst glücklich zu gestalten.

Gesundheit – ein Zustand?

Eine wesentliche Voraussetzung für ungeschmälertes Glück und Zufriedenheit in der Familie besteht in der Gesundheit aller ihrer Mitglieder. Wir müssen wissen, unter welchen Voraussetzungen Gesundheit erhalten, gefördert und unter Umständen wiederhergestellt wird.

Diese materiellen und ideellen Voraussetzungen schafft unsere sozialistische Gesellschaft selbst, und sie sind das Ergebnis der Arbeit der Werktätigen. Das Glück einer Familie ergibt sich nicht allein aus der Harmonie zwischen den beiden Ehepartnern. Es wurzelt tief in der Zufriedenheit, die jedes einzelne Mitglied aus einer beruflichen oder gesellschaftlichen Arbeit mit nach Hause bringt. Man darf Ehe und Familie nicht aus der Gesamtheit des Lebens herauslösen und in der Vorstellung leben, Fragen aus dem Betrieb oder der sozialen Umwelt, Probleme der beiderseitigen Eltern und Geschwister ließen sich wie Arbeitskleider daheim abstreifen.

Familienglück wurzelt außerdem in der ausgeglichenen Fröhlichkeit, mit der sich die Kinder sowohl im Spiel als auch beim Erledigen häuslicher und schulischer Pflichten als heranwachsende Persönlichkeiten bestätigen. Es kann auch nur dauerhaft und von überflüssigen Streitigkeiten befreit sein, wenn sich mit der Familie lebende Großeltern als dazugehörig, als erwünscht und durch das Übertragen zu bewältigender Aufgaben als nützlich betrachten können. Und schließlich sollte sich bei aufgetretenen Krankheiten niemand den Vorwurf machen müssen, durch Versäumnisse in der Lebensgestaltung Schuld für ihr Entstehen zu tragen. Deshalb kann ein Ratgeber zu umfassendem Familienglück – wie dieses Buch – nicht an einigen Empfehlungen zu gesundheitsfördernder Organisation des gemeinsamen Lebens in der Familie vorbeigehen.

Wichtig ist es zu wissen, daß Gesundheit kein Zustand in unserem Leben ist, den man entweder hat oder nicht hat. Die Weltgesundheitsorganisation (WHO) betont, daß nicht nur »das Fehlen von Krankheit«, sondern das »völlige körperliche, geistige und soziale Wohlbefinden« die Gesundheit kennzeichnet. So ist beispielsweise die mit dem Gesetz über die Schwangerschaftsunterbrechung gebotene

Möglichkeit zur vorzeitigen Beendigung einer ungewollten Schwangerschaft, wenn die Antikonzeption versagte, eine wichtige Maßnahme, die Gesundheit der Frau in bestimmten Lebensabschnitten zu schützen.

Gesundheit, Leistungsfähigkeit und Glück sind demnach Ausdruck eines Gleichgewichts zwischen Anforderungen aus unserer gesellschaftlichen und familiären Umwelt und der Fähigkeit unseres Organismus, sie unter Erneuerung der Funktionsfähigkeit aller seiner Anteile täglich richtig – das heißt gesundes Leben reproduzierend – erfüllen zu können. Diese Fähigkeit hängt z. B. von der Art unserer Ernährung, unserer Bekleidung, unseren Gewohnheiten, von ausreichendem Schlaf, von unseren beruflichen Fertigkeiten, von unserem Verhältnis zu anderen Menschen und auch von erfüllten Partnerbeziehungen ab. Das zeigt sich an den funktionellen und organischen Auswirkungen des Hungerns, Frierens und der Müdigkeit, beruflicher Rückschläge, Unzufriedenheit und Kontaktschwäche. Gesundheit, Leistungsfähigkeit und Glück sind also direkt abhängig von unserer Wechselbeziehung zum geographischen und gesellschaftlichen Milieu, in dem wir leben. Da diese und die eigene geistig-körperliche Beschaffenheit weitgehend vom Charakter der Gesellschaftsordnung geprägt werden, korrespondiert unsere Gesundheit auch in starkem Maße mit unserer Stellung in und zu der sozialistischen Gesellschaft.

Die Gesundheit ist ein dynamischer Prozeß, der täglich unter bestimmten Voraussetzungen in Krankheit umschlagen kann. Sie resultiert in hohem Maße aus eigenem Verhalten in unserer gemeinsam mit anderen gestalteten Welt. Genau wie diese nicht von übersinnlichen Kräften gemacht und auch nicht zufällig so wurde, wie sie zur Zeit ist, sind es Nach- und Auswirkungen sehr realer, in jedem Fall erkennbarer und veränderlicher Einflüsse, die unser tägliches vielfältiges Verhalten bestimmen.

Unser Lebensbereich ist in drei wichtige Sphären gegliedert: die berufliche Umwelt im Betrieb, die kommunale im Wohngebiet mit ihren Einkaufs-, Verkehrs- und anderen gesellschaftlichen Kommunikationsmöglichkeiten und die *Familie*. Die letztgenannte besitzt eine außerordentlich große Bedeutung, denn in ihr werden bei

Kindern in hohem Maße Verhaltensweisen und Gewohnheiten geprägt. In ihr bewähren sich für Ehepartner die vorgebildeten Charakterzüge, oder sie bedürfen im Interesse eines harmonischen Zusammenlebens einer möglichst baldigen Korrektur und Weiterentwicklung. In ihr soll auch noch das Rentenalter Zufriedenheit und Glück bringen. In der sozialistischen Gesellschaft erhält also die Familiensphäre eine völlig neue und wachsende Bedeutung. In der beruflichen Tätigkeit helfen der klar umrissene und überschaubare Arbeitsauftrag und das Kollektiv jedem, zurecht- und weiterzukommen. Im Wohngebiet regelt die öffentliche Meinung, bestimmt durch gesellschaftliche Kräfte, ein zunehmend sich harmonisierendes Miteinander. In der Familie aber muß man mit seinem Partner und den Kindern, manchmal noch mit einem Elternteil diese kleinste soziale Einheit täglich neu so gestalten, daß ihr »Klima« Gesundheit, Leistungsfähigkeit und Wohlbefinden aller ihrer Mitglieder fördert.

Eine der Grundlagen dafür heißt *Familienhygiene*. Erwachsene und Kinder sind gleichermaßen gut beraten, wenn sie sich mit ihr befassen und sie zu Hause anwenden. Die Familienhygiene umschließt Erkenntnisse der allgemeinen und Körperhygiene, der Arbeits-, Wohn-, Ernährungs- und Bekleidungshygiene, nicht zuletzt auch der Hygiene des Intimbereichs. Da das Zusammenleben der Menschen gesetzmäßig von psychischen Erlebnisinhalten und Empfindungen begleitet ist, ja sogar in seinem Charakter, ob es glücklich oder enttäuschend ist, von ihnen geprägt wird, sollte das Familienleben auch die Erkenntnisse der Psychohygiene berücksichtigen. In der Familie wird der Grundstock für die Heranbildung junger Persönlichkeiten gelegt. Als Jugendliche und Erwachsene sollen sie über Gewohnheiten verfügen, die ihnen eine eigene, weitgehend von gesundheitsschädigenden Konflikten befreite Lebensgestaltung innerhalb unserer Gesellschaft ermöglichen sollen. So wird auch die Anwendung von Erkenntnissen aller genannten Zweige der Hygiene in der Erziehung der Kinder zur Notwendigkeit.

Bis zum gesetzmäßigen Heraustreten der Kinder aus der elterlichen Familie haben sie einen komplizierten Lebensweg zu durchlaufen. In dieser Zeit werden sie darauf vorbereitet, ihr Leben aktiv zu eigenem Glück innerhalb der Gesellschaft zu gestalten. Niemand wird diese Entwicklung dem Selbstlauf oder allein den Krippen, Kindergärten, Schulen oder Lehrlingsheimen überlassen. Das ständige Wachstum des materiellen und kulturellen Lebensniveaus unserer sozialistischen Gesellschaft erfordert, den Kindern die wachsenden Anforderungen zu verdeutlichen und ihnen die Voraussetzungen zu geben, die ihre gesunde Entwicklung während aller Lebensabschnitte in Kindheit und Jugend fördern. Die Familienatmosphäre bestimmt wesentlich das Wohlbefinden von Kindern. Sie bereitet langfristig den Wunsch vor, später selbst eine Familie zu gründen. Damit fördert sie den Wunsch nach Kindern und trägt zur Verhütung von Homosexualität oder sexuell betonter Geschwisterliebe bei. Das Elternhaus setzt also entscheidende Maßstäbe für Inhalt und Bedeutung von Partnerbeziehungen, einschließlich der sexuellen. Deshalb müssen die Kinder vom frühesten Alter an auch unter sexualethischen Aspekten erzogen werden. Viele gegenwärtige Gesundheitsstörungen bei Erwachsenen, Störungen in der Sexualsphäre eingeschlossen, haben ihre Ursache in Fehlern, die im Elternhaus gemacht wurden.

Hygienische Pflege und Erziehung von Säuglingen und Kleinkindern

Die Erziehung zu gesundheitsfördernder Lebensweise richtet sich in diesem Lebensabschnitt hauptsächlich darauf, hygienisches Verhalten anzugewöhnen. Es wäre ein Fehler zu glauben, in den ersten

6 Lebensmonaten, die als frühes Säuglingsalter bezeichnet werden, müßten die Säuglinge lediglich gebadet, ernährt, bekleidet und gewindelt werden. In der Regelmäßigkeit, mit der diese Notwendigkeiten erfüllt werden, besteht ein wichtiges Erziehungselement.

Während der ersten Lebenswochen bietet das *Stillen* beste Voraussetzungen für die Ernährung in der kalorischen wie in der chemischen Zusammensetzung. Zugleich werden dabei dem Säugling in der Mutter entstandene Immunkörper übermittelt, die ihn zur Abwehr von frühen Infektionskrankheiten befähigen. Die Wissenschaft hat durch gründliche Untersuchungen der mütterlichen Milchbestandteile und des Bedarfs im Säuglingsorganismus die industrielle Herstellung weitgehend voll wirksamer Nahrungsmittel ermöglicht.

Das wirft die Frage auf, ob das Stillen über die ersten 4 bis 6 Wochen hinaus notwendig ist. Denn die in der DDR hergestellten und heute überall zugänglichen Produkte »Ki-Na« und »Milasan« bieten jeder Frau die Möglichkeit, durch sinnvolle Umstellung vom Stillen auf Flaschennahrung nach Konsultation der Mütterberatungsstelle sich selbst langfristig auf das Ende des Wochenurlaubs und das Kind unter Umständen auf die Krippe vorzubereiten. Die Art der Nahrung muß mit dem Arzt besprochen werden. Die Mütter sollten sich nicht dazu verleiten lassen, selbst die Nahrungsart zu wechseln, weil dadurch Mangelerscheinungen und Störungen hervorgerufen werden können. Geschmackswechsel ist für den Säugling nicht notwendig.

Säuglinge erhalten alle 4 Stunden Nahrung. Dieser Rhythmus sollte bis zum 18. Lebensmonat beibehalten bleiben. Ein ausreichend ernährter Säugling schläft nachts durch. Aufwachen und Schreien 4 Stunden nach der letzten Mahlzeit erklärt sich als Folge der Periodik oder aus nicht ausreichender Menge bei der letzten Mahlzeit. Deshalb sollten die Angaben über Menge je Mahlzeit beachtet werden. Dabei handelt es sich um Mittelwerte, die nicht das unterschiedliche Geburtsgewicht der Säuglinge berücksichtigen. Notwendige Abweichungen kann man in der Mütterberatung erfragen.

Manchmal treten beim Übergang auf industrielle Säuglingsnahrung Verstopfungen auf. Sie resultieren immer aus einem veränderten

Mischungsverhältnis von Wasser und Nährmittel. Auch wenn man die genaue Anzahl von Meßbechern mit der vorgeschriebenen Wassermenge vermischt, können sich Differenzen ergeben. Sei es, daß die Trockensubstanz zu fest in den Meßbecher hineingepreßt wurde; sei es, daß man den Meßbecher nicht glattstrich. In feuchten Küchen können die Nährmittel Luftfeuchtigkeit binden, und das Pulver gelangt dann nicht locker ins Maß. Am besten bewahrt man die drei Monate haltbare Säuglingsnahrung in fest verschließbaren Behältnissen auf. Klumpt sie dennoch, ist die dem Wasser zugefügte Menge besonders genau abzuwägen. Hartnäckige Verstopfungen lassen sich durch Zusatz von etwas Fruchtzucker lösen. Industriezucker jeder Art ist zu vermeiden.

Nicht weniger wichtig ist es, den Wasseranteil genau einzuhalten. Der Säuglingsorganismus reagiert heftig auf Flüssigkeitsmangel. Dabei kann es zu dramatischen Konsequenzen mit Fieberanfällen kommen. Der Stoffwechsel wird nur durch die Beteiligung von Wasser möglich; der Wasserbedarf eines Kindes steigt beispielsweise vom 3. Lebensmonat bis zum 3. Jahr von täglich 750 auf 1 750 ml an.

Seinen Stolz darin zu sehen, daß die Kinder schnell und übermäßig zunehmen, ist falsch. Dazu kann es u. a. kommen, wenn man das Schreien eines Kindes stets als Ausdruck zusätzlichen Nahrungsbedarfs deutet. Bei übermäßiger Gewichtszunahme bindet das Gewebe vermehrt Wasser, und bei überflüssigem Fettangebot verlieren Bindegewebszellen ihr vielseitiges Reaktionsvermögen und wandeln sich zu Fettzellen um. Die Folge: Auch nach späteren Abmagerungskuren werden sie bei ausgeglichener Nahrungszufuhr immer nur Fettpolster bilden. Diese erschweren den Blutkreislauf. Im Säuglingsalter wird manche später nicht mehr korrigierbare Fettsucht durch falsches Verhalten der Eltern erzeugt. Aber auch in dieser Zeit sind überernährte Säuglinge in ihrer Infektabwehr beeinträchtigt, obwohl sie gesund aussehen.

Bei einem Säugling, der sich gesund entwickelt und richtig zunimmt, empfiehlt es sich, zwischen dem 6. und 8. Monat auf die Säuglingsnahrungsmittel zu verzichten und zu einer Ernährung überzugehen, die die spätere Teilnahme an der normalen Kostform der

Familie vorbereitet. Das beginnt bereits nach der 8. Lebenswoche mit dem zunächst löffelweisen Zufüttern von Fruchtsäften, wie sie der Handel unter dem Kennwort »Fürs Kind« anbietet. Von der 12. Lebenswoche an ist es günstig, den geforderten Gemüsebrei aus Säuglingskonserven zu entnehmen. Sie garantieren in der angegebenen Umlauffrist eine ausreichende Zufuhr verschiedenster Nährsubstanzen und der notwendigen Mineralien sowie Spurenelemente. Die Hygieneinspektion des Ministeriums für Gesundheitswesen kontrolliert die Herstellung dieser Konserven.

Zwei häufig zu beobachtende Extreme sollen hier noch erwähnt werden. Treten nach Übergang auf Kuhmilch Durchfälle auf, glauben einige Mütter, daß ihre Kinder keine Milch vertragen. Nach Abklingen der Störung sollte man erneut Milch anbieten. Manche Mütter möchten ihrem Kind etwas Gutes antun, indem sie ihm die gesamte tägliche Trinkmenge in Form von Milch geben und diese manchmal sogar mit Butter anreichern. Das ist falsch. Nachdem Kuhmilch nur noch ein Teil der Kindernahrung ist, sollte man täglich nicht mehr als $^1/_2$ Liter verabreichen.

Manche Mutter möchte ihren Säugling durch möglichst viele Kleidungsstücke vor vermeintlicher *Unterkühlung* schützen. Gewiß haben junge Säuglinge in den ersten Lebenswochen Schwierigkeiten mit dem *Wärmehaushalt*. Manches Neugeborene schreit nachts, weil seine Eigenwärme nicht für das große Kinderbett ausreicht. Besser hat sich das kleine Baby-Körbchen bewährt. Frische Luft und ein mehrstündiger Aufenthalt im Freien sind von der 2. Woche an auch im Winter notwendig.

Noch immer klagen Kinderärzte darüber, daß Mütter ihre Säuglinge bei Spazierfahrten – wie früher aus Unkenntnis üblich – zu warm anziehen und noch mit Decken umhüllen. Besonders häufig unterläuft dieser Fehler, wenn fiebernde Kinder dem Arzt vorgestellt werden. Manches »Fieber« entpuppte sich als Wärmestau. Ein Zuviel an Kleidung verhindert, daß der Säugling seine hohe, mit dem starken Stoffumsatz verbundene Wärme an die Umgebung abgibt. Häufig ist das Schreien der Kinder zwischen ausreichenden Mahlzeiten mit starker Rötung und Schwitzen ein Ausdruck eines derartigen Wärmestaus. Der Säugling sollte darum nicht nach Jahreszeiten und

Daten, sondern nach der Temperatur bekleidet werden. Dabei ist zu berücksichtigen, daß im Verlauf des Tages und zwischen Sonne und Schatten, besonders von Februar bis April und von September bis November, die Temperaturen sehr schwanken. Das zwingt auch während des Tages zum Wechsel in der Kleidung. In diesen Übergangsmonaten sind Strumpfhosen angebracht. Kniestrümpfe, Söckchen und angeschnittene Höschen eignen sich nur für trockene Sommertage, sonst kommt es leicht zu Harnweginfektionen. Dem gleichen Ziel dienen auch Bemühungen, auf Windelpakete rechtzeitig verzichten zu können. Wenn Kleinkinder mit dem Laufen beginnen, sollten sie nicht mehr gewindelt werden. Gelegentliches Einnässen bemerkt man leicht, und durch Wechseln der Höschen wird Unterkühlung vermieden.

Neugeborene und junge Säuglinge schlafen – mit Ausnahme der Mahlzeiten – praktisch Tag und Nacht. Das steht im Zusammenhang mit der in diesem Alter noch nicht vollendeten Ausgestaltung der Hirnrinde. In dieser Zeit brauchen die Eltern nicht für größte Ruhe zu sorgen. Ein gesunder Säugling schläft auch bei mittleren Geräuschen. Ihre Wahrnehmung über das Ohr trägt dazu bei, dessen Empfindungsfähigkeit und die funktionelle Ausgestaltung der Hirnrinde anzuregen. Sobald die Kleinen im 2. und 3. Lebensmonat länger wach sind, sollten sie beim Wickeln und bei der Nahrungsaufnahme

von *Fröhlichkeit* umgeben sein. Das glückliche Gesicht der Eltern, das Lächeln der Pflegerin aktiviert harmonische Nervenprozesse und reizt zum Nachahmen fröhlicher Gesichtszüge an.

Sexualerziehung frühzeitig beginnen

Für unsere Kinder entstehen ernste Gefahren, wenn die Sexualerziehung erst ab 4. Lebensjahr beginnt und die Zweigeschlechtlichkeit ungenügend beachtet wird. Da jeder Mensch vom 1. Lebenstag an ein auch von seinem Geschlecht bestimmtes Wesen ist, beeinflussen Eltern das Kind zwar mit geschlechtsspezifischen Verhaltensweisen, umgehen aber oft notwendige Informationen.

Älteren Leitbildern folgend erwartet man vom Kind diese oder jene Art des Verhaltens allein seines Geschlechtes wegen. Mit der Bekleidung oder der Wahl des Spielzeugs werden geschlechtlich unterschiedliche Charakterzüge herausgebildet. Während bei Mädchen der Umgang mit der Puppe als Nachahmung mütterlichen Wesens gern gesehen wird, versuchen die Erwachsenen, bei Knaben gleiche Spielgewohnheiten zu überwinden und durch Baukästen, Eisenbahnen oder Autos technische Interessen zu wecken. Vor nicht allzu langer Zeit noch beeinflußten Eltern ihre Töchter mit den Worten: »Das tut ein Mädchen nicht« oder »Du bist doch ein kleines Mädchen«. Noch heute wäre es für viele Eltern eine Zumutung, ihrem Jungen einen möglicherweise gewünschten Puppenwagen zu schenken. Auch die im Haushalt übertragenen Pflichten sind oft vom Geschlecht bestimmt – Abwaschen und Staubwischen für Mädchen, Kohlenholen und Holzhacken für Jungen. All das beeinflußt den Charakter eines Kindes und sein Urteil über das eigene und das andere Geschlecht.

Dennoch werden die Kinder oft ungenügend mit der Zweigeschlechtlichkeit konfrontiert. Von der unterschiedlichen Art, das »kleine Geschäft« zu erledigen, über das Empfinden der volleren mütterlichen Brust bis zum unterschiedlichen Klang der Stimmen von Vater und Mutter aber sind die Kinder dieser Tatsache objektiv gegenübergestellt. Läßt man sie bei der Entdeckung ihrer Geschlechtlichkeit allein, müssen sie die Unterschiede von Mädchen und Knaben, Mutter und Vater, Frau und Mann selbst entdecken. Das Geheimnis, das Eltern in den frühen Entwicklungsphasen der Kinder um ihre Geschlechtlichkeit weben, weckt später das Streben, es neugierig und heimlich zu lüften. Ist aber die Unterschiedlichkeit von Vater und Mutter und damit von Mann und Frau ein Teil ihrer üblichen Umwelt, dann lassen sich alle später beobachteten Verschiedenartigkeiten konfliktlos in ihr Denken und Empfinden einordnen.

Bereits vom 2. Lebensmonat an, wenn sich die ersten Wahrnehmungen als Grundlage der späteren Erkenntnisvorgänge vollziehen, sind die Kleinen daran zu gewöhnen, ihre Eltern gelegentlich unbekleidet zu sehen. Sie sollen glücksbetonte Harmonie der Eltern untereinander und ihnen gegenüber erleben. Das Erkennen der Zweigeschlechtlichkeit wird auch mit dem Erläutern der Begriffe Vater, Mutter, Schwester, Bruder unterstützt.

Oft verhalten sich Eltern unsicher, wenn ihre Kinder den eigenen Körper entdecken. Bei der großen Aufmerksamkeit, die Mütter dem regelmäßigen Entleeren von Harnblase und Darm widmen, ist es jedoch folgerichtig, wenn sich auch die Kinder für diese Körperregion und ihre »Produkte« interessieren. Anstatt zu loben, wenn das Notwendige ins Töpfchen gemacht wurde, zeigen manche Eltern in Gegenwart des Kindes ihren eigenen Widerwillen vor eingeschmutzten Windeln oder wenden sich voll Ekel vor dem Geruch eines Kleinkindkotes ab. Kein Wunder, wenn Kinder auch hier den Gesichtsausdruck der Eltern und alle ihn begleitenden Worte nachahmen. So wird Ekel vor den Produkten der Geschlechtsregion und vor ihr selbst anerzogen. Hartnäckige Verstopfungen können darin ihre Ursache haben. Eine verschlossene Badezimmertür erzeugt ebenfalls falsche Haltungen.

Vater oder Mutter berühren beim Waschen die Geschlechtsregion der Kinder und cremen sie ein. Das Nachahmungsbedürfnis läßt sie nach Puderdose und Creme greifen und sich selbst in dieser Gegend betasten. Beantworten die Eltern solche zufälligen Berührungen mit Pfuirufen, Schlägen oder Strafandrohungen, dann koppelt sich beim Kind jede Regung in diesem Bereich mit Furcht. Manch Erwachsener empfindet bis an sein Lebensende als Folge derartiger Erziehungsfehler Abscheu vor allem, was mit der Geschlechtsregion zusammenhängt.

Fehlhaltungen können sich auch entwickeln, wenn sich Eltern während der ersten Lebensjahre krampfhaft anstrengen, ihr Kind möglichst früh trocken zu haben. Sie wecken es zu bestimmten Zeiten, auch nachts, und bilden dabei eine Gewohnheit aus, die später zur gewohnten Stunde eine Blasenentleerung im Schlaf verursachen kann. Solche Kinder sind oft am Tag völlig sauber und nässen nur in der Nacht ein. Dazu muß man wissen, daß das Wechselverhältnis von Harnsammlung und -entleerung über das Nervensystem gesteuert wird, daß die Blase sich an einen durch die Harnmenge bedingten Spannungszustand zu gewöhnen hat, bevor Harndrang als Weckreiz begriffen wird und eine willkürliche Entleerung zustande kommt. Während der Ausbildung dieses Prozesses bis zum 3. Lebensjahr können jede nervale Belastung, jeder Schreck, aber auch jede plötzliche Freude zu erneutem Einnässen führen, ebenso leichte, mit Fieber einhergehende Erkältungen und Impfungen. Das ist völlig normal. Wenn aber das Kind dabei die Enttäuschung der Eltern oder sogar böse Worte und Spott erfährt, sich vor Geschwistern oder Spielgefährten bloßgestellt sieht, können sich psychische Konflikte, Nervosität und neurotische Erscheinungen herausbilden, die dann zu langjährigem Bettnässen führen.

Ab 3. Lebensjahr auch informieren

Sexualerziehung bis zum 3. Lebensjahr besteht keinesfalls in Sachinformationen. Gute wie schlechte Gewohnheiten prägen sich hauptsächlich durch Nachahmen elterlichen Verhaltens. Wichtig ist also, die Kleinen täglich glücklich sein zu lassen durch eine gesunde, harmonische Atmosphäre im Elternhaus. Die Kinder sollten bei ihren Eltern auch allgemeine, allerdings nicht auf das Geschlecht bezogene Zärtlichkeiten beobachten und selbst durch Vater und Mutter erleben. Dann wird die Zärtlichkeit in ihrem Denken, späteren Handeln und Empfinden zum Element glücklicher Partnerbeziehungen.

Im 3. Lebensjahr werden auch Sachinformationen zur Geschlechtlichkeit, insbesondere aber zur Möglichkeit der Eltern, Kindern das Leben zu schenken, bereits verarbeitet. Es gibt Kinder dieses Alters, die vom Wachstum ihrer Geschwister im Leib der Mutter wußten und von Monat zu Monat fragten, wie groß das zu erwartende »Brüderchen« jetzt sei. Der schwellende Körperumfang der Mutter war ihnen selbstverständlich, weil man ihnen rechtzeitig erklärt hatte, daß – wenn die Eltern das wollen – aus einem winzigen kleinen Ei im Bauch der Mutter ein Kind heranwächst.

Mädchen stellten sofort fest, daß auch sie später Kinder haben könnten. Die Wahrnehmung der Geschlechtsteile bei Jungen führte zu der Frage, warum unter dem »Puller« die »Kugeln« seien. Die Antwort, beim Vater wüchsen dort Samenzellen, die mit dem Ei der Mutter gemeinsam die Geburt eines Kindes vorbereiten, stillte auf lange Zeit völlig ausreichend den Wissensdurst. Die von vielen Eltern oft ängstlich erwartete Frage, wie die Kinder in den Bauch der Mutter kommen, wurde nicht gestellt. Es geht also in den ersten Lebensjahren des Kindes im wesentlichen darum, durch die Sicherung eines harmonischen Entwicklungsprozesses und die geschickte Konfrontation mit der Wahrheit Voraussetzungen für eine spätere zielstrebige sexual-ethische Erziehung zu schaffen.

Das 4. bis 11. Lebensjahr

Manchem wird die hier gewählte Zeitspanne zwischem dem 4. und 11. Lebensjahr für die sexual-ethische Erziehung der Kinder wegen der großen Unterschiede willkürlich gewählt erscheinen. In diesen

Jahren gibt es aber eine Gemeinsamkeit: Die Kinder sind sich im Gegensatz zu den Ein- bis Dreijährigen ihrer Existenz bewußt, ohne jedoch schon eigene erotische oder sexuelle Bedürfnisse zu haben. In diesem Alter gilt es, die Bedeutung vorher geprägter Gewohnheiten für das gesunde Leben in Familie und Kindergemeinschaften zu erläutern.

Die Erziehung durch die Eltern sollte besonders die Kollektivbildung fördern und damit die Einordnung in die soziale Gruppe Gleichaltriger. Die Krippen, von über 60 Prozent der Kinder in der DDR bis zum Ende des dritten Lebensjahres besucht, leisten dazu ihren Anteil. Mädchen oder Jungen, die gemeinsam mit Geschwistern aufwachsen, fällt dieses Einordnen ohnehin leichter als Einzelkindern. Das Pendeln zwischen Kollektiv in Krippe bzw. Kindergarten und Elternhaus macht es dem Einzelkind schwer, sich an die neuen Bedingungen in der Schule konfliktfrei zu gewöhnen.

Für die sexual-ethische Erziehung hat der Lebensabschnitt zwischen dem 4. und 11. Lebensjahr eine besondere Bedeutung. Wichtig ist das Vorleben einer glücklichen Ehegemeinschaft. Es muß verbunden sein mit Erläuterungen ihres Zusammenhangs mit dem Leben und Arbeiten anderer Menschen. Auch muß die körperliche Gemeinschaft zwischen Vater und Mutter als Vertiefung menschlichen Glückserlebnisses erwähnt werden, ohne befürchten zu müssen, daß die Kinder bereits solche Begegnungen anstreben. Für sie werden so die glückliche Lebensgemeinschaft mit den Eltern und das gemeinsame, freudespendende Streben in Kinderkollektiven ausreichende Quellen für eigenes Glück. Immer deutlicher werden sich die Kinder ihrer Lebensexistenz bewußt, beginnen, unterstützt von den Eltern, ihre Stellung innerhalb der Gesellschaft zu erkennen.

Bereits Vierjährige fangen an, auf einfache Weise die Problematik des Werdens und Vergehens zu bedenken. Sie sehen oder erfahren, daß jüngere oder ältere Geschwister jährlich einmal Geburtstag – genau wie die Großeltern – haben und auch, daß man Tiere züchtet und mästet, um sie zu verspeisen. Kirschen wachsen auf den Bäumen und werden später gegessen. Wenn man den Kindern nicht die Rolle des Menschen als Gestalter und Beherrscher des Lebens klarmacht, werden sie unsicher. Nur wenige Eltern ahnen, welch komplizierter

Denkvorgang entstehen muß, um die eigene Existenz in das Geschehen rund um sich zu integrieren. Die Frage nach der Herkunft der Kinder ist deshalb ein notwendiges Zeichen der gesunden geistigen Entwicklung eines vierjährigen Kindes. Jeder Konflikt im Wechselverhältnis zu den Eltern kann das Gleichgewicht stören, jedes glückliche Erlebnis aber zum Gefühl der Geborgenheit beitragen.

Für die Mehrzahl der Kinder ist der Schulbeginn kaum mit nennenswerten Schwierigkeiten verbunden. Sie freuen sich, in Familie und Kindergarten gut vorbereitet, lange vorher auf das Lernen. Aus vielerlei Gründen aber kann es bei einigen Kindern zu Anpassungsschwierigkeiten kommen, z. B. wenn Eltern bei Disziplinschwierigkeiten mit der Schule gedroht haben. Als Folgen können Schlafstörungen, Appetitlosigkeit, Bauchschmerzen, morgendliches Erbrechen und Einnässen auftreten. Ärztliche Untersuchungen ergeben dann keinerlei organische Befunde. Diese Kinder reagieren sensibler auf die Umstellung ihrer Lebensgewohnheiten. Sie brauchen längere Zeit, um sich an die Bedingungen der Schule zu gewöhnen.

Verstehen es Eltern und Lehrer gemeinsam, das Kind verständnisvoll und geduldig zu lenken, sind solche Anpassungsschwierigkeiten leicht zu überwinden. Bald erkennen Kinder die Bedeutung des Lernens in der Schule und ihres Zusammenseins in den Arbeitsgemeinschaften. Dazu muß es aber zu einer inneren Beziehung des Kindes zum Lehrer kommen. Sie und das Wohlbefinden in der Klassengemeinschaft sind für seinen Leistungswillen sehr wichtig.

Die Begegnungen mit Gleichaltrigen werden jedoch nie konfliktfrei verlaufen. Deshalb streben Kinder danach, das Elternhaus als Ort für die Harmonisierung ihrer größeren und kleineren Konflikte anzusehen. Wir können die Kinder zu besserer Bewältigung solcher Widersprüchlichkeiten befähigen, wenn wir in engem Kontakt zu ihnen vorbildlich leben und Gegensätzlichkeiten aufdecken, die sich eventuell in der Klassengemeinschaft ergeben. Dabei kann schon die Information, daß das Leben in den verschiedenen Familien unterschiedlich ist und zu unterschiedlichen Begegnungen der Kinder untereinander führt, Enttäuschungen ausgleichen. Übermäßige Strenge oder Verwöhnen, Unter- oder Überforderung beeinflussen die Leistungsfähigkeit gleichermaßen negativ.

Was fördert die Leistungsfähigkeit?

Förderlich ist, wenn die Eltern folgende Erziehungsregeln beachten:

Das Kind soll täglich richtig lachen können, fröhlich sein und sich glücklich fühlen.

Das Spielen ist durch Einführen von Zielsetzungen allmählich so umzuwandeln, daß Aufgaben gestellt und erfüllt werden. Aufträge, die dem Kind übertragen werden, müssen so ausgewählt sein, daß es sie erfolgreich zu Ende führen kann. Dann darf das elterliche Lob nicht fehlen.

Die Selbständigkeitsbestrebungen des Kindes müssen durch steigende Anforderungen gelenkt werden. Man sollte deshalb auch nicht Pflichten des Kindes mit Entlastung für Erwachsene gleichsetzen. Zeitpunkt und Art der Aufgaben sind so zu wählen, daß beim Kind kein Gefühl der Schwäche aufkommt und genügend Spielraum bleibt, sich selbst Ziele zu setzen und zu verwirklichen.

Das Lob, ob es nun ausgesprochen wird oder sich im glücklichen Lächeln, in der Freude der Eltern ausdrückt, fördert die Leistungshaltung. Es bestätigt dem Kind erfolgreiches, richtiges Handeln und ermuntert es, sich auch künftig um Erfolg zu bemühen. Dagegen führt häufiges Tadeln zu Furcht vor Mißlingen und beeinträchtigt das Vertrauen des Kindes in sein Leistungsvermögen.

Das Kind soll die Erfüllung seiner Wünsche nur bei eigenen Anstrengungen und korrektem Verhalten erleben. Dadurch wird ihm die Verbindung zwischen Leistung und Erfolg zur Selbstverständlichkeit. Es muß auch lernen, mit Mißerfolgen fertig zu werden, ohne gleich zu schmollen und das Spiel abzubrechen. Damit wird die Fähigkeit trainiert, sich sozial einzuordnen und kindliche Ichbezogenheit zu überwinden.

Falsche Ernährung, unzureichender Schlaf, Mangel an Ausgleich durch Sport und Spiel im Freien, Reizüberflutung, Unregelmäßigkeit in dem Tagesablauf können sich nachteilig auf die körperliche und geistige Belastbarkeit des Kindes auswirken.

Für Angehörige dieser Altersgruppe ist es weiterhin notwendig, hygienische Bedingungen zu gewährleisten, die ihre Fähigkeit zur

Aufmerksamkeit in der Schule unterstützen. Ursachen für mangelnde Konzentration können in einer früheren oder bestehenden Krankheit oder Störungen des Stoffwechsels und des Vitaminhaushalts, besonders im Vitamin-B-Mangel, liegen. In diesen Fällen vermag nur der Arzt zu helfen. Es wäre aber falsch, in diesen vergleichsweise seltenen Umständen die Ursache aller Konzentrationsschwächen bei Kindern zu sehen.

Konzentration läßt sich üben

Die Aufmerksamkeit hängt wesentlich von der Unterrichtsgestaltung ab, aber auch vom Klima in der Familie, auf das Kinder sensibler als Erwachsene reagieren. Schon kleine Kinder empfinden den gereizten Ton in der Familie, hören auf zu spielen, beginnen zu weinen und werden schließlich nervös und unruhig.

Auch ausgedehntes und unkontrolliertes Fernsehen begünstigt Übermüdung, Konzentrationsunfähigkeit und Nervosität und wirkt sich negativ auf die Lernfähigkeit aus. Überstarke neue Eindrücke fördern die Vergeßlichkeit. Deshalb sollten Kinder nicht bedenkenlos an abendlichen Fernsehsendungen teilnehmen oder uneingeschränkt das Kino besuchen.

Aufmerksamkeit läßt sich üben. Dabei muß emotionale Belastung durch Zank und Streit vermieden und ein möglichst konstanter Tagesablauf geschaffen werden. Am besten ist es, einen Tagesplan – eventuell in Absprache mit dem Hort – zu erarbeiten, um einen richtigen Wechsel von Lernen und Entspannung zu erreichen. Die Arbeit muß man so aufteilen, daß der schwierigere Teil erledigt ist, bevor das Kind ermüdet; sind Anzeichen von Ermüdung da, muß eine Pause eingelegt werden. Fortschritte beim Lernen verdienen Lob.

Zur speziellen Konzentrationsübung sind Gesellschaftsspiele wie Mikado oder Quartett gut geeignet, weil sie dem Interesse der Kinder entgegenkommen. Beim Umgang mit Baukästen sollte man darauf achten, daß die Vorlagen benutzt werden. Für Vorschulkinder sind die Märchenbilder gute Vorlagen. Auch Denksportaufgaben, Rätsel und kleine Gedichte können helfen. Günstig sind mündliche Bildbeschreibungen und -beurteilungen, bei denen auf Genauigkeit zu achten ist. Fehlersuche auf einem Bild wirkt gleichfalls konzentrationsfördernd. Bei all diesen Übungen darf sich der Erwachsene nicht aus der Ruhe bringen lassen, um so konzentrationsfördernd auf das Kind zu wirken.

Konzentrationsfähigkeit hängt auch von der Ernährungsweise ab. Die Ernährung des Schulkindes muß sich deshalb den außerordentlichen Wachstumsanforderungen anpassen. So führt ein unzulängliches Frühstück zu Müdigkeit, Zerstreutheit und Leistungsschwäche. Etwa ein Drittel aller Schüler kommt morgens in die Schule, ohne vorher gefrühstückt zu haben. Als Ersatz dafür wird nicht selten den Kindern Geld für Kuchen mitgegeben. Süßigkeiten sind jedoch kein geeigneter Ersatz. Das erste Frühstück sollte zu Hause, wenn möglich, gemeinsam mit den Eltern eingenommen werden. Dabei ist auf Ruhe und Harmonie zu achten. Hast und Nervosität der Eltern bewirken Appetitlosigkeit bei den Kindern. Da sie die Abwechslung mögen und »mit den Augen« essen, regt ein sorgfältig gedeckter Tisch, der nicht jeden Morgen die gleichen Nahrungsmittel zeigt, den Appetit an. Das zweite Frühstück in der Schule sollte aus Schwarz- oder Graubrot und Obst bestehen. Weißbrot oder Brötchen sind für die Ernährung der

Kinder unzweckmäßig. Die Eltern sollten durchsetzen, daß die Kinder zum zweiten Frühstück Milch trinken.

Wo das Mittagessen in der Schule noch zu vitaminarm ist, oft auch noch hastig und ungenügend warm eingenommen werden muß, sollten Eltern gemeinsam mit den Lehrern sich um eine weitere Verbesserung bemühen.

Gegen 15.30 Uhr empfiehlt sich ein kleiner Imbiß, der aus 1 Tasse Milch und 1 bis 2 Vollkornkeksen bestehen kann.

Das Abendessen darf nicht die Hauptmahlzeit bilden, obwohl die größere Ruhe dazu verführt. Da der Körper nachts entspannen soll, darf er nicht übermäßig mit Nahrung belastet werden. Das führt zu unruhigem Schlaf und am Morgen zu Müdigkeit und Appetitlosigkeit. Das Abendbrot sollte zwischen 18 und 19 Uhr in Form einer leichten Kost gegeben werden.

Den Wissensdurst über die Partnerschaft stillen!

Den kindlichen Wissensdurst über Partnerschaft zwischen Mann und Frau zu stillen ist einfach, wenn die Eltern selbst ein richtiges Werturteil über ihr sexuelles Verhalten gewonnen haben. Fehlt das und bekommen die Kinder auf Fragen zur Partnerschaft unsichere, ablehnende oder auch schroffe, die Frage zurückweisende Reaktionen zu spüren, dann bringen die Eltern nur ihre Empfindung zum Ausdruck, sexuell etwas zu tun, was der kindlichen Unschuld Abbruch tun könnte.

Besonders dumm wäre es, die ersten »Liebesbriefe«, die zwischen etwa Achtjährigen oft mit einer äußerst vulgären Wortwahl gewechselt werden, überzubewerten. Die verwandten Wörter stammen, wenn sie nicht zu Hause »aufgeschnappt« wurden, aus dem sozialen Kontakt mit älteren, meist ungenügend auf die Bedeutung der Partnerbeziehungen hingewiesenen Kindern. Sie sind in ihrem Wortinhalt (Begriffsinhalt) meist nicht verstanden. Steigende Anforderungen in der Schule lassen diese Spielchen bald in Vergessenheit geraten.

Ständig gepflegte Aussprache der Eltern mit ihren Kindern verdrängen auch jede Vulgärsprache aus der Wortwahl des Kindes – zumindest im Elternhaus.

Jedem wird bei ausreichendem Nachdenken über die einander folgenden Menschengenerationen deutlich, daß weder mit der Paarung in Liebe zwischen Mann und Frau noch mit der Zeugung familiären Nachwuchses Peinliches oder Schuldhaftes verbunden ist. Die Kinder müssen vor jeder Entwürdigung der Sexualität, nicht aber vor ihr selbst geschützt werden, wenn die Zeit dazu gekommen ist. Deshalb muß zwischen dem 4. und 11. Lebensjahr – lange also, bevor eigene sexuelle Wünsche wach werden – der Wissensdurst mit der Antwort gestillt werden, daß Kinder dem glücklichen Zusammenleben von Mann und Frau und ihrer eigenen Entscheidung entstammen. Da die Schüler an Beispielen aus der Entwicklung in der Natur die Befruchtung als Verschmelzung von Samen- und Eizelle erläutert bekamen, ist ihnen die Rolle des Vaters leicht zu erklären. Weil sie auch die äußeren Unterschiede zwischen Mann und Frau kennen – auch jetzt noch sollten Eltern gemeinsam mit den Kindern gelegentlich unbekleidet sein –, leuchtet ihnen auch ein, daß bei der liebenden Vereinigung der Eltern das Glied des Vaters in die Scheide der Mutter eingeführt wird. Da sie selbst noch keine erotischen Wünsche empfinden und emotionell voll ans Elternhaus gebunden sind, führt diese Information durch die Eltern – etwa zwischen dem 7. und 8. Lebensjahr – keineswegs zu sexuellen Versuchen.

Stunde der Aufklärung?

Solche Mitteilungen werden vorteilhaft unterstützt, wenn ein Geschwister »unterwegs« ist und das Kind an dessen Werden teilnimmt, z. B. wenn es den größer werdenden Leib der Mutter sehen darf. Die Beobachtung, wie lieb ein so in das Schwangerschaftserlebnis durch Vater und Mutter einbezogenes Kind seinen Kopf an den Leib der Mutter lehnt oder gar mit den Händen die Bewegungen zu »begreifen« versucht und sich danach voll froher Erwartung der Mutter zuwendet, hat schon manches Elternpaar von der Richtigkeit einer solchen Haltung überzeugt. Solch Erlebnis begünstigt die Frage, wie das Baby aus dem Mutterleib herauskommt. Sie verrät eine gesunde geistige Entwicklung des Kindes, seine Fähigkeit zu bewußter Verarbeitung ihm angebotener Informationen. Man sollte erwidern, daß es nach neunmonatiger Ernährung über das Blut der Mutter ihren Leib verlassen kann. Es kommt ans Tageslicht, weil die Mutter es aus einer dehnbaren Öffnung in ihrem Schoß unter großen Anstrengungen, meist mit Hilfe einer Hebamme, manchmal auch mit der eines Arztes, herausbringt.

Man darf nicht übersehen, daß die Kinder in der Zeit zwischen dem 4. und 11. Lebensjahr eine große Anzahl von Informationen zu verarbeiten haben und ein hohes, meist nicht voll ausgenutztes Aufnahme- und Verarbeitungsvermögen dafür besitzen. Man muß weiter bedenken, daß jede aus dem Gesamtzusammenhang ihrer Bildung und Erziehung isolierte Information zur Geschlechtlichkeit, beispielsweise von anderen Kindern, höher als die aus Elternmund bewertet wird und damit ihrer Gesamtentwicklung und ihrem Verhalten zu Eltern und Erziehern Schaden zufügen kann. Deshalb ist es notwendig, jede Frage der Kinder zur Geschlechtlichkeit zu beantworten. Eine bestimmte Stunde zur »sexuellen Aufklärung« anzusetzen, ist falsch. Die Geschlechtserziehung darf nicht als etwas Besonderes erscheinen. Sie ist Teil der allseitigen Bildung und Erziehung der heranwachsenden Persönlichkeit.

Die Gesamterziehung in diesem Lebensabschnitt hat folgende Ziele: Die Kinder sollen erkennen, daß die Arbeit des Menschen im Beruf als Teil eines partnerschaftlichen Produktionsprozesses alle Werte schafft, über die wir gemeinsam verfügen können. Sie müssen die Anforderungen von Schule und Elternhaus als Teil ihrer Befähigung zu eigener schöpferischer Tätigkeit begreifen. Sie sollen erkennen, daß die Gemeinschaft von Vater und Mutter, die Partnerschaft also zwischen Mann und Frau, für jeden bessere Voraussetzungen schafft, an sie gestellte Anforderungen zu erfüllen.

Eigene Geborgenheit in dieser Partnerschaft festigt ihre Sicherheit, die sie zur Verwirklichung ihrer Wünsche und zur Erfüllung ihrer schulischen Verpflichtungen benötigen. So entwickeln sie ihrer eigenen Familie nachgebildete Anforderungen an die Kinderfreundschaft, die für sie eine erste selbstgestaltete Partnerschaft wird. Mit einem Freund oder einer Freundin lassen sich gestellte Aufgaben besser als allein lösen, und die Freude darüber wird immer größer.

Eltern sind klug beraten, wenn sie ihre Kinder durch Aktivitäten in Schule, Pionierverband und außerschulischen Sport- und Arbeitsgemeinschaften zu kollektiven Glückserlebnissen befähigen. In der erzieherischen Führung von Kindern dieser Altersgruppen müssen Eltern berücksichtigen, daß deren Hauptaktionsfeld die eigene soziale Gruppe, ihre Altersgruppe ist. Deren Besonderheit muß von den Eltern beachtet werden, wenn sie ihre Kinder nicht in schwerwiegende Konflikte bringen wollen.

Das Klima im Elternhaus legt den Grundstein für Vorstellungen über ihr eigenes späteres Familienleben. Es kann den Wunsch zum Kind wecken, aber auch zerstören.

Wie auf Pubertät reagieren?

In dieser Phase (12. bis 16. Lebensjahr) müssen die Kinder vor allem befähigt werden, die gemeinsame erfolgreiche Erfüllung gesellschaftlicher Anforderungen als wichtigstes Moralprinzip zu begreifen und danach ihre Jugendfreundschaft zu wählen. Diese ist zu fördern, inhaltlich zu führen und ersten Ausdrucksformen der Erotik Verständnis und elterliche Hilfe zu gewähren.

Kinder zeigen bereits sehr früh ein starkes Bedürfnis zur harmonischen Einordnung in ihre soziale Gruppe. Sie wünschen von Gleichaltrigen anerkannt zu sein und streben deshalb danach, den in ihrer Gemeinschaft vorherrschenden Wertmaßstäben gerecht zu werden. Daraus kann manche oppositionelle Haltung den Eltern gegenüber entstehen, wenn diese den kindlichen Wunsch nach Geltung nicht verstehen. Dieses Streben nach Anerkennung in ihrer Altersgruppe äußert sich sehr vielseitig. Es kann beispielsweise den Wunsch nach modischer Kleidung oder Haartracht betreffen oder sich im Verlangen widerspiegeln, in einer bestimmten Sportart zu brillieren. Damit sind Forderungen verbunden, die von den Eltern unmöglich jedesmal erfüllt werden können. Solche Vorgänge sollten mit großem Verständnis in ökonomisch tragbare Bahnen gelenkt werden. Auch das elterliche Gebot, zu bestimmter Tageszeit die Schularbeiten fertigzustellen, kann zum Widerspruch führen, wenn zu eben dieser Zeit die Mitwirkung in einer außerschulischen Arbeitsgemeinschaft erwünscht ist. In einen anderen Konflikt geraten die Kinder, wenn Anforderungen des Lehrers in einem Fach den Vorstellungen der Eltern vom Notwendigen widersprechen und sie deshalb von ihnen bei der Erfüllung solcher Anforderungen moralisch nicht unterstützt werden.

In der Bekleidung und Ernährung pubertierender Jugendlicher gibt es im Prinzip keine von den Erfordernissen einer gesundheitsfördernden Lebensweise für Erwachsene abweichenden Empfehlungen. Das heißt, in dieser Hinsicht sollen sie sich auch schon als Heranwachsende betrachtet und beachtet fühlen. Das festigt bei ihnen auch den Wunsch, sich wie Erwachsene verhalten zu können. Deshalb müssen sie erfahren – nicht zuletzt durch die Vorbildwirkung der Eltern –, welche Anforderungen erfüllt werden müssen.

Die Heranwachsenden handeln und verhalten sich jetzt in all ihren Lebensäußerungen bereits geschlechtsbestimmt, und zwar weitgehend nach dem Leitbild, das während ihrer ganzen Erziehung als geschlechtsspezifisches Verhalten in ihr Denken einging.

Für die sexual-ethische Führung ist von Eltern und Erziehern zu beachten, daß jetzt auch »Erfahrungen« aus der weiteren Umwelt einwirken. Die Knaben sehen in ihrer unmittelbaren Umgebung zärtliche oder weniger zärtliche Begegnungen zwischen Männern und Frauen. Das Verhalten des Vaters gegenüber der Mutter, von älteren Jugendlichen gegenüber der Freundin oder großsprecherische Reden über Bekanntschaften prägen die eigenen Beziehungen zu Mädchen in der Schulklasse. Die Jungen erleben vielleicht auch, daß besonders ruppiges Auftreten, »männliche« Überheblichkeit oder der »Mut«, in den Schulpausen Zigaretten zu rauchen, gesunkenes Ansehen (etwa infolge schlechter Leistungen) vor Gleichaltrigen wieder aufpoliert. Aktfotos oder Illustrationen, die die weiblichen Formen akzentuieren, oder Filmszenen, die das Profil der Frau auf die Sexualität begrenzen, können – wenn die Knaben den unbekleideten Körper von Mutter und Schwestern nicht in erotikfreien Situationen zu sehen gewohnt sind – sexuelle Wünsche provozieren.

Genauso kann man für das junge Mädchen die bewußtseinsbildende oder -verbildende Rolle der Umwelt verdeutlichen. In seiner Geschlechtlichkeit kann es auch ungewollt phantasie- und verhaltensanregend auf die männlichen Alterskameraden wirken. Auch im Mädchen wirken zu dieser Zeit bereits Leitbilder oder Idole von Frauen und Männern, die meist aus Romanen oder Filmen entlehnt sind. Sie streben weiblichen Filmidolen nach, verstärken damit ihre »provozierenden« weiblichen Reize und beschwören Folgen herauf, die sie nicht voll übersehen und meist auch nicht wollen.

Eine erfolgreiche Führung in dieser Altersgruppe ist abhängig von der Qualität der bisherigen Gesamterziehung. Diese sollte in enger Verbindung zur Vorbildwirkung des eigenen Familienlebens ihren Inhalt in der Vorbereitung auf ein erfolgversprechendes Leben in der Gesellschaft haben. Dabei muß der Gedanke gefestigt werden, daß die Begegnung mit einem gleichberechtigten Menschen des anderen Geschlechtes die einzige Voraussetzung ist, alle durch Natur und Gesellschaft gebotenen Möglichkeiten zur Gestaltung einer dauerhaften und glücklichen Gemeinschaft, auch auf sexuellem Gebiet, zu nutzen. Unter solchen Vorzeichen besitzen die Jugendlichen auch den Maßstab, nach dem sie alle Beobachtungen ihrer Umwelt bewerten können.

Deshalb muß Töchtern und Söhnen jetzt geholfen werden, zu den Personen in Büchern, Fernsehspielen oder Filmen und zu deren Vorbildern in der Wirklichkeit einen humanistischen und realen Standpunkt zu finden. Günstig, wenn die Eltern die betreffenden Kunstwerke selbst kennen, Handlung und Verhalten ihrer Gestalten erläutern und in den jungen Leuten das Gefühl für Menschenwürde und alle Formen ihrer Verletzung wecken können.

Eltern vermögen eine Freundschaft in diesem Alter nur dann richtig zu lenken, sofern sie selbst eine richtige Haltung zu ihrer Geschlechtlichkeit haben und auch in alkoholisierter »Geselligkeit« – gleichgültig ob in Gegenwart oder Abwesenheit der Kinder – nie abwertende Bemerkungen zur Sexualität, Zoten oder mehr ein- als zweideutige Witze zulassen. Man muß das schon zum Kind hergestellte Partnerschaftsverhältnis auch in diesem Alter pflegen, die heranwachsenden Persönlichkeiten achten, von der sexuellen Begegnung offen und ohne Scheu, aber mit Worten sprechen, die dem hohen moralischen Wert von Sexualbeziehungen angemessen sind. Es gilt, Wissen über die physiologischen und soziologischen Besonderheiten des sexuellen Geschehens und über das Recht des Menschen zur Empfängnisverhütung zu vermitteln und die Kinder damit auf eine glückliche Gestaltung späterer Partnerbeziehungen in Ehe und Familie vorzubereiten. Dazu gehört auch, das Moralempfinden der Kinder zu festigen und sie so zur Wahl guter Freunde zu befähigen.

Für viele Eltern ist es überraschend zu erfahren, welche Fragen ihre 14- bis 16jährigen Kinder stellen. Erkundigt sich z. B. die Tochter, warum Jungen mit so eigenartigem Blick auf ihre herangewachsene Brust blicken, so legt das eine fast sträfliche Vernachlässigung der elterlichen Informationspflicht bloß. Andere Fragen lassen erkennen, daß bereits die möglichen Folgen sexueller Gemeinschaft das Denken dieser Altersgruppe bestimmen. Vereinzelt wird nach Sinn und Bedeutung der Menstruation, öfter jedoch nach Ursachen von Bauchhöhlenschwangerschaften und Geschlechtskrankheiten geforscht. Es mag manche Eltern erschrecken, daß sich in Aussprachen zu Freundschaft und Liebe viele Jungen und Mädchen nach Möglichkeiten der Schwangerschaftsunterbrechung und -verhütung erkundigten. Heute erfordert das Gesetz über die Schwangerschaftsunterbrechung es geradezu, die Kinder zu lehren, es nicht in Anspruch nehmen zu müssen. Man täte freilich vielen jungen Menschen unrecht, diesen Wissensdurst als Ausdruck bereits vollzogener sexueller Gemeinschaft zu werten. Er kennzeichnet eher ein am Beginn jeder Persönlichkeitsentwicklung stehendes Informationsbedürfnis, das vor der Geschlechterfrage nicht haltmacht und durch das Wachstum und seine physiologischen, psychologischen und soziologischen Konsequenzen zwangsläufig geweckt wird.

Bereits bei 11- bis 12jährigen Mädchen beginnen die Schamhaare zu wachsen. Langsam bildet sich die Brust aus, deren Warzen färben sich. Manches Mädchen entdeckt in dieser Zeit auch, wie sich ihre Schamlippen vergrößern. Analoge Beobachtungen machen Knaben. Im Vergleich zu den Mädchen ihrer Klasse merken sie, daß sich bei ihnen der Kehlkopf stärker zum »Adamsapfel« ausprägt.

Die erste Menstruation kann zu großen Konflikten führen, wenn die Mädchen nicht verständnisvoll von ihren Eltern darauf vorbereitet wurden. Um sie nicht vor den Mitschülern bloßzustellen, sollten Eltern ihren Mädchen rechtzeitig sagen, an wen sie sich wenden können, wenn die erste Menstruation während des Unterrichts einsetzt.

Zwischen dem 13. und 14. Lebensjahr vergrößern sich bei den Jungen Glied und Hoden, und die Brustwarzen fangen an zu wachsen. Dabei kann es zu Knotenbildung und zur Flüssigkeitsabgabe aus den Brustwarzen kommen. In dieser Zeit tritt meist auch der erste unwillkürliche Samenerguß auf. Zwischen dem 14. und 15. Lebensjahr, bisweilen auch schon eher, beobachten Mädchen typische Beckenveränderungen an sich, die bei vielen mit der vollen Entwicklung der

Brust einhergehen. Bei Knaben dieses Alters beginnt der Stimmbruch, der Bartwuchs und etwas später, meist zwischen dem 16. und 17. Lebensjahr, eine starke Gesichts- und Körperbehaarung. Der Hodensack nimmt eine bräunliche Pigmentierung an.

All dies verläuft parallel zum Längenwachstum und läßt manches psychische Verhalten der Kinder verständlich werden. Denn die psychischen Reaktionen ergeben sich aus der Wechselwirkung zwischen physiologischer Entwicklung und deren sozialer Widerspiegelung. Sie werden um so harmonischer sein, je stärker der einzelne dieses Wechselverhältnis überschaut und sich mit seinen Auswirkungen identifizieren kann. Sie sind leichter zu bewältigen, wenn das Kind auf Verständnis rechnen kann. Schon allein das Längenwachstum erfordert große Anpassungsleistungen des Kindes. Die sogenannten Stellreflexe, die die körperliche Haltung regulieren, sind auf die neuen Bedingungen abzustimmen. Daraus erklären sich die eckigen, schlaksigen Bewegungen der Jugendlichen. Deshalb lassen die Kinder leicht etwas fallen, greifen daneben oder stolpern. Hieraus resultieren Unaufmerksamkeit und Schlaffheit bis hin zu vermeintlicher Trägheit. Dieser Wachstumsprozeß fordert mit der Vielfalt von Informationen, die aus verschiedensten Bereichen des Organismus dem Gehirn zugeleitet werden, diesem ein hohes Maß dauernder Korrekturmechanismen ab. Das hemmt die Konzentrationsfähigkeit.

Hinzu kommen die mit der physiologischen Entwicklung der Sexualität verbundenen Veränderungen des Hormonstoffwechsels. Jetzt werden in stärkerem Maße Sexualhormone gebildet. Sie wecken über den Hirnstamm erotische Wünsche und entsprechende Funktionsabläufe in den Geschlechtsorganen, verursachen auch häufig Gliedsteife bei Knaben und Erregung des Kitzlers bei Mädchen. Diese gesunde Entwicklung macht sie auf ihre Geschlechtlichkeit aufmerksam. Sie entdecken jetzt das damit verbundene Lustgefühl, falls sie nicht bereits von älteren Freunden oder Freundinnen darauf verwiesen wurden. Herrschende Moralanforderungen, bestimmt durch die Atmosphäre der Offenheit oder Heimlichkeit in der Familie, zwingen dem Zentralnervensystem weitere Korrekturleistungen auf. Bei Knaben sind sexuelle Traumerlebnisse, verbunden mit unwillkürlichem Samenerguß, manchmal auch mit eigener Nachhilfe bis zum Orgasmus vollendet, jetzt keine Seltenheit. Ihre Gesetzmäßigkeit und ihre Bedeutung als Ausdruck von Entwicklungserscheinungen schließen selbstverständlich Strafandrohungen und abwertende Bemerkungen von seiten der Eltern aus.

Beim Anpassen helfen

Die Ausbildung spezieller Geschlechtsmerkmale – wie Wachstum der Brüste oder Stimmbruch – verändert die Stellung des jungen Menschen in seiner sozialen Gruppe und gegenüber Angehörigen anderer Altersklassen in hohem Maße. Mädchen begreifen, warum sie Blicke älterer Knaben treffen. Einerseits sind sie stolz, wenn sie »beachtet« werden. Zum anderen wissen sie oft deren Wert oder Unwert ohne elterliche Hilfe nicht zu deuten. Auch dieser Wandel innerhalb des sozialen Aktionsfeldes zwingt zu neuen nervalen Anpassungsleistungen.

Aus dem Gesamtzusammenhang dieser Anforderungen an das Zentralnervensystem erklärt sich die typische Unausgeglichenheit pubertierender Jugendlicher, wie sie sich in starkem Wechsel von gesteigerter Erregbarkeit, vermehrter Bewegungsfreude und erhöhter Hemmbarkeit, in Trägheit bis hin zur Unsicherheit im physischen und psychischen Verhalten äußert.

Der Umfang vorbereitender Informationen und die Qualität der Kenntnisse vor der Pubertät, also die geistige Bewältigung dieser Fragen vor ihrer Aktualität, bestimmt in hohem Maße die Verhaltensweise Jugendlicher. Es ist also sinnlos und schädlich, unbeabsichtigte Fehler mit Vorwürfen, Ironie oder Drohungen korrigieren zu wollen. In diesem Alter muß über manche Vorkommnisse verständnisvoll hinweggesehen werden, um die tiefen Wandlungen in der Persönlichkeit wirksam zu unterstützen. So erwachsen mancher Jugendliche äußerlich erscheinen mag, man kann an ihn nicht die gleichen Anforderungen wie an einen Erwachsenen stellen, darf ihn jedoch andererseits nicht ängstlich schonen und dadurch verwöhnen. Man muß bedenken, daß der »Erfolg« zukünftiges Verhalten prägt. Werden Jugendliche mit oppositionellem, abruptem Benehmen beachtet, fühlen sie sich darin bestätigt. Zwingt man sie nicht verständnisvoll zur Korrektur, beginnt in ihrem Charakter das Opponieren vorzuherrschen.

Es genügt also nicht, in der Pubertät biologische Kenntnisse zu vermitteln. Sie müssen so früh wie möglich ergänzt werden durch die Orientierung auf die Gesamterwartung, die die Gesellschaft mit ihren Anforderungen an den Jugendlichen und später an seine berufliche Aktivität stellt.

Für viele Eltern ist die konkrete Begegnung mit der sexuellen Entwicklung ihrer Kinder noch immer konfliktreich. Das zufällige sexuelle Lusterlebnis bei Kindern dieses Alters beiderlei Geschlechts sollte den Eltern zeigen, daß auch bei Heranwachsenden der Orgasmus zur Harmonisierung und Aktivierung der Persönlichkeitsentwicklung beitragen kann. Auf Selbstbeherrschung zu drängen und Enthaltsamkeit zu predigen, führt den Jugendlichen zwangsläufig in verstärkte, über diese Entwicklungsphase fortdauernde nächtliche Pollutionen, traumbedingte Erregungen und damit auch zu häufiger Selbstbefriedigung. Deshalb geht es darum, erzieherisch auf hohes Niveau einer später auch sexuellen Partnerschaft, auf die gesellschaftlichen Anforderungen zu orientieren, die gemeinsam besser erfüllt werden können. Gerade diese Aufgaben, die mit der Berufsausbildung, mit dem Lernen an der Oberschule oder auch mit dem Fach- und Hochschulstudium verbunden sind, erfordern unerbittlich von den Eltern, ihre Kinder in diesem Alter mit den Möglichkeiten der Antikonzeption vertraut zu machen.

Bereits vor dem 16. Lebensjahr bestehen bei einigen Jugendlichen sexuelle Kontakte, die zur Schwangerschaft führen können. Eltern müssen aber wissen und ihre Kinder entsprechend belehren, daß sexuelle Wünsche in diesem Alter ihr Ziel im individuellen Lustbedürfnis haben und vorrangig von Jungen angestrebt werden. Noch fehlt die umfassende Bindung an die Persönlichkeit des anderen Partners. Wenn vor der Geschlechtlichkeit kein Tabu errichtet, die Neugier nicht stimuliert und zwischen Eltern und Kindern volles

Vertrauen erreicht wurde, läßt sich die erste sexuelle Begegnung der Kinder noch hinauszögern.

Bei einem ständig erneuerten und nicht einseitig geforderten Vertrauen lassen sich Mädchen und Jungen leicht davon überzeugen, daß Schwierigkeiten der Anpassung an ihre neue körperliche, psychische und soziale Situation, der häufige Wechsel ihrer Stimmung sie auch in der Partnerwahl unsicher macht. Schwärmereien für Lehrer oder Lehrerin, plötzliche Bekenntnisse, nur die Mutter, den Vater oder gar den Onkel zu lieben, sind dann für Jugendliche begreifbare Anzeichen, daß der in diesem Alter aus einer Augenblicksstimmung getroffenen Entscheidung zur sexuellen Gemeinschaft bereits einige Tage später schwere Selbstvorwürfe folgen können.

Junge Persönlichkeiten

Die meisten Jugendlichen unserer Republik beginnen mit 16 Jahren nach Abschluß der zehnklassigen polytechnischen Oberschule eine Berufsausbildung. In diesem neuen Lebensabschnitt sind sie stärker als bisher schöpferisch an der gesellschaftlichen Entwicklung beteiligt und treten damit in eine neue Phase der Persönlichkeitsformung ein. Jetzt gehören sie fest in ein Arbeitskollektiv, haben engere Beziehungen zu Menschen verschiedener Altersgruppen. Am Auftreten und den Forderungen ihrer Kollegen und ihrer Ausbilder überprüfen oder korrigieren sie ihr Verhalten, messen und werten sie die von Elternhaus, Schule und Jugendverband geprägten Moralnormen. Auf Grund allgemeiner sozialer und besonders elterlicher Einflüsse sind jedoch die Gewohnheiten, Wertbegriffe und Prestigekriterien bei den einzelnen Menschen unterschiedlich.

Die Eltern sollten deshalb den Jugendlichen nicht nur vorleben, was sie für erstrebenswert halten – nämlich harmonische, von sozialistischen Wesenszügen geprägte Familienbeziehungen und die richtige Einstellung zu Arbeit und Beruf von Frau und Mann. Sie müssen überdies ihr Verhalten, ihre Anschauungen den jungen

Menschen auch erklären und nicht nur als gegeben (»das ist nun einmal so, und danach hast du dich zu richten«) hinstellen. Nur zu leicht könnten so illusionäre Vorstellungen und mit ihnen Unsicherheiten entstehen. Nicht selten erlebten gesellschaftlich stark engagierte Eltern, die ihre Kinder nur mit oberflächlichen Erklärungen abspeisten, dann Schiffbruch, wenn die Kinder Kontakt zu anders erzogenen Jugendlichen fanden, sich Gruppen anschlossen, in denen wie selbstverständlich und ohne aktuell negative Auswirkungen bisher Unterdrücktes – beispielsweise sexuelle Erlebnisse – erfüllbar wurde. Da das damit verbundene Lustgefühl häufig mit Glück verwechselt wird, kann der Wunsch, das Erlebnis zu wiederholen, zum vorherrschenden Streben werden. Alle früheren Bestrebungen, das Ringen um gute Noten in der Schule oder eine ausgezeichnete Beurteilung im Arbeitskollektiv, erscheinen dann unwichtig oder sogar lächerlich.

Man kann aber den Kindern an vielfältigen Beispielen die Widersprüche im ständigen Kampf zwischen Altem und Neuem auch im Moralverhalten zeigen. Es wäre falsch, vor den 16- bis 18jährigen alle zeitweiligen Konflikte zwischen Vater und Mutter zu verschleiern. Die Heranwachsenden können in der Regel dabei sein, wenn die Eltern familiäre Schwierigkeiten besprechen. Sie lernen daran, daß Liebeserklärung, einmal gewollte und gewährte sexuelle Gemeinschaft und Eheschließung allein noch keine Garantie für dauerhaftes Glück darstellen. Kinder dieses Alters können auch über berufliche Fragen der Eltern mitdiskutieren. Sie müssen dann aber auch erfahren, was erreicht wurde oder nicht und weshalb. Damit werden sie unter positivem Aspekt mit Problemen vertraut, die in ähnlicher oder anderer Form auch sie erleben können und die durch ihr eigenes Handeln schrittweise beherrscht werden müssen. So auf den neuen Lebensabschnitt vorbereitet, vermögen die Heranwachsenden individuelles Verhalten anderer besser zu werten, einzuordnen und, wenn notwendig, zurückzuweisen.

Das gilt auch für Sexualfragen, ist jedoch nur möglich, wenn man spätestens 16jährige in Diskussionen – beispielsweise zum Recht auf sexuelle Erfüllung, Antikonzeption und Familienplanung – einbezieht und so ein dauerndes Vertrauensverhältnis schafft. Damit erst schließen Eltern die Vermutung ihrer Kinder aus, ihnen mit fehlenden Informationen zur Sexualität etwas vorenthalten zu wollen, was sie selbst gern tun.

Die Möglichkeit, sexuelle Wünsche ohne unerwünschte Schwangerschaft in gegenseitiger Partnerliebe zu erfüllen, zwingt jedes Elternpaar, seine Kinder auf die Nutzung antikonzeptiver Mittel zu orientieren. Auch, weil vorzeitig beendete Schwangerschaften nach wie vor mit dem Risiko nachfolgender Erkrankungen, wie Eierstock- und Eileiterentzündungen, belastet sind und bis zum Verlust der Empfängnisfähigkeit führen können. Die Möglichkeit der Schwangerschaftsunterbrechung darf niemanden verführen, mit der Antikonzeption verbundene Unbequemlichkeiten zu scheuen. Nur wenn die benutzte Methode der Schwangerschaftsverhütung versagte – jede Methode ist so sicher wie die Erfahrung der Partner mit ihr –, ist die vorzeitige Beendigung der Schwangerschaft zu erwägen, um beide Partner vor gesundheitlichen, psychischen und sozialen Konflikten zu schützen. Gerade Jugendliche sollten deshalb bei Beginn sexueller Beziehungen von der Antikonzeption Gebrauch machen und sich nicht auf den Zufall mit der stillen Hoffnung verlassen, eine ungewollt entstehende Schwangerschaft unterbrechen lassen zu können.

Erfahrungsgemäß streben viele Jugendliche zwischen 16 und 18 Jahren nach einer dauerhaften Partnerschaft, sind überzeugt, daß eine Sympathie eines Tages auch die sexuelle Begegnung mit sich bringt. Sie glauben, über die vermeintlichen biologischen Zusammenhänge der Sexualität durch das im Unterricht vermittelte Wissen informiert zu sein. Der soziale Charakter der sexuellen Begegnung wird ihnen jedoch oft noch unzureichend erläutert. Sie wollen über die Psychologie der Partnerwahl und die Anforderungen, die sie an den anderen stellen können und müssen, informiert sein. Sie denken, manchmal mit großer Besorgnis, über die Lebensweise ihrer Eltern nach und betonen, wie wenig beispielhaft, ja sogar abstoßend deren Zusammenleben oft für sie ist oder ihnen zumindest erscheint. Vor der Wiederholung solcher Lebensformen fürchten sie sich und drängen nach Ratschlägen, wie sie selbst für ihre Partnerschaft und Ehe den richtigen Weg finden können.

Daraus ergeben sich bei einem Teil der Jugendlichen Fragen nach Sinn und Bestand der Ehe in der Zukunft. Unter diesem Aspekt sind Diskussionen zu werten, in denen Jugendliche, besonders Mädchen, der Forderung ihrer Eltern Widerstand leisten, sich vorzeitig an einen bestimmten Partner zu binden. Nicht die Promiskuität, die häufige sexuelle Begegnung mit wechselndem Partner, ist es, die sie wünschen.

Zwei Gedankengänge sollen das verdeutlichen. Im Ergebnis ihrer eigenen Persönlichkeitsentwicklung sträuben sich junge Menschen – die Eheprobleme vieler Älterer vor Augen –, in allzu früher Ausschließlichkeit gebunden und objektiv bevormundet zu sein. Bevormundet sowohl durch die dogmatische Formel, allein das Aufrechterhalten einer einmal eingegangenen Partnerschaft kennzeichne die Moral, als auch durch den Partner, der meint, sich auf dem Hintergrund eines dadurch gegebenen Besitzanspruchs gehenlassen zu können. Infolge des elterlichen Einflusses möchten junge Menschen Gelegenheit haben, den »passenden« Partner zu finden. Solches Streben kann durch unsicheres Verhalten manches Mannes bei der sexuellen Begegnung und die komplizierten psychologischen und physiologischen Grundlagen des weiblichen Orgasmus mit bedingt sein. Neben der Suche nach dem Passenden, geht es vor allem um die dauernde Abstimmung miteinander. Nur da kann als wichtiger Anteil des Glücks auch sexuelle Erfüllung bestehenbleiben, wo

in der ehelichen Gemeinschaft sich jeder in seiner Persönlichkeit und Gleichberechtigung gewürdigt fühlt;

gemeinsame Interessen geschaffen und gepflegt werden;

man berufliche Erfolge zusammen feiert und Konflikte gemeinsam löst;

Wollen und Handeln beider die gemeinsame Haushaltsführung trägt;

die Partner ihr persönliches Streben harmonisch mit den gesellschaftlichen Erfordernissen verbinden.

Auf diesen Sinn der Partnerschaft und die Befähigung, ihn zu verwirklichen, muß die sexual-ethische Führung junger Menschen dieser Altersgruppe gerichtet sein. Sind Eltern unsicher, sollten sie das ihren Kindern offenbaren, ihnen den Weg zu entsprechender Literatur oder zur Ehe- und Sexualberatung ebnen, ihn unter Umständen sogar gemeinsam gehen. Eine über die Zeit des gemeinsamen Lebens in der Familie fortdauernde Achtung und Liebe der Kinder ist der Lohn für solche Hilfe und Eingeständnisse.

Bewußtes Hygieneverhalten zahlt sich aus

Will man die Kinder zu gesundheitsfördernden Lebensgewohnheiten befähigen, dann sind beim Gestalten und Planen des Lebens in der Familie viele Erkenntnisse zu berücksichtigen. Sie betreffen die Ernährung und Körperpflege ebenso wie die Sauberkeit in der Wohnung.

Was man zur Ernährung wissen muß

Der Mensch muß sich ernähren. Leben ist ohne Stoffwechsel nicht möglich. So sind Gesundheit, Leistungsfähigkeit, Leistungsbereitschaft, Lebenserwartung und Lebensfreude – jeder dieser Begriffe kennzeichnet Bedürfnisse und berechtigte Wünsche jedes Menschen – in hohem Maße von einer sinnvollen Ernährung abhängig. Jeder einzelne muß dazu erzogen werden, aus dem Angebot das auswählen zu können, was ihm dienlich ist. Die Ernährungswissenschaft gibt Empfehlungen für eine gesundheitsfördernde Ernährungsweise.

Der *Wasserhaushalt* ist Basis jeglichen Stoffwechsels. Die zugeführte Flüssigkeit wird benötigt, um im Organismus den für die grundlegenden Stoffwechselvorgänge unerläßlichen Wassergehalt aufzuspeichern. Da ständig bestimmte Wasseranteile durch die Atmung, über die Haut sowie mit Urin und Kot den Körper verlassen, muß sich der Mensch täglich etwa $2^1/_2$ bis 3 Liter Flüssigkeit zuführen. Es genügt, wenn er 1 bis $1^1/_2$ Liter trinkt, denn in allen Nahrungsmitteln ist Wasser enthalten.

Der *Mineralhaushalt* steht in recht enger Beziehung zum Wasserhaushalt. Die Mineralstoffe und Spurenelemente sind für den Stoffwechsel von großer Bedeutung. Dieser ist nur durch die Mitwirkung von Enzymen (Fermenten) möglich, die die chemische Umsetzung zugeführter Stoffe bewirken. Mineralien und Spurenelemente beeinflussen die Aktivität der Enzyme. Überdies wirken sie auch zur Steigerung der Abwehrbereitschaft gegen Infektionskrankheiten mit. Sie werden nur in Wasser gelöst wirksam. Dabei ist ihre Konzentration entscheidend.

Verliert beispielsweise ein Säugling bei einem Durchfall viel Flüssigkeit, erhöht sich die Konzentration der Mineralstoffe, so daß deren Anreicherung schädigende Stoffwechselabläufe hervorruft. Ebenso negativ wirkt ihre zu geringe Konzentration, weil damit die Leistungen bestimmter Zellverbände verringert werden. Deshalb ist auch ein richtiges Wechselverhältnis der Mineralstoffe untereinander von großer Bedeutung. Ein Zuviel an Natriumionen, beispielsweise bei erhöhter Kochsalzzufuhr, bindet zuviel Wasser in den Geweben, senkt die Enzymaktivität, vermindert also die Widerstandsfähigkeit gegen Infektionen und steigert mit der Erregbarkeit des vegetativen Nervensystems auch den Blutdruck.

Der *Eiweißstoffwechsel* sichert über die Aufnahme von tierischem und pflanzlichem Eiweiß die notwendige Zufuhr von Aminosäuren. Das sind chemische Verbindungen, die für den Aufbau, das Wachstum und für die Ernährung der Zellen bedeutsam sind. Ihre Aktivität ist von der chemischen Beschaffenheit abhängig. Man unterscheidet gesättigte und ungesättigte Aminosäuren, je nach ihrem Anteil an Molekülgruppen, deren innere Bindung mehr oder weniger stabil ist, und die deswegen leichter oder schwerer mit anderen Molekülgruppen in Verbindung treten können. Es ist offenbar, daß ungesättigte Aminosäuren unter der Wirkung von Enzymen in stärkerem Maße und leichter im Stoffwechsel, also biochemisch reagieren.

Der *Kohlenhydratstoffwechsel* liefert dem Organismus in Form von Traubenzucker, Zucker und Stärke die wichtigsten Energieträger. Ihre Umsetzung zu Glukose (Traubenzucker) und Glykogen (der pflanzlichen Stärke chemisch entsprechendes tierisches Kohlenhydrat) liefert dem Organismus schnell verfügbare Kalorien, die für alle Organleistungen und die Wärmebildung notwendig sind.

Der *Fettstoffwechsel* erschließt dem Organismus konzentrierte Energieträger und dient der Resorption fettlöslicher Vitamine und Provitamine. Ernährungsphysiologische Untersuchungen haben erwiesen, daß es nicht gleichgültig ist, ob die Tagesration an Fett aus Butter und Schmalz – als Hauptvertreter tierischer Fette – oder aus Pflanzenölen und Margarine besteht. Alle Pflanzenfette enthalten einen höheren Anteil an ungesättigten Fettsäuren, die – aus dem gleichen Grunde wie die ungesättigten Aminosäuren – im Zellstoffwechsel besser verwertet werden können. Gesättigte Fettsäuren dagegen, die mit einem hohen Anteil in allen tierischen Fetten enthalten sind, werden ihrer erschwerten Angreifbarkeit für Enzyme wegen oft in »Fettdepots« abgelagert. Sie bilden in der Haut der Bauchdecke, des Gesäßes und der Oberschenkel, oft auch im Gekröse des Darms, im Nierenlager und zwischen den Muskelbündeln des Herzens unerwünschte Polster. Wenn erstere im wesentlichen das ästhetische Wohlbefinden stören, behindern die andern zusätzlich die gesunde Funktion der entsprechenden Organe.

Der *Vitaminhaushalt* endlich bekommt ein besonderes Gewicht, weil die dem menschlichen Organismus als Nahrung zuzuführenden Stoffe hochmolekulare Verbindungen sind. Um sie im Stoffwechsel aufzuschließen, also in eine wasserlösliche Form überführen zu können, müssen Enzyme (Fermente) gebildet und wirksam werden.

Das wiederum ist nur durch die Anwesenheit von Vitaminen möglich, die im Organismus nicht gebildet werden können; sie sind mit der Nahrung zuzuführen.

Was man bevorzugt essen und trinken sollte

Dieser Einblick in die Ernährungsphysiologie war notwendig, um die folgenden Ratschläge begründen zu können. Es ist notwendig, in viel größerem Umfang Obst und Gemüse, Milch und Vollkornprodukte als Hauptanteile der Ernährung zu wählen.

Gemüse und *Obst* sind besonders wichtig für den Mineralhaushalt. Gemüsereiche Kost bewirkt einen Überschuß an basischen Mineralsalzen (Kalzium, Natrium) und gleicht so die gesundheitlichen Folgen unserer vorwiegend säurereichen Ernährung (u. a. Fleisch, Eier, Käse, Zucker) aus. Außerdem enthalten praktisch alle Gemüsesorten viele Vitamine, insbesondere das Vitamin C, das Karotin (Provitamin A), die der Vitamin-B-Gruppe und das Vitamin D. Von den Vitaminen ist durch ihre Wirksamkeit in den Enzymen die Ausnutzung aller zugeführten Nahrungsstoffe im Stoffwechsel und die »Entgiftung« mancher Genußmittelanteile abhängig. Nicht zuletzt liefern Obst und Gemüse mit ihrem hohen Gehalt an unverdaulicher Zellulose die notwendigen Ballaststoffe, um die Darmtätigkeit anzuregen und mit ihr über Kreislaufverhältnisse in Darm und Leber die äußere und innere Verdauung zu gewährleisten.

Es ist auch angebracht, viel *Milch* und Milcherzeugnisse zu sich zu nehmen. Milch ist – ernährungshygienisch gesehen – das wertvollste Nahrungsmittel. Sie enthält mit Kohlenhydraten, Eiweißstoffen und Fett jene drei Hauptbestandteile unserer Nahrung, die als Energiespender und »Rohmaterial« für den Aufbau neuer Zellsubstanzen benötigt werden. Darüber hinaus aber sind in ihr alle für die Erhaltung des inneren Milieus eines Organismus benötigten Stoffe enthalten – Mineralstoffe, Enzyme und Vitamine. Milch zu trinken ist die zweckmäßigste Form, Kalzium zuzuführen, einen Mineralstoff, der für den ständigen Auf- und Abbau der Knochen von größter Bedeutung ist. Der relativ hohe tägliche Bedarf von etwa 800 mg Kalzium wird schon durch etwa $^1/_2$ Liter Milch oder 50 g Quark garantiert.

Die Notwendigkeit, den Anteil an Milch und Milcherzeugnissen an der Ernährung noch zu erhöhen, ergibt sich auch aus ihrem Eiweißgehalt. Sie enthalten in Lösung oder in sehr feiner Emulgierung die für das Wachstum und für die Gesundheit erforderlichen Nähr- und Wirkstoffe in einem Wechselverhältnis, das in hohem Maße den inneren Stoffwechselbedingungen des Organismus entspricht. Besonders vorteilhaft ist Milcheiweiß, weil es in höherem Prozentsatz ungesättigte, also im Stoffwechsel sehr leicht verwertbare Aminosäuren enthält.

Obwohl Milch alle für den menschlichen Organismus benötigten Nahrungsbestandteile enthält, reicht sie für eine gesundheitsfördernde Ernährung allein nicht aus. Die einwandfreie Funktion der Leber, optimale Kreislaufverhältnisse im Darmsystem sowie ausreichende muskuläre Darmbewegungen hängen in hohem Maße von

Ballaststoffen in der Nahrung ab. Auch regelmäßiger und beschwerdefreier Stuhlgang wird danach gewährleistet.

Deshalb gehören auch Obst, Gemüse und vor allem Vollkornerzeugnisse zu einer sinnvollen Ernährung. Dagegen ist die Kohlenhydratzufuhr ausschließlich über Zucker, Süßwaren und Produkte aus hochgradig ausgemahlenem Mehl (Feinbackwaren) schädlich, weil sie völlig frei von Ballaststoffen sind und dadurch Darmträgheit mit allen negativen Folgen für Darmkreislauf und Leberfunktion verursachen. Kohlenhydratzufuhr durch Vollkornerzeugnisse oder Kartoffeln, deren Stärkegehalt den Zuckerbedarf unseres Organismus voll zu decken vermag, ist hingegen vorteilhaft, weil beide außerdem viel Spurenelemente und Vitamine enthalten.

Fehlerhaft ist auch die verbreitete Ansicht, reichlich Fett, besonders in Form von Butter, in Butter gebratene Schnitzel oder Koteletts und fettreiche Soßen seien entscheidende Kraftspender für körperlich Arbeitende. Als Regel mag gelten: Der tägliche Bedarf an Fett beträgt durchschnittlich – Schwerarbeiter ausgenommen – 1 Gramm je Kilogramm Körpergewicht. Mit 150 Gramm Tagesverbrauch bei 70 bis 80 kg Gewicht übersteigt der durchschnittliche Fettverzehr der DDR-Bevölkerung den Bedarf fast um das Doppelte. Erschwerend kommt hinzu, daß tierische Fette, insbesondere die Butter, einen hohen Gehalt an Cholesterin aufweisen. Die Entstehung von Cholesterinpolstern in den Arterien wird zu einer folgenschweren Begleiterscheinung der sogenannten Arterienverkalkung.

Wenn die Nähte platzen ...

Mancher, der den Butterverzehr und seine gewachsene Körperfülle als Ausdruck von Lebensstandard demonstrieren will, möge sich vor Augen halten, daß die Lebenserwartung Übergewichtiger prozentual zur Höhe ihres Mehrgewichtes abnimmt. Nicht zufällig verlangen Lebensversicherungsgesellschaften der USA von ihren Kunden Beiträge, die abhängig vom Übergewicht nach oben gestaffelt sind.

Auch wenn in der DDR solche Konsequenzen aus krankheitsstatistischen Untersuchungen nicht gezogen werden, empfiehlt es sich, ernährungshygienische Hinweise auf energienarme Nahrungsmittel zu befolgen, wie sie beispielsweise in den mit ON bezeichneten Nahrungsprogrammen enthalten sind. Es wäre eine Illusion zu glauben, daß man allein durch Gymnastik und Sport überflüssige Fettpolster beseitigen kann, so wichtig sie auch für die Aufrechterhaltung eines guten Kreislaufs sind.

Menschen mit Übergewicht – zu ihnen zählen 40 Prozent der Bevölkerung unseres Landes – sollten energiereiche, aber ballaststoffarme alkoholische Getränke, Feinmehl- und Zuckerprodukte meiden. Angenommen, ein Übergewichtiger will abnehmen und reduziert seine bisher aus Kartoffeln, Bier, Süßigkeiten und Weißbrot zusammengesetzte Nahrung. Und geht er – so schwierig das für ihn sein mag – dabei auf die Hälfte seines bisherigen energetischen Konsums über, dann wird er nicht lange auf Verdauungsstörungen zu warten brauchen und einen Grund haben, seine gute Absicht über Bord zu werfen. Die aus vielen gesundheitlichen Gründen für manche notwendige Gewichtsabnahme verlangt deshalb eine qualitative Umstellung seiner Ernährungsweise. Gemüse, Vollkornbrot sowie Milcherzeugnisse, schieres Fleisch sollten dann die Hauptanteile der Nahrung ausmachen.

Den Energiegehalt der Nahrung zu berechnen, empfiehlt sich besonders für jene Familien, deren Mitglieder an unterschiedlichen Formen einer Gemeinschaftsverpflegung teilnehmen. Sowohl Schulspeisung als auch Betriebsessen sind heute oft schon energiemäßig gut zusammengesetzt. Auch ernährungshygienisch werden sie mehr und mehr überprüft. Damit wird es aber notwendig, die Ernährung der Kinder und Erwachsenen an Wochentagen zu Hause so zu gestalten, daß die Tagesbilanz nach mehreren Gesichtspunkten aufgewertet wird. Das trifft für die Zufuhr sowohl an Energien als auch an Ballaststoffen, Vitaminen und Mineralien zu. Milch, Gemüse, Vollkornerzeugnisse und Obst sollten ihre Hauptelemente in einer auf den einzelnen berechneten Menge sein. Jeder Zuckerkranke lernt schnell, die Energiemenge seiner Nahrung zu berechnen, um Leistungsfähigkeit und Wohlbefinden zu erhalten. Warum sollte nicht jeder Bürger im Interesse seiner Gesundheit lernen, mit Hilfe regelmäßiger Gewichtsbestimmungen und Überprüfung seiner Energiezufuhr zwischen Gewicht und Nahrung eine sinnvolle Balance zu halten.

Leitsätze zur Ernährung

Bei der Ernährung sollten folgende Leitsätze berücksichtigt werden:

Der Anteil des Eiweißes an der täglichen Energiezufuhr sollte mindestens 12 bis 13 Prozent, der des Fettes – halb tierischen, halb pflanzlichen Ursprungs – höchstens 30 bis 33 Prozent betragen.

Wem es Schwierigkeiten bereitet, täglich die Energiezufuhr zu berechnen, sollte wenigstens in 14tägigem oder monatlichem Abstand sein Gewicht überprüfen. Das Gesamtkörpergewicht sollte in Kilogramm die Anzahl der Zentimeter Körperhöhe oberhalb der Metergrenze nicht übersteigen. Als Idealgewicht werden für Frauen 10 Prozent, für Männer 5 Prozent unter der genannten Größe bezeichnet. Jeder sollte deshalb die Energiezufuhr so gestalten, daß sein Körpergewicht dem Idealgewicht langsam näher kommt.

Milch und Milchprodukte, Kartoffeln, Obst und Gemüse (letzteres z. T. in roher Form) sowie Vollkornerzeugnisse sollen in der täglichen Nahrung vorherrschen. Frauen und Kinder, die oft an Eisenmangel leiden, sollten eisenreiche Lebensmittel wie Leber, Fleisch, Gemüse, Hülsenfrüchte, Haferflocken und Brot verstärkt zu sich nehmen.

Diese Nahrungsmittel garantieren zugleich eine wünschenswerte Zufuhr an Vitaminen und Mineralien. Eine zusätzliche Einnahme von Vitamintabletten oder -dragees ist nicht erforderlich. Nur auf ärztliches Anraten werden zusätzliche Vitamingaben sinnvoll.

Die Mahlzeiten sollten mit Frischkost, Gemüse und Küchenkräutern aufgewertet werden. Ein schonendes Zubereiten, das Vermeiden längeren Stehens oder Transportierens warmer Gerichte dienen zusammen mit einer abwechslungsreichen Gestaltung des Speiseplanes einer sinnvollen Ernährung.

Zur Vermeidung von Übergewicht verbietet sich übermäßiger Verzehr von fett- und zuckerreichen Lebensmitteln. Fettreiche Fleischprodukte, fett- und zuckerreiche Konditorwaren, Schokolade und Süßwaren, fettreiche Soßen und Milchprodukte (z. B. Vollfettkäse) sind nicht die besten Nahrungsmittel.

Der tägliche Verbrauch von höchstens 80 g Fett – halb tierischer, halb pflanzlicher Herkunft – wirkt der Entstehung von Herz- und Kreislauferkrankungen, insbesondere der Arteriosklerose, entgegen.

Fisch, vorwiegend Seefische, seien empfohlen, weil ihr hochwertiges Eiweiß zugleich energiearm ist.

Obst, Gemüse und Vollkornerzeugnisse sind als ballaststoffreiche Lebensmittel von besonderer Bedeutung in der täglichen Ernährung.

Erwachsene sollten 3 bis 5 Mahlzeiten täglich einnehmen und dabei auf folgende Verteilung achten: erstes und zweites Frühstück 35 Prozent, Mittagessen 30 Prozent, Zwischenmahlzeit und Abendbrot zusammen 35 Prozent des Tagesbedarfes an Energien.

Übermäßiges Würzen mit Kochsalz ist zu vermeiden, weil es in starker Konzentration zuviel Wasser im Körper zurückhält.

Eine sinnvolle Ernährung nützt wenig, wenn sie nicht mit einer allgemeinen gesundheitsfördernden Lebensführung verbunden wird.

Gefahren in der Wohnung

Die zweckmäßige *Wahl und Anordnung der Möbel* in der Wohnung, die Nutzung der einzelnen Räume, die Art des Fußbodenbelages und dessen Pflege, die Entscheidung, welcher Teil der Wohnung mit Teppichen ausgelegt wird und wo man besser auf sie verzichtet – all das beeinflußt nicht nur den Umfang der Hausarbeit, sondern auch die Unfallhäufigkeit in der Wohnung und die Familienatmosphäre. Alle Räume regelmäßig und gründlich zu lüften, ist selbstverständlich. Deshalb sollten Fenster stets zugänglich bleiben. Spielecken, Kinderzimmer, Küche und ungekachelte Bäder werden am besten mit pflegearmem Material ausgelegt, das durch feuchtes Wischen schnell gereinigt werden kann.

Die Wohnung ist so zu gestalten, daß die Familie möglichst vor Haushaltunfällen geschützt ist. Wie statistisch erwiesen, sind Unfälle im Zusammenhang mit Haushaltchemikalien und Verbrühungen bei Drei- bis Vierjährigen besonders häufig.

Kleine Kinder müssen vor abgestellten, mit kochendem Wasser gefüllten Waschkübeln geschützt werden. Sie sollen keine Kessel vom Herd ziehen oder Eimer umwerfen können. Auch soll man sie nicht allein in der Badewanne bei fließendem Wasser sitzen lassen, das sich durch plötzlich erhöhten Gasdruck oder sinkenden Wasserdruck stark erhitzen kann. Kleine Kinder gehören also nicht allein in die Küche oder ins Bad.

Zahlreiche Unfälle werden durch *Haushaltchemikalien* verursacht. Dem Beispiel der Eltern folgend, hantieren Kinder gern mit den meist bunten Behältnissen. Sie probieren den Geschmack der Füllung und vergiften sich auch an sonst ungefährlichen Mitteln. Diese sind also möglichst unter Verschluß zu halten oder so hoch zu stellen, daß die Kleinen sie auch kletternd nicht erreichen.

Nicht wenige Säuglinge und Krabbler ersticken in Gitterbettchen und Laufgittern, weil die Bettdecken festgebunden wurden und das Kind beim Aufstehversuch hinderten, weil sich Verschlußbänder von Jacken und anderer Oberbekleidung an Ecken des Laufgitters festklemmten und das fallende Kind würgten. Unglücksfälle entstanden auch dadurch, daß kleine Kinder ihre Buddeleimer über den Kopf stülpten und der Henkel unter das Kinn geriet oder sich Plastiktüten überzogen und nicht wieder entfernen konnten. Bei aller Fröhlichkeit sollten es deshalb die Eltern unterlassen, sich derartige Gegenstände als lustige Kopfbedeckungen aufzusetzen. Die Kinder ahmen das nach und erreichen leider nicht selten bei ihren Eltern einen Lacherfolg. Doch schnell stellt sich ein Unglück ein.

Einige Worte zur *Hausapotheke* und Aufbewahrung von Arzneimitteln. Es ist eine schlechte Angewohnheit, Medikamente, die nach überstandener Krankheit übrigbleiben, aufzuheben. Nur wenige wissen, wie lange sie wirksam sind, wann sie durch chemische Umsetzungen verderben und ob ein ähnliches Symptom eines späteren Krankheitsfalles die Wiedereinnahme des früher verschriebenen Arzneimittels rechtfertigt. Gefährlich kann es werden, Medikamente einem Familienmitglied oder einem Nachbarn bei ähnlich gelagerten Krankheitserscheinungen zu verabfolgen. Jeder Mensch reagiert auf das gleiche Mittel unterschiedlich. Nur der Arzt kann Art und Menge bestimmen. Ihn sollte man fragen, was in der Hausapotheke verbleiben darf und was vernichtet werden muß.

Auch zur Verwendung bestimmter Hausmittel und Teesorten sollte man eine nüchterne, medizinisch richtige Haltung einnehmen. Selbstverständlich ist es nicht falsch, Fenchel- und Pfefferminztee, Lindenblüten und Kamille im Hause zu haben. Man sollte sich jedoch davor hüten, Magenschmerzen, Krampfanfälle, fieberhafte Erkrankungen und anderes mit derartigen Hausmitteln selbst kurieren zu wollen. Hinter solchen Beschwerden können sich Krankheiten verbergen, die dringend einer ärztlichen Behandlung bedürfen. Die Einstellung, wegen solcher »Lappalien« nicht den Arzt belästigen zu dürfen oder sich die Zeit des Wartens vor der Sprechzimmertür ersparen zu können, hat nicht selten zur Verschleppung und damit zur Entstehung chronischer, nur noch schwer beherrschbarer Krankheitsbilder geführt.

Deshalb gehören in eine Hausapotheke nichts anderes als Pflaster-Schnellverband, Watte, Mull- und Festkantenbinden, ein Dreiecktuch, etwas Sepso-Tinktur und eine Packung schmerzstillender Tabletten. Außerdem ist dort der Platz für die vom Arzt augenblicklich verordneten Medikamente. Die Aufbewahrung auf dem Nachttisch oder im Nachttischfach ist gefährlich. Das Schränkchen muß verschließbar und für Kinder unerreichbar sein. Auch sollten weder Arzneimittel noch »Pillen«packungen in oder auf der Frisiertoilette herumliegen, da Kinder dazu neigen, die Mutter im Gebrauch nachzuahmen.

Nur wenige wissen, daß die *Haut* eins der wichtigsten »Sinnesorgane« ist. Sie analysiert als Kontaktfläche unseres Körpers zur Umwelt Druck, Stoß, Wärme- und Kältereize. Sie ist ein wichtiges peripheres Organ der Informationsaufnahme und -beantwortung und kann dieser Funktion am besten gerecht werden, wenn sie durch regelmäßiges Waschen saubergehalten und von abgeschilferten Hautresten befreit ist.

Die Sauberkeit von Gesicht, Händen und Füßen, regelmäßiges Waschen des ganzen Körpers, ermöglichen der Haut auch, das Eindringen von Bakterien und die Ansiedlung von Pilzen (Mykosen) oder Parasiten (Krätze, Milben und Läuse) zu verhindern sowie ihrer Rolle im Wärme- und Wasserhaushalt gerecht zu werden. Die feuchte Wärme jeder Hautfalte, in der sich Schmutzteilchen und abgeschilferte Hautreste ansammeln, bietet für viele Bakterienarten einen guten Nährboden. Deshalb ist den Achselhöhlen, eventuellen Brust- und Bauchfalten, den Fußzehen und Fingernägeln, vornehmlich aber der Sexualregion und der Gesäßfalte besondere Aufmerksamkeit zu widmen.

Mit täglich wiederholten Bürstenmassagen, wechselnd kaltem und warmem Duschen oder Waschen kann man die Haut über viele Jahrzehnte straff halten und nach Schwangerschaften oder starker Gewichtsabnahme erneut festigen. Die Fähigkeit, über die Haut Zärtlichkeiten zu empfinden, macht sie insgesamt und ganz besonders in den erogenen Zonen zu einem wichtigen Organ, über das erotisierende Impulse vermittelt und wahrgenommen werden. Die Achtung dem Partner gegenüber gebietet deshalb Sauberkeit.

Zur persönlichen Hygiene gehört weiterhin regelmäßige, ausreichende *Mundpflege.* Zahnärzte stellen bei Befragungen oft fest, daß selbst da, wo regelmäßiges Zähneputzen geübt wird, das mehr wegen der Beseitigung des unangenehm empfundenen Mundgeruchs als wegen der Reinigung von Zähnen und Zahnfleischtaschen geschieht.

Deshalb soll man das Zähneputzen nach jeder Mahlzeit auf wenigstens 3 Minuten ausdehnen und dabei eine kurze, mit angespitzten

Borsten versehene Bürste benutzen, die in der Richtung vom Zahnfleisch zum Zahn geführt wird. Solche Putzgewohnheiten bürgern sich nur schwer ein. Das hat die Stomatologen veranlaßt, die elektrische Zahnbürste zu empfehlen. Durch ihre Vibration reinigt sie Zähne und Zahnfleischtaschen, massiert zugleich das Zahnfleisch und beugt so Zahnfleischerkrankungen im höheren Alter vor.

Frisches, noch sehr feuchtes Brot ist nicht ratsam. Noch lange nach der Mahlzeit verbleibt auf Zähnen und in Zahnfleischtaschen ein dicker, stärke- und kleberhaltiger Film. Er begünstigt die Entstehung von Karies und kann nur mit langem Putzen beseitigt werden. Zudem verführt frisches, also weiches Brot dazu, oberflächlich zu kauen und jeden Bissen herunterzuschlucken, bevor er genügend mit Speichelfermenten zur Aufspaltung der Stärke vermischt ist. Das belastet den Magen, in dem keine stärkelösenden Verdauungssäfte gebildet werden. Die ineinander verbackenen, weil kleberreichen Brotstücke liegen »schwer im Magen« und verschulden völlig überflüssige Magenbeschwerden.

Tägliche *Hand- und Nagelpflege* vermeidet nicht nur Nagelbetterkrankungen. Eltern, Kinderkrankenschwestern und Erzieher in Kindergärten müssen sich darüber im klaren sein, daß sie selbst bei ungenügender täglicher Nagelpflege zu Zwischenträgern von parasitären Infektionen, z. B. Wurmerkrankungen, ihrer Pfleglinge werden. Die mit dem Kot ausgeschiedenen Eier von Madenwürmern werden leicht übertragen, indem Kinder den Finger in den Mund stecken. Welche Folgen es haben kann, wenn auch unsaubere Pflegepersonen als Überträger wirken, kann man sich leicht vorstellen. Werden die Fingernägel nicht genügend beschnitten, kann selbst bei regelmäßigem Händewaschen während des Fütterns das ganze Kinderkollektiv angesteckt werden. Das Waschen der Füße und Bürsten der Zehennägel ist notwendig, um Fußpilzerkrankungen und Schweißbildung vorzubeugen.

Die *Kopfhaare* sind täglich dem Staub ausgesetzt. Nicht nur, weil in letzter Zeit Frauen eine längere Haartracht und unter Umständen auch Zweitfrisuren bevorzugen, ist ein regelmäßiges Waschen des Kopfes, etwa einmal in der Woche, notwendig. Auch Männer sollten sich daran gewöhnen. Die Auffassung, Haare würden bei nur gelegentlichem Waschen kräftiger, ist bei den heutigen Pflegemitteln nicht mehr stichhaltig. Lediglich die früher benutzten Seifen entfetteten die Haare so stark, daß sie spröde wurden und nur in größeren Abständen gereinigt werden durften.

Ein Wort zur *Intimhygiene*. Während Männer früher nur selten dazu erzogen wurden, sich regelmäßig in der Sexualregion zu waschen und dabei die Vorhaut zurückzuziehen, pflegten manche Frauen sich nur sauber zu fühlen, wenn sie regelmäßig eine Scheidenspülung vornahmen. Innerhalb der Scheide erfolgt aber eine biologische Selbstreinigung durch Milchsäurebakterien, so daß sich Spülungen erübrigen – auch nach Menstruationsblutungen. Das äußere Genitale sollte jedoch wie jede andere Stelle des Körpers täglich gewaschen werden. Das gleiche gilt auch für den Mann.

Das Smegma, das sich bei Unsauberkeit unter der Vorhaut bildet, ist ein guter Nährboden für Bakterien aller Art und soll auch bei der Entstehung von Krebserkrankungen am Muttermund ursächlich beteiligt sein.

Wie man sich kleiden sollte

Sinnvolle Wahl der *Bekleidung* unterstützt die Haut wesentlich bei der Regulierung des Wärmehaushalts. Der Stoffwechselprozeß erzeugt ständig Wärme, die in bestimmtem Umfang nach außen abgegeben wird.

Die Wärmeabgabe bleibt dabei auch von der Außentemperatur und vom Feuchtigkeitsgehalt der Luft abhängig. Daher wird die Wahl der Bekleidung zu verschiedenen Jahreszeiten unterschiedlich sein. Während sie im Winter zwischen der Umwelt und dem Organismus eine Isolierschicht schaffen muß, hat sie im Sommer der erhöhten Wärmeabgabe zu dienen. Auch im Winter dürfen die Kleidungsstücke nicht zu eng anliegen, oder sie müssen eine Struktur aufweisen, die dem Bedürfnis nach Wärmespeicherung Rechnung trägt. Die Industrie berücksichtigt weitgehend solche bekleidungshygienischen Anforderungen. Vorbehalte gegen synthetische Stoffe sind unbegründet. Hautärzte verweisen immer wieder darauf, daß die synthetischen Gewebe hautfreundlich sind und ihre chemische Beschaffenheit keine Unverträglichkeit verursacht. Letztere sind meist auf unsachgemäße Pflege der Wäsche zurückzuführen.

Der Wärmehaushalt wird bekanntlich über die ständige, mehr oder weniger starke Abgabe von Schweiß reguliert. Die darin enthaltenen Mineralien und Stoffwechselendstufen haften den Kleidungsstücken täglich neu an. Da solche Produkte in einer gewissen Anreicherung zugleich Gifte sind, können sie bei Häufung an Scheuerstellen (beispielsweise am Hals) zu Hautschäden führen. Deshalb ist regelmäßiger, am besten täglicher Wechsel der Wäsche wichtig für die persönliche Hygiene. Dieser Forderung kommen die pflegeleichten synthetischen Stoffe sehr entgegen. Es ist selbstverständlich, daß die Oberbekleidung vom Prinzip her die gleiche Rolle im Wärmehaushalt spielt. Darüber hinaus erfüllt sie als Berufskleidung, den unterschiedlichen Tätigkeiten entsprechend, weitere Funktionen des Schutzes für Gesundheit und Leben der Werktätigen.

In den letzten Jahren nehmen die Forderungen zu, auch im Schnitt der Berufskleidung modischen Ansprüchen gerecht zu werden. Das kennzeichnet den engen Zusammenhang zwischen Bekleidung und Psychohygiene. Es zeugt von Ignoranz und Überheblichkeit, wenn diese Wünsche als übersteigertes Geltungsbedürfnis und Gefallsucht abgetan werden. Denn modische Bekleidung bestimmt eben auch in hohem Maße das psychische Wohlbefinden innerhalb der sozialen Gruppe, in der man lebt, wirkt und Erfolg haben will.

Bewege dich gesund!

Familienhygiene kann auch an einigen wichtigen Erkenntnissen der Körperkultur und des Sports nicht vorbeigehen. Die Herzleistung und damit Stärke und Belastbarkeit des Herzens sind beim gesunden

Menschen direkt abhängig von der Menge des ihm über die Venen zugeleiteten Blutes. Diese Menge wiederum wird vom Umfang muskulärer Bewegung bestimmt. Den Beweis dafür erleben wir z. B. in einem keineswegs besorgniserregenden, weil die Herzarbeit trainierenden erhöhten Pulsschlag beim Treppensteigen oder bei kurzem Sprint oder längerem Dauerlauf. Hier sind auch die Empfehlungen zur Beteiligung am Training zum Erwerb des Sportabzeichens der DDR wissenschaftlich begründet.

Nicht allein die Kreislaufverhältnisse werden durch Bewegung begünstigt. Gesteigerte körperliche Betätigung ist auch Voraussetzung zu besserer Tätigkeit aller Teile des Nervensystems und damit zur Steigerung der geistigen Leistungsfähigkeit. Will man seine geistigen Fähigkeiten trainieren, so wird man eine ständige Belastung seiner Muskulatur einplanen müssen. Nicht zufällig trainieren Großmeister des Schachsportes mit täglichen langen Waldläufen.

Eine sinnvolle Ernährung vorausgesetzt, stellt der Blutkreislauf die wichtigste Voraussetzung für eine gute Funktionsweise aller Organe dar. Das gilt auch für das Gehirn, dessen Tätigkeit z. B. die Basis der geistigen Fähigkeiten des Menschen ist. Da die Nervenzellen – 14 Milliarden sind allein in der Hirnrinde enthalten – für ihre hochspezialisierte, in Bruchteilen von Sekunden zu leistende Tätigkeit einen hohen Bedarf u. a. an Sauerstoff, Glukose, Eiweißverbindungen, Fettkörpern und Mineralien haben, ist ihre Funktion in hohem Maße von ausgezeichneten Kreislaufverhältnissen abhängig. Beispielsweise ist das häufig zu beobachtende Nachlassen der Merkfähigkeit im Alter nicht schlechthin auf die Zahl der Lebensjahre, sondern auf die durch unsere bisherige, nicht gerade optimale Lebensweise hervorgerufene Verschlechterung der Kreislaufverhältnisse zum und im Gehirn zurückzuführen. Hervorragende geistige Leistungen manches betagten Wissenschaftlers oder Schriftstellers, die ständig um gute körperliche Kondition bemüht waren, sind dafür ein überzeugender Beweis.

So bieten uns körperliche Aktivität und sinnvolle Ernährung günstige Voraussetzungen für die Erhöhung und das ständige Training unserer geistigen Leistungsfähigkeit. Körperliche Bewegung sichert auch eine zweite Voraussetzung erhöhter geistiger Leistungen.

Die Allgegenwärtigkeit von Nervenelementen an der Oberfläche und im Innern des Organismus bringt es mit sich, daß jede Veränderung des äußeren und inneren Milieus über vielfältige Nervenimpulse den zentralen Abschnitten des Nervensystems zugeleitet werden. Jeder einzelne Impuls hat zweierlei Bedeutung. Erstens weckt er die Aufmerksamkeit im allgemeinen Sinne. Zweitens informiert er über einen ganz bestimmten Vorgang außerhalb oder innerhalb des Körpers. Durch die Vielzahl wiederholter derartiger Informationen kann das Verhalten jedes einzelnen seine vollkommene Anpassung an die Umwelt mehr und mehr fördern. Die solchem Verhalten zugrunde liegende »Syntheseleistung« der Großhirnrindenzellen ist demnach von der Anzahl und dem Charakter ihnen zugeleiteter »informierender« Impulse aus dem inneren und äußeren Milieu abhängig. Geistige Leistungsfähigkeit, schnelles, richtiges Reaktionsvermögen, Schlagfertigkeit und Witz im Wortwechsel sind gleichzusetzen mit optimaler Synthese- und Reaktionsfähigkeit der Großhirnrindenzellen.

Wissenschaftliche Untersuchungen konnten beweisen: In ihrer allgemeinen Entwicklung bleiben Säuglinge und Kleinkinder zurück, die »wohlbehütet« in sauberen Bettchen gehalten werden, allein gelassen sind und nur beim Füttern, Baden und Trockenlegen gleichmäßig wiederholt relativ wenige Informationen angeboten bekom-

men. Gleichaltrigen mit größerem »Aktionsfeld«, die in stärkerem Kontakt zu anderen Kindern, älteren Geschwistern und Eltern stehen, häufiger ausgefahren werden und dabei ein erweitertes Blickfeld erhalten, sich als Krabbler mit dem Mobiliar des Wohnraums »auseinandersetzen«, wird eine weit stärkere muskuläre Aktivität abgefordert. Daraus resultieren im Kontakt mit Eltern oder Erziehern und deren Sprache letztlich auch geistige Leistungen. Das unterstreicht die Bedeutung muskulärer Aktivität in der Entwicklung der Kinder und beim Training der geistigen Leistungsfähigkeit.

In jeder Sekunde werden durch sie dem Gehirn unzählige Informationen zugeleitet: aus den Muskeln selbst (über ihren Spannungs- und Erschlaffungszustand), aus den Gelenkkapseln (als Ergebnis des sich verändernden Winkels in der Stellung der Knochen zueinander), aus der Umwelt über Auge, Ohr, Nase und Haut, die alles Wahrnehmbare in ihrer Veränderung ankündigen. Diese Informationen wecken erstens die Aufmerksamkeit, zwingen zweitens zur Synthese, lassen drittens Erfahrungen über die Zweckmäßigkeit dieses oder jenes Verhaltens gewinnen und bedingen damit viertens Zunahme und Übung der geistigen Leistungsfähigkeit. Welchen Charakter die damit erzielten geistigen Leistungen bekommen, hängt in hohem Maße vom Inhalt der angebotenen Informationen, von der Wertung, die sie in der jeweiligen sozialen Gruppe erfahren und vom Erfolg ab, den der einzelne mit dieser oder jener Verhaltensweise erfährt. So kommt es, daß mancher Psychologe nach gründlicher Untersuchung eines Kindes hochentwickelte Intelligenz (schnelles zentralnervöses Reaktionsvermögen) feststellte, während die Eltern über scheinbar desorganisiertes Verhalten besorgt waren.

Bei der eigenen gesundheitsfördernden Lebensgestaltung und nicht zuletzt bei der Erziehung der Kinder gilt es zu beachten, daß Tätigkeit des gesamten Bewegungsapparates bei körperlicher Arbeit, Sport und Gymnastik die wichtigste Voraussetzung guter Kreislaufverhältnisse und geistiger Leistungsfähigkeit darstellen. Dies muß jedem zu echtem Bedürfnis und die damit erreichte Fähigkeit zu geistiger Leistung durch ein ständig gesteigertes Angebot wertvoller Informationen für das Leben effektiver gemacht werden. Damit erreichen wir, daß sich eigenes soziales Verhalten als Erfolgserlebnis in der gesellschaftlichen Umwelt und als persönliches Glücksempfinden widerspiegelt.

Psychohygiene in der Familie

Hygiene verbindet mit dem Schutz vor Schädigungen die aktive, bewußte Förderung einer gesunden Lebensweise und Entwicklung der Menschen. Unter Psychohygiene versteht man alle Methoden, die das psychische Wohlbefinden fördern und zugleich der vollen Entfaltung der geistigen Leistungsfähigkeit und der moralischen Kräfte des einzelnen dienen. Die Familienatmosphäre hat darauf wesentlichen Einfluß. Um sich richtig verhalten zu können, sei kurz das Zustandekommen psychischer Empfindungen erläutert.

Bei allen Emotionen, beispielsweise bei Freude, Angst oder auch Glücksgefühl, handelt es sich um nervale Prozesse. Ständig werden dem Großhirn aus dem äußeren und inneren Milieu über Nervenleistungen Informationen zugeleitet. Sie zu verknüpfen und so die Tätigkeit aller Organsysteme und das Verhalten des Organismus in seiner Umwelt zu steuern, ist das Grundprinzip der höheren Nerventätigkeit. Da die Mehrzahl der Verhaltensweisen eines Menschen sozialen Bedingungen entsprechend wiederholt abläuft, erfordert die Regelmäßigkeit, mit der das soziale Milieu Aufgaben stellt, auch ein regelmäßiges Nacheinander von Aktivitäten und Passivitäten bestimmter Nervenzellgruppen des Gehirns. Diese veranlassen geforderte, zweckmäßige Handlungen oder Verhaltensweisen. Solche »Aufgaben« sind beispielsweise die mit der Stellung der Möbel, mit der Lage von Badezimmer und Küche geforderten Bewegungen in Richtung und Weite, die Notwendigkeit, Treppen zu steigen, den Fahrstuhl zu betätigen, aber auch der Arbeitsbeginn oder moralische Normen. Sie betreffen auch die Gewohnheiten, das Frühstück entweder behaglich im Kreis der Familie oder unter Zeitnot einzunehmen. Alle wiederkehrenden Tätigkeiten und Verhaltensweisen bei der Arbeit und in der Freizeit, im Straßenverkehr oder beim Einkaufen veranlassen einen relativ regelmäßigen und mit der jeweiligen Handlung synchronen Ablauf von Erregungsprozessen in wechselnden Gruppen von Nervenzellen. Zu gleicher Zeit erreichen auch aus dem Innern des Organismus Informationen die Großhirnrinde. Sie betreffen nicht nur die Spannung der Armmuskulatur, wenn wir beispielsweise die Türklinke drücken oder den Kleiderschrank öffnen, sondern auch den in diesem Augenblick vorherrschenden mehr oder weniger harmonischen Zustand der übrigen Organsysteme.

Alle gleichzeitig erregten Nervenzellen – also auch jene, die nichts mit dem eigentlichen Handlungsablauf zu tun haben – werden funktionell verknüpft. Bei wiederholt gleichen Tätigkeitsabläufen tritt ein solches Funktionsnetz nach dem anderen relativ stereotyp in Erregung und aktiviert vorbereitend die jeweils folgenden Bewegungs- oder Verhaltensabläufe – je nach Grad ihres Trainings. Dann wird der gewohnte Handlungsablauf sicher gesteuert. Das geschieht beispielsweise, wenn der Gedanke an bevorstehende Nahrungsaufnahme bereits den Speichelfluß verstärkt oder wenn wir das Ergebnis unserer Arbeit in der Form einer bestimmten Zahl von Werkstücken vorher erwarten – wenn keine Havarien auftreten.

Der Physiologe nennt dieses Nacheinander erregter Nervennetze ein Stereotyp. Kleine Veränderungen im täglichen Ablauf kann es dynamisch kompensieren. Nach diesen Gesetzmäßigkeiten lernt z. B. der Säugling laufen. Dabei muß er die Aktivitäten der Bein-, Rumpf- und Kopfmuskulatur, des Gleichgewichtsorgans und der Augen so verknüpfen, daß er aufrecht gehen kann. Bis ins hohe Alter kann ein gewaltsamer Eingriff in diesen Stereotyp die Beziehungen der Nervenzellen so unterbrechen, daß man wie gelähmt hinfällt.

Wie schlechte Laune entsteht

Alle in einen dynamischen Stereotyp eingebauten Erregungen aus dem Innern unseres Organismus äußern sich bei den entsprechenden Handlungsabläufen immer wieder von neuem – wie erhöhter oder verlangsamter Pulsschlag, beschleunigte Kontraktionen der Gallengänge oder gar verschiedener Darmwandabschnitte. Die so ausgelösten Aktivitäten der Organe können aber gegebenenfalls im Widerspruch zu dem gerade Notwendigen stehen. Das löst Unstimmigkeiten aus und verursacht dann Herzklopfen, Gallenbeschwerden oder Durchfälle. War etwa das Erlernen des Zähneputzens anfangs von strengen Forderungen, lauten Drohungen der Eltern und Erbrechen begleitet, so sind die entsprechenden Reizspuren an der täglichen Mundpflege beteiligt. Die das Erbrechen einleitende Übelkeit, Starre der Zungenmuskulatur sowie erhöhter Speichelfluß können bedingtreflektorisch das Zähneputzen begleiten. Unbehagen ist – selbst wenn später der Brechreiz nicht mehr empfunden wird – mit diesem alltäglichen Vorgang verbunden. Auch »Bock«-Reaktionen in frühem Kindesalter sind das Ergebnis von Störfaktoren in noch relativ unausgebildeten dynamischen Stereotypen. Während Säuglinge – an regelmäßige Nahrungsaufnahme gewöhnt – immer »pünktlich« Hunger haben, können Kleinkinder, ins Spiel vertieft, durch den unerwarteten Ruf zum Essen bockig werden.

Die Bedingungen für den normalen Handlungsablauf eines vorbereiteten Stereotyps sind nicht immer gleichartig. Am Schrank fehlt wider Erwarten der Schlüssel, im Fach ein sauberes Hemd, der Hosenknopf ist noch nicht angenäht, der Sohn verlangt zu ungeeigneter Stunde die elterliche Unterschrift zu einer Eintragung der Klassenlehrerin – immer ist der zeitgerechte oder gewohnte Ablauf des Stereotyps gestört. Die Folge können ein befreiender Fluch oder auch eine unüberlegte Bemerkung zum Sohn, zu einem Familienmitglied sein – je nach dem Klima in der Familie, den Beziehungen zwischen Ehepartnern und Kindern. Ärger über sich selbst, berechtigte, aber in diesem Augenblick nicht zu verkraftende kritische Bemerkungen des Partners, unerwartete Reaktionen des Sohnes können die »Sicherung durchbrennen« lassen. Die Störung verursacht unter Umständen eine Stunden währende »schlechte Laune«.

Wiederholen sich derartige Vorkommnisse häufiger, z. B. morgens nach dem Aufstehen, dann kann der Betroffene künftig auch ohne direkten Anlaß jeden Tag mit Unbehagen und Mißstimmung beginnen. Die beim Aufstehen erlebten Störungen im Ablauf des Stereotyps machen die Aufstehsituation selbst zum Störfaktor. Denn die Zellen der Großhirnrinde speichern intensiv Erlebnisspuren. Hatte das Warten auf die Straßenbahn mehrere Male unangenehme Folgen im Betrieb, war dadurch das pünktliche Abholen der Kinder aus der Krippe gefährdet, dann sehen wir schon Unannehmlichkeiten wie etwa Vorwürfe der Kinderschwester voraus, wir fürchten sie und reagieren unkoordiniert.

Jede Information, ein Gedankengang in einem Buch, der Tonfall in den Worten des Ehepartners oder auch die Beobachtung eines Vorfalls können ein längst »vergessenes« Erlebnis von tiefem emotionalem Gehalt in Erinnerung rufen, also den entsprechenden dynamischen Stereotyp in Erregung versetzen. Das läßt uns beispielsweise unvermittelt fröhlich oder traurig werden. Das Anhören eines Liedes vermag jene angenehme Stimmung wieder hervorzurufen, die auftrat, als man es kennenlernte. Es läßt möglicherweise aber auch die Erinnerung an einen beglückenden Abend aufleben, der nicht wiederholbar ist. Das Verlangen, die mit dem Hören ausgelöste Erregung in einem entsprechenden Erfolgserlebnis abklingen zu lassen oder zu harmonisieren, steht im Widerspruch zur Wirklichkeit. Fehlt bewußte Einsicht, breitet sich Unzufriedenheit aus.

Alle psychischen Empfindungen wie Freude, Glück, Angst, Trauer, Unbehagen und das mit ihnen verbundene Verhalten lassen sich auf das Wirken dynamischer Stereotype der Nerventätigkeit zurückführen. Sie werden in harmonischem Kontakt oder in Auseinandersetzung mit der Umwelt oft in frühester Jugend im Gehirn individuell verschieden ausgebildet. Wünsche, Wille und Bewußtsein haben darin ihre Wurzel. Stimmen Erwartung (vorbereiteter Stereotyp) und Wirklichkeit überein, stellen sich Sicherheit und damit Wohlbefinden, Freude und Glück ein; kollidieren sie, entstehen Unsicherheit, Angst, Mißmut, Unbehagen und Trauer.

Unter Psyche versteht man also alle im Empfinden eines Menschen sich widerspiegelnden Erfahrungen, die er in der Auseinandersetzung mit seiner Umwelt und in Verknüpfung mit harmonischen und widersprüchlichen inneren Vorgängen seines Organismus unbewußt oder bewußt speicherte. Der »Seele« eines Menschen haftet demnach nichts Mystisches an.

Von dieser Feststellung gehen alle psychohygienischen Empfehlungen aus. Die erste lautet, *in der sozialistischen Gesellschaft gebotenen Möglichkeiten zu allseitiger Bildung und damit zu weitgehender Erfassung der Realität zu nutzen.* Das befähigt, insbesondere dem Lebensgefährten und den Kindern vertrauens- und achtungsvoll gegenüberzutreten, Schwächen zu verstehen und überwinden zu helfen. Das hilft ferner, die Feinde des gesellschaftlichen Fortschritts richtig zu sehen, ihnen im Interesse eigenen gesunden Lebens richtig zu begegnen.

Zweitens ist *ausreichender Schlaf* vonnöten. Denn die Fähigkeit, vorgebildete dynamische Stereotype beim Ablauf schnell zu korrigieren, ist zunächst von günstigen Stoffwechselbedingungen innerhalb des Nervensystems abhängig. Diese werden – richtige Ernährungs- und Kreislaufbedingungen vorausgesetzt – bei der Hemmung jeder einzelnen Nervenzelle begünstigt, wie es im Schlaf geschieht. Die Aktivität bestimmter Nervenzellgruppen hat die Hemmung vieler anderer zur Folge. Das kam in der vermeintlichen, häufig Witze auslösenden Vergeßlichkeit früherer Professoren zum Ausdruck. Da sie konzentriert ihren wissenschaftlichen Problemen nachgingen, konnten sie überheblich oder zerstreut wirken, weil sie alles andere um sich vergaßen. Dieses Prinzip der höheren Nerventätigkeit muß man sich zunutze machen, indem man der Nerventätigkeit einen Wechsel in der Konzentration »aufzwingt«. Auf geistige Arbeit sollte ein Spaziergang folgen, ein entspannender Krimi, vor allem auch sportliche Betätigung.

Aktive Erholung durch wechselnde Beschäftigung ist drittens wichtiger Bestandteil der Psychohygiene. Zwangsläufig treten – bei dem einen stärker, beim anderen geringer – im Tagesgeschehen Widersprüche und Konflikte auf. Sie spiegeln sich in unserer Stimmung oder auch in Launen wider.

Die geistig-nervale Konzentration, die je nach anerzogener Neigung mit dem Besuch eines Theaters, Konzerts oder Sportereignisses, mit dem Lesen eines Buches, dem Abhören von Schallplatten verbunden ist, erzielt mit der aktiven Hemmung aller vorher angespannten Nervenzellgruppen einen emotionalen, gesundheitsfördernden Ausgleich. Dabei können sogar Konflikte überwunden werden, wenn durch das Erlebnis die eigene Problematik zusammen mit anderen als lösbar begriffen wird.

Als vierte psychohygienische Empfehlung sei das *Streben nach einem regelmäßigen Tagesablauf* genannt. Jedes einzelne Familienmitglied hat oder entwickelt seine eigenen dynamischen Stereotype. Deshalb erfordert die Harmonie in der Familie Abstimmung und Planung, wenn sich auch niemals ein absolutes Gleichmaß erreichen läßt. Rechtzeitige Beratung und ständige gegenseitige Information – auch im sexuellen Bereich – sind eine wichtige Voraussetzung für Achtung und Würdigung des gleichberechtigten Partners, für kulturvolle, demokratische Beziehungen in der Familie. Sie fördern das gegenseitige Verstehen und die schrittweise Beseitigung von Störfaktoren, aber auch die Störanfälligkeit bei Nichtigkeiten. Am besten, man lacht befreiend über die gezeigten Schwächen, weil damit schon wieder ein emotionaler Ausgleich geschaffen wird.

Schließlich müssen sich Ehepartner ständig bemühen, ihre *Standpunkte und Interessen einander zu nähern, um Dauerhaftigkeit und Ausschließlichkeit ihrer Beziehungen zu festigen.* Nur in offener Aussprache über vielleicht gegenteilige Auffassungen gleichen sich die Standpunkte der Partner, ihre kulturell-geistigen sowie Freizeitinteressen zunehmend an – auch wenn sie früher vielleicht gegensätzlich waren. Dabei sind betriebliche, politische und weltanschauliche Fragen einzubeziehen. Wichtig ist aber, für solche Aussprachen die richtige Gelegenheit zu finden, damit sie nicht einen gerade ablaufenden Stereotyp stören.

Alle Beziehungen zwischen den Partnern sowie zwischen ihnen und den Kindern hängen mit der Psychohygiene zusammen. Das betrifft das Bemühen um persönliche Sauberkeit, um täglichen Wechsel der Wäsche und Strümpfe ebenso wie um gemeinsame Mahlzeiten in behaglicher Atmosphäre und um gesunde, appetitanregende Ernährung. Das betrifft in besonderem Maße auch den Umgang mit Haustieren, Hunden, Katzen, Meerschweinchen, Vögeln u. a., die gegenwärtig in zunehmendem Maße, und nicht ohne Grund, Eingang in viele Familien gefunden haben. Abgesehen davon, daß das Zusammenleben mit Haustieren den Forderungen der allgemeinen Hygiene in besonderer Weise unterliegt, können sie zur Quelle vieler positiver, aber auch negativer Emotionen werden. Freude über ihr Gedeihen, ihre Anhänglichkeit im Ergebnis richtiger Pflege und nicht zuletzt für die Kinder die Möglichkeit, Konflikte aus anderen Bereichen durch Streicheln der Tiere zu harmonisieren, tragen viel zum Klima in der Familie bei. Wo aber die Reinlichkeit mißachtet wird, können Ekelempfindungen die Atmosphäre gewaltig stören.

Wo um Gemeinsamkeit gerungen wird – sei es bei der Gestaltung der Freizeit, bei der Wahl modischer Bekleidung oder bei der Einrichtung der Wohnung –, müssen vorgebildete Stereotype ausgeglichen werden. Nicht zuletzt gilt das für die oft stimmungsabhängigen Wünsche der Partner für oder gegen sexuelle Vereinigung, für die Form ihrer zärtlichen Vorbereitung und ihres Ablaufs. Immer sind Emotionen mit im Spiel und psychische Reaktionen zu erwarten. Nicht zuletzt werden die Kinder zur Quelle von – nicht nur immer positiven – Emotionen.

So schließt sich der Kreis aller Anforderungen an eine von hygienischen Erkenntnissen bestimmte Familienatmosphäre. Aktive Bewegung, Körperkultur und Sport, Informationsgewinn und eine sinnvolle Verarbeitung aller Informationen sind die wichtigsten Voraussetzungen dafür, seine geistige Leistungs- sowie psychische Toleranzfähigkeit zu steigern. Da es für alle hygienischen Normative keine erblich angelegten Voraussetzungen gibt, müssen die wichtigsten Erkenntnisse der genannten Teildisziplinen der Hygiene den Kindern und Jugendlichen und nicht erst den Erwachsenen anerzogen werden. Bei zunehmendem Alter wird ein erhöhter Energieaufwand notwendig, wenn man sich und anderen ein sozialen Anforderungen entsprechendes Verhalten angewöhnen will. Hygienische Normen sollten zum Bedürfnis werden, ohne deren Befriedigung der einzelne sich nicht wohl fühlt. Daraus wird die Bedeutung auch der richtigen Zeitwahl in der Erziehung der Kinder deutlich, wenn man das Familienleben glücklich gestalten will. Wo sie fehlte und der einzelne in seiner Persönlichkeit sich ungenügend bestätigt fühlt, können körperliche Beschwerden und Störungen des Sozialverhaltens zur Suchtentwicklung führen.

Empfehlungen der Hygiene sind immer darauf gerichtet, die Gefahren, krank zu werden, einzuschränken und möglicherweise ganz zu beseitigen. Deshalb muß man hier an die gesundheitsschädigenden Folgen frühen und regelmäßigen Mißbrauchs von Alkohol und Tabakwaren erinnern. Wenn auch Äthylalkohol, der den Alkoholgehalt unserer Getränke ausmacht, innerhalb des Zwischenstoffwechsels unseres Organismus selbst entsteht und deshalb seine Verbrennung eine übliche chemische Reaktion darstellt, zwingt jedoch weitere Zufuhr dieses Genußmittels das entsprechende Fermentsystem in der Leber jedesmal zu erhöhten Anstrengungen. Unser Organismus kann täglich höchstens 150 bis 200 ml 40prozentiger

Spirituosen verbrennen. Jedes Mehr, und das ist bei Festlichkeiten nicht selten der Fall, führt zwangsläufig zu länger dauernden Schädigungen der Leberzellen mit Auswirkungen auf den Gesamtstoffwechsel. Sie werden als Kopfschmerz, Gleichgewichtsstörungen und noch am kommenden Tag als Völlegefühl empfunden.

Ist bisher nur von der Schädigung des Lebergewebes die Rede gewesen, so weisen die erwähnten Gleichgewichtsstörungen bereits auf die mit der Anreicherung von Alkohol im Blut verbundenen Störungen in der Koordination der Nervenfunktionen hin. Die Zellen des Zentralnervensystems benötigen für ihre dauerhafte Reaktivität eine ständige Zufuhr geeigneter Nährstoffe. Das hat zu bevorzugten Kreislaufverhältnissen im Gehirn geführt, und so bringt ein erhöhter Blutalkoholspiegel zugleich zum Ausdruck, wie stark die Nervenzellen des Gehirns durch Alkohol zu veränderter Stoffwechselleistung und damit Funktionsweise veranlaßt werden.

Jeder leichte Schwips ist der Beginn einer akuten Alkoholvergiftung, auch wenn er noch so angenehm empfunden wird. Jede Trunkenheit kennzeichnet bereits mit den Koordinationsstörungen des Sprechens und der geäußerten Gedanken, aber auch des Gleichgewichts und mit der Neigung zum Erbrechen, wie stark bereits die Zentren im Stammhirn vergiftet sind, die die automatisch ablaufenden Lebensfunktionen steuern. Die tiefe Bewußtlosigkeit bei akuter Trunkenheit macht deutlich, mit welchem Leichtsinn die Kriterien des Menschseins über Bord geworfen werden. Ein einmaliges derartiges Ereignis mag noch verzeihlich sein, wenn der Betreffende die notwendigen Schlußfolgerungen zieht. Gefährlich ist der Alkoholgenuß auch in geringeren, eine Volltrunkenheit nicht verursachenden Mengen, wenn er zur Gewohnheit wird. Besonders gefährdet sind jene, deren berufliche Tätigkeit wenig Erfolgsbestätigung verschafft, die aus Gründen ungeeigneter Erziehung unter Kontaktschwierigkeiten zu Kollegen im Betrieb leiden, andererseits aber ein stark entwickeltes Geltungsbedürfnis haben. Die schon bei geringem Alkoholgenuß entfallenden Hemmungen versetzen diese Menschen zunächst in Wohlbefinden, dessen Wiederholung sie anstreben. Der Beginn chronischer Vergiftungserscheinungen äußert sich in der Steigerung des Alkoholkonsums: Um den gleichen Effekt zu erzielen, bedarf es bereits eines höheren Grades der Alkoholisierung! Gute zwischenmenschliche Beziehungen und eine das gesunde Geltungsbedürfnis jedes Menschen befriedigende Qualifizierung wirken dem Alkoholismus entgegen. Ganz eindeutig ist für jeden, der jemals mit Alkoholikern zu tun hatte, welch gefährlicher und entwürdigender Persönlichkeitsabbau damit verbunden ist. Viel zu wenig ist bekannt oder wird beachtet, daß eine regelmäßig über 10 bis 15 Jahre fortdauernde Einfügung von alkoholhaltigen Getränken in unsere Ernährung – von den zusätzlich aufgenommenen Energien abgesehen – mit Sicherheit Schäden auch am Herz-Kreislaufsystem verursacht.

Nicht minder schädlich ist der Tabakmißbrauch. Besonders das Inhalieren von Zigarettenrauch steigert die Häufigkeit von Kreislaufbeschwerden und Bronchialkrebs. Deshalb sollte zur individuellen Hygiene gehören, nicht zu rauchen oder sich zu entwöhnen. Die Tendenz steigenden Tabakkonsums weist auf soziale Widersprüche hin, die zunehmend im erzieherischen Prozeß zu bewältigen sind.

Oft ist es das negative Vorbild Erwachsener, dem noch recht junge Leute, Mädchen und Jungen, nacheifern. Sie meinen, etwas darzustellen, erwachsen zu wirken, wenn sie rauchen. Ein weiterer Trugschluß besteht in der Vorstellung, unter der Wirkung von Nikotin übernommene Pflichten im Betrieb und bei der Qualifizierung besser in der verfügbaren Zeit bewältigen zu können und weniger Schlaf zu benötigen. Die darin zum Ausdruck kommende gesellschaftsbezogene Motivation des Rauchens sollte jeden davor warnen, solchen Rauchern mit erhobenem Zeigefinger unsozialistisches Verhalten vorzuwerfen. Hier sollte eher die Fragwürdigkeit der Auffassung deutlich gemacht werden, bestehende soziale Konflikte dadurch ausgleichen zu wollen, daß man seinem Organismus zusätzlich noch Gifte anbietet und ihn damit »biologischen« Konflikten aussetzt.

Hilft die Tablette wirklich?

Ähnliche Widersprüche kennzeichnen den Mißbrauch von Arzneimitteln. Es soll nicht verkannt werden, daß niemand zum Arzneimittel greift, wenn er nicht unter Schmerzen und Schlafstörungen leidet, die ihn in seinem beruflichen oder familiären Wirken stören. Deshalb muß man, will man sich nicht durch einen langsam steigenden Konsum von Arzneimitteln an die Grenze der chronischen Arzneimittelvergiftung bringen, den Ursachen der Beschwerden nachgehen. Manche sind in organischen Erkrankungen begründet, andere

– und zwar nicht wenige – haben aber in psychischen Konflikten ihren Grund, wie sie im Wechselverhältnis zwischen beruflichen und familiären Aufgaben entstehen. Man muß aber wissen, daß ein täglicher Konsum der geläufigen Arzneimittel zur Schmerzbekämpfung nicht selten Ursache beispielsweise für langwierige, die Anpassungsfähigkeit lähmende Störungen der Knochenmark- oder Nierenfunktion ist.

Noch nehmen sich manche Ärzte nicht genügend Zeit – andere haben sie objektiv auch nicht –, diese psychischen, aus dem sozialen Aktionsfeld der Einzelpersönlichkeit stammenden Bedingungen für das Entstehen von Kopf- und Rückenschmerzen oder von Schlafstörungen aufzudecken. Viele Menschen sind sich dieser Konflikte gar nicht bewußt, und sie verneinen sie möglicherweise. Solche Konflikte entstammen nicht selten der Intimsphäre der Familie, nicht allein der Sexualsphäre, betreffen oft unbewältigte Probleme der Gleichberechtigung oder resultieren aus Unklarheiten über betriebliche Abläufe, die – unausgesprochen – negativ auf die Familienatmosphäre einwirken. Deshalb hält es die Mehrzahl von Patienten überhaupt nicht für sinnvoll, zufällig in der Poliklinik angetroffene Ärzte ins Vertrauen zu ziehen.

Im Interesse ihrer Gesundheit und Beschwerdefreiheit, die jeden Mißbrauch von Arzneimitteln aufheben würde, streben immer mehr Bürger nach einem Hausarzt. Viele haben ihn bereits gefunden. Er soll ihnen bei der Überwindung psychischer Konflikte durch Aufdeckung ihrer Ursachen in Betrieb und Familie behilflich sein. Darin äußern sich berechtigte steigende Anforderungen der Bevölkerung an unser Gesundheitswesen.

Das Recht in der Familie

Aus den vorangegangenen Abschnitten wurde die Bedeutung der Ehe und der Familie für jeden einzelnen und für die Gesellschaft offensichtlich. Deshalb nehmen Staat und Recht Einfluß auf die Familienbeziehungen und ihre Entwicklung. Das geschieht durch die Einbeziehung der Familie in die Verfassung, durch viele Gesetze und Verordnungen, die der Förderung der Familie dienen, und durch die rechtliche Regelung der Familienbeziehungen selbst.

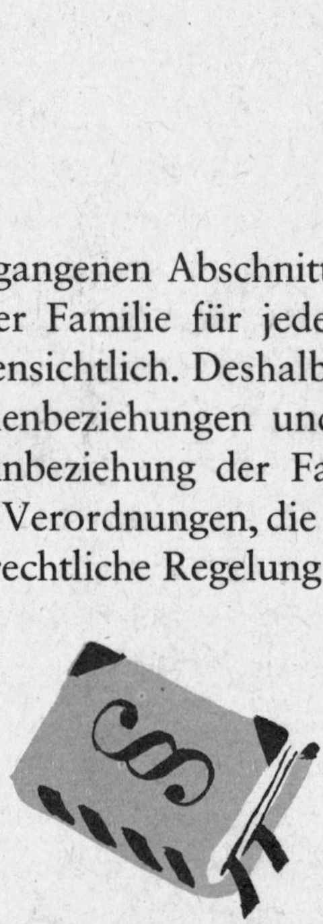

Was sagt die Verfassung?

Die Verfassung ist das Grundgesetz unserer Gesellschaft. In ihr sind alle entscheidenden und notwendigen Beziehungen, Entwicklungen und Formen des Zusammenlebens erfaßt. Dazu gehören auch Ehe und Familie, weil sie notwendige Aufgaben erfüllen und einem Grundbedürfnis der Erwachsenen und Kinder entsprechen.

Die Verfassung gewährt jedem Bürger ein Grundrecht auf Achtung, Schutz und Förderung seiner Ehe und Familie, das Recht und die

Pflicht zur Erziehung der Kinder zu sozialistischen Persönlichkeiten. Außerdem gewährt sie kinderreichen Familien und alleinstehenden Eltern das Recht auf besondere staatliche und gesellschaftliche Unterstützung und Hilfe. Die Förderung der Familie ist das entscheidende Grundrecht, weil es dem Schutz und der Achtung der Familienbeziehungen und ihrer Entwicklung dient. Dabei stehen zwei Aufgaben im Vordergrund:

Die erste bezieht sich auf Erziehung und Bildung, auf die Befähigung der Bürger, ein erfolgreiches Familienleben zu gestalten. Diese Aufgabe ist von größter Bedeutung, weil der Wert der Familie für ihre Mitglieder und für die sozialistische Gesellschaft von den Beziehungen in der Gemeinschaft abhängt, die die Familienmitglieder letztlich nur selbst sichern können. Die zweite Aufgabe zielt auf materielle Lebensbedingungen der Familie. Das betrifft die Wohnverhältnisse, die Einkommensentwicklung, den Zeitfonds der Familie und vieles andere. Die Erfüllung der Hauptaufgabe – das materielle und kulturelle Lebensniveau des Volkes auf der Grundlage eines hohen Entwicklungstempos der sozialistischen Produktion zu erhöhen – dient also zugleich den Familienbeziehungen.

Darüber hinaus zielen viele Maßnahmen zur Durchsetzung der Einheit von Wirtschafts- und Sozialpolitik, wie sie seit dem VIII. Parteitag der SED kontinuierlich verfolgt wird, besonders auf die Förderung der Familie. Das betrifft vor allem die Intensivierung des Wohnungsbaues und des Um- und Neubaus von Wohnungen, die Kreditgewährung an junge Eheleute für die Wohnraumbeschaffung und andere Anschaffungen für das Familienleben mit differenzierten Rückzahlungsverpflichtungen je nach Kinderzahl. Dazu rechnen die Geburtenbeihilfe für jedes Kind in Höhe von 1 000 Mark, der lange Wochenurlaub, die kürzere Arbeitszeit für Mütter mit zwei und mehr Kindern von 40 Stunden wöchentlich und die Urlaubsregelung für Mütter, umfangreiche Leistungen für lernende und studierende Jugendliche und andere Maßnahmen. Die Regelungen haben die auf stabiler Ehe beruhende Mehrkinderfamilie zum Ziel. In der DDR sind umfassende Möglichkeiten der Familienplanung gegeben, die eine bewußte, freie Entscheidung zum Kind und zu den Kindern erfordern und ermöglichen.

Die Formen der Förderung und Unterstützung der Familie muß man in die vielfältigen gesellschaftlichen Prozesse einordnen, so in das Bildungssystem, die Wohnungspolitik, die Entwicklung des Handels und der Dienstleistungen. Die Partei der Arbeiterklasse hat die Familienförderung ausdrücklich »als eine Sache der ganzen Gesellschaft« gekennzeichnet. »Jedes staatliche Organ und jeder Betrieb hat die Aufgabe, sozialistische Familienbeziehungen zu fördern.« (Regierungserklärung vom 29. November 1971).

Das Recht beeinflußt die Familienbeziehungen, indem es ihre Entstehung, ihren Inhalt und auch die Voraussetzungen ihrer Beendigung durch allgemein verbindliche Normen regelt. Nicht alle Familienbeziehungen sind zugleich ein Rechtsverhältnis, vor allem aber die Ehe sowie die Beziehungen zwischen Eltern und Kindern. Zwischen Eltern und erwachsenen, selbständigen Kindern oder zwischen den Kindern und Großeltern bestehen grundsätzlich keine im Gesetz festgelegten Rechte und Pflichten. Nur im Ausnahmefall können Unterhaltspflichten entstehen. Auch ist es möglich, daß Großeltern von Organen der Jugendhilfe das Erziehungsrecht übertragen wird. Dann ergibt sich auch ein Familienrechtsverhältnis. Zwischen Geschwistern ist es selbst ausnahmsweise nicht vorgesehen. Diese Haltung des Gesetzes besteht, obgleich die genannten Beziehungen für die Bürger und die Gesellschaft sehr wertvoll sind. Das betrifft vor allem die Beziehungen zwischen Eltern und Kindern, über deren Volljährigkeit hinaus, und für die zwischen Enkeln und Großeltern. Nur allgemein verbindliche Normen sind hier nicht möglich und auch weniger erforderlich. Vielfältige moralische Verpflichtungen regulieren in diesem Bereich die Beziehungen, und sie sollten ebenso ernst genommen werden wie die rechtlichen.

Was sich durch die Eheschließung ändert

Mit der Ehe erhalten die Beziehungen zwischen Mann und Frau eine besondere Qualität. Beide vertrauen sich ihre Lebens- und Entwicklungsbedingungen durch das enge Zusammenleben gegenseitig an. Sie wollen eine Gemeinschaft, auf die beide fest bauen können. Die Ehe schließt – jedenfalls bei jungen Bürgern – in der Regel den Willen ein, mit dem Partner Kinder zu haben, ihre Entwicklung zu sichern und das Glück der Gemeinschaft mit ihnen zu erleben, ohne auf die eigene Entwicklung verzichten zu müssen. Eheschließung enthält auch den Willen, die materielle Basis für den persönlichen Lebensbereich zusammen mit dem Partner im Interesse der Familie aufzubauen.

Der Rechtscharakter verleiht der Ehe einen hohen Grad von Verbindlichkeit und schützt ihre Dauerhaftigkeit, fordert ein bestimmtes Verhalten von jedem Ehegatten und ermöglicht z. B. bei Beendigung der Ehe staatlichen Schutz des einzelnen. Natürlich ist damit keine Garantie für den Bestand der Liebe und noch weniger ein Ersatz dafür gegeben. Doch regt das Rechtsverhältnis an zu prüfen, ob eine dauerhafte Bindung gewollt ist, und richtet die Erwartungen auf eine stabile Gemeinschaft. Es kann damit eine gute Grundlage für die Entfaltung der Liebe sein. Der Rechtscharakter der Ehe ist vornehmlich in ihrer Rolle als Kern der Familie begründet. Das berührt die Interessen der Ehegatten und der Kinder. Die Ehe ist für Mann und Frau die beste Voraussetzung, ihren Aufgaben als Vater und Mutter voll gerecht zu werden – ohne Überforderungen, ohne Nachteile in der eigenen Entwicklung. Vor allem die Kinder bedürfen der vollständigen Familie.

Niemand ist gezwungen, eine Ehe einzugehen, d. h., eine dauerhafte Verbindung zu schaffen und die sich daraus ergebenden Aufgaben, Rechte und Pflichten zu übernehmen. Dennoch sollte jeder Bürger sein Bedürfnis, mit einem Partner anderen Geschlechts zusammen zu leben, früher oder später in einer festen Gemeinschaft zu befriedigen suchen. Das Familienrecht kann die sogenannte Lebensgemeinschaft, die zwar die tatsächlichen Wirkungen der Ehe hat, weil sie eine verbindliche Entscheidung umgeht, nicht erfassen und ihr auch keinen staatlichen Schutz gewähren. Das gilt auch für die Maßnahmen zur Förderung der Familienbeziehungen. So werden die Kredite – bekanntlich zu außerordentlich günstigen Bedingungen – nur jungen Ehepaaren gewährt.

Der Rechtscharakter der Beziehungen zwischen Eltern und Kindern geht auf deren Abhängigkeit von den Erwachsenen und auf die Pflicht des Staates zurück, jedem Kind möglichst optimale Bedingungen für die allseitige Entfaltung seiner Persönlichkeit zu sichern. Ebenso wird den Interessen der Eltern entsprochen, weil sie mit den Erziehungspflichten zugleich das Erziehungsrecht eingeräumt erhalten, vor allem das Recht zum Zusammenleben mit den Kindern und zum Einfluß auf ihre Entwicklung.

Das Besondere des Familienrechts besteht darin, daß es Verhältnisse regelt, die stark emotional geprägt sind, ja sogar in den gefühlsmäßigen Bindungen eine wesentliche Grundlage besitzen. Es muß sich deshalb auf die wichtigsten Seiten des Zusammenlebens beschränken und solche Regelungen schaffen, die von den Bürgern entsprechend der Individualität jeder Ehe selbständig verwirklicht werden können. So wurde auch im Familiengesetzbuch verfahren. Es formuliert Rechte und Pflichten und damit ein Leitbild der Ehe und Familie, dessen Realisierung unter unseren gesellschaftlichen Bedingungen jedem grundsätzlich möglich ist. Wenn das nicht gelingt und dadurch schwere Probleme und Konflikte entstehen, können – auf Antrag der Beteiligten – staatliche Entscheidungen zum Bestand der Familienbeziehungen sowie zu Unterhalts- und Vermögensfragen getroffen werden. Im Interesse der Kinder sind für den Fall der Gefährdung ihrer Entwicklung besondere staatliche und gesellschaftliche Eingriffe vorgesehen, die auch gegen den Willen der Eltern eingeleitet werden können.

Die Einordnung der Familie in die sozialistische Verfassung der DDR und das Familiengesetzbuch drücken die gemeinsame Verantwortung der Gesellschaft, des Staates und jedes einzelnen für die Entwicklung der Familie aus. Die Verantwortung von Staat und Gesellschaft ist darauf gerichtet, die Entwicklungsbedingungen der Familie ständig zu verbessern. Die Verantwortung des einzelnen Familienmitgliedes besteht darin, die gesellschaftlichen Bedingungen für Glück und Gedeihen seiner Familie zu nutzen.

Rechte und Pflichten entstehen für Mann und Frau mit der feierlichen Entgegennahme und Registrierung der freiwilligen und übereinstimmenden Erklärung der künftigen Gatten vor dem Leiter des Standesamtes, daß sie miteinander die Ehe eingehen wollen.

Partnerwahl und Eheschließung sind Entscheidungen von lebenswichtiger Bedeutung. Deshalb enthält das Gesetz auch dazu einige Bestimmungen, obgleich die Möglichkeiten rechtlicher Einflußnahme hier sehr begrenzt sind. Ob eine Ehe geschlossen werden soll, wann und mit welchem Partner – das sind Entschlüsse, die nur die Beteiligten treffen können. Die Ehe als eine auf Gefühlen beruhende Gemeinschaft schließt hier jegliche Befugnisse Dritter, wie z. B. staatlicher Organe oder der Eltern, aus. Das muß auch für Fälle gelten, wo offenkundig auf Grund der Persönlichkeit der Partner eine gute Ehe nicht erwartet werden kann. Diese Rechtslage ergibt sich aus der Unmöglichkeit, Kriterien vor allem für die Voraussetzungen staatlicher Entscheidungen zu bestimmen. Ist ein Altersunterschied z. B.

von 10 Jahren angängig, von 20 Jahren nicht mehr? Oder sollte jemand nach der 2. oder 3. oder 4. Ehescheidung als eheuntauglich angesehen werden und das Recht einer neuen Eheschließung verlieren?

Das Recht beeinflußt die Eheschließung in dreifacher Richtung. Zuerst nennt es die wichtigsten Voraussetzungen, die man bei der Partnerwahl überprüfen sollte. Insbesondere junge Leute sollten die

Hinweise der § 5 im Familiengesetzbuch durchdenken. Dort heißt es u. a.: »Aus der Ehe soll eine Familie erwachsen, die ihre Erfüllung im gemeinsamen Zusammenleben, in der Erziehung der Kinder und in der gemeinsamen Entwicklung der Eltern und Kinder zu charakterfesten, allseitig gebildeten Persönlichkeiten findet.

Vor der Eheschließung sollen die Partner ernsthaft prüfen, ob von ihren Charaktereigenschaften, Auffassungen und Interessen sowie ihren gesamten Lebensumständen her die Voraussetzungen gegeben sind, einen Bund fürs Leben zu schließen und eine Familie zu gründen.«

Außerdem regelt das Gesetz, daß die Ehe grundsätzlich erst geschlossen werden kann, wenn beide das 18. Lebensjahr vollendet haben. Damit ist keineswegs ein Vorschlag fürs Ehealter gemeint. Es gibt weder Gründe – auch nicht aus der Analyse der Ehescheidungen –, volljährigen, aber eben noch sehr jungen Bürgern generell das Recht zur Eheschließung zu versagen, noch Motive, einen besonders frühen Gang zum Standesamt zu empfehlen. Jeder muß selbst prüfen, wann der richtige Zeitpunkt für den Eintritt in einen neuen Lebensabschnitt gekommen ist und wann er in der eigenen Person und der des Partners die Voraussetzungen als gegeben ansieht, eine Ehe einzugehen.

Schließlich enthält das Gesetz einige Verbote, die den Leiter des Standesamtes verpflichten, die Eheschließung abzulehnen. Sollte im Einzelfall – vornehmlich wegen Unkenntnis der Umstände – die Ehe dennoch geschlossen werden, dann ist sie nichtig. Sie wird auf Grund einer Klage der Partner (auch desjenigen aus einer schon bestehenden Ehe) oder des Staatsanwalts durch gerichtliches Urteil aufgehoben. Eine Ehe darf nicht schließen: wer schon verheiratet ist; wer mit dem anderen in gerader Linie verwandt (also Eltern, Kinder, Großeltern) oder dessen Bruder, Schwester, Halbbruder oder Halbschwester ist; wer mit dem anderen in einem durch Annahme an Kindes Statt begründeten Eltern-Kind-Verhältnis steht; wer entmündigt ist. Diese Verbote sind aus dem Wesen der Ehe abgeleitet und sehen keine Ausnahme für den Einzelfall vor.

Wenn die Ehe geschlossen ist und die Partner ihren Familiennamen gewählt haben (den des Mannes oder den der Frau), beginnt das eheliche Zusammenleben. Nicht immer ist es gleich im räumlichen Sinne möglich. Aber in jedem Fall stellen die Partner von nun an ihre gesamte Lebensführung aufeinander ein, sind füreinander da und leben sobald wie möglich auch tatsächlich zusammen. Das Familienrecht betrachtet das Zusammenleben als so eindeutig dem Wesen der Ehe gemäß, daß es darin den Ausgangspunkt der rechtlichen Regelung aller Verhaltensweisen wählt, die den erfolgreichen Verlauf der Ehe beeinflussen. Nach dem Familiengesetzbuch leben die Ehegatten zusammen, die sich zur ehelichen Gemeinschaft bekennen, auch wenn sie aus beruflichen oder anderen Gründen getrennt wohnen. Der gesetzliche Begriff des »Getrenntlebens« ist erst angebracht, wenn ein Ehegatte oder beide die eheliche Gemeinschaft nicht mehr fortsetzen wollen.

Die Rechte und Pflichten der Ehegatten sind – wie das gesamte Familienrecht – vom Grundsatz der Gleichberechtigung zwischen Mann und Frau bestimmt, damit sich ihre Beziehungen zueinander und die Persönlichkeit jedes Ehegatten allseitig entfalten können. Daraus ergibt sich auch der entscheidende Maßstab dafür, welche der Verhaltensweisen im ehelichen Alltag entsprechend den jeweiligen Familienbedingungen gerechtfertigt sind oder nicht. Jede Ehe ist anders und verändert sich im Verlaufe ihrer Entwicklung. Es ist weder möglich noch notwendig, diese Beziehungen juristisch zu fixieren.

Was gemeinsam regeln, was selbständig?

Zu folgenden Fragen der ehelichen Gemeinschaft enthält das Familiengesetzbuch rechtliche Regelungen:
zur Art und Weise, wie Entscheidungen zu treffen sind (§ 9),

zur Verantwortung der Ehegatten für die Erziehung der Kinder und die Haushaltsführung (§ 10),
zur rechtsgeschäftlichen Vertretung der Gemeinschaft nach außen (§ 11),
zur Sicherung der Aufwendungen, die für die Versorgung der Familie notwendig sind (§ 12),
zu den Vermögensbeziehungen zwischen den Ehegatten (§§ 13 bis 16).

So verpflichtet das Gesetz die Ehegatten, »alle Angelegenheiten des gemeinsamen Lebens und der Entwicklung des einzelnen in beiderseitigem Einverständnis« zu regeln, also gemeinsam Entscheidungen herbeizuführen. Dieser Grundsatz hat das im Bürgerlichen Gesetzbuch festgelegte Alleinentscheidungsrecht des Mannes abgelöst. Es ist die einzig mögliche Variante für eine eheliche Gemeinschaft, die von gegenseitiger Achtung gekennzeichnet ist und der Entwicklung beider Partner dient. Sie hat sich in der Vergangenheit bewährt, ebenso wie die Ehe selbst sich mit den täglichen Entscheidungen zu den verschiedensten kleinen und großen Angelegenheiten immer wieder bewähren muß.

Zu diesen Entscheidungen gehören: die Familienplanung (wann werden Kinder geboren und wieviele), Fragen der Erziehung, die berufliche und gesellschaftliche Entwicklung der Ehegatten, die Verwendung des Einkommens, die Organisation des täglichen Zusammenlebens, die Wochenend- und Urlaubsgestaltung und vieles andere. Die Pflicht zur einverständlichen Klärung all dieser Fragen setzt voraus, sich um eine gemeinsame Entscheidung zu bemühen und dabei immer nach jener Variante zu suchen, die für die Gemeinschaft und den einzelnen am günstigsten ist. Dabei darf die Individualität und Selbständigkeit des einzelnen nicht mißachtet werden. Deshalb besagt die Pflicht zum gegenseitigen Einverständnis nicht, daß jedes Detail beraten werden muß. Je nach Absprache zwischen den Ehegatten können bestimmte Fragen, z.B. die Verwendung des Kostgeldes, von einem allein geregelt werden. Außerdem bindet die gemeinsame Entscheidung die Ehegatten weitestgehend nur untereinander, nicht aber nach außen.

Über die neue berufliche Tätigkeit eines Ehegatten zu befinden, obliegt nach dem Familiengesetzbuch z. B. beiden gemeinsam. Doch die Erklärungen, die der betreffende Ehegatte gegenüber dem Betrieb abgibt, sind in jedem Fall wirksam, auch wenn sie auf den Widerstand des anderen stoßen oder ohne sein Wissen abgegeben wurden. Auch verstößt die Entscheidung eines Ehegatten nicht allein dann gegen die familienrechtlichen Pflichten, wenn sie keinen gemeinsamen Willen zum Ausdruck bringt. Sie ist nur rechtswidrig, wenn nicht versucht wurde, einen einhelligen Beschluß herbeizuführen, oder wenn die allein getroffene Entscheidung mit den Interessen des anderen Partners oder der Familie nicht so abgestimmt ist, wie es den Umständen nach möglich wäre.

In diese Konzeption des Familienrechts ordnet sich das Gesetz zur Unterbrechung einer Schwangerschaft vom 9. März 1972 ein. Ob eine eingetretene Schwangerschaft vorzeitig beendet oder das Kind ausgetragen werden soll, betrifft die Entwicklung beider Ehegatten. Ihr Leben, ihr Aufgaben- und Verantwortungsbereich würden durch ein Kind oder ein weiteres Kind wesentlich verändert, ebenso auch ihre Beziehungen zueinander. Deshalb sind die Ehegatten verpflichtet, diese wichtige Frage im Einverständnis zu regeln. Nach außen, also gegenüber dem Arzt und den Einrichtungen des Gesundheitswesens, tritt die Frau allerdings selbständig auf. Sicher wird sie meist nach gemeinsamem Willen beider Ehegatten handeln. Ist das nicht der Fall, können und müssen allein die Ehegatten dieses Problem klären, wie übrigens auch im umgekehrten Fall, in dem der Mann das Kind nicht wünscht, die Frau es aber austragen will.

Niemandem kann das Recht zugestanden werden, sich durch Fragen nach einer »Zustimmung« des Partners in die inneren Angelegenheiten der ehelichen Gemeinschaft einzumischen. Hier muß sich die grundlegende Idee der Ehe und des Familienrechts im Sozialismus bewähren – die Einheit von Gemeinsamkeit und Übereinstimmung im Inneren und die Selbständigkeit jedes Ehegatten nach außen.

Gemeinsame Verantwortung von Mann und Frau

»Beide Ehegatten tragen ihren Anteil bei der Erziehung der Kinder und der Führung des Haushalts«, so lautet § 10 des Familiengesetzbuches. Keinem der Partner kann das Gesetz diese Aufgaben allein übertragen, und es geht auch nicht an, eine so wichtige Frage durch das Gesetz offenzulassen, weil sie im Ehealltag stark darüber bestimmt, ob die Gemeinschaft die Entwicklung beider Partner fördert.

In vielen Ehen tragen noch immer die ebenfalls berufstätigen Frauen den größten Teil der Hausarbeit und Kindererziehung. Doch ist die Entwicklung zur kameradschaftlichen Arbeitsteilung zwischen Mann und Frau unverkennbar, oft schon eine Selbstverständlichkeit. Sie hat ihren großen Nutzen für die Entwicklung der Frau, für die Beziehungen zwischen den Partnern und für die Erziehung der Kinder bereits bewiesen. So war es möglich und notwendig, im Gesetz eindeutig die gemeinsame Verantwortung der Ehegatten für die familiären Aufgaben festzulegen. Diese Pflichtenregelung charakterisiert die noch häufig anzutreffende Einstellung, der Mann müsse im Haushalt »helfen«, als falsch und überholt. Wie die Ehegatten sich kameradschaftlich die Arbeit teilen, ist ihnen überlassen. Dabei kommt es nicht auf kleinliches Rechnen an. Vielmehr gilt es, die Varianten zu nutzen, wie sie sich aus den familiären, beruflichen und anderen Aufgaben und selbstverständlich auch aus dem Geschick und den Interessen der Partner ergeben.

Dieser Rechtsgedanke wird durch die Herabsetzung der Arbeitszeit für Frauen mit zwei und mehr Kindern in keiner Weise verändert. Diese Regelung geht von der Tatsache aus, daß die Frauen den größten Teil der Kindererziehung und der Hausarbeit bewältigen und selbst in Familien mit guter Arbeitsteilung mehr Zeit dafür aufwenden als der Mann. Es handelt sich also um Festlegungen, die von der Praxis des Lebens bestimmt sind und deren Nutzen für die Familie und die Frau gerade dann besonders groß ist, wenn sie durch die bestmögliche Arbeitsteilung zwischen den Ehegatten und die Einbeziehung der Kinder in die Erfüllung der Aufgaben ergänzt werden.

Die Ehegatten beeinflussen sich täglich sehr vielfältig und sollten es bewußt zum Nutzen des anderen tun. Das Gesetz hat dazu allgemeine Pflichten im Interesse beider Partner und besonders der Frau formuliert. (§§ 2 und 5) »Die Beziehungen der Ehegatten zueinander sind so zu gestalten, daß die Frau ihre berufliche und gesellschaftliche Tätigkeit mit der Mutterschaft vereinbaren kann.« (§ 10 Abs. 1 Satz 2)

Ausdrücklich legt das Gesetz die Pflicht zur Hilfe und Unterstützung fest, wenn ein Ehegatte eine besondere Phase seiner beruflichen oder gesellschaftlichen Tätigkeit durchlebt. »Ergreift der bisher nicht berufstätige Ehegatte einen Beruf oder entschließt sich ein Ehegatte, sich weiterzubilden oder gesellschaftliche Arbeit zu leisten, unterstützt der andere in kameradschaftlicher Rücksichtnahme und Hilfe das Vorhaben seines Ehegatten.« (§ 10 Abs. 2) Diese Bestimmung betrifft beide Ehegatten, ist aber vor allem für die Frauen bedeutsam, weil solche Entscheidungen durch sie oft das Familienleben spürbar verändern. Ohne Bereitschaft und Unterstützung des Partners sind Befriedigung und Erfolg bei der neuen Aufgabe oft in Frage gestellt.

Verträge, Anschaffungen, Kredite

Zum Ablauf des täglichen Familienlebens gehören die verschiedenen Rechtsgeschäfte. Es werden Verträge geschlossen bei Neuanschaffungen und Einkäufen, für verschiedene Dienstleistungen, für die Wohnung, Versicherung usw. Eventuell wird auch ein Kredit aufgenommen.

Alle diese Angelegenheiten sind von den Ehegatten einverständlich zu klären, ohne daß sie immer gemeinsam auftreten können. Aus diesem Grunde formuliert das Gesetz: »Jeder Ehegatte ist berechtigt, den anderen in Angelegenheiten des gemeinsamen Lebens zu vertreten. Aus Rechtsgeschäften, die in diesem Rahmen abgeschlossen worden sind, kann jeder Ehegatte in Anspruch genommen werden.« (§ 11) Danach kann jeder Ehegatte für Angelegenheiten des gemeinsamen Lebens Rechte und Pflichten für beide begründen. Diese Wirkung tritt auch dann ein, wenn sie gar nicht bekannt und eventuell auch gar nicht gewollt ist. Nur wenn z. B. bei der Bestellung eines Möbelstückes als Geschenk des anderen Ehegatten ausdrücklich erklärt wird, daß der Vertrag nur im eigenen Namen geschlossen wird, ist der andere nicht auch Vertragspartner mit den daraus folgenden Rechten und Pflichten. Wenn also ein Ehegatte eine Wohnung mietet, so sind beide Ehegatten Mieter. Auch wenn nur ein Ehegatte den Kreditvertrag zum Kauf von Möbeln abschließt, sind doch beide Gläubiger und Schuldner. Jeder von ihnen kann den Kredit verlangen; jeder ist verpflichtet, ihn zu tilgen. Die Bank wird sich gegebenenfalls an denjenigen halten, bei dem sie ihre Ansprüche am leichtesten durchsetzen kann.

Hier wird ebenfalls deutlich, wie groß das gegenseitige Vertrauen in der Ehe sein muß, wie sehr beide ihre Lebensbedingungen aufeinander einstellen. Doch ist eine andere Regelung gar nicht möglich, weil alle genannten Rechtsgeschäfte für die eheliche Gemeinschaft und für die Familie getätigt werden. Gemeinsam dafür einzustehen, gehört zum Wesen der Ehe. Beide Ehepartner sind deshalb auch durch das Gesetz dazu verpflichtet.

Zur Versorgung der Familie, zur Befriedigung ihrer materiellen und kulturellen Bedürfnisse haben alle Mitglieder beizutragen. Das geschieht durch Geldleistungen oder bzw. und durch Arbeiten im Haushalt. Alle Familienmitglieder sind dazu angehalten: die Ehegatten und die im Haushalt lebenden Kinder, gemeinsame ebenso wie nicht gemeinsame, minderjährige und auch volljährige Kinder, wenn sie bei den Eltern leben und nicht schon einen eigenen Haushalt führen. Jeder kann die entsprechenden Leistungen von dem anderen erwarten. »Die Aufwendungen zur Befriedigung der materiellen und kulturellen Bedürfnisse der Ehegatten, der minderjährigen und der im Haushalt lebenden volljährigen Kinder werden von den Ehegatten und den Kindern entsprechend ihren Kräften, ihrem Einkommen und ihren sonstigen Mitteln durch Geld, Sach- und Arbeitsleistungen gemeinsam erbracht.« (§ 12 Abs. 1 Satz 1)

In der Praxis äußert sich das selbstverständlich sehr verschieden. Die Hauptleistungen obliegen den Ehegatten oder einem Elternteil, wenn die Familie nicht oder nicht mehr auf einer Ehe beruht. Das Gesetz hält jeden an, das höchstmögliche für die Gemeinschaft zu tun. Es gibt hier keine Mindestpflichten und auch keine durchschnittlichen. Das Vorhandene ist für die Gemeinschaft da, unabhängig davon, wer welche Anteile erarbeitet hat. Das Leistungsprinzip gilt nicht in der Ehe, weil davon ausgegangen werden kann und muß, daß jeder alles ihm Mögliche tut. Ob die Ehegatten gleichermaßen durch Geld und Hausarbeit zum Aufwand beitragen, ob bei einem diese oder jene Form überwiegt oder ein Partner ausschließlich durch Hausarbeiten mitwirkt, ist der Entscheidung der Ehegatten überlassen und von den verschiedensten Umständen abhängig.

Betont sei, daß eine Beschränkung auf Hausarbeit ohne zwingende Gründe den Ehegatten nicht das Recht gibt, ihre Pflichten Dritten gegenüber mit dem Hinweis auf dadurch beschränkte Einkommenshöhe zu verringern. Wenn z. B. ein Mann gegenüber seinen Kindern aus erster Ehe unterhaltspflichtig ist, dann kann er in diesem Falle nicht verlangen, daß die Unterhaltsbeträge nach neuer Eheschließung herabgesetzt werden.

Die Pflicht der Kinder, sich am Aufwand zu beteiligen, ist vor allem pädagogisch motiviert. Sie sollen von Anfang an die Fähigkeit und Bereitschaft entwickeln, die Lebensbedingungen des Kollektivs, dem sie angehören, aktiv zu beeinflussen. Deshalb müssen ihre Pflichten dem Alter und sonstigen Aufgaben, vor allem in der Schule, entsprechen. Auch wenn Kinder schon selbst verdienen, unterscheiden sich ihre Pflichten von denen der Eltern. Sie sollen einen angemessenen Beitrag zu den Kosten des Haushalts leisten, um die eigene Versorgung zu sichern. Rücklagen und Anschaffungen für eine ständige Verbesserung der Gesamtbedingungen hingegen bleiben immer den Ehegatten vorbehalten. Die Kinder sollten weitere Mittel besser für ihre Entwicklung, für Bildung und Freizeit verwenden und sich auf eine eigene Familie vorbereiten, für die sie eines Tages auch materiell voll verantwortlich sind.

Alle diese Bestimmungen regeln wichtige Bedingungen des Zusammenlebens, der Achtung der Persönlichkeit, des gegenseitigen Vertrauens. Sie können nicht mit staatlichen Mitteln erzwungen und bei Mißachtung kaum rechtlich durchgesetzt werden. Die Kraft der Partnerbeziehungen und die Verantwortung jedes Ehegatten müssen die Verwirklichung des Rechts sichern und Probleme selbst bewältigen, wenn einer oder gar beide sich über Pflichten hinwegsetzen. Das gilt für die mangelnde Bereitschaft oder Fähigkeit, um eine gemeinsame Entscheidung in familiären Angelegenheiten zu ringen, ebenso wie für die Arbeitsteilung oder die Hilfe bei beruflichem Neubeginn.

Diese Rechtslage gilt grundsätzlich auch, wenn ein Ehegatte das Vertretungsrecht mißbraucht oder sich entgegen seinen Möglichkeiten nicht am Familienaufwand beteiligt. Solche Verhaltensweisen spiegeln ungelöste Probleme in den Partnerbeziehungen wider und können zu erheblichen Störungen führen. Eingriffe von außen würden leicht den Bestand der Gemeinschaft gefährden. Hier zeigt sich abermals, wie sehr sich die Ehegatten ihre Lebensbedingungen gegenseitig anvertrauen, und hier erweisen sich auch die Grenzen staatlicher und rechtlicher Einflußnahme.

Da allerdings die Interessen des anderen Ehegatten und der ganzen Familiengemeinschaft bei den zwei zuletzt genannten Problemen sehr empfindlich verletzt werden können, sind im äußersten Fall bestimmte Maßnahmen vorgesehen. Aufwandsleistungen in Geldform können notfalls wie ein Unterhaltsanspruch gerichtlich geltend gemacht werden. Außerdem können ein Mißbrauch des Vertretungsrechts und ungerechtfertigt niedrige Aufwandsleistungen dazu führen, daß gemeinsames Vermögen nicht zu gleichen Teilen aufgelöst wird, sondern der Benachteiligte auf diesem Wege einen Ausgleich erhält. Das tritt aber nur ein, wenn die Ehe schon geschieden ist oder wenn so große Probleme bestehen, daß ein vorzeitiges Aufheben der Vermögensgemeinschaft erfolgt. Meist folgt dann das Scheidungsverfahren auf dem Fuße.

Was gehört wem?

Mehrfach wurde schon der Begriff »gemeinsames Vermögen« verwendet. Seine Entstehung ist kraft Gesetzes vorgesehen, weil der Gesetzgeber davon ausgeht, daß Ehegatten verpflichtet sind, die materielle Basis des Familienlebens durch die Anschaffung von Gegenständen und auch durch bestimmte Rücklagen für größere Vorhaben oder zur späteren Verwendung zu sichern. Diese für die Gemeinschaft erarbeiteten Sachen und Werte werden im allgemeinen als gemeinsames Eigentum beider Ehegatten angesehen, was sich in einer Befragung vor Erlaß des Familiengesetzes auch ausdrücklich bestätigt hat. »Die von einem oder beiden Ehegatten während der Ehe durch Arbeit oder aus Arbeitseinkünften erworbenen Sachen, Vermögensrechte und Ersparnisse gehören beiden Ehegatten gemeinsam. Den Arbeitseinkünften sind Einkünfte aus Renten, Stipendien oder ähnlichen wiederkehrenden Leistungen gleichgestellt.« (§ 13 Abs. 1) Beiden gehört alles. Jeder kann es nutzen. Entscheidungen werden gemeinsam getroffen, insbesondere über eine eventuelle Verfügung wie den Verkauf einer Sache.

Nach außen gilt hier wieder der Grundsatz, daß jeder selbständig auftreten und die Gemeinschaft vertreten kann. So darf er z. B. auch allein eine Verfügung vornehmen, weil die Übereinkunft zwischen den Ehegatten vorausgesetzt wird. Diese Selbständigkeit ist vom Gesetz jedoch etwas begrenzt worden, um die Interessen der Gemeinschaft und des anderen Ehegatten möglichst zu schützen und auch die einer dritten Person, z. B. eines Käufers, zu beachten. Wenn ein Ehegatte mit Verfügungen über das gemeinsame Vermögen durch den anderen nicht einverstanden ist, dann sind sie unter Umständen unwirksam. Das tritt ein, wenn der Dritte, also der Vertragspartner des verfügenden Ehegatten, vor vollständiger Abwicklung des Rechtsgeschäfts von dem entgegenstehenden Willen des anderen Ehegatten erfährt. In diesem Fall kann er die Realisierung der Abmachungen nicht mehr verlangen. Bei Rechtsgeschäften über Häuser und Grundstücke und die Wohnung müssen von vornherein beide Ehegatten mitwirken. (§ 15) Doch nicht alles, was die Ehegatten besitzen, geht in die Vermögensgemeinschaft ein. Alleineigentum bleibt alles, was schon vor der Eheschließung vorhanden war. Auch Erwerbungen während der Ehe, die nicht durch Arbeit entstanden sind, also vor allem Erbschaften und rein persönlich genutzte Gegenstände wie Schmuck, zählen dazu. Niemand kann also durch Eheschließung Vermögensrechte erwerben. Nur durch gemeinsames Bemühen – oft mit unterschiedlichem Ergebnis, aber in der Regel mit gleichem persönlichem Einsatz – um die materielle Basis des Familienlebens entsteht gemeinsames Vermögen. Deshalb wird Vermögen dann, wenn es zwar vor der Eheschließung, doch von beiden für die künftige Ehe erarbeitet wurde, auch als gemeinsames Eigentum angesehen. Diese und viele andere Einzelfragen sind in der Richtlinie Nr. 24 des Obersten Gerichts »zur Aufhebung der Eigentums- und Vermögensgemeinschaft der Ehegatten« (Gesetzblatt II 1967 S. 180) festgelegt worden.

In einer Ehe kann auch wichtig werden, mit welchen Mitteln die Schulden der Ehegatten zu begleichen sind. Für gemeinsame Schulden haftet als erstes auch das gemeinsame Vermögen, so für einen Kredit, der für Einrichtungsgegenstände aufgenommen wurde. Für solche Schulden muß aber – wenn notwendig – auch jeder Ehegatte mit seinem persönlichen Vermögen einstehen, z. B. wenn er Ersparnisse aus der Zeit vor der Eheschließung besitzt oder wenn die Ehegatten ihre Rücklagen während der Ehe verabredungsgemäß nicht als gemeinsames Vermögen, sondern als Alleineigentum anlegen. Solche vom Gesetz abweichenden Vereinbarungen sind zulässig, solange sie nicht das gemeinsame Vermögen an den für die Lebensführung der Familie notwendigen Sachen aufheben würden. (§ 14)

Für Schulden eines Ehegatten gelten verschiedene Regelungen. (§ 16) Waren sie schon vor der Ehe entstanden, dann haftet nur das alleinige Vermögen des Schuldners – mit einer sehr wichtigen Ausnahme: Handelt es sich bei den Schulden um Unterhaltspflichten (am häufigsten für Kinder aus erster Ehe), dann muß dafür notfalls auch das gemeinsame Vermögen aufkommen. Eine neue Ehe hat also solche Pflichten von vornherein in ihre Lebensgestaltung aufzunehmen. Sind Schulden eines Gatten während der Ehe entstanden, so muß er sie zunächst aus seinem eigenen Vermögen zu begleichen versuchen. Ist das nicht möglich, kann sein Anteil am gemeinsamen Besitz herangezogen werden.

Wenn die Ehe beendet ist, wird auch die Vermögensgemeinschaft aufgehoben. Die Probleme klären der überlebende Ehegatte und die sonstigen Erben (also meist die Kinder) oder – bei Ehescheidung – die geschiedenen Partner. Grundsätzlich stehen beiden Ehegatten gleiche Anteile zu. Ausnahmen können aber im Einzelfall sogar dazu führen, daß ein Ehegatte das gesamte Vermögen allein erhält.

Motive für ungleiche Teile können sein: die Interessen der künftig bei einem Ehegatten lebenden Kinder, besondere Bedürftigkeit eines Ehegatten, vor allem bei Krankheit oder hohem Alter, und grobe Pflichtverletzungen in der Ehe, die sich auf den Umfang des gemeinsamen Vermögens negativ ausgewirkt haben.

Die Aufteilung erfolgt in der Regel durch Übereinkunft zwischen den Erben oder zwischen den geschiedenen Ehegatten. Kommt keine Einigkeit zustande, kann eine gerichtliche Entscheidung beantragt werden. Stirbt ein Ehegatte, dann bezieht sich die erbrechtliche Auseinandersetzung des überlebenden Ehegatten mit den anderen

Erben nur auf den Teil des gemeinsamen Vermögens, der nach der familienrechtlichen Teilung dem Verstorbenen zustand. Auf Grund dieses Grundsatzes und eines verstärkten Erbrechts des Ehegatten (§ 26 des seit 1. Januar 1976 gültigen Zivilgesetzbuches) bleibt meist der größte Teil des gemeinsamen Vermögens beim überlebenden Ehegatten.

Wenn die Kinder zum Zeitpunkt des Todes eines Ehegatten noch minderjährig sind, findet eine Auseinandersetzung in der Regel nicht statt, weil der überlebende Ehegatte Erziehungsberechtigter, damit gesetzlicher Vertreter der Kinder ist und gemeinsam die eigenen Interessen und die der Kinder wahrnimmt.

Auch volljährige Kinder sehen oft von einer Vermögensauseinandersetzung ab, um den überlebenden Ehegatten nicht zu belasten. Das entspricht verbreiteten Moralanschauungen und der gesicherten ökonomischen Situation der jungen Generation. Wenn der Ehegatte eine neue Ehe eingeht, bleibt das Vermögen aus der ersten Ehe sein Alleineigentum, wenn nicht eine andere Vereinbarung getroffen wird. Über die Erbteile der Kinder kann jedoch nicht zugunsten des zweiten Ehegatten verfügt werden. Stirbt der Ehegatte nach der zweiten Eheschließung, haben seine Kinder aus erster Ehe Ansprüche bezüglich des Vermögens aus erster Ehe und bezüglich der Hälfte (in der Regel) des Vermögens, das während der neuen Ehe geschaffen wurde. Insgesamt ist die Rechtslage in diesen Fällen, vor allem wenn auch aus der zweiten Ehe Kinder hervorgegangen sind, nicht ganz einfach zu überschauen. Gegebenenfalls muß eine Auskunft beim Gericht, Notar oder Rechtsanwalt eingeholt werden.

Die Erziehung der Kinder

Rechte und Pflichten der Eltern bei der Erziehung der Kinder sind besonders hoch zu bewerten. Das entspricht der gesellschaftlichen Notwendigkeit und dem persönlichen Bedürfnis zur Erziehung der Kinder in der Familie. Dieses Grundrecht der Eltern verpflichtet jedes staatliche Organ, jede gesellschaftliche Einrichtung und jeden einzelnen Bürger zur Achtung. Alle Eltern haben ein Recht auf Zusammenarbeit mit den gesellschaftlichen Erziehungseinrichtungen und wenn notwendig, auf Hilfe und Unterstützung durch die Gesellschaft bei der Erziehung und Betreuung der Kinder und auf staatlichen Schutz. Ein Eingriff in die Rechte der Eltern ist nur dann zulässig, wenn die Entwicklung des Kindes gefährdet ist.

Wie bereits dargelegt, ist das Ziel der elterlichen Erziehung von größter Bedeutung. Deshalb befaßt sich das Gesetz ausführlich damit, um allen Vätern und Müttern die notwendige Richtung ihres Handelns bewußt zu machen. »Das Ziel der Erziehung der Kinder ist, sie zu geistig und moralisch hochstehenden und körperlich gesunden Persönlichkeiten heranzubilden, die die gesellschaftliche Entwicklung bewußt mitgestalten. Durch verantwortungsbewußte Erfüllung ihrer Erziehungspflichten, durch eigenes Vorbild und durch übereinstimmende Haltung gegenüber den Kindern erziehen die Eltern ihre Kinder zur sozialistischen Einstellung zum Lernen und zur Arbeit, zur Achtung vor den arbeitenden Menschen, zur Einhaltung der Regeln des sozialistischen Zusammenlebens, zur Solidarität, zum sozialistischen Patriotismus und Internationalismus. – Die Erziehung der Kinder ist untrennbar mit der Herausbildung solcher Eigenschaften und Verhaltensweisen wie Bescheidenheit, Ehrlichkeit, Hilfsbereitschaft und der Achtung vor dem Alter verbunden. Die Erziehung der Kinder umfaßt auch ihre Vorbereitung zu einem späteren verantwortungsbewußten Verhalten zur Ehe und Familie.« (§ 42 Abs. 2 und 3)

Wenn die Eltern diese Eigenschaften der Kinder und Jugendlichen fördern, schaffen sie zugleich wesentliche Voraussetzungen für die kommunistische Erziehung der heranwachsenden Generation. Auch in methodischer Hinsicht stellt das Gesetz zwei grundlegende Forderungen an die Eltern: Es verlangt von ihnen, den Kindern Vorbild zu sein und ihnen gegenüber einheitlich aufzutreten. Es erwartet von ihnen ständige Sorge um die Verbesserung der Erziehungsbedingungen in der Familie und vor allem auch, sich die entsprechenden Fähigkeiten zu erwerben. (§ 49)

Das Familiengesetzbuch formuliert ein sehr weitgestecktes Erziehungsziel. Da offenkundig die Möglichkeiten der einzelnen Familien sehr verschieden sind, ergibt sich die Frage nach dem Inhalt der elterlichen Verantwortung. Sie ist für alle – unabhängig von eigenen Fähigkeiten, der Zahl der Kinder und anderen Faktoren – insofern gleich, als jeder angehalten ist, das Erziehungsziel anzustreben. Das Gesetz fordert von allen Eltern den Einsatz der ganzen Persönlichkeit, ihrer vollen Kräfte für die Entwicklung der Kinder. Was dann im Einzelfall geleistet werden kann, ist nicht mehr generell zu bestimmen. Darüber entscheidet ja immer die konkrete Situation.

Zur Verwirklichung des Erziehungszieles sagt das Gesetz: »Zu den Rechten und Pflichten der Eltern gehören auch die Befriedigung der Bedürfnisse des Kindes, seine Betreuung, seine Beaufsichtigung, seine rechtliche Vertretung, das Recht, seinen Aufenthalt zu bestimmen, die Pflicht, für seinen Unterhalt zu sorgen und erforderlichenfalls Vermögensangelegenheiten des Kindes in seinem Interesse zu regeln.« (§ 43)

Das Recht zur Bestimmung des Aufenthalts ist bedeutsam, weil unter Umständen das Kind nicht bei den Eltern erzogen wird. In dringenden Fällen können die Eltern anderen Personen das Kind übergeben, bleiben aber für die Sicherung der Familienerziehung voll verantwortlich. Sie müssen also gewissenhaft prüfen, wem sie das Kind anvertrauen und wie es sich dort tatsächlich entwickelt. Zum Recht der Bestimmung des Aufenthalts gehört auch, daß der Erziehungsberechtigte von jedem, der ihm das Kind vorenthält, dessen Herausgabe verlangen kann – nötigenfalls mit Hilfe des Gerichts. (§ 45 Abs. 5)

Die Vorschrift zur Beaufsichtigung ist im Gesetz ausdrücklich hervorgehoben, weil sowohl Zivil- als auch Strafrecht an fehlende Aufsicht Rechtspflichten der Eltern anknüpfen, so die Pflicht zum Ersatz eines Schadens, den ein Kind anrichtet. Hier handelt es sich nicht um eine zusätzliche spezielle Aufgabe der Eltern, sondern um ein Ergebnis ihrer allgemeinen Erziehung. Sie müssen sichern, daß das Kind Leben, Gesundheit und Eigentum anderer Menschen achtet und sich so verhält, daß es niemanden in Gefahr bringt und keinen Schaden verursacht.

Das Vertretungsrecht steht den Eltern zu, weil die Kinder selbst noch nicht voll geschäftsfähig sind. Es bezieht sich auf den Abschluß von Rechtsgeschäften für das Kind, z. B. die Einrichtung eines Kontos bei der Sparkasse, und auf juristische Handlungen wie den Abschluß von Lehr- oder Arbeitsverträgen, die der Jugendliche vornimmt und die nur mit Zustimmung der Eltern wirksam werden. Damit soll von der Familie her gesichert werden, daß Entscheidungen des Jugendlichen seinen Interessen und seiner Entwicklung dienen.

Wie groß die Verantwortung der Eltern hierbei ist, verdeutlicht die entsprechende Regelung zur Schwangerschaftsunterbrechung. Sie ist auch für Schwangere zulässig und kann von ihnen beantragt werden, wenn sie noch nicht das 18. Lebensjahr vollendet haben. Die Unterbrechung wird in diesen Fällen jedoch nur durchgeführt, wenn die Eltern diesem Eingriff zustimmen. (§ 2 Abs. 2 der 1. Durchführungsbestimmung zum Gesetz über die Unterbrechung der Schwangerschaft vom 9. März 1972, Gesetzblatt/II S. 149) Ganz sicher stehen die Eltern hier vor einer sehr komplizierten Entscheidung, die ein enges Vertrauensverhältnis zur Tochter voraussetzt und für die es kein Rezept gibt. Man darf jedenfalls nicht nur von den Augenblicksbedingungen ausgehen, sondern muß die vielfältigen Auswirkungen auf die weitere Entwicklung der Persönlichkeit des Mädchens abwägen. Die Sorge der Eltern, eventuell selbst Verantwortung für dieses Enkelkind tragen zu müssen, dürfte nicht den Ausschlag geben. Gleichzeitig sollten sich die Eltern im klaren sein, daß der Eintritt der Schwangerschaft – ob sie ausgetragen wird oder nicht – sie vor neue große Aufgaben stellt und daß sie von der Tochter mehr gebraucht werden als bislang.

Bei Trennung – wer erzieht?

Das Erziehungsrecht steht beiden Eltern zu, wenn sie miteinander verheiratet sind. Das Gesetz geht davon aus, daß eine gleiche und gemeinsame Verantwortung beider Elternteile, also ein gemeinsames Erziehungsrecht für beide, allgemein nur dann vorgesehen werden kann, wenn sie miteinander verheiratet sind. Ist das nicht oder nicht mehr der Fall, hat nur ein Elternteil das Erziehungsrecht. Wurde das Kind außerhalb der Ehe geboren, dann ist die Mutter erziehungsberechtigt.

Wird die Ehe geschieden, dann bestimmt das Gericht – möglichst auf Grund eines Vorschlags der Eltern –, wer von beiden künftig allein erziehungsberechtigt ist. Ausgewählt wird, bei dem die besseren Voraussetzungen für die Erziehung des Kindes in der Zukunft gegeben sind. Der andere behält das Recht zum persönlichen Umgang mit dem Kind (§ 27) und eine Art Anwartschaft auf das Erziehungsrecht. Es kann ihm durch die Organe der Jugendhilfe oder das Gericht erneut übertragen werden, wenn der zunächst Erziehungsberechtigte seine Pflichten schuldhaft schwer verletzt hat, stirbt oder wenn die gesamten Erziehungsbedingungen sich so entwickeln, daß eine Änderung der im Ehescheidungsverfahren getroffenen Entscheidungen unabweisbar wird. (§ 48) Allerdings gibt es in all diesen Fällen keinen Anspruch auf das Erziehungsrecht. Es wird nur übergeben, wenn darin für die Entwicklung des Kindes die günstigste Variante abzusehen ist.

Extra regelt das Gesetz die Aufgaben der Stiefeltern. (§ 47) Da sie durch das Zusammenleben in der Familie an der Erziehung der Kinder mitwirken, sind sie verpflichtet, den Erziehungsberechtigten nach Kräften zu unterstützen, z. B. bei seiner Abwesenheit bzw. Verhinderung sollten sie dessen Aufgaben voll übernehmen. Für alle durch den Staat festgelegte Maßnahmen wie die Schul- oder Impfpflicht tragen sie auch die volle Verantwortung. Wollen beide Ehegatten, daß sie auch für ein nicht gemeinsames Kind die Verantwortung gleichermaßen tragen, dann müssen sie für den Ehegatten des Elternteils die Annahme an Kindes Statt beantragen. Das beschließt die Jugendhilfe, wenn es den Interessen des Kindes entspricht.

Die Familienerziehung genießt hohe Wertschätzung, und es bestehen vielfältige Formen der gesellschaftlichen Einflußnahme, niedergelegt vor allem im Recht der Eltern auf Zusammenarbeit mit gesellschaftlichen Erziehungseinrichtungen. Im Hinblick auf die Schule äußert es sich im Besuch von Elternversammlungen, bei Hausbesuchen der Lehrer, in individuellen Beratungen mit den Lehrern, in der Mitarbeit in Elternvertretungen, in der Unterstützung der Kinder- und Jugendorganisation. Auch die pädagogische Propaganda oder spezielle Erziehungsberatungen der verschiedensten Einrichtungen haben zunehmende Bedeutung. Ist die Entwicklung des Kindes aber gefährdet, gibt der Staat zunächst Empfehlungen, greift eventuell auch direkt in das Erziehungsrecht der Eltern ein.

»Sind die Erziehung und Entwicklung oder die Gesundheit des Kindes gefährdet und auch bei gesellschaftlicher Unterstützung der Eltern nicht gesichert, hat das Organ der Jugendhilfe nach besonderen gesetzlichen Bestimmungen Maßnahmen zu treffen. Das gilt auch dann, wenn wirtschaftliche Interessen des Kindes gefährdet sind. Das Organ der Jugendhilfe kann den Eltern oder dem Kind Pflichten auferlegen oder Maßnahmen zu seiner Erziehung treffen, die zeitweilig auch außerhalb des Elternhauses durchgeführt werden können.« (§ 50) Diese besonderen gesetzlichen Bestimmungen sind in der Verordnung über die Aufgaben und die Arbeitsweise der Organe der Jugendhilfe (JHVO) vom 3. März 1966 im Gesetzblatt II S. 215, insbesondere in den §§ 13, 23 und 27 enthalten.

Auf diese Weise sollen die Erziehungsbedingungen in der Familie wieder stabilisiert und eingetretene Schäden in der Entwicklung des Kindes beseitigt werden. Diese Aufgabe können die Organe der Jugendhilfe nur meistern, wenn sie alle gesellschaftlichen Kräfte im Lebensbereich der Eltern und der Kinder einbeziehen.

Haben die Eltern schuldhaft ihre einfachsten Aufgaben schwer verletzt und ist eine Perspektive des Kindes in seiner Familie nicht mehr erkennbar, sieht das Gesetz auf Antrag der Jugendhilfe den Entzug des Erziehungsrechts durch gerichtliches Urteil vor. Diese äußerste Maßnahme – nur in wenigen hundert Fällen jährlich notwendig – beendet das Erziehungsrecht der Eltern in der Regel endgültig. (§ 51 FGB) Ihre Pflicht, für den Unterhalt des Kindes aufzukommen, bleibt jedoch voll erhalten. Für solche und für elternlose Kinder übernimmt der Staat die volle Verantwortung für ihren weiteren Lebensweg. Er versucht, dem Kind eine neue Familie zu geben. Gelingt das, wird an nahe Verwandte oder den Ehegatten des bisher allein Erziehungsberechtigten (§§ 45, 46, 47) das Erziehungsrecht übertragen, oder es kommt zu einer Annahme an Kindes Statt. In diesen Fällen wird durch staatliche Entscheidung ein Eltern-Kind-Verhältnis begründet, das rechtlich in allen Punkten dem durch Geburt entstandenen gleicht. Erhalten Großeltern das Erziehungsrecht, so entfällt für sie die Pflicht zur materiellen Versorgung des Kindes, sofern die Eltern in der Lage sind, es zu unterhalten.

Nach § 15 Ziff. 4 der 1. Durchführungsbestimmung zum Personenstandsgesetz vom 4. 12. 1981 können für das an Kindes Statt angenommene Kind »auf Verlangen der Annehmenden anstelle der leiblichen Eltern die Namen der Adoptiveltern in die Geburtsurkunde eingetragen werden.«

Wenn es kriselt …

Wenn die Ehe in eine Krise gerät und ihr Bestand gefährdet ist, will das Familienrecht helfen, sie möglichst zu erhalten und eine Verschärfung der Beziehungen zwischen den Ehegatten zu vermeiden. Es muß die Ehegatten und die Kinder vor Nachteilen schützen, wenn ein Ehegatte (oder auch beide) die starke Abhängigkeit der Familienmitglieder voneinander mißbrauchen oder die Interessen des anderen verletzen. Allerdings sind die Chancen des Rechts, dieses Ziel zu erreichen, begrenzt.

Zunächst gilt, daß die Rechte und Pflichten der Gatten gegeneinander und gegenüber den Kindern in der Ehekrise bestehenbleiben. Denn nach dem Familienrecht kann sich niemand selbst aus den Pflichten entlassen, die er mit der Eheschließung und der Geburt von Kindern übernommen hat. An das Getrenntleben sind möglichst keine Rechtsfolgen zu knüpfen, um die Gegensätze nicht zu verhärten oder gar neue Probleme in die Gemeinschaft hineinzutragen. Im Ehekonflikt bleibt es also bei der gemeinsamen Verpflichtung, alle familiären Angelegenheiten im gegenseitigen Einvernehmen zu entscheiden, die Erziehung der Kinder zu gewährleisten, den Familienaufwand zu sichern, und bei der gegenseitigen Vertretungsbefugnis auch im Vermögensrecht ändert sich grundsätzlich nichts.

Das ist sicher in dieser Situation nicht leicht für die Ehegatten, aber zum Schutze ihrer Interessen, zur Erhaltung der gegenseitigen Achtung und vor allem zur Überwindung des Konflikts notwendig. »Leben die Ehegatten getrennt, weil einer von ihnen die eheliche Gemeinschaft nicht fortführen will oder beide dazu nicht bereit sind, so bleiben die durch die Ehe begründeten Pflichten weiter bestehen.« (§ 17 Satz 1)

Die Ehegatten haben ihre Beziehungen gerade auch in der Konfliktsituation eigenverantwortlich zu gestalten. Gelingt das in besonders wichtigen Fragen nicht, sind einige Regelungen und auch staatliche Entscheidungen auf Antrag eines Ehegatten vorgesehen, die allerdings nicht direkt die inhaltlichen Bindungen zwischen den Ehegatten betreffen. Insbesondere kann es keine »Verurteilung«, keine gerichtliche Verpflichtung zur Wiederherstellung der ehelichen Gemeinschaft oder zur Beendigung einer die Ehe gefährdenden neuen Bindung geben. Staat und Gesellschaft kommen ihrer Verantwortung für die Familie und die Hilfe bei ehelichen Konflikten durch umfangreiche Formen der Beratung nach. Sie sind jedem zugänglich, kostenlos und unbedingt vertraulich. Wenn auch die Ehe- und Familienberatungsstellen nicht nur bei Krisen wirksam werden sollten, so liegt hier doch ihre wichtigstc Aufgabe.

Gerichtliche Entscheidungen sind möglich, wenn im Falle des Getrenntlebens ein Ehegatte unterhaltsbedürftig wird. »Die Regelung der Unterhaltsbeziehungen zwischen den Ehegatten folgt dem Grundsatz, daß die materiellen Lebensverhältnisse des unterhaltsberechtigten Ehegatten und der bei ihm lebenden minderjährigen oder wirtschaftlich noch nicht selbständigen volljährigen Kinder ihren Lebensbedingungen bei gemeinsamer Haushaltführung entsprechen sollen.« (§ 17 Satz 2) Unterhaltsbedürftig ist derjenige Ehegatte, »der wegen Alters, Krankheit, der Erziehung der Kinder oder aus anderen Gründen nicht in der Lage ist, sich durch Arbeit oder aus anderem Einkommen die Mittel zu einer den wirtschaftlichen Verhältnissen beider Ehegatten entsprechenden Lebensführung selbst zu verschaf-

fen«. (§ 18 Abs. 1) Unterhalt kann auch gefordert werden, wenn der Ehegatte trotz Arbeit nicht allein den bisherigen Lebensstandard der Familie zu halten vermag oder eine noch fehlende Berufsausbildung nachzuholen hat. Es muß also nicht jede beliebige Tätigkeit aufgenommen werden. Eine Beteiligung des Ehegatten, der die Gemeinschaft aufgelöst hat, an den fixen Kosten des Haushalts ist immer erforderlich.

Die Unterhaltsansprüche der Kinder sind auf Grund langjähriger Erfahrungen in der Richtlinie Nr. 18 des Obersten Gerichts »über die Bemessung des Unterhalts für minderjährige Kinder« (Gesetzblatt II 1965 S. 331) sehr genau festgelegt. Sie bestimmt, was zum Einkommen des Verpflichteten zählt (z. B. auch Zuschläge, Prämien, Renten usw.), und enthält auf Grundlage des Nettoeinkommens des Verpflichteten eine Tabelle, die als Richtschnur für die Festsetzung der Unterhaltssumme dient – abgestuft nach der Zahl der zu versorgenden Kinder. Jeder kann an dieser Tabelle auch ablesen, um wieviel sich die Summe erhöht, wenn das Kind das 12. Lebensjahr vollendet hat oder wenn sein Einkommen sich vergrößert.

Gelingt es den Ehegatten nicht, sich zu einigen, wer das Erziehungsrecht ausübt, kann es auf Antrag durch das Gericht einem von ihnen allein gegeben werden. Wenn sich die eheliche Gemeinschaft stabilisiert und die Ehegatten wieder zusammen leben, entfällt diese Entscheidung automatisch, und beide haben das Erziehungsrecht erneut gemeinsam. (§ 45 Abs. 4) Schließlich kann auch das gemeinsame Vermögen während des Bestehens der Ehe aufgeteilt werden. Danach gehört jedem persönlich, was er anschafft.

Auch hier tritt die der Gemeinschaft entsprechende Rechtslage wieder ein, wenn die Ehegatten abermals zusammen leben und nicht ausdrücklich etwas anderes vereinbaren. Die vorzeitige Aufhebung der Vermögensgemeinschaft ist nur durch gerichtliches Urteil möglich. Sie kommt bei ernsthaften Zerwürfnissen zwischen den Ehegatten in Betracht und wenn die Vermögensinteressen eines Ehegatten oder der ganzen übrigen Familiengemeinschaft gefährdet sind. Das kann z. B. auch durch starke Verschuldung eines Ehegatten der Fall sein. (§ 16)

Scheidung – was dann?

Etwa 1 Prozent der bestehenden Ehen werden jährlich geschieden, das sind jeweils um die 45 000. Gut 40 Prozent der Verfahren betreffen Ehen, die noch nicht 5 Jahre bestehen.

Diese gesellschaftliche Erscheinung einzuschätzen ist nicht einfach und beim gegenwärtigen Stand der Untersuchungen auch noch nicht umfassend möglich. Generell kann man davon ausgehen, daß die sozialistische Gesellschaft gute Bedingungen für Ehe und Familie schafft. Sie gewährt allen Bürgern soziale Sicherheit, steigenden Lebensstandard und ermöglicht, die Ehe auf gegenseitiger Liebe, Achtung und Gleichberechtigung zu gründen und zu entwickeln. Sicher erscheint auch, daß die Stabilität der Ehen letztlich nur auf ihren inneren Werten für die Ehegatten und die Kinder beruht. Äußere Zwänge, so wie in früheren gesellschaftlichen Systemen und auch heute in den kapitalistischen Ländern, üben keinen Einfluß mehr aus, nötigen nicht zur Aufrechterhaltung gescheiterter Ehen.

Doch festigen die sozialistischen gesellschaftlichen Verhältnisse nicht automatisch die Familienbeziehungen, zumal die Familie Bestandteil revolutionärer Veränderungen des gesellschaftlichen Lebens ist. Sie verlaufen äußerst dynamisch, stellen viele und ständig neue Forderungen an den Menschen, fördern seine Persönlichkeitsentwicklung und damit seine Erwartungen und Ansprüche in den zwischenmenschlichen Beziehungen, nicht zuletzt in der Ehe. In unserer Republik sind Ehen keineswegs selten, in denen über 10 bis 15 Jahre eine umfassende Bildung erworben wurde und ein entsprechender beruflicher Einsatz folgte, der vielfältige Änderungen der Lebensweise und -bedingungen, der Auffassungen und Interessen des Mannes oder der Frau mit sich brachte. Probleme der Ehestabilität liegen also im Gesellschaftlichen und Individuellen, im Objektiven und Subjektiven begründet. Oft sind auch die an die Ehe geknüpften Erwartungen größer als die Befähigung und Bereitschaft, sie zu lösen und ihnen zu entsprechen. Es ist notwendig, die Erziehung zur Familie zu vertiefen und auch die öffentliche Meinung zielstrebiger, bewußter zu lenken und zugleich die materiellen wie kulturellen Entwicklungsbedingungen der Familie noch planmäßiger zu fördern. Dem dienen nicht nur die zentral festgelegten Maßnahmen der Sozial- und Familienpolitik, sondern zunehmend auch viele betriebliche Aktivitäten und solche, die den Möglichkeiten der jeweiligen Territorien entsprechen.

Die Scheidung der Ehe ist nur durch gerichtliches Urteil möglich. Auf diese Weise versucht der Staat, Ehezerrüttung und Scheidung unter Kontrolle zu halten, verlangt er Rechenschaft von den Bürgern über ihr Verhalten und darüber, ob sie ihre gegenseitigen Pflichten und die gegenüber den Kindern erfüllen. Der Staat ist bestrebt, Ehen zu erhalten, die ihren Sinn noch nicht verloren haben, die Interessen der Ehegatten und Kinder im Falle des Konflikts möglichst zu schützen. Wenn erforderlich, trägt er aber auch für eine würdige Auflösung der Ehe Sorge.

Hauptsächliches Anliegen des gerichtlichen Verfahrens wird es immer sein, auf eine bewußtere Gestaltung der Ehe und Familienbeziehung im Interesse der bestehenden Bindung und gegebenenfalls im Interesse einer neuen einzuwirken.

Die Ehe kann auf Antrag geschieden werden, wenn sie ihren Sinn für die Ehegatten, die Kinder und damit für die Gesellschaft verloren hat. (§ 24) Maßstab ist also, ob die Ehe ihrer Aufgabe noch gerecht werden kann, ob sie der Persönlichkeitsentwicklung dienen oder ihr sogar hinderlich sein wird. Um das festzustellen, kann sich das Gericht nicht allein mit der augenblicklichen Situation und vor allem nicht nur mit äußerlich erkennbaren Ereignissen und Verhaltensweisen der Partner, wie etwa übermäßigem Alkoholgenuß, beschäftigen. Das Gericht muß die Entwicklung der Ehe, ihre ursprüngliche Substanz, die Erwartungen der Ehegatten mit ihrem persönlichen Profil, das Wesen veränderter Beziehungen und damit die Ursachen für die Konfliktsituation zu ergründen versuchen. Nur so ist es möglich, den Wert der Ehe für die künftige Entwicklung der Partner zu beurteilen.

Wenn die Ehegatten Kinder haben, sind vielfältigere Beziehungen, eben die in der Familie, zu untersuchen. Das Gericht muß prüfen, inwieweit die Kinder und ihre Erziehung die Ehegatten miteinander verbinden, ihrer Gemeinschaft einen Sinn verliehen haben und künftig geben können. Ebenso wichtig ist es, die Beziehungen zwischen Eltern und Kindern und den Wert der elterlichen Familie für ihr weiteres Leben im Vergleich zu absehbaren Bedingungen bei Beendigung der Ehe zu klären.

Lassen die gerichtlichen Beratungen und Beweiserhebungen Anzeichen erkennen, daß die Ehe ihre Aufgabe noch erfüllen kann, dann besteht ein großes gesellschaftliches Interesse, die Bindung zu erhalten. Um das zu erreichen, versucht das Gericht, in geeigneten Fällen auch mit Hilfe gesellschaftlicher Kräfte aus dem Lebensbereich der Ehegatten und der Kinder, eine Aussöhnung herbeizuführen.

Nicht selten haben diese Bemühungen eine Rücknahme der Klage zur Folge. Das Gericht kann das Scheidungsverfahren auch – höchstens bis zu einem Jahr – aussetzen oder die Klage abweisen. Letzteres geschieht in der Praxis nur selten, weil sich am Scheitern der Aussöhnungsversuche des Gerichts die bereits eingetretene Entfremdung der Ehegatten beweist. Erkennt das Gericht keine Perspektive der Ehe, muß es die Scheidung aussprechen.

Sind Kinder vorhanden, dann ist nach gründlicher Prüfung der bisherigen und künftigen Erziehungsbedingungen einem Elternteil das Erziehungsrecht allein zuzusprechen. Dabei wird ausgewählt, bei wem das Erziehungsziel des Gesetzes am ehesten erreichbar sein dürfte. Diese Entscheidung – sie soll möglichst einem gemeinsamen Vorschlag der Eltern folgen – muß im Urteil über die Beendigung der Ehe enthalten sein ebenso wie die Fixierung der Unterhaltspflichten des Elternteils, der künftig nicht mehr erziehungsberechtigt ist. Zur Höhe und Dauer dieser Unterhaltspflicht gilt auch hier die Konkretisierung des Gesetzes (§§ 19ff.) durch die Richtlinie Nr. 18 des Obersten Gerichts.

Um die Ehegatten schon im Verfahren auf ihre große Verantwortung bei den künftigen Beziehungen im Interesse ihrer Kinder aufmerksam zu machen, soll das Gericht mit ihnen beraten, wie der Umgang zwischen dem Kind und dem Vater oder – selten – der Mutter erfolgt. Eine getroffene Vereinbarung ist zu protokollieren.

Das Umgangsrecht gewährt das Gesetz, weil der Kontakt zwischen dem Kind und dem Elternteil in der Regel für beide Seiten von erheblichem Wert ist, und knüpft es nicht an besondere Voraussetzungen, etwa besonders guten erzieherischen Einfluß des betreffenden Elternteils. In der Praxis sind mit dieser Regelung vielfältige Probleme und auch Diskussionen verbunden. Ein Teil der Erziehungsberechtigten lehnt diesen Umgang ab, unterbindet oder erschwert ihn wesentlich. Diese Haltung widerspricht dem Gesetz und den von ihm geschützten Interessen des Kindes und des anderen Elternteils. Das muß gegebenenfalls schon im Eheverfahren eindeutig ausgesprochen werden und auch in den Beratungen zum Ausdruck kommen, die bei solchen Schwierigkeiten vor den Organen der Jugendhilfe stattfinden.

Diese staatliche Einrichtung hat nach § 27 FGB die Pflicht, den Eltern bei der Klärung der Art und Weise des Umgangs zu helfen, falls es erforderlich und gewünscht wird. Natürlich kann aus verschiedenen Gründen der Kontakt des Kindes mit dem nichterziehungsberechtigten Elternteil ungünstig sein. Das gibt dem Erziehungsberechtigten aber nicht das Recht, von sich aus zu entscheiden, ob der Umgang stattfindet. Solche Probleme sind der Jugendhilfe vorzutragen. Dort wird, wenn der Umgang »die Erziehung des Kindes stört oder seine Entwicklung gefährdet«, die Befugnis »für bestimmte oder unbestimmte Zeit« ausgeschlossen. (§ 27) Liegt eine entsprechende Entscheidung nicht vor, ist es Pflicht des Erziehungsberechtigten, den

Umgang zu gestatten, und ebenso Pflicht des anderen Elternteils, die Erziehung des Kindes günstig zu beeinflussen und die Verantwortung des Erziehungsberechtigten voll anzuerkennen.

Will ein Ehegatte nach Scheidung dem anderen gegenüber Unterhaltsansprüche erheben, so muß das in der Regel bereits im Eheverfahren geschehen. Ausnahmsweise können solche Ansprüche später geltend gemacht werden. (§ 29) Das Gesetz will die Ehegatten veranlassen, nach der Scheidung möglichst das persönliche Leben schnell neu einzurichten – ohne Belastungen aus der bisherigen Ehe, unabhängig vom anderen. Unterhaltsansprüche sind deshalb in der Regel auf 2 Jahre befristet. Sie sollen den Übergang zur Selbständigkeit sichern. Kann sie nicht mehr erreicht werden – insbesondere bei älteren Frauen ist das der Fall –, besteht eine zeitlich unbegrenzte Unterhaltspflicht.

Mit der Ehescheidung ist auch die Auseinandersetzung über das gemeinsame Vermögen verbunden. (§ 39) Es muß geklärt werden, wer die bisher gemeinsame Wohnung künftig allein behält. (§ 34) Diese Fragen beantworten die geschiedenen Ehegatten meist selbständig. Gelingt es nicht, können sie im Eheverfahren oder auch später eine gerichtliche Entscheidung herbeiführen. Hat ein Jahr nach Ehescheidung keine Auseinandersetzung zum Vermögen stattgefunden und ist sie auch nicht eingeleitet, dann wird – außer bei Grundstücken – derjenige Alleineigentümer, der die Gegenstände im Besitz hat. Für die Wohnung kann das Gericht aber nur eine bedingte Entscheidung fällen. Ihre Räumung durch einen Ehegatten hängt davon ab, wann ihm anderer Wohnraum zur Verfügung steht. Wer die Wohnung zunächst behält, kann wegen Unterbelegung später durchaus zum Tausch verpflichtet sein.

Umgang mit dem Gesetz

Das Familienrecht der DDR wendet sich an jeden Bürger. Die meisten leben in einer Familie, fast jeder junge Mensch wird früher oder später die Verantwortung für diese kleine, für jeden notwendige Gemeinschaft übernehmen. Niemand kann es den Familienmitgliedern abnehmen, ihr persönliches Glück zu schaffen und zu erhalten. Wohl kaum sonst muß der einzelne so selbständig und eigenverantwortlich handeln, sind die Möglichkeiten unmittelbarer Hilfe von außen so begrenzt. Schließlich ist die Familie eine auf dem Gefühl beruhende Gemeinschaft. Deshalb wirkt das Gesetz hauptsächlich durch ein Leitbild der Rechte und Pflichten auf all jene Verhaltensweisen ein, die für den Erfolg der Ehe und die Entwicklung der Familie besonders wichtig sind.

Jeder setzt sich am besten vor der Ehe mit ihnen auseinander. Sowohl im Elternhaus als auch in der Schule sollte schon mit den Jugendlichen über diese Grundsätze gesprochen werden, sind Sinn, Notwendigkeit und Möglichkeit ihrer Verwirklichung zu erklären. Das würde helfen, die Entscheidungen in bezug auf Ehe und Familie – beginnend mit Partnerwahl und Heirat – bewußter zu treffen. Viel stärker könnten die in allen Kreisen der DDR bestehenden Ehe- und Familienberatungsstellen bei Konfliktsituationen und auch vor wichtigen Entscheidungen konsultiert werden. Sie wie auch die Erziehungsberatungen an den Schulen und die Rechtsauskünfte der Gerichte sind wichtige gesellschaftliche Ratgeber, die auch außerhalb des Wohnortes unentgeltlich, vertraulich und auf Wunsch anonym in Anspruch genommen werden können.

Sachregister

Weiterführende Literatur

Bebel, August, Die Frau und der Sozialismus. Dietz Verlag, Berlin 1979.

Brückner, Heinrich, Ein Kind wird erwartet. Verlag für die Frau, Leipzig 1980.

Damit du bald gesund wirst. Ratgeber zur häuslichen Krankenpflege. Verlag für die Frau, Leipzig 1979.

Das Schulkind von sechs bis zehn, Autorenkollektiv. Volk und Wissen, Berlin 1970.

Das Vorschulkind, Autorenkollektiv. Volk und Wissen, Berlin 1970.

Der Schüler von zehn bis sechzehn, Autorenkollektiv. Volk und Wissen, Berlin 1969.

Die Frau und die Gesellschaft, Autorenkollektiv. Verlag für die Frau, Leipzig 1974.

Dokumente der revolutionären deutschen Arbeiterbewegung zur Frauenfrage, herausgegeben von der Forschungsgemeinschaft »Geschichte des Kampfes der deutschen Arbeiterklasse um die Befreiung der Frau« an der Pädagogischen Hochschule »Clara Zetkin« Leipzig. Verlag für die Frau, Leipzig 1975.

Familiengesetzbuch der DDR, herausgegeben vom Ministerium für Justiz. Staatsverlag, Berlin 1970.

Familienrecht der DDR (Leitfaden), herausgegeben von L. Ansorge. Staatsverlag, Berlin 1968.

Familienrecht, Lehrbuch, herausgegeben von A. Grandke, Staatsverlag, Berlin 1972.

Henning, G./Uslar, E., Wir erwarten ein Baby. Verlag für die Frau, Leipzig 1981.

Hirte, Werner, Unsere Spiele. Verlag für die Frau, Leipzig 1977.

Hirte, Werner/Hüber, Christine, Wohnungs-ABC. Verlag für die Frau, Leipzig 1978.

Hüber, Christine, Wohnen mit Ideen, Verlag für die Frau, Leipzig 1981.

Junge Frauen heute, herausgegeben von Uta Bruhm-Schlegel und Otmar Kabat vel Job. Verlag für die Frau, Leipzig 1981.

Kleine Enzyklopädie Das Kind, herausgegeben von Irene Uhlmann. Bibliographisches Institut, Leipzig 1972.

Kleine Enzyklopädie Die Frau, herausgegeben von Irene Uhlmann. Bibliographisches Institut, Leipzig 1979.
Kleine Enzyklopädie Gesundheit, herausgegeben von Irene Uhlmann und Günther Liebing. Bibliographisches Institut, Leipzig 1981.
Lehrer und Eltern, herausgegeben von Walther, Grassel, Parlow. Volk und Wissen, Berlin 1970.
Lukácsy. A., Spiele der Völker. Verlag für die Frau, Leipzig 1972.
Makarenko, A. S., Buch für Eltern. Volk und Wissen, Berlin 1958.
Mann, K./Uslar, H., Wir haben ein Baby. Verlag für die Frau, Leipzig 1981.
Marx/Engels/Lenin, Über die Frau und die Familie, herausgegeben vom Bundesvorstand des DFD. Verlag für die Frau, Leipzig 1980.
Mehlan, K.-H., Wunschkinder. Verlag Volk und Gesundheit, Berlin 1973.
Pinther, A./Rentzsch, S., Junge Ehe heute. Verlag für die Frau, Leipzig 1977.
Recht im Alltag, herausgegeben von U. Krause. Verlag für die Frau, Leipzig 1980.
Rudolf, Roland, Mit Beispiel und Liebe. Verlag für die Frau, Leipzig 1981.
Schnabl, S., Mann und Frau intim. Verlag Volk und Gesundheit, Berlin 1971.
Schönherr, H. u. J., Formen und fertigen. Verlag für die Frau, Leipzig 1978.
Staatliche Dokumente zur Förderung der Frau in der Deutschen Demokratischen Republik, Gesetzdokumentation, zusammengestellt und bearbeitet von Ursula Adomeit. Staatsverlag, Berlin 1973.
Stolz, H., Eltern sein dagegen sehr. Urania Verlag, Leipzig/Jena/Berlin 1970.
Unsere Ehe, herausgegeben von W. Polte. Verlag für die Frau, Leipzig 1976.
Unser Haushalt, herausgegeben von W. Polte. Verlag für die Frau, Leipzig 1981.
Unsere Kinder, herausgegeben von G. Noglik. Verlag für die Frau, Leipzig 1981.
Wir bleiben zusammen, herausgegeben von R. Halgasch. Verlag für die Frau, Leipzig 1978.
Wir in der zweiten Hälfte des Lebens, herausgegeben von R. Kuschke. Verlag für die Frau, Leipzig 1982.
Zur gesellschaftlichen Stellung der Frau in der DDR, herausgegeben vom Wissenschaftlichen Beirat »Die Frau in der sozialistischen Gesellschaft« bei der Akademie der Wissenschaften der DDR. Verlag für die Frau, Leipzig 1978.

Bildnachweis
Burchert (1), Dumke (1), Fieguth (1), Galinski (2), Leske (1), Morgenstern (5), Schenke (1), Stiel (1), Uhlenhut (1), Uhlmann (1), Voigt (16), Weber (1).

4., bearbeitete Auflage

Druckgenehmigungsnummer: 126/405/9/82
Lektor: Johanna Ludwig
Buchgestaltung: Hans-Joachim Schauß, Gruppe 4
Titelfoto: Gerd Lehmann
Illustrationen: Gisela Röder, Gruppe 4
Gesamtherstellung: INTERDRUCK
Graphischer Großbetrieb Leipzig – III/18/97
Printed in the German Democratic Republic
LSV 9129
Nr. 672 206 8
DDR 11,80 M